FLORANSA'NIN EFENDİLERİ

MEDICI

D1697355

Medici: Floransa'nın Efendileri
Orijinal Adı: *I Medici: Una Dinastia al Potere*
Matteo Strukul
Çeviri: Aslı Aldemir & Melis Köymen

Yayın Yönetmeni: Aslı Tunç
Editör: Melis Köymen
Düzelti: Şebnem Soral Tamer
Kapak Tasarım: Dilara Şebnem Esendemir - Sömestr Studio
Sayfa Tasarım: Gamze Kulak

2. Baskı: Temmuz 2020
ISBN: 978-605-173-697-6

Baskı ve Cilt:
Altın Kitaplar Yayınevi Matbaası
Göztepe Mah. Kazım Karabekir Cad. No:32
Mahmut Bey - Bağcılar /İstanbul
Telefon: 0212 446 38 88
Matbaa Sertifika No: 44011

Yayımlayan:
Epsilon Yayınevi Ticaret ve Sanayi A.Ş.
Osmanlı Sok., No: 18/4-5 Taksim/İstanbul
Tel: (212) 252 38 21 Faks: (212) 252 63 98
İnternet Adresi: www.epsilonyayinevi.com
E-posta: epsilon@epsilonyayinevi.com
Sertifika No: 34590

FLORANSA'NIN EFENDİLERİ

MEDICI

Matteo Strukul

Çeviri:
Aslı Aldemir & Melis Köymen

Silvia'ya...

ŞUBAT, 1429

1

Santa Maria del Fiore*

Gözlerini gökyüzüne kaldırdı. Göğün rengi lapis lazuli tozunu andırıyordu. Bir an için baş dönmesinin şiddetlendiğini ve düşüncelerini alıp uzaklara götürdüğünü hissetti. Sonra gözlerini indirerek etrafına bakındı. Arno Nehri'nin açık renk kumunu kireçle karıştırıp harç hazırlayan duvar ustalarını gördü. İşçilerden bazıları ara duvarların üzerine tünemiş hızlıca kahvaltı ediyorlardı. Son derece yorucu vardiyalarla çalışıyorlardı. Mütemadiyen tahta iskelelerin, mermer plakaların, tuğla ve molozların arasında uyuyarak geçirdikleri haftalar oluyordu.

Yerden yüz arşın yukarıda...

Cosimo tahta iskelelerin arasından geçerek aşağıya indi: doğaüstü bir yaratığın keskin siyah dişlerine benziyorlardı. Ayağının kaymamasına özen göstererek ilerledi. Bir şehrin üzerinde yükselen başka bir şehrin bu görüntüsü onu aynı anda hem büyülüyor hem de dehşete düşürüyordu.

Her adımını dikkatle atarak yapım aşamasında olan kubbenin, mimarlar ve kalfalar tarafından kasnak diye adlandırılan tabanına ulaştı. Bakışları yapının ötesine kaydı:

---

* Floransa Katedrali ya da Duomo olarak da bilinir. (ç.n.)

aşağıdaki meydanda, Floransalılar gözlerini kocaman açmış Santa Maria del Fiore'ye bakıyorlardı. Taraklayıcılar, tacirler, kasaplar, köylüler, fahişeler, hancılar ve yolcular. Filippo Brunelleschi'nin tasarımının nihayet hayata geçirilmesi için hepsi sessizce dua ediyor gibiydi. Uzun zamandır beklenen kubbe nihayet şekilleniyordu. Görünen o ki, bu işi kırık dişlere ve asabi bir mizaca sahip olan, kel kafalı çılgın kuyumcu başarmıştı.

Cosimo malzeme yığınlarının ve tuğla sütunların arasında acı çeken bir ruh gibi dolaşan adama baktı. Neredeyse bu dünyada değilmişçesine dalgın görünüyordu. Kimbilir zihni aynı anda kaç ayrı hesapla meşguldü. Yüzü, mermer tanelerini andıran berrak gözleriyle aydınlanmıştı. Bu gözler her tür rengi ve cismi bertaraf ederek dışarı taşan ve kendini belli eden beyaz tenli yüzünde ışıldıyordu.

Çekiç seslerinin şarkısı onu kimbilir kaçıncı uykusundan uyandırdı. Demirciler işlerinin başındaydı. Havada talimat ve emir yağdıran binlerce ses dolaşıyordu. Cosimo derin bir nefes aldı, sonra bakışlarını aşağıya, sekizgenin ayaklarına çevirdi. Filippo Brunelleschi tarafından tasarlanmış olan devasa bocurgat durmadan kendi etrafında dönüyordu. Zincire koşulmuş iki öküz, sessiz bir tekerleğin etrafında usul usul ilerliyordu. Genç bir adam tarafından yönetilen öküzler daireler çizerek vakar içinde yürüyor, bu dairesel hareketleri sayesinde vinçin şaftı üzerine yerleştirilmiş olan yatay ve düşey dişileri harekete geçiriyorlardı. Böylelikle sonsuz ağırlıktaki taş blokları yerlerinden oynatıp başka bir yöntemle asla ulaştırılamayacakları kadar yükseğe kaldırıyorlardı.

Brunelleschi olağanüstü makineler icat etmişti. Onları bizzat kendisi çizmiş, en iyi zanaatkârları çağırmış ve işçilerini aralıksız çalıştırarak, kısa bir süre içinde mermer plakaların, iskeleler için gereken kalasların, düzinelerce çuval dolusu kum ve harcın kaldırılıp incelikle hesaplanmış noktalara yerleştirilmelerini mümkün kılan, kocaman bir mucizeler şantiyesi oluşturmuştu.

İşlerin hayranlık verici gidişatına şahit olan Cosimo âdeta avazı çıktığı kadar haykırarak içine dolan neşe ve tatmini azat etmek istiyordu. Şu ana kadar sekizgen kasnak üzerinde yükselen bir kubbeyi hayal edebilen çıkmamıştı. Tek bir kişi bile! Altmış iki arşın, sonsuz bir uzunluktu ve Filippo'nun tasarladığı kubbe, görünür herhangi bir destek olmaksızın bu ölçüden daha geniş bir açıklığa sahipti. Üstelik yapıya daha önce Neri di Fioravante tarafından önerilen payanda ve tahta kemerler bile eklenmeksizin. Katedralin yapımı ile görevlendirilmiş olan l'Opera del Duomo* heyeti, olan biteni ağızları açık izliyordu.

Brunelleschi ya bir dahi idi ya da bir deli. Belki her ikisi de. Mediciler ise bu dehaya, bu çılgınlığa bel bağlamışlardı! En başta da Cosimo. Böylesine büyük bir hedefin sadece bu şehir için değil, kendisi için de ne ifade ettiğini düşündü ve bu cüretkârlık karşısında gülümsedi. Yukarıda olanları gördükten sonra ortada insanı kendinden geçirecek bir şeyler olduğu hükmüne varmamak elde değildi. Özellikle de platformların ve iskelelerin arasında öbek öbek toplanmış sonsuz sayıda zanaatkârla çılgın bir Babil kulesiymişçesine durmadan büyüyen bu şantiyeye bakınca… Arabacılar, duvar ustaları, halatçılar, marangozlar, demirciler ve dahası hancılar, şarap satın alma görevlileri, hatta molalarda işçilere dağıtılmak üzere ekmek pişiren bir aşçı ve fırını. Kimileri ahşap iskelenin üzerine tırmanırken kimileri etraftaki çatıların tepesinde yükselen hasır platformlarda çalışmakla meşguldü. Bu platformlar birer kuş yuvasını andırıyor, insanoğlu bu devasa girişimi tamamlamak için leyleklerden yardım istemiş gibi bir his uyandırıyordu.

---

* (İt.) Katedral İnşaat, Katedral İşleri. Santa Maria del Fiore'nin inşaatı ile ilgili kararların alınması ve işlerin takip edilmesi için oluşturulmuş heyet. (ç.n.)

"Ne düşünüyorsunuz, *Messer*˚ Cosimo?"

İnce fakat kararlı tondaki bu ses Filippo'ya aitti.

Cosimo aniden arkasını dönünce adamla burun buruna geldi. Bir hayalet kadar sıska olan adamın delişmen gözleriyle karşılaştı. Üzerine giydikleri uzun, kırmızı bir tunikten ibaretti. Büyük bir ruhla karşılaştığı lahzada ehlileşen isyankâr ve vahşi tabiatının ispatı olan ıslak bakışlarında gurur ve düşmanlık karışımı bir pırıltı geziniyordu.

Cosimo kendisinin o büyük ruhlardan biri olup olmadığını bilmiyordu. Fakat bu projenin finanse edilerek hayata geçirilmesine koşulsuz katkıda bulunan ve Brunelleschi'nin adaylığına en büyük desteği veren ailenin atası Giovanni de' Medici'nin ilk oğlu olduğu kesindi.

"Muhteşem, Filippo, muhteşem." Dudakları, gözlerine yapışıp kalmış olan hayrete ses vermeye hazırdı. "Böylesine bir ilerleme görmeyi ummuyordum."

"Henüz sonuçtan çok uzaktayız, bu konuda açık olmak isterim. En önemli şey, çalışmama izin vermiş olmanızdır."

"Mediciler böyle bir mucizenin önde gelen sponsorları arasında olduğu sürece, korkmanı gerektirecek hiçbir şey yok. Sana söz veriyorum, Filippo. Birlikte başladık ve birlikte bitireceğiz."

Brunelleschi kafasını salladı. "Kubbeyi planlandığı şekilde klasik kaidelere uygun olarak tamamlamaya çalışacağım."

Bundan hiç şüphem yok, dostum."

Cosimo ile konuşurken Filippo'nun bakışları binlerce yöne kayıyordu: harç karıştıran ve tuğlaları üst üste yerleştiren duvarcılardan durmadan çekiç sallayan demircilere, oradan aşağıya, harç çuvallarını meydandaki arabalara taşıyan arabacılara. Sol elinde, parşömen kâğıtlarına yapmış olduğu pek çok taslak çiziminden birini tutuyordu. Sağ elinde ise bir iskarpela. Kimbilir bununla ne halt etmeyi planlıyordu.

˚ (İt.) Efendi, beyefendi, bey şeklindeki hitap. (ç.n.)

Böyle bir adamdı.

Birkaç saniye sonra Brunelleschi başıyla selam vererek vedalaştı. Tahta kirişlerin ve iç kubbe iskelelerinin arasında, enerjiyle titreyen bu yaşam dolu anıtsal ve bir o kadar huzursuz eser tarafından yutularak aynen ortaya çıktığı gibi ansızın gözden kayboldu. Vinçle kaldırılan kimbilir kaçıncı yükün gürültüsü etrafını sararken Cosimo tahta kemerlerin heybetli görüntüsüyle baş başa kaldı.

Aniden arkasından havayı yırtan keskin bir ses geldi.

"Cosimo!"

İskeleye yaslanarak sese doğru döndü ve kendisine doğru gelmekte olan kardeşi Lorenzo'yu gördü.

Ona selam vermeye bile fırsat bulamadı.

"Babamız, Cosimo, babamız ölmek üzere."

2

Giovanni de' Medici'nin Ölümü

İçeri girer girmez, koyu renk güzel gözlerinden yaşlar süzülen Contessina ile karşılaştı. Basit, siyah bir elbise giymiş, başını ise neredeyse görünmeyecek kadar ince bir eşarpla örtmüştü. "Cosimo..." diye mırıldandı. Başka bir şey söylemeyi başaramadı. Âdeta bütün gücünü gözyaşlarına engel olmak için sarf ediyordu. Sevgili kocası için güçlü olmak istiyordu. Ve başarıyordu da. Onu sımsıkı kucakladı.

Biraz sonra kendini geri çekti. "Onun yanına git," dedi. "Seni bekliyor."

Lorenzo'ya döndü ve o gün ilk defa gerçekten kardeşinin yüzüne baktı. Santa Maria del Fiore katedralinin zeminine ulaşmak için iskelelerden aşağıya inmeye başladıkları andan itibaren kardeşi onu geride bırakmıştı. Sonra deliler gibi koşarak Via Larga'ya, Medici çatısının göğe yükseldiği sokağa ulaşmışlardı.

Beyaz dişleriyle dudaklarını kemiriyordu. Cosimo onun ne kadar bitkin olduğunu fark etti. Normalde yorgunluk işlemez türde bir güzelliğe sahip olan yüzü çökmüş, derin yeşil gözlerinin etrafında siyah halkalar oluşmuştu. Dinlenmesi gerekiyor, diye düşündü. Son günlerde, babası hastalandığından bu yana, Banka'nın idaresi iyiden iyiye Lorenzo'ya kalmıştı. Durup dinlenmeden çalışıyordu. Tam bir eylem adamı ve iş bitirici... Sanatsal ve edebi yetenekleri sınırlı olmakla beraber kardeşinin pratik bir zekâ ve yüksek hayat enerjisiyle donatıldığı kesindi. Ne zaman gerekse, ailenin tüm ıstıraplarını ve zorluklarını üstlenmeye hazır olan kişi o olmuştu. Öte yandan, Cosimo l'Opera del Duomo'nun bazı temsilcileriyle birlikte kendini Santa Maria del Fiore   nin kubbesinde yapılan çalışmaların kontrolüne ve işlerin planlandığı gibi ilerleyip ilerlemediğini takip etmeye adamıştı. Aile içerisinde strateji ve insan ilişkilerini yürütme görevi ona düşmüştü ki her ikisi de büyük ölçüde patronaj ve sanatın görkemi vasıtasıyla vuku buluyordu. Nihai karar kubbenin inşaatı için kurulan komisyon tarafından oybirliği ile kabul edilmişti. Resmi olarak daimî ve yegâne karar mercii, l'Opera idi. Bütün bunlara rağmen, Cosimo'nun adaylık ve takip eden galibiyet süreçlerinde Filippo Brunelleschi'yi ne kadar desteklediğini ve bu konuda ne kadar baskı yaptığını Floransa'da bilmeyen kalmamıştı. Tamamlanmakta olan bu şaheserin hayata geçirilmesi için gerekli sermayeyi ortaya koyan ve bu sebeple aile kasasından yüklü meblağlar çeken hep kendisi olmuştu.

Cosimo kardeşine sarıldı.

Sonra içeri girdi.

Odanın pencerelerini kaplayan koyu renk brokar perdeler çekilmişti. İçeriye süzülen ışık öylesine cılızdı ki ortalık son derece loştu. Altın şamdanlar ise parıldıyor, erimiş mum kokusu havayı nefes alınmaz hale getiriyordu.

Babasının feri kaçmış ve ölümle yaşlanmış gözlerini görünce Cosimo artık yapılacak bir şey kalmadığını anladı.

Aileyi şehrin en üst basamağına çıkaran adam, Giovanni de' Medici, onu terk ediyordu. Son derece vakur ve kararlı yüzü ansızın onu önceden olduğu adamın kırılgan bir kopyası haline getiren, belli belirsiz gri bir zayıflık perdesiyle, bilinçli bir teslimiyetin gölgesiyle kaplanmış gibi görünüyordu. Bu görüntü Cosimo'yu her şeyden daha çok etkiledi. Birkaç gün öncesine kadar o denli güçlü ve azimli olan Giovanni'nin ateşli bir hastalık tarafından böylesine agresif ve yıkıcı bir saldırıya uğramış olması imkânsız görünüyordu.

Yanında durup babasının elini avcunda tutan annesine baktı. Ahenkli güzelliği şu an dağılmış durumda olsa da Piccarda'nın yüzü hâlâ hoştu: boncuk boncuk gözyaşlarıyla kaplı uzun siyah kirpikleri, kırmızı bir ağzı kanlı bir hançer gibi kapatan gergin dudakları. Adını fısıldayıp sustu çünkü bundan başka bir kelime söylemek anlamsız olurdu.

Cosimo bakışlarını babasına çevirdi. Ansızın ortaya çıkan ve görünürde hiçbir sebebi olmayan bu hastalığı tekrar düşündü. Giovanni nihayet oğlunu görünce onun odaya girdiğini henüz fark etmiş gibi, anlık bir enerjiyle canlandı. Fiziksel olarak zayıf düşmüş olsa da vazgeçmeye niyeti yoktu. Tam da o esnada, her zaman diğerlerinden farklı kılan mizacı onu harekete geçmesi için zorladı. Yalnızca son bir defa için olsa bile... Dirsekleriyle kendisini yukarıya çekip yatağın ortasına oturdu, Piccarda'nın düşünceli elleriyle konforunu artırmak için hazırladığı kuştüyü yastıkların arasından sıyrılmayı başardı. Huzursuz bir asabiyetle yastıkları ittikten sonra Cosimo'ya başucuna yaklaşmasını işaret etti.

Zamanı geldiğinde güçlü duracağına dair kendi kendine söz vermiş olmasına rağmen Cosimo, gözyaşlarını tutamadı. Sonra hemen bu zayıflığından utanıp sağ elinin arkasıyla gözyaşlarını sildi.

Babasına yaklaştı.

Giovanni'nin ayrılmadan önce oğluna söyleyecek son bir şeyi vardı. Cosimo omuzlarından tutarak babasıyla neredeyse aynı seviyeye gelene kadar eğildi.

Koyu renk gözlerini oğlununkilere dikti. Yarı karanlığa

gömülmüş odayı çekingen pırıltılar saçarak aydınlatan mumların titrek ışıklarını yansıttıkça gözleri siyah akik taşından yapılmış düğmeler gibi parlıyordu.

Aile reisinin sesi, bir su kuyusunun dibinden geliyormuşçasına kısık ve kasvetli çıktı.

"Oğlum," diye mırıldandı. "Siyaset dünyasında ağırbaşlı davranmayı başaracağına dair bana söz ver. Mütevazı bir hayat süreceğine dair. Sıradan bir Floransalı gibi. Fakat yeri geldiğinde kararlı davranmaktan geri durmayacaksın."

Bir nehir gibi hızla dökülen kelimeler son derece net bir üslupla dile getirilmiş, Giovanni'nin o yüce anda bulabildiği son yaşam kırıntılarıyla telaffuz edilmişlerdi.

Cosimo babasının simsiyah ve ışıltılı göz bebeklerinde kaybolarak ona baktı.

"Bana söz ver." Giovanni son bir gayretle ona seslendi. Delici gözleri âdeta oğlunun bakışlarını yere doğru büküyor, dudaklarının kıvrımı güç ve ciddiyet yüklü bir ifade resmediyordu.

"Söz veriyorum," diye yanıtladı Cosimo, duygularla kırgın fakat tereddütsüz bir ses tonuyla.

"Artık mutlu ölebilirim."

Bunları söyledikten sonra Giovanni gözlerini kapadı. Yüzü, sırf bu sözleri sevgili oğluna iletebilmek uğruna ölüme karşı gelmiş ve çok uzun süre beklemişçesine nihayet huzur buldu.

Bu sözcükler onun varoluşunu tam olarak ortaya koyuyordu: kentine ve bu kentin insanlarına olan adanmışlığı, maddiyat ve zenginliğe paye vermeyen ölçülü ve ihtiyatlı tavrı ve tabii ki merhametsiz ve inatçı karar verme yetisi.

Eli soğudu ve Piccarda gözyaşlarına boğuldu.

Giovanni de' Medici ölmüştü.

Cosimo annesine sarıldı. Onun ne kadar kırılgan ve savunmasız olduğunu içinde hissetti. Gözyaşları yüzünü ıslattı.

Güçlü olmasını fısıldayarak ondan ayrıldı ve babasının yanına yaklaştı. Eliyle gözkapaklarını indirerek bir zamanlar hayat enerjisiyle alevlenmiş o bakışları sonsuza dek söndürdü. Lorenzo, son ayin görevini yerine getirmesi için papazı göndermelerini istedi.

Ardından Cosimo'nun peşi sıra odadan çıktı. Onu rahatsız etmekten çekindiği için konuşmaya başlamadan önce bir an tereddüt etti. Fakat Cosimo, dinlemeye hazır olduğunu belirtmek için başını salladı.

"Söyle," dedi. "Bu kadar acil olan şey ne olabilir?"

"Gerçeği söylemek gerekirse," diye başladı Lorenzo. "Konu babamız."

Cosimo tek kaşını yukarı kaldırdı.

"Birinin onu zehirlediğine inanıyorum," dedi Lorenzo dişlerini sıkarak.

Bu beklenmedik açıklama onda bir balyoz etkisi yarattı. "Ne dedin sen? Nasıl böyle bir hükme varabiliyorsun?" Bu sözcükler ağzından dökülürken çoktan Lorenzo'nun yakasına yapışmıştı.

Kardeşi böyle bir çıkışa hazırlıklı olduğu için onu bileklerinden yakaladı.

"Burada olmaz," dedi kısık bir sesle.

Cosimo anında durumu anladı. Tam bir aptal gibi davranmıştı. Kollarını indirdi.

"Çıkalım," dedi lafı uzatmadan.

3

In cauda venenum[*]

Bahçede hava hâlâ soğuktu. Şubat ayının yirminci günüydü. İlkbahara az kalmış olmasına rağmen, gökyüzünün puslu renginden vazgeçmeye henüz niyeti olmadığı anlaşılıyor, buz gibi bir rüzgâr Medici Sarayı'na ölümün nefesini üflüyordu. *Hortus conculus*'un[**] tam ortasına yerleştirilmiş olan çeşmenin fıskiyelerinden buz gibi sular fışkırıyor, sıçrayan damlalar metalik sesler çıkararak havuzun zemininden havaya doğru geri sekiyordu. Suyun üzerinde buz kütleleri oluşmuştu.

"Ne dediğinin farkında mısın?"

Cosimo öfkeden delirmiş gibiydi. Babasını az önce bu şekilde kaybetmiş olmanın şoku yetmiyormuş gibi şimdi de

---

[*] (Lat.) Dikkatleri kıskaçlarında toplayan akrebin zehrinin aslında kuyruğunda olduğunu ifade eden ve "zehir kuyruğundadır" anlamına gelen Latince metafor. Kulağa hoş ve dostane gelen bir konuşmanın, yazının veya sürecin istenmeyen bir şekilde sonlanması, bir kişinin asıl niyetinin beklenmedik bir şekilde en sonda ortaya çıkması gibi durumlar için "can alıcı son sözler" anlamında kullanılır. (ç.n.)

[**] (Lat.) Etrafı çevrilmiş bahçe. Ortaçağ ikonografisinde sıkça kullanılan, gökyüzü tahtında oturan ve oradan kiliseyi yöneten Bakire Meryem'in etrafı duvarlarla, çitlerle ya da çalılarla çevrilmiş, merkezine çoğunlukla bir çeşme yerleştirilen ve bahçedeki tüm çiçeklerin Meryem'in başka bir özelliğini sembolize ettiği varsayılan gizli bahçe tasviri. Ortaçağ manastırlarının bahçeleri bu tasvire göre düzenlenirdi. (ç.n.)

bir komplonun adi tuzaklarıyla mı yüzleşmek zorundaydı? Ne bekliyordu ki? Babası güçlü bir adamdı ve yıllar içinde sayısız düşman edinmişti. Floransa'nın hali ise ortadaydı; aynı anda hem ihtişamın ve gücün kalbi hem de yılanların ve hainlerin ini. Tek bir adamın yirmi yıl içinde bir finans imparatorluğu kurmayı başarıp, yalnızca Floransa'da değil, Roma ve Venedik'te bankalar açarak yükselmesi güçlü aileler tarafından kesinlikle hoş karşılanmamıştı. Daha da kötüsü, babası avam tabakasına dayanan köklerini inkâr etmeyi daima reddetmiş, kendi evini soylu ailelerin evlerinden uzağa kurarak her zaman sıradan insanlarla bir arada olmayı tercih etmiş, siyasi mevki edinmekten kaçınmıştı. Signoria Sarayı'nın* kapısından içeri bir elin parmaklarını geçmeyecek kadar az girmişti.

Cosimo kafasını salladı. Lorenzo'yu harekete geçiren geçerli sebepleri yürekten anlıyordu. Fakat işler onun dediği gibiyse, böyle bir suçu kim işlemiş olabilirdi? Her şeyin ötesinde zehrin babasının sofrasına kadar ulaşması nasıl mümkün olmuştu? Kapkara gözleriyle kardeşinin açık renk ve canlı gözlerini yakalamaya çalıştı. Bakışı binlerce soru ihtiva ediyordu. Kardeşinin bakışını yakaladığı anda âdeta bütün sorularının gözlerinden ona akmasına ve onu konuşmaya zorlamasına izin verdi.

"Bunu sana söylemenin doğru olup olmadığını çok düşündüm çünkü elimdekiler şüpheden öteye geçmiyor," diye devam etti Lorenzo. "İddialarıma dair tek bir kanıtım var. Ancak babamızın ölümü o kadar ani oldu ki bunun sadece bir şüpheden ibaret olmadığına inanıyorum."

"Bu konuda tamamen haklısın. Ancak bu nasıl olabilir?" diye sordu Cosimo, öfkeden küplere binmişti. "Eğer dediklerin doğruysa, o zehir evdeki biri tarafından konmuş olmalı!

* On dördüncü yüzyıldan itibaren Floransa'nın siyaset merkezlerinden biri. (ç.n.)

Babamız yakın zamanda evden dışarıya adım atmadı. Ayrıca evden çıkmış bile olsa, buradan başka bir yerde kesinlikle bir şeyler yiyip içmezdi." "Bunun farkındayım. İşte tam da bu yüzden az önce söylediğim gibi, benimki sadece bir şüphe. Öte yandan Giovanni'nin düşmanları hiç eksik olmazdı. Bunun yalnızca aklımın bana oynadığı delice bir oyun olduğunu düşünmeye başladığım noktada bunu buldum."

Lorenzo avuçlarının içinde bir salkım, koyu renk orman meyvesi tutuyordu. Siyah incileri anımsatan taneler enfes görünüyorlardı; baştan çıkarıcı ve karşı konulmaz.

Cosimo anlayamıyordu. Bakışlarında binlerce soru vardı.

"Güzelavrat otu," dedi Lorenzo. "Koyu renk çiçekler ve zehirli meyveler veren bir bitkiden söz ediyoruz. Tarlalarda yetişiyor, özellikle de antik kalıntıların civarında. Gerçek şu ki bu küçük salkımı burada, bizim evde buldum."

Duydukları Cosimo'yu dehşete düşürdü. "Ağzından çıkanların farkında mısın? Eğer dediklerinde haklıysan bu evin içinde ailemize karşı komplo kuran biri var demektir."

"İşte kimseye şüphelerimizden bahsetmemek için bir neden daha."

"Aynen," diye onayladı Cosimo. "Seninle tamamen hemfikirim ancak bu durum tüm bu olan bitenin peşini bırakmamız anlamına gelmiyor ve eğer tüm bunların doğru olduğu ortaya çıkarsa, babamın ölümü daha da trajik bir hâl alacak. Umarım bizimkiler sadece yersiz şüphelerdir. Çünkü aksi takdirde, Lorenzo, sana yemin ederim bunun sorumlusunu kendi ellerimle öldürebilirim."

Cosimo iç geçirdi. Bu aptal tehditlerin kulağa boş geldiğini, neredeyse engel olamadığı bir yetersizlik ve hayal kırıklığı duygusunun dalga dalga içinde yayıldığını hissetti.

"Bunun gibi bir zehir bulmak çok da zor olmasa gerek, ne dersin? Özellikle Floransa gibi bir şehirde..." diye sordu.

Sesinde bir tutam endişe vardı. Zira o şehirde birisinin hayatına kastetmenin ne kadar kolay olduğunu görmek çok acı bir gerçekti. Kendisine kalmak üzere olan miras düşünüldüğünde, bundan böyle iki misli dikkatli olmalıydı.

"İşinin ehli olan herhangi bir eczacı bu tür maddeleri ele geçirebilir, bir ilaç ya da kaynatarak bir karışım hazırlayabilir."

Cosimo bakışlarıyla etrafını çevreleyen bahçeyi taradı. Tıpkı o kış sabahı gibi çıplak ve griydi. Sarmaşıklar duvarlarda karanlık ve tedirgin örümcek ağları oluşturmuştu.

"Pekâlâ," dedi ardından. "Şöyle ilerleyeceğiz. Sen zehirlenmeye dair izleri takip edeceksin. Evdekilere tek kelime etmeyeceğiz. Şüphelerini besle ve onları bir şekle sok. Gerçekten babamızı öldüren bir kişi varsa, onun gözlerinin içine bakmak istiyorum."

"Bunu yapacağım. Böyle bir yılanın yüzü isim kazanana dek bana huzur yok."

"Öyle olsun. Ama şimdi geri dönelim."

Lorenzo kafasıyla onayladı.

Böylece, o açıklamanın kapkara alametleri kalplerinde birer oyuk açarken eve döndüler.

4

Son Vasiyet

Birkaç gün içinde bir cenaze merasimi düzenlenmişti. Floransa'nın belli başlı ailelerinin ileri gelen tüm mensupları Giovanni'ye son görevlerini yerine getirmek üzere merasimde hazır bulunmuştu. Hatta hayattayken onu ezeli düşman bellemiş olanlar bile. Bunların arasında, elbette, Floransa'yı her daim zorbalıkla tahakküm altına almak isteyen Albizziler de vardı. Rinaldo küçümseme ve kibir dolu bakışlarıyla gelmiş, her şeye rağmen gitmemezlik edememişti. Medici Sarayı iki gün boyunca önemli insanların uğrak yeri olmuştu.

Artık her şey bitmiş, cenaze töreni ihtişamlı fakat bir o kadar da ölçülü bir şekilde tamamlanmıştı. Cosimo, Lorenzo ve eşleri, sarayın en büyük odalarından birinde Giovanni'nin vasiyetini dinlemek üzere toplanmışlardı.

Ailenin en sadık yardımcısı ve Giovanni'nin mutlak güven duyduğu kişi, Ilarione de' Bardi, mühürleri yırtmış ve Giovanni'nin son vasiyetini okumaya hazırlanıyordu. Lorenzo'nun kaşları çatıktı. Kasvetli düşüncelere dalmış gibiydi. Kuşkusuz, diye düşündü Cosimo, araştırmalarında yol kat etmiş olmalı. Yakında bunun hakkında konuşacaklar, kaydedilen ilerlemeyi analiz edeceklerdi. Bu arada, Ilarione okumaya başlamıştı.

"Evlatlarım ve yegâne mirasçılarım, genel olarak idari işleri ve faaliyetleri ilgilendiren her konuda yanımda tutmak suretiyle sizleri Banka yönetimine namzet göstereli yıllar oluyor, dolayısıyla bir vasiyet yazmayı gerekli görmedim. Tanrı'nın doğduğum günden itibaren bana bahşettiği hayatı en güzel şekilde yaşadığımı gayet iyi biliyorum ve mutlu öldüğümü söylemekte herhangi bir yanlış görmüyorum. Çünkü sizi varlıklı, sağlıklı, hiç kuşku yok ki Floransa'da size yakışan onur ve haysiyetle yaşamaya muktedir, tesellilerini eksik etmeyecek dostluklarla bırakıp bu hayattan gittiğimi biliyorum. Ölümü ciddiye almadığımı söyleyebilirim çünkü hayatım boyunca hiç kimseyi gücendirmemiş, hatta ihtiyaç sahiplerine elimden geldiği surette yardım etmiş olduğuma dair bilincim güçlü ve nettir. Tam da bu sebepten ötürü sizleri de aynı şeyi yapmaya çağırıyorum. Güven içinde ve saygın bir hayat sürmek istiyorsanız, yasalara uymanızı ve başkalarına ait olan hiçbir şeye el uzatmamanızı öneririm çünkü böyle yaparak, çevrenizde kıskançlık ve tehlike uyandırmaktan uzak duracaksınız. Size bunları söylüyorum çünkü başkalarının özgürlüğünün başladığı yerde sizinkinin bittiğini aklınızdan çıkarmamalısınız ve bilmelisiniz ki bir kimsenin bizden nefret etmesine sebep olan şey, ona ne kadar verildiği değil, ondan ne kadar alındığıdır. Siz işinize odaklanın, zira sadece bu şekilde gözlerini başkalarının malına mülküne sahip olma hırsı bürümüş haris insanlardan daha fazla şey elde edersiniz. Bu kimseler eninde sonunda ellerindeki pirinçten de olup kendilerini sefalet ve kedere batmış bir hayat sürerken bulurlar. İşte bu yüzden –düşmanlara, yenilgilere ve hatta zaman zaman her birimizin hayatını etkileyen hayal kırıklıklarına rağmen– bu şehirdeki saygınlığımı lekelenmeden korumayı ve hatta mümkün olduğunca yüceltmeyi sadece yukarıdaki birkaç sağduyu kuralına uymaya borçlu olduğumdan eminim. Hiç şüphem yok ki size tavsiye ettiğim bu birkaç basit kurala uyarsanız, sizler de kendinizinkini koruyacak ve yükselteceksiniz. Ne var ki, bundan farklı bir şekilde davrandığınız takdirde, işte o zaman sizin de tek ve yegâne sonunuzun, ailesine tasviri en güç musibetleri musallat etmek suretiyle kendilerini mahvedenlerinki gibi olacağına bir o kadar eminim. Evlatlarım, Tanrı sizi korusun."

Bu noktada Ilarione'nin sesi kesildi. Piccarda çoktan gözyaşlarına boğulmuştu. Sessiz sessiz ağlıyor, gözyaşları yanaklarında ıslak oluklar çiziyordu. İncecik bir mendil çıkarıp gözlerini kuruladı. Giovanni'nin vasiyetinin ve sözlerinin bir süre dağılmadan havada asılı kalması için tek kelime bile telaffuz etmedi. Önce bu sözlerin çocukların kendilerine prensip haline getirmesi gereken bir bakış açısı şekillendirmesini istiyordu.

Ardından Ilarione son derece düz bir soru sordu. Fakat sorulabilecek en doğru soruydu.

"Evet, şimdi benden istenenleri okuduğuma göre, sizlere soruyorum: Banka için ne yapmalıyız?"

Sözü Cosimo aldı.

"Bankamızın İtalya'daki bütün komisyoncularını Floransa'ya çağıracağız, böylece her biri kendi durumu hakkında bilgi verecek. Bu konuyla, şu an için senin ilgilenmeni rica ediyorum, Ilarione."

Medicilerin sağ kolu ciddiyetle kafasını salladı.

Sonra da ayrıldı.

Piccarda kararlı bakışlarını Cosimo'ya dikti, ne zaman oğluna önemli bir şey söylemesi gerekse böyle yapardı. Onu evin kütüphanesinde beklemişti.

Kadife kaplı zarif koltukta oturuyordu. Şöminede kırmızı közler cızırdıyor, zaman zaman aralarından fırlayan birkaç kıvılcım asi birer ateş böceği gibi oymalı tavana doğru yükseliyordu.

Piccarda insanın içini ısıtan kestane kabuğu rengi uzun saçlarını incili bordürle çevrelenmiş nakışlı bir bonenin içinde toplamıştı. Başlık kısmı altın rengi iplikle dokunmuş, değerli taşlarla bezenmişti. Çividin derin rengine suç ortaklığı yapan kürk yakalı mavi entarisi koyu renk gözlerinin yumuşak tonlarını vurgulayarak öne çıkarıyor, muhteşem gümüş bir kemer belini sımsıkı sarıyordu. Ellerinde tuttuğu eteğinin katları muntazam bir şekilde dökülüyor, elbise dikilirken kullanılan değerli kumaşların hatırı sayılır miktarını apaçık gözler önüne seriyordu. Geniş balon kolları bilek hizasında yine gümüş bir nakışla bitiyordu. Kollarının kesimi, elbette hummalı bir el işçiliği gerektirmiş olan, gri brokar kadife üzerine işlenmiş fistanları sergileyecek tarzdaydı.

Zor günler geçiyor olmasına rağmen, Piccarda hâlâ göz kamaştırıcıydı ve yapması gerekeni tam olarak anlaması için oğluyla konuşmaya kararlıydı. Cosimo kesinlikle bir aptal değildi ama içinde sanata ve resme karşı büyük aşk besliyordu ki ona göre bu aşk, zaman zaman devraldığı mirasla örtüşmüyordu. Piccarda hatalara ya da yanlış anlamalara izin veremezdi. Cosimo'nun kendisini neyin beklediğini doğru anladığından emin olmalıydı.

"Oğlum," diye söze girdi. "Babanın sözleri ancak bu kadar açık ve şefkat dolu olabilirdi. Üstelik ölüm döşeğinde sana verdiği tavsiyelerin de bundan farklı bir muhteviyat taşımadığını çok iyi biliyorum. Floransa vahşi bir aygır gibi; muhteşem ama evcilleştirilmeye muhtaç. Her gün. Sokakları sana yardım etmeye ve yaptığın işi desteklemeye istekli insanlarla dolu. Fakat aynı zamanda boğazını kesmeye hazır, kaba saba, işsiz güçsüz çapulcular, senin temiz kalbinden ve dürüstlüğünden çıkar sağlamaya çalışacak görmüş geçirmiş düşmanlar da karşına çıkacak."

"Anneciğim, o kadar da deneyimsiz değilim," diye itiraz etti Cosimo. Bunun gerçeği ne kadar yansıttığını kendisi de düşündü bir an.

"Devam etmeme izin ver. Böyle olmadığını ve bu ailenin güçlenmesinde önemli bir rol oynadığını gayet iyi biliyorum fakat işler karışık bir hâl alıyor, oğlum. İnançlarından vazgeçmeden babanın vasiyetini yerine getirebileceğin, kendine ait bir yol bulacağına eminim. Sana gösterilen rotada ilerlemeni ve dolayısıyla davranışlarını şekillendirirken stoacı ahlak anlayışından esinlenmek suretiyle ortak fayda, her anlamda ölçülü olma, kişisel prestij ve gösterişin karşısında net bir tavır alma yolunda gözle görülür bir arayış içinde olmanı tavsiye etmek istiyorum.

"Ayrıca, şunu da belirtmek isterim ki bundan böyle daima senin yanında olmak niyetindeyim ve aldığın kararlar ne doğrultuda olursa olsun bütün ailenin seni takip etmesini sağlamak benim önceliğim olacaktır. Finansal durumumuz tekâmül halinde, saygınlığımız ise yadsınamaz; buna rağmen düşmanlarının da sayıca çok ve sinsi olduklarını aklından çıkarma. Özellikle Albizzilerden Rinaldo'yu kastediyorum. Ona ve politik hamlelerine dikkat et. Her şeyi yapmaya hazır, son derece acımasız bir adam olduğunu bil. Onun hırsının sınırı yok ve sana zarar vermek için elinden geleni yapacağına eminim."

"Anneciğim, dikkatli olacağım ve kendimi koruyacağım."

"Tabii ki kardeşine güvenebilirsin. Her zaman karakterlerinizin ve ruh halinizin güzel bir harmoniyle birbirini tamamladığını düşündüm. O, sana göre daha atik ve fevrî. Sen ise düşünerek hareket eden, analitik bir insansın. Onun harekete geçtiği yerde sen ölçüp tarttıktan sonra geniş bir dünya görüşüyle yol alırsın ki bu hayatta olumlu ve faydalı bir erdemdir. Her zaman yakın olun, birbirinizin düşünme tarzına ve zamanlamasına daima saygı gösterin. Seni bekleyenlere dönersek: kendi işlerinle meşgul olmaya çalış ve hasmının hamlelerini öngörmenin ne kadar mühim olduğunu unutma. Giovanni, kentin politik hayatında yer almak konusunda her zaman çekimser kaldı ama ben bu konuda onunla hiçbir zaman hemfikir olmadım. Daha ziyade halka, yani ezeli müttefiklerimize yakın durmak kaydıyla orta yolcu bir konumlanmanın kıymetli olduğuna inanıyorum. Avam tabakasının taleplerine önem atfederken soyluların kaygılarına cevap verebilecek siyasi ödevler ve kamusal rollerden oluşan bir yol izlenebilir. Böylelikle en güçlü ailelerin arasında bile bir destek kanadı edinebiliriz. Söylemek istediğim, bu yönde de çalışmak zorunda kalacaksın, çift taraflı destek sağlamak için."

Cosimo, Piccarda'nın tavsiyelerinin ne kadar doğru ve akılcı olduğunu anlıyordu. Kafasını salladı. Ancak annesinin söyleyecekleri henüz bitmemişti.

"Giovanni di Contugi'nin Volterra'da Giusto Landini'yi kışkırttığı apaçık ortada, bunu sana söylememe gerek bile yok. Ve bunun altında yatan sebep babanın onaylamış olduğu kadastro kanunu. Sana bunları söylüyorum çünkü tavır almama şansımız yok, bir seçim yapmak zorundayız. Dikkatini katedralin kubbesinde süren işlere verdin, bunu yaptığın için üstüne gelmek istemiyorum ancak siyaset arenasından uzak durmak bize çok pahalıya mal olabilir, bu da bir gerçek. Bunu göz ardı etme. Senden gerekenden daha fazlasını yapmanı beklemiyorum. Rinaldo degli Albizzi, kamu yönetimine dair gelişen ani ilgini olabilecek en kötü şekilde karşılayabilir ama bütün inisiyatifi kendisine ve ailesine bırakmamız da söz konusu olamaz. Floransa, Volterra'ya karşı silahlanıyor ve tavrımız net olmalı."

"Öte yandan ne halka ne de *pleb*'lere* ihanet edemeyiz," diyerek durumu değerlendirdi Cosimo. "Giovanni, babam, kadastro kanununu çok destekledi. Bu kanun sayesinde

---

* (İt.) Ayaktakımı. Antik Roma'da Patrici olmayan halk sınıfı. Genellikle tarımla ve zanaatla uğraşan bu toplumsal kesim Roma tarihinde genel anlamıyla orta ve alt tabakayı temsil eder. Uzun dönemler boyunca Patricilerin sahip oldukları bazı haklardan yoksun bırakılmışlardır; idari makamlara atanmak, soylularla evlenmek gibi. (ç.n.)

Floransalılar soyluların daha çok vergilendirildiğini kendi gözleriyle gördüler."

"Fakat Rinaldo degli Albizzi, bu kanun yüzünden onu asla affetmedi. Sana anlatmaya çalıştığım şey, şu an ona karşı gelemeyiz."

"Biliyorum. Bu yüzden Rinaldo, Palla Strozzi ile birlikte, silahlı adamlarıyla Giusto Landini'ye karşı harekete geçti."

"Elbette. Baban soylulardan yana olurdu ama bunu tarafını açıkça belli etmeden yapardı. İyi de yapardı. Şimdi ise önemli olan, hangi tarafta olduğumuzun anlaşılmasını sağlamak. Tüm bu söylediklerimin anlamı tam olarak şu: bundan böyle net bir politik çizgiye sahip olup niyetini başkaları tarafından bilinir hale getirmek dışında bir seçeneğin yok. Floransa'ya, babanın yaptığı işleri reddetmeden, bu şekilde destek olacaksın. Giovanni'nin asıl niyeti kaynakların ve fedakârlıkların adil bir şekilde dağıtılmasıydı ve bunda yanlış olan herhangi bir şey yoktu. Bu prensibi desteklemekle Floransa'ya karşı gelen bir şehre cephe almak arasında da bir çelişki yok."

"Biliyorum," diye iç geçirdi Cosimo. "Sanırım şu noktada kendimi fazlasıyla soyutluyormuş hissi yaratmamak üzere diğer ailelerle işbirliği yapmayı seçeceğim. Ancak aynı zamanda ailemizin, halkın ve tüm insanların koruyucusu olarak kalmasını sağlayacağım. Sıradan insanları kaybedersek, babamın uğruna çabaladığı her şey boşa gider."

Piccarda memnuniyetle başını salladı. Cosimo iyi ve adil bir seçim yapmıştı. Bir tebessüm, acı içindeki yüzünü aydınlattı. Ancak Contessina kütüphaneye daldığı için kelimelere dökmeye vakit bulamadı.

Gözleri fal taşı gibi açılmıştı. Hayalet görmüş gibiydi.

"Giusto Landini..." diye haykırdı boğuk bir sesle. "Giusto Landini öldü. Arcolano ve adamlarının elleriyle öldürüldü!"

5

Rinaldo degli Albizzi

"İhtiyar nihayet öldü, onun ölümüyle birlikte Mediciler şiddetli bir darbe alacak."

Rinaldo degli Albizzi, durumdan şeytanca bir zevk alıyordu. Yeşil brokar, duble düğmeli ceketi ve aynı renkteki dar pantolonuyla hanın tahta banklarından birine sinmiş oturuyordu. Palla Strozzi göz ucuyla ona baktı.

"Ne söylemeye çalışıyorsun? Bunun o lanet olası tefecilere zarar vermek için en doğru zaman olduğunu mu?"

Rinaldo kahverengi buklelerini düzeltti. Gözleri parıldıyordu. Deri eldivenlerini çıkarıp tahta masanın üzerine attı. Güzel hancının kendisine yaklaşmasını bekledi ve bu süre boyunca Palla'ya cevap vermeye tenezzül etmedi. Onu bekletmeye bayılırdı. Bu, her şeye rağmen aralarında var olan farkı belli etmenin bir yoluydu. Strozzi ailesi güçlüydü, ama kesinlikle onunki kadar değil. Ayrıca Palla bir hümanistti; ince, zarif ama bir o kadar da işe yaramaz bir yazar bozuntusu... Bir şeyleri değiştirmek için hem sağlam sinirlere hem de kana susamış bir mizaca sahip olmak gerekirdi. Kendisi, her iki açıdan da son derece donanımlıydı.

"Bize bir kuzu budu getir," dedi güzel hancıya. "Ekmek ve kırmızı şarap da. Elini çabuk tut çünkü çok savaştık ve acıktık."

Kadının bukle bukle saçları uzun ve siyahtı. Eteğinin kayda değer hışırtısı eşliğinde mutfağa dönerken, Rinaldo ona yan yan baktı. Samimi bir yüzü ve altın suyuna batırılıp çıkarılmış gibi pırıldayan kestane rengi gözleri vardı. Vücudunun kıvrımlarında Rinaldo'nun kanını ateşleyen bir şeyler vardı.

"Parmağımızı bile oynatmamışken cengaverliğimizle bu kadar böbürlenmene şahit olmak enteresan… Ama sanırım bu da sıradan insanları etkileme arzundan kaynaklanan çelişkili tavırların bir parçası," dedi Palla Strozzi, içerlediğini ele veren bir ses tonuyla. Albizzi kendisine cevap vermediği zamanlarda ondan nefret ediyordu. Üstelik bu, onun kaldırabileceğinden çok daha sık oluyordu.

Rinaldo yanıt olarak sadece gülümsedi.

Sonra gözlerini önünde oturmuş bekleyen Palla'ya çevirdi.

"Benim sevgili Palla'm," diye söze başladı. "Tane tane anlatacağım. Belki de Savaş Onlusu'nun* adamlarımızı Volterra'ya yönlendirmemizi, başkaldıranları cezalandırmamızı emrettiği doğru değildir. Hem sonra bu durum kendiliğinden çözüldü, öyle değil mi? Gördün, değil mi? Giusto Landini'nin kellesi gitti! Giusto'nun neden Floransa'ya karşı ayaklanmak istediğini hatırlıyorsun, değil mi?"

"Elbette!" diye haykırdı Strozzi. "Kadastro kanunuyla getirilen yeni vergiler yüzünden."

"Ve bunu isteyen…" diye sordu Rinaldo degli Albizzi.

"Giovanni de' Medici."

"Aynen."

"Fakat Giusto'nun kibri sonunda yine kendi vatandaşları tarafından cezalandırıldı. Arcolano adamlarını toplayıp kafasını kesti."

"Ayrıca, şunu da eklememe izin ver, aynen az önce söylediğin gibi, yaptıkları sayesinde bizi kirli işlerden kurtardılar.

---

* Orijinal terim: Dieci di Balia.

Dolayısıyla biz bu işin içinden, her zaman olduğu gibi, mayıs seması kadar temiz ve muzaffer olarak çıkacağız. Çünkü Volterra'yı tekrar Floransa'nın koruyucu kanadının altına aldık." Palla Strozzi, "Parmağımızı bile oynatmadan," diye noktaladı.

"Aynen. Şimdi," diye devam etti Rinaldo. "Niccolò Fortebraccio'nun Fucecchio'da eylemlerini sürdürdüğü bir sır değil. Eğer bu gerçekse onun sonunda Floransalılar tarafından kovulmasına sebep olan kişinin bizzat Floransa'daki barışın temel savunucusu, Giovanni de' Medici olduğu da bir o kadar gerçek. Bunu inkâr edebilir misin?"

"Bunu iyi düşünmem lazım," dedi Strozzi sabırsızca, "ama benimle oynama, Albizzi."

"Oynamıyorum. Hem de hiçbir şekilde. Ve birazdan sen de bunu anlayacaksın. Şimdi, isyan etmiş gibi görünen Volterra şehrinin, Messer Arcolano'nun başarılı manevrası sayesinde *obtorto collo** da olsa bize döndüğü bir gerçek. Diyecek bir şey yok."

"Tabii bu manevra, çekilmiş bir bıçağın üzerine yürümek olarak da tanımlanabilir."

Rinaldo bu ifadeyi, sinirlenmiş gibi bir el hareketiyle savuşturdu. Gerçekten de sinirlenmişti. Hem de nasıl. Palla'nın sırf bu aptalca detayları vurgulamak için bu şekilde sözünü kesmesine katlanamıyordu.

"Saçma," dedi. "Kan dökmeyi göze almasaydık, Floransa'yı ancak rüyalarımızda görürdük."

"Benim bunu yapmakla ilgili bir derdim yok, Albizzi, sadece gerçeklerin olduğu gibi anlatılmasını tercih ediyorum." Palla, böyle konuşarak arkadaşını rahatsız edeceğini biliyordu ve ne olursa olsun onun işini kolaylaştırmaya niyeti yoktu. Sonuçta, hiçbir şekilde kendini ondan daha aşağıda hissetmiyordu.

---

* (Lat.) Ensesinden çekiştirilerek (ç.n.)

"Hadi ama dostum, ince imaları abartmayalım. Bu stratejilerini başkaları için sakla. Bize dönecek olursak, Niccolò Fortebraccio ateşli bir şekilde şehre geri dönüp ortalığı yakıp yıkmak, kadınlara tecavüz etmek istiyor…"

"Onu nasıl suçlayabilirsin ki?" diye sözünü kesti Palla. Bunları söylerken onun bakışları da güzel hancıya takıldı. Kadın, masaya iki tahta kadehle birlikte güzel kokulu bir parça ekmek ve günahtan bile kara bir şarap maşrapası bırakırken basit elbisesinin geniş yakasından görünen beyaz ve dolgun göğsü, az önce karşı konulmaz bir lezzet tatmışçasına Palla'nın ağzını şapırdatmasına sebep oldu. Kadın fark etmemiş gibi görünüyordu. Palla gözlerini ayırmadan onu izlerken mutfağa geri döndü.

"Kadını rahatsız edip sözümü keseceğine beni dikkatli dinle, seni utanmaz ihtiyar," diye payladı Albizzi. "Fortebraccio ile aynı damak tadını paylaştığını gayet iyi anlıyorum ama şu anda önemli olan bu değil!"

"Peki önemli olan nedir, lütfeder misin?" Bunu sorarken Strozzi şarabı kadehlere boşalttı, ardından bardağını dudaklarına götürdü. Nektarla dürtülerini tatmin ederek birkaç yudumda kadehini boşalttı.

"Anlamanı istediğim şey… Bir savaş çıkarmamız gerekiyor. Sadece başka bir savaşın patlak vermesini sağlayarak şehri tamamen karışıklığın içine itebiliriz. Böylece karışıklıktan istifade, şehri tek seferde ele geçirebiliriz."

"Emin misin?" Palla tereddüt içindeydi, bu nedenle Rinaldo'ya ısrarla sordu. "Bunun en iyi strateji olduğuna gerçekten inanıyor musun? Bakalım doğru anlamış mıyım: Fortebraccio'nun Floransalılara karşı küskünlüğünü kullanmak, ona masanın altından rüşvet vererek Floransa'ya karşı savaş açmasını sağlamak, sonra da kan ve terör sayesinde şehri ele geçirmek istiyorsun, doğru mu?"

"Yani, aklımdaki fikir bu, düzmece bir savaş olacak. *Pleb*'lerin kısmen öldürmesini sağlayacağız. Hatta Cosimo ve ahalisi de bunların arasında olacak. O noktada anlaştığımız gibi katliama son vereceğiz ve gücü ele geçireceğiz. Kolay ve temiz, sence de öyle değil mi?"

Palla başını salladı.

"Bu plan hiç içime sinmedi," dedi. "Daha uygun bir fırsat beklemek mantıklı olmaz mı sence? Bildiğin gibi Niccolò da Uzzano, Medicilerin dostu ve o ailenin yanındayken Cosimo gibi birinin hakkından gelmek ya da şehri almak senin dediğin kadar kolay olmayacaktır."

"Peki ya sen ne öneriyorsun?" diye patladı Albizzi sabırsızlıkla. "Giovanni de' Medici öldü. Ailesi ve serveti çocuklarının koruması altında olacaktır. Lorenzo sersemin teki ama Cosimo tehlikeli olabilir. Birden fazla durumda nasıl davranması gerektiğini iyi bildiğini gösterdi. Katedral kubbesi işinin arkasında onun ismi var ve hepimiz onun Papalıkla arasının nasıl olduğunu biliyoruz. Kuşkusuz, kendisine büyük hayırsever süsü veriyor ve adaleti elden bırakmıyormuş gibi davranıyor. Ama aslında o da babası kadar kurnaz ve acımasız, belki daha bile fazla. Gerçek şu ki, o yozlaşmış bir tefeci ve istediklerini yapmasına müsaade edersek sadece ailelerimize değil bütün Cumhuriyet'e yıkım getirecek."

Palla homurdandı.

"Santa Maria del Fiore kubbesinin yalnızca Medici'nin işi olmadığını, proje hayata geçirilirken yöntem ve zamanlama ile ilgili kararların l'Opera del Duomo tarafından alındığını göz önünde bulundurarak, bildiğim kadarıyla Filippo Brunelleschi çok hızlı yol kat ediyor..."

"Hem de fazlasıyla hızlı!" Bu kez Palla'nın sözünü kesme sırası Rinaldo'daydı.

"Evet, fazlasıyla," diye onayladı Palla. "Daha da kötüsü, sebep olduğu tüm zarara rağmen Filippo'nun yaptığı işi denetleme görevinin Lorenzo Ghiberti'ye verilmiş olması!"

"Evet, evet, sana en çok endişe veren şeyin bu olduğunu biliyorum. Ama senin de mantıklı düşünmen gerekiyor, sorunlarımızı sanatla çözecek halimiz yok!" diye patladı Rinaldo. Arkadaşının çoğunlukla sanat gibi kendisinin tamamen yabancı olduğu konulara bağlanan, kesintisiz fikir sapmalarına zor tahammül ediyordu.

"Her halükârda, sonunda sırf Medicileri öldürteceğiz diye kendi şehrimizi yerle bir edeceğiz. Bundan elde edebileceğimiz gerçek bir fayda göremiyorum. Bu iş için pekâlâ birkaç kiralık katil tutulabilir. Üstelik Fortebraccio'yu Floransa'nın kendisine değil, başka bir hedefe karşı harekete geçirmek daha mantıklı olmaz mı? Hatta Savaş Onlusu Konseyi'nin meşru hedeflerinden birine karşı?" dedi Strozzi.

Palla Strozzi'nin sözleri baştan çıkarıcı ve kinayeli bir şekilde havada uçuşurken, hancı elinde ahşap bir tepsi ile çıkageldi. Tepsinin üzerinde bir servis tabağı, servis tabağının içinde ise ortadan ikiye bölünmüş devasa bir kuzu budu vardı. Diğer iki küçük kâseden ise haşlanmış mercimeklerin yoğun aroması yayılıyordu.

"Muhteşem," diye ağzından kaçırıverdi Rinaldo yemekleri görünce. "Ne diyordun?"

"Diyordum ki belki Fortebraccio'yu ikna ederek dikkatini Lucca'ya yönlendirmesini sağlarsak daha iyi fırsatlar elde edebiliriz."

"Peki hangi amaç için?"

"Yeni bir savaşı bu şekilde meşrulaştırarak sonunda topraklarımızı genişletmek için. Kendi şehrimiz aleyhinde bir saldırıya ön ayak olmadan. Bu sadece delilik olur. Sana daha fazlasını söyleyeceğim. Fikrinin ilk kısmı iyi, yani saldırmaya ikna etmek için Fortebraccio'nun ceplerini doldurmak... Fakat ben olsam onun Lucca'ya saldırmasını sağlardım. Şu anda Fucecchio'da çürümekten bıkmış, tehlikeli ve kontrolden çıkmış durumda, bunu kendi ağzınla söyledin. Onu Paolo Guinigi'nin kentine karşı kışkırtma işini bu şekilde haklı göstereceğiz. Şu anda Savaş Onlusu'nda yer alıyorum ve iyi müttefiklerim var. Senin de iyi dostların var. Yüksek yargıcı, Lucca'ya saldırmak ve hegemonyamızı kesin olarak kabul ettirmek lehinde oy kullanmaya ikna etmek zor olmayacaktır. Tıpkı Volterra'da olduğu gibi. Fortebraccio, Lucca'ya saldıracak ve şehri kuşatacak. Şehri ele geçirdiğinde Floransa'nın ruhları teskin eden elçileri olarak bir kez daha orada olacağız. Zaferden sonra barış getiren, sıradan halkın ve Floransalıların desteğini yeniden kazanan elçiler... Ve Cumhuriyet'in kurtarıcıları olarak, şehirdeki konumumuzu Medici'ye karşı güçlendireceğiz."

Rinaldo bunu düşündü. Fikir kötü değildi, ama Palla'nın düşünceleri fazla zarifti.

Sessizliğe büründü ve eti dişleyerek beyaz kemikten kopardı.

Volterra'ya karşı savaşı daha yeni kazanmışlardı, oysa ki savaş devam etmeliydi. Bu konuda Palla ile aynı fikirdeydi. Askeri üstünlük yoluyla kendi prestijini ve politik gücünü bir kez daha pekiştirirken Floransa'nın hegemonyasını genişletme fikri Cosimo de' Medici'nin etkisini gitgide azaltmak için akıllıca bir yoldu. Sonra, savaş esnasında sırtına bir darbe, ölümcül bir kılıç darbesi... Son derece normaldi. Ölüm her yerde kol geziyordu, o ise ölümün zamanlamasını ve yöntemlerini kontrol etmeyi kafasına koymuştu. Sadece uzaktan izleyemezdi.

"O halde savaşacağız," diyerek kadehini kaldırdı. Palla Strozzi de aynısını yaptı ve kadehlerini tokuşturdular.

"Ve Medici Sarayı'nın lanet olası çocuğunu susturacağız." Rinaldo kupasını boşalttı. Dudaklarına bulaşan şarap, mumların tereyağı rengindeki ışığında pıhtılaşmış kan gibi görünüyordu. Zalimce sırıttı. "Cosimo'nun günleri sayılı," dedi boğuk bir sesle.

6

Parfümcü

Lorenzo zehirler konusuna bilgisiz değildi. Annesinden birçok yeteneğinin yanı sıra otlara ve tozlara olan tutkusunu da ödünç almıştı. Şifalı bitki uzmanı değildi. Kulaktan dolma bilgilerle uygulanan karışımların sırlarını bile bilmezdi. Ancak annesinden ona geçen tutkusu sayesinde en azından Floransa'nın hangi eczacılarından zehirli tozların veya bitkilerin rahatlıkla temin edilebileceği bilgisine haizdi.

Başlangıç için çok fazla bir şey sayılmasa da hiç yoktan iyiydi ve dürüst olması gerekirse, bu onun için neredeyse kesin bilgiydi; babası doğal sebeplerle ölmemiş olabilirdi. Bir şey ona, o ani ve çaresiz hastalığı tetikleyen başka bir neden olabileceğini söylüyordu. Kim tarafından ve hangi amaçla yapılmış olabileceğini ise hâlâ bilmiyordu.

Kafasının içi sorular ve muhtemel cevaplarıyla doluydu. O yüzden kendisine fazla ıstırap çektirmeden en basit ve kesin yöntemi takip ederek problemle en akılcı şekilde yüzleşme kararı aldı: suç kurgusunun sonundan başına doğru ilerlemek.

Aklını kurcalayan varsayımlardan yola çıkarak, Giovanni'nin ölümünü izleyen günlerde eczacıların bazılarını kararlı

37

ve inatçı bir tavırla sorgulamaya başladı. Elbette, bazı riskler almış, hatta birkaç durumda fazla ileri gitmiş olsa da herkes bir şekilde onun kim olduğunu ve daha da önemlisi kimi temsil ettiğini biliyordu. Bu nedenle, herhangi bir sözcük ya da ifadeden rahatsız olanlar dahi, Medicilerle ters düşmemek için ağızlarını bile açmamaya özen gösterdiler. Dolayısıyla işin aslı, bir arpa boyu yol alamamıştı.

Bu arada, Cosimo ile birlikte Medici Sarayı'nda çalışan tüm hizmetkârlara dikkat eder oldular. Karmaşık bir süreç olmuştu fakat sonunda tüm şüpheler kısa bir süre önce işe giren, kuzguni saçlı güzel hizmetçi üzerinde toplandı. Haftanın birkaç günü gelip ufak tefek işleri hallediyordu. Lorenzo, bazı araştırmaları sonucunda elde ettiği ipuçlarını takip ederek, bu kadının bir süre önce Floransa'da bir parfüm dükkânı olduğunu tespit etti. Adı Laura Ricci'ydi. Eğer karışımlar ve diğer şeytani maddeler hakkında bir şeyler bilen biri varsa ondan başkası olamaz, dediler kendi aralarında. Doğal olarak, şüphelerini kendilerine sakladılar. Lorenzo nerede yaşadığını bulmak ve ona bazı sorular sormak için kızı takip etmeye karar verdi. Son derece hassas ve tedbirli hareket etmeliydi. Ne de olsa ellerinde herhangi bir kanıt yoktu. Yine de bu kız bir numaralı şüpheliydi.

İşte bu nedenle, Lorenzo sinsice güzel parfümcüyü takip etmeye başladı. Bir süredir şehrin karanlık, çamurlu sokaklarında kızın peşinden yürüyordu. Sokaklar kasap dükkânlarından akan kan ve kopmuş et parçalarıyla kaplıydı.

Kasaplar, günlük olarak kasa ve yükleri getirip götürürlerken şehir merkezinde geçtikleri sokaklar boyunca, neredeyse istisnasız bir şekilde kan izleri bırakmaya, etrafa et parçaları saçmaya başladıklarından bu yana neden oldukları kirlilik şehirde *vexata quaestio** haline gelmişti. İnsanın mi-

---

* (Lat.) Gündem maddesi, tartışılan ama bir türlü tatmin edici bir çözüme ulaştırılamayan sorun. (ç.n)

desini kaldıran, tiksindirici, tatlımsı ve keskin bir kokuydu. Bir süre önce İki Yüzler Konseyi konuyu gündeme getirmiş ancak yetkili kurumlardan hiçbiri ne yapacağına dair bir karara varamamıştı. Bazıları Floransa'daki tüm kasapları Ponte Vecchio'ya taşımayı önermişti ama bununla ilgili de hiçbir şey yapılmamıştı. Her halükârda Lorenzo, Paglia Pazarı'ından sonra Ponte Vecchio'yu da geçip, Oltrarno'ya varana kadar kadını takip etti. Burada, Seyyahlar Hanı'nı geçtikten sonra parfümcü, Santa Trinita Köprüsü'ne doğru devam etti ve ardından sola dönüp bir ara sokağa girdi. Muhtemelen atölyesi olan bir yerin önünde durana kadar ilerledi. Anahtarı çıkardı ve kilide soktu.

Etrafını kolaçan etti, yüzüne yansıyan endişenin gölgesini saklayamadı ve içeri girdi. Takip edildiğinden şüpheleniyor gibiydi.

Laura içeriye girdiğinde dükkânı yarı karanlık bir halde buldu. Dükkânın içi tavandan sarkan demir avizeye dikilmiş topu topu dört mumun etrafa yaydığı loş ışıkla aydınlanıyordu. Ortamdaki kasveti az da olsa dağıtmak niyetiyle çekmecelerden birini açıp kuyruk yağından yapılmış birkaç mum daha çıkardı. Onları bir tezgâhın üzerinde, içleri şifalı otlar ve renkli tozlarla dolu bir dizi cam kabın ortasında duran üç ayaklı gümüş bir şamdana yerleştirdi.

Kepenklerin tamamen kapalı olmasına özen göstererek odayı az da olsa aydınlatmayı başarmıştı ki duyduğu bir sesle yerinden sıçradı. Köşedeki kadife koltukta bir adam oturuyordu. Adam insanüstü bir görüntüye sahipti. Derin mavi gözleri ve uzun kızıl saçları vardı. Omzundan sarkan pelerin de dahil olmak üzere baştan aşağıya simsiyah giyinmişti. Demir plakalarla güçlendirilmiş duble düğmeli ceketi, askeri çevrelerde giyilenlerin tarzındaydı. Kemerinin en görünen yerine imajını tamamlayan bir hançer takmıştı. Anlaşılan o ki, kısa bir süre önce bu hançerle bir elmayı dört parçaya bölmüş ve kadının gözlerinin önünde büyük bir afiyetle yemeğe başlamıştı.

"Demek döndün, *mein kätzchen*!*"

Adam bu sözleri neredeyse aynı tonda kalamayan, iniş çıkışlı, sert ve nahoş bir sesle söylemişti. Bir anlamda sesi kendi keyfine göre gidip geliyor, yönetilemez bir şekilde yükselip alçalıyordu. En azından mükemmel bir şekilde kontrol edemediği ortadaydı.

"Tanrım, Schwartz," dedi Laura. "Ödümü patlattın."

İsviçreli paralı asker, uzun süre konuşmadan ona baktı. Buz gibi bakışlarının altında kadının titrediğini gördü.

"Benden korkuyor musun?" diye sordu.

"Evet."

"Çok iyi. Senden şüpheleniyorlar mı?"

"Evet."

"Tahmin ediyordum. Sen yapman gerekeni yaptın. Eğer bir şeyler anlamış olsalar dahi, artık çok geç."

"Ne demek istiyorsun?"

"Buraya gel."

Kadın yerinden kıpırdamadı.

Adam bunu asla itiraf etmeyecek olsa da kadından giderek daha çok hoşlanıyordu. Sert mizaçlı kadınları severdi. Laura da öyleydi. Hem de nasıl.

Ona uzun uzun baktı, gerçekten bir güzellik abidesiydi. Mumların yanıp sönen ışığında bile zeytin rengi teninden büyülenen adam, en azından bir anlığına, gönüllü olarak, o yaz ormanı yeşili gözlerde kendini kaybetti. Kusursuz yüz ovalini bir şelale gibi düşen siyah bukleler çerçeveliyordu. Belki de havayı dolduran koku onu bu hale getiriyordu. İnsanda merak uyandıran, baştan çıkarıcı, ruhunu tamamen

---

* (Alm.) Yavru kedim. (ç.n.)

ele geçiren bu koku... Her yeri saran ve odanın her köşesine sinen nane ve ısırgan otunun o ağdalı akışkan aroması...

"Neden dükkânı kapattın?" Konuyu değiştirdi.

"İşler iyi gitmiyordu. Her neyse, bu seni ilgilendiren bir konu değil."

"Tamam, tamam, kızma," derken teslim olmuş gibi ellerini havaya kaldırdı. Hançerin bıçağı mum ışığında parlıyordu.

"Ziyaretinin nedenini söylemek ister misin?"

"Seni kurtarmaya geldim."

"Gerçekten mi?"

"Bana Mediciler yemi yutmuş gibi göründü. Lorenzo'nun seni takip etmesi haklı olduğumu gösteriyor. Hatta kendisi seni dışarıda bekliyor. Onu gördüm."

"Aman Tanrım!" Laura irkildi. "Fark etmemiştim! Ondan korkuyor musun?"

"Zerre korkmuyorum."

"Ama korkmalısın."

"Peki neden?"

"Onların kim olduğu hakkında bir fikrin var mı? Belli ki yok."

"Buraya gel," diye emretti tekrar.

"Ya istemiyorsam?"

"Bana tekrar söyletme. Bana ihtiyacı olan bir kadının istediğim küçük bir iyiliği geri çevirmesine tahammül edecek havada değilim."

Laura bir an için Schwartz'ın ona söylediklerini düşünür gibi durdu.

Ardından üç kelime söyledi.

"Güzel bir kadın," dedi yarım bir gülümsemeyle altını çizerek. "Senin gibi biri için fazla güzel, Schwartz!"

"Eh, yani," diye şakalaştı, "öyle ya da böyle işin içine her zaman güzel bir kadın girer, değil mi? Ama kendini bu kadar önemseme çünkü Tanrı şahidim olsun ki, bu hançerle, yüzüne aniden çekiciliğini kaybettirecek birkaç yadigâr bırakabilirim."

Laura, ifade edilemez bir şeyler hissetti. Bu, sonsuza dek silmiş olmayı umduğu uzak geçmişle içinden çıkılmaz bir şekilde bağlantılı bir şeydi. Bakışlarında sadece onun tarafından anlaşılabilir, derin bir öfke belirdi. Fakat sadece bir an için... Ve bunu ona belli etmemeye özen gösterdi. Schwartz'ı kandırmak için yeterince hızlı ve dikkatli olduğunu umuyordu. Çünkü açıklanamayan bir şekilde, bu adamı çekici buluyordu.

Schwartz onu saçlarından yakaladı ve diz çökmeye zorladı.

"Bu sefer bana minnettarlığını göstermeni istiyorum."

"O ne diyecek peki..."

"Efendimiz mi?" Kadının sözünü kesti. "Endişelenme, sadece bunu düşün..." Bunu söylerken bıçağı kadının boğazına dayadı.

Laura anladı. Başka bir şey söylemeden diz çöktü.

Adamın pantolonunu indirdi. Schwartz'ın beklentisini ve zevkini uzatmak için bunu yavaşça yaptı. Ve de kendi zevkini. Her şey bir yana, bir adama zevk vermeyi çok iyi bilirdi. Adamın cinsel organını eline aldı. Çoktan sertleşmiş ve büyümüştü. Zevkin ilk damlaları penisin ucundan damlamaya başladı.

"Şimdi em," dedi adam. "Yoksa elimdeki boğazını kesecek."

Laura onu ağzına aldı ve Schwartz, daha önce hiç tatmadığı bir zevki hissetti.

7

İnanç ve Demir

Cosimo'nun yalnız kalmaya ihtiyacı vardı. Acı ve delilikle geçen bu günlerde onu rahatsız eden pek çok şey olmuştu. Giovanni'nin ölümü içinde uçsuz bucaksız bir boşluk yaratmıştı. Zehirlenme ihtimalinin kalbinde derin bir yara açtığını ve kendi savunmasızlığının farkına varmasına neden olduğunu biliyordu, bu gerçeği göz ardı edemezdi. Evin içinden birileri onların arkasından iş çeviriyordu. Bu Lorenzo'nun hayal gücüne ait bir fantezi de olabilirdi ama Cosimo bundan o kadar da emin değildi. Giovanni gerçekten hızla kötüleşmiş ve aniden ölmüştü. Üstelik birkaç gün öncesine kadar çok güçlü bir adam gibi görünürken...

Elbette bu yeterli değildi. Avrat otu meyveleri ve hizmetçi ile ilgili şüpheleri dışında, henüz elle tutulur bir ispatları yoktu, yine de... Yine de annesinin de söylediği gibi, düşmanları çoktu. Öyleyse neden iyi niyetini korumaya devam ediyordu?

Lorenzo bütün hizmetçileri gözetim altında tutar olmuş, saraya birkaç yeni çeşnicibaşı alınmıştı. Tabii ki bu da yeterli olmamış, sonuçta yepyeni bir mutfak ekibi gelmişti. Piccarda ondan bir açıklama istediğinde, Cosimo onu fazla telaşlandırmamak için bunu yapmanın doğru olduğunu düşündügünü, bazı küçük eksikliklere dayanarak personeli kısmen değiştirmenin iyi bir fikir gibi göründüğünü söylemişti.

Piccarda ona inanmaz gözlerle bakmış fakat konuyu daha fazla kurcalamak istememişti. Söz verdiği gibi ona güvenecekti. Gözlerini yukarıya, güzel kubbeye doğru çevirdi. Kış güneşinin berrak ışığı koca kubbenin tepesindeki fanustan aşağıya, iskeletin gözlerinden tabanına doğru süzülüyor, tatlı ışık huzmeleri halinde yağıyordu.

Bu görüntü ona güç verdi. Filippo Brunelleschi'yi, onun deha ile azmin mutlu bir kombinasyonu olan sanatını düşündü. Konu mimari ve dekorasyon olunca kendinden geçen bu adamın sayılara ve çözümlere karşı bir takıntısı vardı. Bu takıntısını günden güne gözalıcı, fantastik şekillere dönüşen büyüleyici bir enerji üreterek tüketiyordu. Tıpkı çizgilerden ve dairelerden oluşan son derece yalın ama kusursuz San Lorenzo şapelinin basit, köşeli taban planı ile yuvarlak kemerlerinin mükemmel geometrisi gibi...

Kendisinin de onun gibi olması gerektiğini düşündü: düz çizgilerin kırılmaz vakarı ve dairelerin cesaret kabiliyeti. Başka bir deyişle, babasının kendisine önerdiği şey.

Onu hayal kırıklığına uğratmaktan korkuyordu, bu bir gerçekti. Onu korkutan Banka'nın yönetimi değildi. Dış etkenlerle nasıl başa çıkacağını biliyordu ve ayrıca Lorenzo ona yardım etmek için her zaman oradaydı. Onu endişelendiren daha ziyade meşakkatli politik seçim sanatı ve verilmek zorunda olan tavizlerdi. Ailesi için elinden gelenin en iyisini yapmaya, en çok ihtiyacı olanlara yardım etmeye niyetliydi ama Savaş Onlusu'nun içinde, kendini onu sınamaya ve muhtemelen alt etmeye adamış kimselerin olduğunu ve onu her yerinden çekiştirdiklerini hissediyordu.

Sonra çocukları Giovanni ve Piero vardı.

Özellikle Piero. Onu fazlasıyla düşündürüyordu. Neredeyse on dört yaşındaydı, artık bir erkek oluyordu ve son zamanlarda kılıç kullanmak, silah ve diğer şeytanlıkların ehli olmak yönünde tuhaf eğilimler göstermeye başlamıştı. Bunda kötü bir şey yoktu. Kendisi de düellonun temel prensiplerini öğrenmişti ve bir saldırıya uğradığı takdirde kendisini pekâlâ savunabiliyordu ama o kesinlikle profesyonel bir asker değildi. Oysa Albizzi, Volterra'da, olayı ilk tetikleyen adamın bir kumpas sonucu ortadan kaldırılmasıyla sönen öfkeyi körüklediğinden bu yana, Piero asker olmak istediğine dair abuk subuk şeyler söylemeye başlamıştı.

İçini çekti ve ellerini kavuşturdu.

Gözlerini kapattı.

Sessizliği dinledi.

Mutlak sessizlikte mistik bir şey vardı. Mutlaka konuşmak ya da birine karşı durmak zorunda değildi. Bu, o kadar huzurlu bir şeydi ki.

Orada oturup düşünmeye başladığından beri uzunca bir süre geçtiğini fark etti. Lorenzo ise hâlâ dönmemişti. Güzel parfümcünün beklenenden daha fazla soruna neden olmamasını yürekten diledi. Ancak Lorenzo bu tarz konularda ondan çok daha iyiydi ve başarabileceğini biliyordu.

Yine de bu gecikme onu huzursuz etti.

Lorenzo uzun zaman beklemişti. Zaman algısını tamamen yitirmişti ama içten içe hiçbir yere gidemeyeceğinin farkındaydı. Sadece o kadının dışarıya çıkmasını bekleyerek bu sırrı açıklığa kavuşturabileceğini biliyordu. Tabii ki bu, bütün bir gün bile sürebilirdi. Sabır. Vazgeçmeye niyeti yoktu. Abisinin yanına elleri boş dönemezdi. Ayrıca o pes edecek bir tip değildi. Kafasına koyduğu şey mutlaka yapılmalıydı. Babasının her zaman dediği gibi.

Güneş batmıştı. Lorenzo artık pek şansı kalmadığını düşünmeye başlamıştı ki kapı açıldı. Dışarı çıkan kişi Laura'nın ta kendisiydi. Vücudunun kıvrımlarını ve kapüşonunun altından çıkıp patavatsız gözlerini saklamakla meşgul olan uzun siyah buklelerini tanımıştı.

Hiç düşünmeden ona yaklaştı. Fevri davranmıştı, çünkü onu ikinci kez kaçırmaya niyeti yoktu. Bitmek bilmeyen bu bekleyişten dolayı sıkılmış ve öfkelenmişti çünkü bütün bu hikâyenin arkasında onun olduğundan emindi. Kadını bileğinden yakaladı. Sinirli mizacı ve haşin tavrında son günlerde beslenen binlerce korku ve şüphe saklıydı. Bu gizemi çözmek için kadının kolunu büküp onu tehdit etmek gerekiyorsa, bu konuda asla tereddüt etmezdi. Ancak buna gerek kalmadı.

"Laura, konuşmamız lazım, sence de öyle değil mi?"

Kadını ona doğru dönerken gördü ama bir kedininkini andıran yeşil ve derin gözleri ile karşılaşır karşılaşmaz, bir şeyin omzunu kavradığını hissetti. Âdeta bir mengene omzunu sıkıyordu, vahşi bir hayvanın ısırığı gibi. Hemen ardından bir şey onu bir evin duvarına doğru fırlattı. Omzunu çarpmanın şiddetiyle acının vücudunda dalga dalga yayıldığını hissetti.

Önünde bir adam duruyordu.

Gerçekten heybetliydi, uzun boylu ve iri yapılıydı. Kemerinde taşıdığı hançere bakılacak olursa askerden başka bir şey olamazdı.

Baştan aşağı simsiyah giyinmişti. Aynı renkte bir pelerin yumuşak bir şekilde omuzlarını sarıyordu. İnsanın üzerinde kendinden emin, hatta kibirli, kavga çıkarmaktan başka bir derdi yokmuş gibi bir intiba bırakıyordu.

Lorenzo korkmuştu.

"Siz kimsiniz?" dedi. Sesi öfkeyle titriyordu. Elini giysisinin iç astarında gizlediği kamasına götürdü.

"Ah, *schwein!**" diye seslendi adam. "O hançeri, renk vermeden kınından çıkarabileceğinize inanıyorsanız, siz tam bir aptalsınız demektir. Tam da tahmin ettiğim gibi."

---

* (Alm.) Domuz.

Karanlık sokağı aydınlatan fenerlerin loş ışığında adamın beyaz ve hain tebessümü parladı.

Lorenzo adamın sözlerini duymazdan geldi ve bıçağı çıkardı. Karşısındakinin karın boşluğuna doğru atıldı fakat asker bir manevra yaparak yana çekildi ve atağı kolayca engelledi. Lorenzo, bir kez daha kendini yerde toz yutarken buldu.

"Demek hiçbir şey anlamadınız!"

"Hayır," dedi Lorenzo, dudağının kenarından sızmaya başlayan bir kan damlasını silerek.

Adam insanın kanını donduran bir kahkaha attı. Kahkahası tiz bir ulumayı andırıyordu.

"Siz Mediciler," dedi. "Bir avuç aptalsınız, öyle değil mi? Gerçekten bu kadının babanızı zehirlediğine mi inanıyorsunuz?"

Lorenzo bu sözlere karşılık olarak adamın üzerine tükürdü. Hayal kırıklığına uğradığı açıkça görülüyordu. Rakiplerinin kendisinden kaç hamle önde olduğunu fark etmek acı verici olmalıydı.

"Ah, ama beni endişelendirmek istiyorsan bundan daha iyisini yapmalısın," diye devam etti asker. "Ve her halükârda gerçeklerden çok uzaksınız... Sefil domuzlar." Bu kelimeleri mümkün olan en aşağılayıcı tonlamayla sarf etmişti. "Ona nasıl bu kadar kolay ulaşabildiğini hiç düşündün mü?"

"Öldür onu," dedi kız, Lorenzo'yu işaret ederek. Gözlerinin içinde soğuk bir kıvılcım çaktı. An itibarıyla olası bir cinayet onun için bir sorun olmaktan çok, rahatsız edici bir tanıktan kurtulmanın en kesin yoluymuş gibiydi.

"Hayatta olmaz," diye devam etti. Ardından, Lorenzo'ya dönerek: "Bunu yapabildiniz çünkü biz size izin verdik. Zehirlenme olmadı, Messere. Sizi buna biz inandırdık, güzel avrat otu meyvelerini yatak odasında bırakarak! Babanız hastalıktan öldü. Bu tiyatronun yegâne amacı, size bir uyarı vermekti. Ne zaman istersek Medicilere ulaşabiliriz, beni duyuyor musunuz? Dikkatli olun yoksa sizi bir dahaki sefere gerçekten öldürmeye karar verebiliriz."

Bu sözleri duyan Lorenzo, son bir kez daha atağa geçerek ona saldırmaya çalıştı. Fakat bu sefer hamlesi karşılık buldu, adam Lorenzo'nun atağını kolaylıkla savuşturdu. Hançerle kamanın birbirlerine sürtünmesinden bir cızırtı çıktı. Demire karşı demir. Sonra, asker kendini bu çarpışmadan kurtardı ve daha uzun olan bıçağını Lorenzo'nun boğazına doğrulttu.

"Unutun gitsin," dedi Schwartz. "Bu düellodan zaferle çıkma şansınız yok. Şimdi buradan ayrılacağız ve biz uzaklaşırken arkamızdan bakmaktan başka bir şey yapamayacaksınız. Ama korkmayın, Lorenzo de' Medici tekrar görüşeceğiz. Sadece çok erken olmaması için dua edin, çünkü bir dahaki sefere sizi öldürmek zorunda kalacağım ve inanın bana, bunu seve seve yapacağım."

Bu sözlerin ardından ona doğrultulmuş hançerin önünden geçerek oradan uzaklaştı. Laura'nın elini sıkı sıkı tutuyordu, kızın da bu yakınlığa itiraz ediyormuş gibi bir hali yoktu. Sokak boyunca yürüyerek uzaklaşırlarken Lorenzo kızın gülümsediğini gördüğünden emindi.

AĞUSTOS, 1430

8

Önemli Bir Görüşme

Atlar tozlu yolda dörtnala koşuyordu. Sağ tarafta sarı buğday tarlaları göz alabildiğine uzanıyor, sol tarafta ise ulu selvi ağaçlarının yeşil yaprakları laciverte boğulan gökyüzüne doğru karanlık birer alev gibi yükseliyordu. Cosimo terinin ensesini ıslattığını hissetti. Damlalar durmadan akıyordu. Gömleğinin yakası sırılsıklam olmuş, derisine yapışmıştı. Yürüyüşünü hızlandırmak için atını mahmuzladı. Lorenzo altındaki kızıl kahve ata yetişmeye çalışmaktan bitap düşmek üzereydi.

Kaybedecek zaman yoktu, mümkün olan en kısa sürede oraya varmak istiyordu. Niccolò da Uzzano Lucca'ya açılan savaşın karşısında olduğunu ilan etmişti, bunu biliyordu. Şimdi de Francesco Sforza, Fortebraccio'nun adamlarını yenerek, Nievole Vadisi'ne iniyordu. Bir karar vermek artık kaçınılmaz hale gelmişti. Fakat en samimi müttefikini kışkırtmak istemiyordu.

Ayrıca Niccolò yaşlanmıştı, çökmüştü ve bu gereksiz savaşlardan bıkmıştı. Kendisine karşı çıkan Albizzi cephesi tarafından dikkate alınmamış ve hayal kırıklığına uğramış, o kavurucu yaz günlerinde, Cincinnato'nun ayak izinden gidiyormuşçasına, Montespertoli kırsalındaki villasına çekilmeye karar vermişti.

Cosimo mahmuzlarına biraz daha yüklenerek parlak doru atın belini bacaklarıyla kastı. Floransa kırsalının ihtişamı ve yüzünü okşayan rüzgâra karşı gülümsedi. Uzun siyah saçları gökyüzünün mavisinde mürekkep lekesi gibi süzülüyordu. Yer yer çiftlik evleriyle beneklenen tarlalardan geçti. Ta ki dar bir patikaya girip çivili deri zırhlar ve çizmeler kuşanmış iki muhafızın koruduğu karanlık bir kapıyla karşı karşıya kalana dek... Her biri uzun sivri uçlu birer mızrak tutuyor ve yanan güneşin altında erime eşiğine gelmiş hissi uyandırıyordu.

Cosimo atını aniden durdurunca hayvan huysuzlanıp şahlandı. Tozu dumana kattıktan sonra ön ayaklarının üzerine indi.

"Sen kimsin?" diye sordu gardiyan. Elindeki mızrağı hafif bir tereddütle ileriye uzattı.

At dörtnala koşunun ardından beyaz köpükler saçarak kişnerken Cosimo, askeri bakışlarıyla âdeta yaktı.

"Bu nasıl bir soru?" diye yanıtladı askeri. Hakir gören bir ifadeyle adamı tepeden tırnağa süzdü. "Medici'nin renklerini tanımıyor musunuz?" Bu kelimeleri sarf ederken atın aile arması taşıyan zırhını işaret etti; altın zemin üzerine altı adet kırmızı top.

Diğer gardiyan, özür dilercesine başını salladı. Eldivenli eliyle kalın, kahverengi bıyığını ovuşturdu.

"Onu affedin, Messer Cosimo. Lordumuz ve efendimiz Niccolò da Uzzano sizi görmeyi bekliyorlar. Bu nedenle ziyaretiniz büyük bir sevinçle karşılanacaktır. Kapıların ötesine geçin ve taşlık yolu takip edin."

Cosimo, daha fazla vakit kaybetmeden atı son sürat taşlık yoldan aşağıya sürdü. Lorenzo onu takip etti. Güneşten yanan yaban mersini, defne, böğürtlen çalılarının ve yerlere dökülen siyah dut izlerinin arasından doludizgin koşan atların nal sesleri taşlık yolda çınlıyordu.

Nihayet avluya vardıklarında, Cosimo eyerinden sıçrayarak atını bir seyise emanet etti.

"Küheylanlarımıza yem ve su vermenizi rica ediyorum. Bunu fazlasıyla hak ettiler."

Onları bir hizmetçi karşıladı ve Niccolò'nun villasına kadar eşlik etti.

"Lütfen Cosimo, anlamaya çalış. Lucca ile savaşmak biricik Floransa'mıza hiçbir fayda getirmeyecek. Rinaldo degli Albizzi kendisini ölü bir beden ağırlığıyla ortaya atıyor çünkü onun kavgacı tabiatı Niccolò Fortebraccio'nun aç ellerini ganimetle donatmaktan başka bir çare göremiyor. Bir süredir Palla Strozzi ile birlikte Lucca'yı ele geçirmek için plan yapıyorlar. Fakat refah ve barışı bu şekilde kazanamayacağız, inan bana. Milano'ya karşı savaştığımız sırada başkalarının yüklerini taşımanın ne kadar dayanılmaz olduğunu tecrübe ettik. Bize sonsuz florine mal olan ve hiçbir şey kazandırmayan bir savaş… Kendi insanlarımızın, hem de en genç ve cesur olanlarının, kaybolan ruhlarından başka… Lucca'ya karşı bu saldırganlık, tarafsız değerlendirildiğinde, nasıl bir avantaj ihtiva ediyor olabilir? Bugünlerde Francesco Sforza'nın Fortebraccio'ya karşı harekete geçtiğini söylemeye gerek yok. Ve sen bu adamın ne kadar gözü kara ve acımasız olduğunu biliyorsun."

Yaşlı Niccolò da Uzzano kollarını iki yanına bıraktı. Geniş beresinin altından görünen gümüş tutamlar onun bilge yorgunluğunu dile getirir gibiydi. Salonu büyük adımlarla arşınlarken mor pelerini omzundan aşağıya dökülüyordu. Cosimo onu dikkatlice dinliyordu. Uzzano'nun Floransa'da gıpta edilen barışı korumayı ne kadar yürekten istediğini gayet iyi biliyordu. Albizzi'nin onu yıkmak için neler yapabileceğini de… Önce Volterra, sonra Lucca. Rinaldo sanki sadece savaşmak için yaşıyordu. Başkalarının hayatı pahasına, elbette.

Cosimo ile Lorenzo bakıştılar. Uzzano ile gizlice buluşmuşlardı çünkü taraflardan birine daha yakın görünmek akıllıca olmazdı. Floransa'da herkes Albizzi'nin savaş, Uzzano'nun barış anlamına geldiğini biliyordu. Öte yandan, Savaş Onlusu tarafından ifade edilen kararı iletmeden edemezdi ki bu karar kendi adamları aracılığıyla tamamen kendisi tarafından ortaya konmuştu.

"Yapabileceğimiz her şeyi yaptık, Niccolò. Öte yandan, Savaş Onlusu kararını verdi. Tabii ki tarafımca tavsiye edildiği şekilde... Ve seni temin ederim ki ortaya attığımız çözüm hiç de azımsanacak gibi değil. Uğursuz zamanlar geçiriyoruz ve gerçek şu ki Paolo Guinigi, ipleri gerdikçe geriyor. Lucca'ya saldırmanın yanlış olduğunu söylüyorsun ve son derece haklısın. Bilhassa Sforza onları savunurken. Ancak bırakalım da gitsin mi? Egemenlik alanımızı genişletmekten vazgeçip pes mi etmeliyiz? Rinaldo degli Albizzi'den ne kadar nefret ettiğimi biliyorsun ama Milano'nun müdahalelerine boyun eğersek çok yakında kendi kentimizde hayatta kalmak için dilenecek bir köşe bulduğumuza şükreder hale geleceğimiz de bir gerçek."

Niccolò'nun gözlerinden bir pırıltı geçti. Bu sözlerin içerdiği ima dikkatinden kaçmamıştı. Cosimo babasını anımsatıyordu, ama fazlası vardı. İşin içine belirgin bir ikiyüzlülük karıştırıyor, bir taraftan kendini dışarıda tutmak istiyor, diğer taraftan da savaşa devam edilmesini öneriyordu.

"Dikkat et, Cosimo. Düşüncelerini iyi anlıyorum ve söylediklerinin temelsiz olduğunu düşünmüyorum ama unutma, aynı anda hem benim hem de Rinaldo degli Albizzi'nin tarafında olamazsın. O yüzden müttefiklerini iyi seç."

Cosimo, yaşlı ve bilge Uzzano'nun sözlerinde sivrilen rahatsızlığı açıkça hissetti. Onu pohpohlamak zorunda olduğunu iyi biliyordu. Yola nasıl devam etmek niyetinde olduğunu ve bunun nedenlerini anlamasını sağlaması gerekiyordu. Öte yandan onu kendi fikrinden tamamen caydırması mümkün değildi. "Niccolò, ne demek istediğini anlıyorum. İnan bana, Mediciler senin müttefikin ve barışın savunucuları. Öte yandan, Francesco Sforza'nın varlığının ne kadar tehlikeli olabileceğini hepimiz biliyoruz. Milano geçmişte bizi çok yıprattı ve şimdi bunun Lucca'nın başına gelmesine izin vermek yanlış olur. Sforza'nın şehri, Fortebraccio'nun kuşatmasından kurtaracağına kuşku yok. Emrinde çok adamı var ve hepsi de iyi silahlanmış. Şu anda biz burada konuşurken, Lucca'ya doğru zaferle yürüyor olması kuvvetle muhtemel."

"Benim de şüphem yok, karşılaşma eşit değil ve duyduklarım doğru ise Fortebraccio kontrolü kaybetmek üzere."

Cosimo bu duyumdan şimdi haberdar oluyordu ama zaten söylemeye çalıştığı şeye bir etkisi yoktu.

"İnandığım şey şu, Niccolò, ki Onlu da bu konuda benimle hem fikir, Francesco Sforza'dan kılıç bile çekmeden kurtulabiliriz, anlatabiliyor muyum?"

Lorenzo önermek üzere oldukları çözümün altını çizmekten kendini alıkoyamadı. "Bunun büyük bir avantaj olacağını siz de kabul edersiniz, yanılıyor muyum?" diyerek erkek kardeşinin düşüncesiyle aynı çizgide kalmak suretiyle, istemeden onun sözünü kesti.

Uzzano, inanmaz bir şekilde kaşını kaldırdı. Ancak Cosimo devam etti.

"Paralı askerlerin başındaki o soyguncu köpeklerin neyin peşinde olduklarına dair bir şüphemiz olduğunu zannetmiyorum. Asıl sorun, istisnasız hepimiz askeri eğitimden feragat ettik, dahası silah kullanmanın bir iş kolu haline dönüşmesine izin verdik, üstelik diğerlerine göre yüksek kazançlı bir iş kolu. İşte benim yapmak istediğim de tam olarak bu."

"Ona para ödemek mi?" diye sordu Niccolò.

"Sforza'nın nasıl uzaklaştırılacağı konusu benim işim. Anlamanı istediğim şey, barış için benim de can attığım ve gereksiz yere kan dökmekten kaçınıyor olduğum. Her şey bir yana, savaşanlar bunu en nihayetinde para için yaparlar. Bu sebeple, hiç şüphem yok ki, teklifime karşılık vermekten memnuniyet duyacaktır."

İhtiyar Niccolò da Uzzano derin bir nefes aldı.

"O zaman öyle olsun. Dualarım seninle!"

Lorenzo gülümsedi.

"Ama unutma," diye devam etti. "Planınızı uygulamaya çalışırken en ufak sıyrık bile istemiyorum."

"Sana söz verdim, değil mi? Ailelerimizi her zaman birbirine bağlayan arkadaşlık adına."

Niccolò kafasını salladı.

"Pekâlâ o zaman." Cosimo, Niccolò'nun ses tonundan fazlasıyla tatmin olduğunu anladı. "Akşam yemeği için mola vermeniz ve Floransa'ya dönmeden önce dinlenmeniz gerekir. Odalarınızı zaten hazırlattım. Ayrıca çok şanslısınız çünkü bu gece, şu ana kadar yediğiniz en iyi keklik tartını tadacaksınız."

Lorenzo teklifi ikiletmedi.

"Elbette," diye cevap verdi. "At sırtında yolculuk beni çok acıktırdı."

"Ama gitmeden önce, aklınızdan çıkarmayın dostlarım. Francesco Sforza ile başa çıkmak çocuk oyuncağı değil. Bu adam çok güçlü bir iştah ve sonu gelmez hırsla donatılmış. Sizin sunduğunuz koşulları zorlayacaktır, bunu bilmeniz gerekir."

"Niyetim onu küçümsemek değil, eğer korktuğun şey buysa, dostum," diye vurguladı Cosimo.

"Bunu aklında tutsan iyi edersin. Aksi takdirde, Tanrı bizi korusun."

Niccolò da Uzzano'nun havada uçuşan sözleri kulağa sert ve tehditkâr geliyordu.

9

Muharebe Alanı

Namlulardan çıkan mavi duman gökyüzüne doğru yükseliyordu. Neri, Francesco Sforza'nın süvarilerinin başları önlerinde kendisine doğru yaklaştıklarını fark etti. Yağmur gibi yağan toplara rağmen şeytanlar ordusu hızla ilerliyordu ve bu da her şeyin sonu demekti. Çarpışma için hazırlandı. Hemen dibinde bir atın köpüren burnu belirdi, sonra da kafasına doğru inen bir kılıç... *Zweihänder** kılıcını, iki koluyla birden havaya kaldırdı. Kılıçların çarpışmasından mavimsi kıvılcımlar çıktı ama Neri ayakta kaldı. Etrafında savaşan silah arkadaşlarından birçoğunun yere yıkıldığını fark etti.

Ona saldıran şövalye bir süre daha ilerlemeye devam ettikten sonra parlak tarçın rengi atını birdenbire durdurdu. Hayvan çıldırmış gibi ön ayaklarıyla havayı tekmeledi ve tekrar ona doğru döndü.

Neri ne yapacağını bilemiyordu. Korkudan ölmek üzereydi. Aniden yapışkan idrarının fışkırdığını ve pantolonunu ıslattığını hissetti. Bu tam olarak süvarinin Neri'ye birkaç adım kala, son derece dengeli ve çevik bir hareketle tek bacağını kaldırdığı ve atı kısa bir süre daha koşmaya devam

---

* (Alm.) İki elle tutulan uzun kılıç. (ç.n.)

ederken eyerden aşağı iniverdiği anda oldu. Adamın ayakları yere basınca kahverengi bir toz bulutu yükseldi. Sonra hançerini fırlattı. O kadar saniyelik, o kadar akıcı bir hareketti ki Neri'yi tamamen altüst etti. Gözleri fal taşı gibi açılmış olan genç adam, uzun kılıcını kaldırıp gardını aldı ve öyle ya da böyle, hamleyi savuşturdu. Ancak darbenin etkisi ve silahının ağırlığı o kadar yoğundu ki onu yere devirdi. Toz yuttu. Yine de kaybedecek zamanı yoktu. Kendisini olası kılıç yaralarından korumak üzere hemen ayağa kalktı. Ama şövalyenin kılıcı bela gibiydi. Neri, adamın, sırf eğlenmek için ilk hatasında yemini parçalamayı bekleyen yırtıcı bir kuş gibi,kendisiyle oynadığına dair yoğun bir hisse kapıldı.

Onun elinden kurtulmak için bir yol aramaktan bitap düşmüştü. Ağır silahların, birbirine geçen demir ve derinin gölgesinde ortalığa hâkim olan arbedenin içinde birisi omzuna çarptı. Bu sırada rakibi geri döndü. Neri hâlâ gardını koruyordu fakat süvariye karşı atağa geçince adam yana çekildi ve Neri'nin hamlesini boşa çıkararak alttan bir darbe indirdi.

Neri önce zehir gibi keskin bir acı, sonra baldırında bir ıslaklık hissetti. Aniden sol bacağının yok olduğu hissine kapıldı. Zorbela fırsatını bulup kafasını çevirdiğinde gri pantolonunun âdeta barikatları aşıp taşan bir nehrin sularında sele kapılarak koyulaştığını gördü. Ve o inci rengi pantolonunun üzerindeki sıvı... Şarap rengiydi.

Dizlerinin üzerine düştü. Uyluğundaki kesik o kadar derindi ki, onu gören çocuk nasıl olup da bacağının vücudunun geri kalanından henüz ayrılmadığına akıl erdiremedi. O sırada yaranın içinden daha da fazla kan boşaldı. Neri çektiği acı yüzünden ağlıyordu. Oracıkta, tozun toprağın içinde, kan ve terde boğulmuş, öylece çaresiz kalakalmışken süvarinin Kıyamet Günü gibi üstüne düşen kılıcını gördü.

Francesco Sforza sağdan sola doğru eğimli bir hareket yaptı. Kılıç eti ısırdı ve askerin başı bedeninden ayrılarak birkaç arşın öteye yuvarlandı. Başsız vücuttan şelale gibi kan fışkırdı. Floransalı savaşçıdan geriye kalanlar sağır bir gümbürtüyle Lunigiana'nın topraklarına devrildi. Francesco Sforza, miğferinin siperini kaldırdı. Niccolò Fortebraccio'nun etraftaki askerleri bozguna uğramıştı. Süvariler ve yaya askerler geri çekilmiş, Sforza'nınkilerin yıkıcı etkisinden kaçmaya çalışıyorlardı. Yere tükürdü. Kirli bir savaş olmuştu. Bunu ondan iyi bilen yoktu. Kazanılacak şey onur değil, sadece paraydı. Kaldı ki, Milano Dukası'nın ve Guinigi di Lucca'nın ona teklif ettiği üç beş kuruş kesinlikle onun ve adamlarının bu şehri almak için çektikleri sonsuz sıkıntıya değmezdi.

Ancak emir emirdi ve yapılan anlaşma göz önünde bulundurulduğunda, Francesco'nun buna uyması gerekiyordu, aksi takdirde kendine yeni bir iş aramak zorundaydı.

Miğferini yere fırlatarak terden sırılsıklam olmuş kahverengi saçlarını serbest bıraktı.

Ona karşı savaşmak için bu kadar genç çocukları gönderdiklerine göre Floransa gücünün sonuna gelmiş olmalı, diye düşündü hayal kırıklığıyla. Az önce yere yığdığı adamın yaşı on altıdan fazla olamazdı. Ayrıca askerlik mesleğine dair en ufak bir fikri olmadığı da aşikârdı. Kaderi, bunaltıcı güneşin altında, kendinden büyük bir kılıcı anlamsızca savurarak dengesiz bir şekilde Sforza'ya direnmeye çalıştığı ilk andan itibaren belliydi.

Havadaki bu lanet olası basıklık onu boğuyordu. Sıcak hiç nefes aldırmıyor, muharebe günü yüzünden kaygıyla gerilen yüzünden oluk oluk ter damlıyordu.

Artık saygı kalmadı, diye düşündü. Çok yorulmuştu, lanet olsun, hem de ne yorgunluk. Günlerdir yıkanmamıştı ve iyi bir banyoya ihtiyacı vardı. Günün olumlu tarafını görmeye çalıştı; şimdi en azından Lucca'ya bir kahraman gibi girecek, Guinigi ona her anlamda saygı gösterecekti. Patlayana kadar yemek yiyecek, sonra da birkaç köylü kadınla gönlünü hoş edecekti.

Yüzünde bir tebessüm beliriverdi. Etrafına bakındı. Sağ kolu Bartolomeo D'Alviano ayağını sürüyerek ve savaş alanını kan gölüne çeviren ölülerin arasından kendine geçecek kadar yer açmaya çalışarak ona doğru yaklaşıyordu. "Komutanım," diye mırıldandı Bartolomeo. Tüm gücünü savaşırken tüketmiş, mücadele ondan hem nefesini hem de sesini alıp götürmüştü. "Bozguna uğradılar."

"Bunu görebiliyorum benim sadık D'Alviano'm, bugün mükemmel bir iş çıkardığımızı söylememe izin ver," dedi Sforza. "Öyle zannediyorum ki, Niccolò Fortebraccio denen o it uzunca bir süre buralara uğramayacaktır." Bu kelimeler ağzından dökülürken, yüzündeki memnuniyet ifadesini gizleyemedi.

"Bundan eminim, Komutanım."

D'Alviano gülümsemeye çalıştı. Bunu yaparken şarap ve bakımsızlık yüzünden harap olmuş kara, çürük çarık dişleri göründü.

"En azından sen tek parçasın, değil mi?"

"Birkaç sıyırık, ama önemli bir şey yok. Fortebraccio'nun çok da zapt edilemez bir savunma yaptığını söyleyemeyiz."

"Gerçekten de öyle, kadim dostum. Bilseydim miğfer bile takmazdım," diye şakalaştı Sforza.

"Öyle değil mi? Hava o kadar sıcak ki," diye iç çekti D'Alviano.

"Her halükârda bu iş de halloldu. Kaç adam kaybettiğimize dair bir fikrin var mı?"

"Net bir şey söylemek için çok erken, efendim, ama sanırım bu çatışma tam anlamıyla bir zafer oldu demek yanlış olmaz."

"Bana da öyle geliyor. Bu yüzden hayatını kaybeden adamlarımızı gömmeni, onlarınkileri ise yağmalamanı istiyorum. En azından onlardan geriye kalanları. Bu arada ben öncü kuvvet olarak ilerleyip Lucca'nın kapılarına dayanacağım. Sen gelene kadar orada bekleyeceğim, sonra da şehre gireceğim."

Bartolomeo D'Alviano başını salladı ve onu selamladı. Emirleri yerine getirmek için adamlarının yanına döndü.

Francesco Sforza atını çağırdı ve üzerine çıktı.

Sonuçta hayat o kadar da kötü değil, diye düşündü. Şansı yaver giderse, iki gün içinde temiz çarşaflı bir yatakta yatabilirdi.

10

Kanın Onuru

"Fakat ben savaşmak istiyorum, anlıyor musun?"

"Peki beni düşünmüyor musun? Sforza, Fortebraccio'ya karşı harekete geçti ve Lucca'yı kurtarmasına az kaldı. Önüne çıkan herkesin sonbahar yaprağı gibi döküldüğü söyleniyor." Piero, annesi Contessina'ya baktı. Al al olmuş yüzü pırlanta büyüklüğünde gözyaşları ile kaplanmıştı. Güzel kırmızı dudakları, korku ve dargınlıkla titriyordu. Anlamaması mümkün müydü? Onun savaşması gerekiyordu! Babasına ve bütün Floransa'ya damarlarında akan kanı ispat etmek istiyordu!

"Babam ve onun babası gibi ben de bir Medici'yim, anlıyor musun? Ama bir politikacı ya da bir tüccar değilim. Onlar gibi değilim anne! Hesap yapabilme kabiliyetine sahip değilim, sanata ya da politik oyunlara dair yeteneğim yok. Sadece bu kollara ve bu kalbe sahibim ve inan bana, yüreğim halkımız için çarpıyor."

Contessina cibinlikli yatağın kenarında oturuyordu. Elleriyle yüzünü kapatmış, hıçkırarak ağlıyordu.

Piero ona arkasını döndü. Annesini bu halde görmek canını yakıyordu ama artık kararını vermişti. Mumların turuncu renkli alevlerine baktı. Alevlerin yansıması gözbebeklerinde birer dil gibi parladı. Babası gibi olmadığını biliyordu. Hatta amcası Lorenzo gibi bile olmadığını da. Ve bu farkındalık onu rahatsız ediyordu. Herkesin, onun gerçek bir Medici olduğunu bilmesini istiyordu. Ve işte bu savaş inanılmaz bir fırsattı ve onu kaçırmak istemiyordu. Hem de ne pahasına olursa olsun.

Ailesinde hiç kimse askeri bir kariyer yapmak istememişti. O zaman neden bu yoldan gitmeyeyim ki, diye düşünüyordu. Evet, biraz fazla kırılgan bir bünyeye sahipti ve bir paralı asker değildi, ama kılıç çekmeyi biliyordu.

O anda içeri büyükannesi Piccarda girdi.

Piccarda'yı görünce Contessina kendine geldi. Cesaretini ansızın geri kazanmışçasına ona bakıyordu.

Odanın pencerelerinden içeri süzülen hafif bir esinti ağustos akşamının nemli ve sıcak kokularını beraberinde getirdi. Piccarda torununa ve kıpkırmızı gözleri hâlâ gözyaşlarıyla kaplı olan güzel gelinine baktı.

"Neler oluyor?" diye sordu inanmaz ve biraz şaşırmış bir sesle.

"Ah, hanımefendim Piccarda," dedi Contessina, aniden ortaya çıkan bu fırsatı kendi avantajına çevirme olasılığını kaçıramazdı. "Piero beni dinlemiyor. Bizi terk edip Sforza'ya karşı savaşmaya gitmek istiyor. Ama sorarım size, Fortebraccio'nun kaderi çoktan belirlenmişse bunun ne anlamı var ki?"

"Hiçbir şey yapmadan böylece beklemeli miyiz? Ya Milano, Lucca'yı aldıktan sonra kapımıza dayanırsa?"

Piero'nun sesi sitemkâr ve hiddetli geliyordu.

Piccarda gözleriyle yaralamak istermiş gibi Piero'ya baktı.

"Bu doğru mu, Piero?"

"Ne doğru mu?"

"Fortebraccio birliğine katılmak istediğin."

"Şehrim için savaşmak istiyorum," diye onayladı çocuk. Bu sefer içindeki tüm öfkeyi kusarak cevap vermişti.

Piccarda gözünü bile kırpmadı.

"Neler olduğu hakkında bir fikrin var mı?"

Piero bunu bilmekten oldukça uzaktı.

"Francesco Sforza, Nievole Vadisi'ne indi ve hemen hemen hiçbir direnişle karılaşmadan ilerliyor. Birkaç gündür Lunigiana'da mevzilenmiş durumda. Fortebraccio'nun günlerinin sayılı olduğunu söylemeye gerek yok. Bu yüzden baban ve amcan harekete geçti."

Piero'nun gözleri büyüdü.

"Bu seni şaşırttı mı?"

"Ama... peki nereye gittiler?" Çocuğun tüm söyleyebildiği buydu.

Piccarda iki keskin yarık haline gelen gözlerini kıstı. Piero'nun hâlâ kırk fırın ekmek yemesi gerekiyordu. Bunca zamandır annesinin oğluna çok daha sert davranması gerekirdi. Ama Contessina'nın yapamadığı, Piccarda için çocuk oyuncağıydı.

"Cosimo ve Lorenzo, kadim politik müttefikimiz Niccolò da Uzzano'yu yumuşatmak için Montespertoli'ye gittiler. Medici'nin savaşı desteklemek niyetinde olmadığı konusunda kendisini ikna edecekler. Ancak aynı zamanda Sforza'nın Lucca'nın üzerine çöreklenmesini cezasız bırakıp hoş göremeyeceğimizi açıklayacaklar."

Kayınvalidesini kadınların en bilgesini dinliyormuşçasına dikkatle takip eden Contessina, "Peki bunu nasıl yapacaklar?" diye içtenlikle sordu.

Piccarda onun gözlerinin içine baktı. Derin bir nefes aldı.

"Sevgili kızım, bunu Sforza için gerçekten önemli olan yegâne şeyle yapacaklar: Para. Ama bunun yeterli olup olmayacağını bilmiyoruz. İşte bu yüzden, şayet Lunigiana'da şansları yaver gitmezse, Lorenzo Roma'ya gitmeye çoktan hazır. Sadece bankamızın bilançolarını ve yönetimini değerlendirmekle kalmayıp, eğer gerekirse, Papa'nın huzuruna çıkmak için. Neyse ki, ailemiz her zaman kilisenin yanında yer aldı. En azından Giovanni, kendi öngörüsü ile önce Baldassarre Cossa'nın XXIII. Giovanni adıyla, ardından da mevcut Papa V. Martin'in Roma tahtına yükselmesine yardım etmeye karar verdiğinden beri. Bunlar yeterli olacak mı? Kendime sürekli bu soruyu soruyorum ve öyle olmasını yürekten diliyorum. Fakat eğer Cosimo'nun planı işe yaramazsa, Papa kesinlikle topraklarımızı kana bulayan bu çatışmanın kaderini belirleyecektir."

"Yani...?" diye sordu Piero, tereddütle. Büyükannesiyle tartışacak çok fazla şeyi olmadığını biliyordu. Her zaman son sözü söyleyen o olurdu. Tüm cesareti bu kadının demirden karakteri karşısında âdeta güneşe direnen bir kar topu gibi eriyordu.

"Kısacası, kıymetli torunum, tüm gayretinin işe yaramaz bir fedakârlıkla boşa gideceğini görmüyor musun? Savaşlar muharebelerden önce kazanılır. Bunu asla aklından çıkarma! Sen savaşçı bir ailenin değil, bankacılardan, politikacılardan ve sanatçılardan oluşan bir ailenin mensubusun. Babanın sana sağladığı eğitimden en iyi şekilde yararlan. Herkes Carlo Marsuppini'nin, Antonio Pacini'nin öğrencisi olma şansına nail olmuyor. Sana verdiği eğitim fırsatı için babana minnettar olmalısın. Her anını öğrenerek ve çalışarak harcamalısın. Bir gün, bu ailenin sorumluluğu senin omuzlarında olacak ve aldıklarının karşılığını vermek zorunda kalacaksın!"

Piccarda bunları söylerken tek parmağı havada, torununu ikaz etti. Kadının içinde çocuğu göz açıp kapayıncaya kadar susturacak derecede bilinçli bir katılık ve bir o kadar sarsılmaz bir ciddiyet vardı. Contessina hayranlık dolu gözlerle onu izleyerek sessiz kaldı.

Piccarda sadece birkaç ay önce sevgili kocasını kaybetmişti. Ama bu korkunç olay onu sarsmaktan ziyade her geçen gün daha da güçlendiriyor gibi görünüyordu.

"Hadi, şimdi geceye hazırlan ve yatağına git," diye konuyu kapattı. "Annen ve ben, babanın pazarlıklarının iyi bir sonuç vermesi için dua edeceğiz."

11

Zafer

Francesco Sforza, Lucca'ya giriş yaparken göz kamaştırıcı görünmek istiyordu. Muharebede savaşarak geçirdiği günler boyunca ve sonrasında çektiği eziyetlere rağmen tarçın renkli atının üzerinde dimdik duruyordu. Ter içindeki uzun saçları ve zarif bir işçilikle işlenmiş, muntazam kesimli parlak zırhı merhametsiz güneş ışıklarının altında parıldıyordu. Üzerinde ne var ne yoksa çıkarıp tuniğiyle kalmak için neler vermezdi. Francesco Sforza sıcaktan dolayı ıstırap çekiyordu, ancak bu sayede iyi para alacaktı. Paralı askerlik müessesesi gösteriş sever, galibiyet ise ihtişamın haklı tantanasını isterdi. Ve ihtişam bazı küçük fedakârlıklar gerektiriyordu. Lucca'ya bu zafer dolu girişi yapmak mecburiyetindeydi. Dolayısıyla, dişini biraz daha sıkması ve tere tahammül etmesi gerekiyordu.

Lucca'nın tiranı ve kendisinin müşterisi olan Paolo Guinigi'ye göre halkın hararetle izlemeye özlem duyduğu şey şovun ta kendisiydi.

İşte, halk orada onu bekliyordu. Uzun kuyruklar halinde, Lucca'nın dar sokaklarını dolduran insanlar... Şehri temsil eden kırmızı ve beyaz renkli paçavralar sallayarak meydanlardan taşıyor, sokaklara sığmıyorlardı. Kalabalık başıyla onu selamlıyordu.

Atının üstündeki Bartolomeo D'Alviano, Francesco Sforza'nın yanında konvoyun başını çekiyor, durmadan etrafına bakınıyordu. Nereye bakacağını şaşırmış haldeydi. Şehrin saygın kadınları, kule evlerin dar pervazlarından çiçekler atıyor, dudaklarının ucuyla aşk sözcükleri mırıldanıyorlardı. Alt tabakadan kadınlar ise beyaz göğüslerini açıp göstererek davetkâr bakışlar fırlatıyor, avam bir debdebe ile kendilerinden geçmişçesine çığlıklar atıyorlardı. Erkekler coşkuyla kendilerini Floransa'nın boyunduruğundan kurtarmış olan Sforza'nın adını haykırıyorlardı. Çocuklar babalarının omuzlarında fal taşı gibi açılmış gözlerle özünde bir paralı asker olan bu komutanın ihtişamını izliyorlardı.

Gerçekte ne iş yaptığımı bir bilselerdi, diye düşündü Francesco. Yakalamak ve arkadan bıçaklamak... Onun yaptığı aslında buydu. Her koşulda daima kirli oynamak. Savaşta, şerefli davranışlara yer yoktu, sadece yüzdüğün deriyi eve getirmek için dalavereler vardı. Ve o, bunların ustasıydı. Pusu kurarak ve yolsuzluğa başvurarak kazandığı savaşların sayısı, cephede adil bir şekilde çarpışarak kazandıklarından daha fazlaydı. Ama an itibarıyla bu gerçek zerre umurunda değildi. Hem zaten iş göğüs göğüse savaşmaya geldiğinde kesinlikle geri adım atmazdı.

Doğruyu söylemek gerekirse, bunu hiçbir zaman yapmamıştı.

Floransalılar, Luccalılar, Sienalılar ve Pisalılar... Kimsenin bir diğeri üzerinde gerçekten kuramadığı sözde egemenlik uğruna birbirlerini ısırmak için yaşayan kuduz köpeklerden ibaretlerdi.

Çığlıklar gökyüzüne doğru yükseldi. Lucca'nın kırmızı-beyaz bayrakları o ağustos gününün cehennem sıcağında dimdik duruyor, ahenkle dalgalanıyordu.

Şehri kavuran sam yeline kapılmış, ortalığı yakan güneşin altında gururla kabarmış, abartılı bir çalımla ilerleyerek nihayet kalenin önüne varmışlardı. Yirmi dokuz kulesi ve kapılarında dikilen armalı şövalyeleriyle kaya gibi sağlam hisar, tüm ihtişamıyla karşılarında yükseliyordu. Armalar kent yönetiminin renklerini taşıyordu. "Ama," diye ağzından kaçırdı D'Alviano. "Anlaşılan bu şehrin efendisi olmak için sürgülü kapılar ardında yaşamak gerekiyor."

"Sayılı günleri kaldı," diye homurdandı Francesco Sforza.

"Onun arkasından konuşulanları biliyor musun?"

"Açıkçası bilmiyorum," dedi Bartolomeo.

"Kadın katili," dedi Sforza.

"Enteresan bir lakap... Peki neden?"

"Çünkü yirmi yıl içinde dört tane eş değiştirdi: Maria Caterina degli Antelminelli, onunla on bir yaşındayken evlendi ve karısı doğumdan hemen sonra öldü. Ilaria del Carretto... O da ikinci evladını dünyaya getirirken hayatını kaybetti. Sonra Piacentina da Varano ve Jacopa Trinci."

"Aman Tanrım, tam bir katliam."

"İşte böyle. Nasıl biriyle karşı karşıya olduğumuzu şimdi anlıyor musun? Benden söylemesi, o tehlikeli bir yılan. Bu yüzden bırak da onunla ben konuşayım. Korkarım ki dostum, her bir duka için mücadele etmek zorunda kalacağız. Tam da bu sebepten ötürü bu gece kampımızın yakınında, Serchio'nun diğer tarafında Floransalılarla görüşeceğim. Bana bir teklifleri var. Bu nedenle, bir kez daha uyarıyorum: Sakın tek kelime edeyim deme."

"Floransalılar mı?" diye sordu D'Alviano şaşkın bir ifadeyle.

"Cosimo de' Medici."

"Hiç fena değil!"

"Aynen öyle."

Francesco Sforza bunları anlatarak kalenin girişine doğru ilerledi. D'Alviano ve arkasındakiler de onu takip ettiler. Kalenin sürgülü dev kapısı onları bir anda yutarak arkalarından kapanırken Lucca şehrini sevinç çığlıklarıyla dolduran coşkulu kalabalığı dışarıda bıraktı.

"Dostlarım benim!" Francesco Sforza ve Bartolomeo D'Alviano büyük kabul salonuna girdiklerinde Paolo Guinigi onları memnuniyetle karşıladı. Bundan daha muzaffer olamayacak kadar neşeli çıkan sesi, kızıl akbabayı aratmayan bir yırtıcılıkla uzamış kıvırcık ve keskin sakalıyla çevrili katı yüzü ile çelişiyordu.

Uzun zamandır onları bekliyordu. Üzerinde gümüş rengi püsküllerle, kıvrımlarla bezenmiş, beli rafine bir ipekli kuşakla narince sarılmış, son derece gösterişli lacivert bir ceket vardı.

"Kıymetli efendim, nasılsınız?" diye sordu Francesco Sforza.

"Sizi meskenimde ağırladığım için şimdi daha da iyiyim. Floransa'nın bundan sonra bize karşı savaş açarken daha dikkatli olacağına inanıyorum."

"Bana da öyle geliyor," diye karşılık verdi Sforza. "Niccolò Fortebraccio, Lunigiana'da öyle bir darbe aldı ki geri dönmeye korkacaktır. En azından ben burada olup sizi koruduğum sürece."

"İşte!" diye bağırdı Guinigi, aniden gelen ilahi bir ilhamla aydınlanmış gibi parmağını havaya kaldırarak. "Meselenin özü işte tam da bu! İşin aslı şu ki, dostum, sen Lucca'ya göz kulak olduğun sürece, ben huzur içinde uyuyabileceğim. Bugün elinizi uzatsanız dokunacak kadar yakından şahit olduğunuz coşkuya karşın insanlar beni sevmekten fersah fersah uzak!"

"Ah, gerçekten mi?" diye sordu Sforza, şaşırmış gibi yaparak.

Paolo Guinigi, para karşılığı hizmet veren komutanın engel olamayıp kaçırdığı alaycı tebessümü fark etmemiş gibiydi, sözlerine hiçbir şey olmamışçasına devam etti.

Hissettiği tiksintiyi belli belirsiz ele veren bir ses tonuyla "Nankörler!" dedi. "Onların uğruna kendimi parçaladım, sanat eserleri yaptırdım, onları korumak için bu fethedilmez kaleyi inşa ettirdim ve... ve işte karşılığı bu!"

"Burayı onlar için mi yoksa kendiniz için mi inşa ettirdiniz, efendim?"

Sforza'nın serüven dolu bu olay serisinin en eğlenceli kısmından vazgeçmeye hiç niyeti yoktu.

Guinigi, Sforza'nın sorusundaki ironiyi yakaladı. Fakat kendisi de nüktedan bir adamdı ve biri onunla dalga geçerse cevapsız bırakmaz, hazırcevap bir müstehzilikle ona karşılık verirdi.

"Hadi ama Komutan, ha şehrin efendisi, ha onun halkı, ikisi aynı şey, sence de öyle değil mi?"

"Doğal olarak, doğal olarak..." Sforza başıyla onayladıktan sonra esas konuya geldi.

"Hâl böyle iken," diye devam etti, "anlaşmamızın kurallarına ve hesaplarımıza uygun olarak bana ödeyeceğiniz on bin duka haricinde gelecekte sizi korumam için de bir o kadar avans vermeye ne dersiniz? Son zamanlarda en az yüz adamımı kaybettim ve sizin de çok iyi bildiğiniz üzere, savunma için bedel ödemek gerekir."

"Borç borçtur," diye cevapladı Paolo Guinigi hiç tereddüt etmeden. Bunları söylemesiyle parmaklarını şaklatması ve hazine sandığı taşıyan iki adamın odaya girmesi bir oldu. Sandığı Komutan'ın ayaklarının dibine bıraktılar.

"İşte," dedi Lucca'nın efendisi, "gözleriniz bayram etsin beyler! On bin altın duka. Bileğinizin hakkıyla kazandınız."

Kapağı açık hazine sandığının içine yığılmış duran altın akçelerin ışıltısı Bartolomeo D'Alviano'nun gözlerini neredeyse kör etmişti.

Ancak Francesco Sforza'nın hamuru farklıydı. Tatmin olmaktan çok uzaktı.

"Tamamdır. Önceki borç kapandı. Peki ya gelecekle ilgili ne diyeceksiniz?"

"Ne mi diyeceğim?"

"Beni duydunuz."

Guinigi gülümsemeye çalıştı. Fakat yüzünde tebessümden başka her şeye benzeyen, eğreti bir ifade belirdi. İnsanın üzerinde yarattığı intiba olsa olsa sansarların yüzüne yakışacak bir tıslamaydı.

"Bu şehrin istikbalini ipoteklemek karşılığında on bin altın duka mı? Hadi ama Komutan, son seferinde bile bu kadar çok istememiştiniz. Üstelik bu sefer düşmana kılıç bile kaldırmadan istiyorsunuz. Sizce de biraz abartmıyor musunuz?"

"Niyetiniz kendinizin ve halkınızın güvenliğini tehlikeye atmak pahasına da olsa pazarlık etmek mi? Çünkü Floransalıların çok yakında tekrar organize olup şehri kuşatmak için geri döneceklerini benden daha iyi biliyorsunuz. Belki bu sefer Fortebraccio'yu göndermeyeceklerdir. Ama bir avuç altın karşılığında size rahatsızlık vermeye istekli bir grup asi bulup emirleri altına alabilecekleri kesin. Bu riski almak istediğinizden emin misiniz?"

Paolo Guinigi iç çekti.

Gözlerinde beliren tek bir ifade, binlerce kelimenin anlatabileceğinden fazlasını söyledi ve nihayet ağzından bir rakamla bir taahhüt homurtusu çıktı.

"Beş bin," diye tısladı dişlerinin arasından. "Ve iş bittiğinde on beş bin daha. Ama şehrimin etrafında dolaşan tek bir Floransalı dahi görmek istemiyorum."

Sforza kafasını yana doğru eğdi. Duydukları anlamlıydı.

"Beş bin hiç yoktan iyidir. Ama şimdiden şunu belirtmem lazım, çok az. Her neyse, bir şekilde yetmesini sağlayacağım."

"Yetmesini sağlayın, yalvarıyorum. Toplam ödemeyi de şimdiden yirmi bin dukaya yükselteceğim. Milano Dukası'na ne kadar derin bir sadakatle bağlı olduğumu biliyorsunuz."

"Cüzdanınız kadar derin, beyefendiciğim." Bunu söylerken, Francesco Sforza etrafına bakındı. Duvarlar, mevsimlerin yanı sıra savaş zırhları ve kılıç kaideleriyle bezenmiş, haliyle görkemli bir geçit törenini betimleyen pırıl pırıl canlı renklerde fresklerle kaplıydı, Fransız-Flaman işi mobilyaları ve dolapları süsleyen ahşap oyması üzüm tasvirleri ve narin ferforje detayları göz alıyordu. Ahşap levhalara oturtulmuş üç kanatlı tablolardan ikisinin yanından geçerek odanın merkezinde tüm heybetiyle uzanan yemek masasına ulaşılıyordu. Üstü porselen yığınları, saf altından çatal-bıçaklar ve muhteşem bardaklarla bezenmek suretiyle kusursuz bir ahenkle hazırlanmış sofranın etrafı baştan aşağıya oymalı-kakmalı on iki adet ahşap sandalye ile çeviriliydi. Tavanın açıkta kalan kirişlerinden aşağıya büyüleyici güzellikte bir ferforje avize sarkıyor, üzerindeki on iki mumla etrafı aydınlatıyordu.

An itibarıyla halkı tarafından nefret edilen bir zorba olduğu göz önünde bulundurulursa Paolo Guinigi, halinden son derece memnun görünüyordu. Ve bunların hepsi, tıpkı kendisi gibi, her türlü kirli işini onun yerine yapan ve her seferinde şişlenerek hayatını kaybetme riskini göze alan ücretli komutanlar sayesindeydi.

"Priamo della Quercia'nın yaptığı bu freskler gerçekten çok güzel, öyle değil mi? Gördüğünüz gibi dört mevsimi resmediyorlar." Guinigi'nin sesi yumuşak ama alıngan geliyordu. "Her neyse, adamlarım, anlaştığımız üzere, ilave beş bin dukayı sayıp size getirmeye çalışırken, sizden öğle yemeğinde misafirim olmanızı rica ediyorum. Umarım bana katılmak istersiniz."

Paolo Guinigi onay beklemeden masanın üzerinde duran altından yapılmış küçük çanı eline aldı ve her seferinde onu parçalarına ayıracakmışçasına salladı.

Birkaç saniye içinde, bir kâhya eşliğinde salona gelen mutfak görevlileri tam takım halinde karşılarına dizildi: bir et pişirme şefi, bir et kesme uzmanı, bir şarap garsonu, servis arabasını taşıyan bir saki ve bir tedarik görevlisi. Her biri eğitimli köpekler gibi, sırası geldikçe servis edilecek yemeklerin ve pek tabii ki şarapların özelliklerini tek tek tarif ettiler: jambon ve salamla doldurulmuş taze makarnaya, üstü kıtır kıtır olan tarttan rostolara ve güveçlere, hatta peynirlerden tutun da meyve ve tatlılara varıncaya kadar... Bitmek bilmez tariflerin sonunda D'Alviano kılıcını çıkarıp bu hizmetkâr altılısını diğer tarafa yollama raddesinin eşiğine gelmişti.

Sforza ona anlayış dolu bir bakış attı ve biraz daha dayanmasını işaret etti.

Altılı, Paolo Guinigi'yi ve misafirlerini öğle yemeğinde onları bekleyen mucizelere dair bilgilendirmeyi bitirdiğinde, nihayet Lucca'nın efendisi iki askeri sofraya oturmaya davet etti.

Francesco Sforza onun teklifini ikiletmedi. Tahtı aratmayan sandalyenin üzerine oturmayı nihayet hak etmişken, sanatın, giyim kuşamın, şık kumaşların, mobilyaların, avizelerin, fresklerin, şarapların ve kaliteli yiyeceklerin kesinlikle olağanüstü ve büyüleyici lüksler, fakat bir o kadar da insanı zayıf düşürmeye muktedir zehirler olduklarını düşündü. İnsanı kendi kendine bakamayacak ve kendi insanlarını koruyamayacak türde bir acizlik noktasına sürükleyebilirlerdi ki sonunda böyle birine dönüşmek istemediğinden emindi.

Bu nedenle, servis görevlileri nefis yemekleri masaya getirmek için özenle çalışırken masanın etrafındaki yerini almaktan duyduğu memnuniyet ikiye katlandı.

Önemli bir müzakere ile sonuçlanacak böyle bir günde bu yemeğin sadece altın bir parantez olacağını biliyordu. Tüm kalbiyle her şeyin yolunda gitmesini umuyordu. Guinigi'nin içinde onun çifte oyununa dair ufak bir şüphe dahi uyanacak olursa başına haddinden büyük bir dert açmış olacaktı. Elbette kendisini cömertçe ağırlayan bu Amphitryon'un boğazını kesmek istemezdi. Öte yandan eğer Guinigi kendisine garip oyunlar oynamış olsaydı bir an bile tereddüt etmezdi.

12

Kamp

Dökülen kanların ve yağmaların ardından, Lucca'ya bir kahraman olarak girdikten ve Paolo Guinigi denen ahlaksızın huzuruna çıkarıldıktan sonra Francesco Sforza, tekrar şehrin dışına çıkmayı yeğlemiş ve Serchio Nehri'ni geçip Pescia'nın kapılarında, Lupo Tepesi'nde kamp kurmuştu. Uzun bir gün olmuştu. Bütün o sahte saygı gösterileri ve bitmek bilmeyen öğle yemeği onu öylesine tüketmişti ki neredeyse savaş alanına geri dönmeyi tercih edecek noktaya gelmişti. Bu hemen hemen her zaman başına gelirdi; savaşırken sükunete özlem duyar, dinlenirken ise tekrar savaşmak için elleri kaşınırdı. Gerçekten de işin onu en çok tüketen kısmı kendisine görevler verip sözleşmeler imzalayan senyör ve düklerle yaptığı periyodik toplantılardı. Parasını aldığı için memnundu, ancak kendine ait zamanı başka şeyler yaparak ve daha da önemlisi, bambaşka insanlarla geçirmeyi tercih ederdi. Guinigi salağın tekiydi, ne var ki kendi dukası Filippo Maria Visconti de aynen onun gibiydi. En azından onun gözünde öyleydi. Sonuç olarak bir kaleye çekilip zamanını avlanarak ve bakire piliçleri lüpleterek geçirmeye hiçbir zaman vakit bulamayacaksa, silahlı misyonlarla para biriktirmenin ne anlamı vardı ki? Sonra bir gün aralarından bir tanesini seçip onu gözdesi, belki de sevgili karısı yapmayacaksa? Neden böyle bir ihtimal ona uzak olsun ki? Ondaki sorun neydi? Ve hatta Guinigi'nin ve Visconti'nin yerinde neden o olamıyordu? Onun nesi eksikti? Hiçbir şeyi. Eksiği yoktu, hatta fazlası vardı. Kendi kendini savunabiliyordu. Ama belki de daha dikkatli bakıldığında, onlarda olup kendisinde olmayan şey politika yeteneğiydi. Ayrıca küçük hesapları ve entrikaları sevmiyordu.

"Müttefikler!" diye düşündü. İşte ihtiyacı olan buydu! Karşılığında onlara verebileceklerinden fayda sağlayan, görevinde ona yardımcı olabilecek tutkulu ve hırslı adamlar.

Kafasında dönüp duran bu tür düşüncelerle, geniş çadırının içinde ona özel hazırlanan döşeğe uzanmış, ödülünün kendisine getirilmesini bekliyordu. Merhametli bir ruh çadırın köşesine, üzerinde Chianti bölgesine ait iki şişe şarap duran bir masa yerleştirmişti.

Ve ödülü nihayet geldi.

Tam da istediği gibiydiler; kuzguni siyah saçlı, dolgun dudaklı, uzun boylu ve kıvrımları cömert, genç bir köylü kadın ile kuzeyli, oldukça şehvetli, tahrik edici, sarışın bir güzel.

Francesco zaman kaybetmedi, çünkü bu bekleyiş ve daldığı düşünceler onu sabırsızlıktan yere serilme noktasına getirmişti. Bir saniye daha bekleyemeden kanını ateşleyen esmerin üzerine atladı. Büyük koyu göğüslerini yakasının içinden çıkararak avuçladı, ta ki inleyip zevkten bir çığlık atana kadar meme uçlarını güdük parmaklarıyla sıkıştırdı. Sonra onları aç bir çocuk gibi emmeye başladı. Kız ağız sulandıran arsız bir kahkaha attı. Bu suç ortaklığı, her şeyi daha da zevkli hale getirdi, diye düşündü Sforza.

Büyük Komutan köylünün göğüslerine asılırken, diğer kız pantolonunu indirdi. Penisini kavradı. Tırnaklarıyla toplarını gıdıklayarak, adamı arzudan inletti. Sonra penisini nemli ve dolgun dudaklarıyla kavradı.

Sforza doğrudan cennete ulaşmış gibi hissetti. Kadınlar ve silahlar... Onun tutkusu da bunlardı. Bir yandan benzer işlerle meşgul olurken, bir yandan da bu tutkuları daha fazla beslemesi gerektiği sonucuna vardı. Sonuçta yıllar geçiyordu ve eninde sonunda kendisi için onurlu bir emeklilik planlaması gerekiyordu.

Cosimo'nun atı kendi etrafında dönüp duruyordu, huzursuzdu. Lorenzo ile Pescia yoluna koyulmuşlardı. Floransa'dan gelen bir düzine paralı süvari de onlara eşlik ediyordu; parlak ve koyu renk zırhlar, sıkı sıkı kapalı miğferler. Francesco Sforza'nın kampı uzak değildi. Komutan, Pescia'nın dışında, Serchio'nun ötesinde, Lupa Tepesi'nde kamp kurmuştu.

Cosimo ve adamları baştan aşağı beyazlar içindeydi. Böylece Sforza amaçlarının barışçıl bir müzakere sonunda anlaşmaya varmak olduğundan kuşku duymayacaktı. İki yağız atın üzerine birtakım çuvallar yüklenmişti. Bunlar yarıya kadar tohum ile doldurulmuştu. Tohumların altına yani dipte kalan ikinci yarısına ise altın florinler gizlenmişti. Bu yolculuğun sebebi açıktı: Sforza ile görüşüp ona rüşvet vererek, Lucca'yı Floransa'nın kılıcı altında bırakmaya ikna etmek. Cosimo'nun baskısıyla Onlu'nun kararlaştırdığı şey buydu. Şimdi artık Niccolò da Uzzano'ya da olması gerektiği şekilde bilgi verildiğine göre, Medici ailesinin yeni efendisi, Toskana topraklarını Milano'nun can sıkıcı etkisinden kurtarmak için ne gerekiyorsa yapmaya hazırdı.

Elbette, niyeti başından beri Filippo Maria Visconti'yi kendine düşman etmek değildi. Francesco Sforza'yı göndermiş olsa bile. Gelecekte faydalı olabilecek bir dengeden ödün vermemek adına taraflar için mümkün olan en kârlı şekilde ilerlemek istiyordu. İş dünyası için barış gerekliydi ve babası öldüğü günden bu yana herkes barıştan taviz vermeye çalışıyordu. Medicilerin Banka aracılığıyla yapmış oldukları gibi kendi kredi limitlerini geliştirmekten yoksun olan Albizzi ve

Strozzi, korku ve savaşla dikte ettirdikleri politik etki sayesinde azami kazanç elde ediyorlardı.

Cosimo, adamlarına kendisini takip etmelerini işaret ettiğinde aklından bunları geçiriyordu.

Güneş, tepelerin siyah sırtlarından batarken bakırdan bir daire gibi eriyor, eridikçe gökyüzünü kızıla boğuyordu.

Acele etmeleri gerekiyordu.

Cosimo atını dörtnala koşturdu, Lorenzo ile yanlarındaki on iki adam da onu takip etti. Etraftaki ağaçlar seyrelinceye dek tatlı çam koruluğunun içinden geçen bir patika boyunca ilerlediler. Çok geçmeden bir açıklığa vardılar. İşte o anda Francesco Sforza'nın karargâhı gözlerinin önünde beliriverdi: yeryüzüne salgın hastalık döküntüsü gibi indifa etmiş derme çatma çadırlar, birinin başına geçip keçi çevirme yaptığı ateşe doğru kendilerini sürükleyen birtakım yorgun askerler. En azından havadaki kokuya bakılırsa, aralarına katılmaya engel olacak hoşnutsuz bir durum hissedilmiyordu. Yere saplanmış fenerler ve mangallar gecenin renkleriyle mürekkeplenmiş göğe kızıl parıltılar saçıyordu. Rahvan koşan atlarının üzerinde kampa iyice yaklaştıkları zaman bir çift gardiyan onlara durmalarını emretti.

Onları bu kadar kalabalık görünce, diğer askerlerden safları sıklaştırmak üzere nöbetçilerin yanına gelenler oldu. Ancak Cosimo derhal meşalesini tutarak koluna taktığı beyaz şeridi aydınlattı. Ardından yol arkadaşları da aynısını yaptı.

"Siz kimsiniz?" diye sordu nöbetçi. Sesi yorgunluktan ve içtiği şaraplardan dolayı kısılmıştı. Cosimo, meşalelerin loş ışığında adamın içkiyi fazla kaçırmaktan parlayan gözlerini seçebiliyordu. Kirli saç tutamları, miğferinden taşıp ezilmiş örümcek cılkı gibi alnının iki yanına yapışmıştı.

"Floransa'dan barış adına geliyoruz. Francesco Sforza bizi bekliyor. Dolayısıyla bizi Komutan'ın çadırına götürürseniz size minnettar oluruz."

Asker bir öksürük nöbetine tutuldu ve o kadar eğilip büküldü ki neredeyse ortadan ikiye ayrılacaktı. Yere bir balgam attı ve nihayet kendine gelip doğruldu. Cosimo ve adamlarına sonsuzmuş gibi gelen bir süre boyunca yanındaki arkadaşıyla fısıldaştı. Yanlarına üçüncü bir adam eklendi ancak kısa bir süre sonra diğer ikisinden ayrılıp çadırların yolunu tuttu. Üçüncü nöbetçi yanlarına dönüp de onaylarcasına kafasını sallayarak ilk nöbetçiye kısaca bir şeyler söyleyene dek öylece durdular. İlk nöbetçi iyice anladığından emin olduktan sonra bakışlarını Cosimo'ya çevirdi. Neden hep en beceriksizler beni bulur, diye düşündü.

"Floransalı olduğunuzu söylüyorsunuz."

"Kesinlikle."

"Komutan Francesco Sforza ile konuşmak için geldiniz."

"Evet," diye onayladı Cosimo, sesi içinde yükselmeye başlayan öfkesini ele veriyordu. Sonra ekledi: "Hadi biraz hızlanalım, aksi takdirde buraya geldiğimiz gibi geri dönmesini de biliriz. Bu durumda efendiniz sizin yüzünüzden önemli bir meblağdan mahrum kalarak daha fakir bir adam olacak ve buna sizin sebep olduğunuzu fark ettiğinde hepinizi kırbaçlayıp derinizi yüzecektir. İstediğiniz bu mu yoksa?"

"Tabii ki hayır. Nöbetçi arkadaşım sizi Francesco Sforza'nın çadırına götürecek. Sadece siz ve yükler!" diye buyurdu, önce Cosimo'yu sonra da çuvalları taşıyan iki atı işaret ederek.

"Nasıl cüret edersin?" diye çıkıştı Lorenzo. Tam hançerini çekmek üzere davranmıştı ki Cosimo onu bir el hareketiyle durdurdu.

"Öyle olsun," dedi. "Bakalım Francesco Sforza hangi hamurdanmış."

Bunu duyan nöbetçi nihayet kenara çekildi.

13

Cosimo ve Francesco

Cosimo'nun adamın hakkını teslim etmesi gerekiyordu, Francesco Sforza gerçekten heybetli bir adamdı. Kendinden emin ve mücadeleci ruhunu yansıtan çehresinden savaş sanatına adanmış hayat hikâyesi okunuyordu. Doğrudan insanın gözlerinin içine yönelen bakışları saygı ve hatta gerektiğinde korku emrediyordu. Cosimo bundan emindi çünkü her ne kadar o esnada dudakları tebessüme benzer bir hareketle dalgalanarak birleşmiş olsa da gözlerinde katı bir ışık vardı. Boğanınki kadar geniş ve sağlam omuzları, gözden kaçması mümkün olmayan boyunu hesaba katmaya lüzum bırakmadan, her şeyi dile getiriyordu.

Yine de inceden bir yorgunluk gölgesi yüzünden eksik kalmamıştı. Üzerine giydiği soluk adaçayı rengindeki mütevazı tunik –ki hakir görmek Cosimo'nun aklının ucundan bile geçmemişti– sökük içindeydi ve terden sırılsıklam olmuştu. Sanki bütün o savaşlar, nihayetinde onu tüketmekten başka bir işe yaramamış gibiydi.

Çadırın içi mahrumiyete meydan okurcasına döşenmişti. Döşekten biraz daha iddialı bir yatak, fenerdeki ışığın yansımaları, üzerinde iki şarap kadehi ile beraber bir şişe duran küçük bir masa. Bir köşeye tırmalanmış ve muharebe meydanının tozuyla kir içinde kalmış zırhı yerleştirilmişti.

"Efendim," diye giriş yaptı Komutan. "Bu cehennem gibi kaynayan gecede ziyaretiniz ne kadar da kıymetli."

Cosimo, "Beni kabul ettiğiniz için teşekkür ederim, Komutan," dedi. "Çünkü, bildiğiniz gibi, işinizi yaparken gösterdiğiniz ibretlik ustalıkla sevgili Floransa'mı fazlasıyla utandırdığınız yadsınamaz bir gerçek."

"Bundan ötürü üzüntü duyuyorum, Messer Cosimo ve inanın ki bunu tüm kalbimle söylüyorum. Fakat öte yandan Luccalı Paolo Guinigi'nin hizmetlerimin karşılığını ödediği inkâr edilemez. Üstelik Fortebraccio'yu kovalamam için müdahale etmemi emreden Filippo Maria Visconti'nin bizzat kendisi oldu."

"Tabii ki bu konuda bilgilendirildim. Bana karşı dürüst olun, Komutan. Guinigi, Niccolò ve adamlarını hezimete uğratmanız ve Floransa güçlerine karşı direnmeniz için size ne kadar ödedi?"

Sforza bir an için tereddüt eder gibi oldu. Sonra dudakları Cosimo'nun tahmin ettiği miktarı telaffuz etti.

"Yirmi beş bin duka. Avans olarak beş bin ve iş bitince yirmi bin."

Cosimo başını salladı.

"Makul bir rakam ama kesinlikle insanın aklını başından alacak kadar yüksek değil. Lucca'nın tiranının yerinde ben olsaydım daha cömert davranırdım." Bunları söylerken yüzünde beliren yarım ağız tebessümü engelleyemedi.

"Dürüst olmak gerekirse, onun durumunu pek iyi görmüyorum, Messer."

Cosimo tek kaşını kaldırdı. "Bu söylediğinde samimi misin?"

"Kendini kale duvarlarının ardına kapatmış. Üstelik omuzlarının üstünde gezip olanca dargınlıklarını ona üfleyen dört eşinin hayaletiyle beraber. Açıkçası bugün kent halkı D'Alviano ile ikimizi öyle büyük bir heyecanla karşıladı ve kahraman ilan etti ki, ister istemez Lucca'nın isyana hazır olduğunu düşündüm."

"Peki buna inanmana sebep olan şey nedir?"

"İşin aslı şu ki gerçek bir efendi kendi halkından korkmaz. Kendinize bakın, efendim Cosimo, buraya kadar geldiniz ve ikimiz de bunun nedenini gayet iyi biliyoruz. Uzlaşma ve politika sanatı sayesinde istediğinizi elde edeceğinize dair hiç kuşkum yok. Floransa'da Savaş Onlusu'nun desteğiyle de meşrulaştırıldığına göre gelme nedeniniz ne olursa olsun, siz Floransa'nın kendisi olarak buradasınız."

Cosimo kayıtsız kaldı. Bu ifadenin onu memnun edip etmediğini söylemek kolay değildi. Her halükârda başını sallayarak onayladı.

"Durumumuz hakkındaki derin bilginiz beni şaşırttı."

"Ben bir savaşçıyım, Messer, günün sonunda bir paralı asker... Benim inancıma göre, haberdar olmak işimin bir parçası." Bunu söylerken, Francesco Sforza'nın kalp atışları hızlandı.

"Bir bardak şarap alır mıydınız?"

"Teklifiniz için teşekkür ederim ama size ziyaretimin nedenini açıklamak istiyorum."

Komutan masaya yaklaştı ve bardağa kırmızı şarap koydu. Tadına baktı, hemen sonra birkaç büyük yudum aldı. Dilini şapırdattı ve elinin arkasıyla dudaklarını sildi.

"Sizi dinliyorum."

"Lucca'yı Floransa'ya teslim etme sözü ve taahhüdü karşılığında size elli bin florin teklif etmeye geldim. Teklifin pazarlığa açık olduğunu bir an bile aklınızdan geçirmeyin. Cevabınız nedir?"

Cosimo siyah gözlerini Francesco Sforza'nınkilere dikti. O an sanki ne Cosimo ne Sforza karşısındakine boyun eğip gözlerini ilk kaçıran olmak istemiyordu. Komutan, karşısında duran adamın sahip olduğu çelik gibi iradeyi ve kolay kolay zedelenmeyecek kararlılığı hissetti. Anlaşılan babasının asil mizacı Cosimo de' Medici'ye miras kalmıştı.

Ayrıca Floransa'nın kendisine sunduğu toplam meblağ, Paolo Guinigi'nin avans olarak vaat ettiklerinin fersah fersah üzerindeydi. Bunu reddetmeyi gerektirecek herhangi bir sebep yoktu. Adamları bundan dolayı mutlu olacaktı. O ise nihayet kendisine yeni bir at ve içinde yaşlanmayı ne zamandır hayal ettiği kaleyi satın alabilecekti; belki de güzel bir kadınla beraber yaşlanabileceği. Veya birden de fazla kadınla... Sonuçta, büyük düşünmenin ne zararı olabilirdi ki? Francesco Sforza'nın teklifi kabul etmeye dair hiçbir tereddüdü yoktu. Sadece kafasını kurcalayan ve açıklık kazandırması gereken tek bir şey vardı.

Bu husus olmadan herhangi bir anlaşma yapılamazdı.

14

Anlaşma

"Teklifinizi kabul edebilirim," dedi Komutan. "Sadece bir sorun var."

Cosimo gözlerinin içine bakarak bekledi.

"Şerefim."

"Daha açık olun."

"Bakın, Messer Cosimo, her ne kadar tek başımaymışım gibi görünsem de biz paralı askerlerin de müşterilerine karşı hiçbir koşulda ihmal edemeyecekleri, yerine getirmeleri gereken görev ve sorumlulukları vardır."

"Size belirttiğim tutarı kabul etmenize engel olan sorumluluklar mı?"

"Kesinlikle değil."

"Bir an için şüpheye düştüm," diye şaka yaptı Cosimo ince bir zekâyla.

"Bana söylemek üzere olduğunuz şeyi tahmin ediyorum..."

"Bundan gerçekten emin misiniz?" Floransalı asilzade, adamın sözünü yarıda kesti. "Çünkü bu o kadar basit değil. Beni dinleyiniz..." Sonra derin bir nefes aldı ve hiçbir şeyi atlamadan söylemek istediklerini kelimelere döktü. "Bu kadar kati bir görevi üslenmiş olmanızın, sizden istediğim şeyi gönül rahatlığıyla kabul etmenize izin vermeyeceğini ziyadesiyle hayal edebiliyorum. Bir paralı askerin de –her ne kadar benimkilerden farklı olsa da– duruşunu belirleyen ve uygun şekilde davranmasını gerektiren prensiplere sahip olduğu benim için son derece açık. Öte yandan, aynı berraklıkla bu elli bin florini almaya çoktan hazır olduğunuzu da görebiliyorum. Bakın, ben şöyle düşünüyorum: Lucca'yı bana teslim etmek yerine neden Paolo Guinigi ve şehrini Floransalı kılıçların altına terk edivermiyorsunuz? Bu her ikimizin de işine yarayacak ve gecenin bu saatinde yaptığımız bu sohbetten her iki tarafın da meşru kazanç sağlayacağı bir çözüm olmaz mı?"

Cosimo bu sözleri telaffuz ettikten sonra daha fazla oyalanmadan çadırın kapısına doğru yürüdü. Atları tahta bir kazığa bağlamıştı ve sağlama alınmış çuvallardan bir tanesinin ipini zorlanmadan gevşetip atın eyerinden ayırdı. Onca çuvalın arasından birinin bağını çözüp çuvalı eline alınca çadıra geri döndü.

Francesco Sforza, Floransalı efendinin söylediklerinin ne kadarını yerine getirmeye niyetli olduğunu anlamak için beklemeye koyuladursun, Cosimo, çuvalın içindekileri masaya döktü. İlk önce tohumlar düştü, ardından gür bir florin şelalesi şıngırtılar eşliğinde masanın üzerine yağdı.

Altının görünmesiyle, paralı asker memnuniyetini saklayamadı.

Derin gözleri açgözlülükle parladı.

"Peki şimdi ne diyorsunuz? Dışarıda bağlı iki atın sırtında bunun gibi kırk dokuz çuvalım daha var."

Sforza yutkundu, bu teklifin onu ne kadar cezbettiği aşikârdı. Cosimo adamın bakışlarında çakan hırslı parıltıyı gördüğü anda onun artık avucunun içinde olduğunu anladı. Sadece bu müzakereyi dikkatli bir şekilde yönetmesi gerektiğini unutmamalı, karşısındakini hafife almamalıydı. Ne de olsa Komutan, aceminin teki değildi. Hatta oyun aşama

aşama, öngördüğü şekilde ilerleyince, aklına yeni bir fikir gelmişti. Uzun lafın kısası Komutan'la gelecekte faydalı olabilecek bu dostluğu sürdürmemesi için bir sebep var mıydı? Onu tamamen köşeye sıkıştırmaya karar verdi.

"Evet, ne diyorsunuz? Diliniz mi tutuldu, Komutan?"

Francesco Sforza soluklanıp konuşmaya başladı.

"Hay hay, efendim, söylediğiniz şey doğru olduğu kadar mantıklı da. Dürüst olmak gerekirse, önerdiğiniz çözümün sadece mükemmel değil, aynı zamanda sizin hakkınızda söylenenleri doğrular nitelikte olduğuna inanıyorum."

"Yani kabul ediyorsunuz?"

"Kabul ediyorum..."

"Benim şartlarımla mı?" Cosimo, Sforza'nın teslim olmak üzere olduğunu hissetti. Ne pahasına olursa olsun bu fırsatı kaçırmaya niyeti yoktu. Teklif ettiği para az değildi. Bu nedenle durumu tamamen garanti altına almayı ve hatta biraz daha fazlasını hedefliyordu.

"Ve şartlarınız?"

"Esasen şunlar: Yarın kampı söküp daha fazla oyalanmadan Lupo Tepesi'nden ayrılacaksınız. Haliyle Guinigi'yi haberdar etmek gibi bir kaygı içine düşmeyeceksiniz. Buradan uzak olmak kaydıyla size en uygun görünen yer neresiyse oraya gideceksiniz. Floransa'ya ters düşen bir şey yapmadığınız sürece bir engelleme ya da müdahale ile karşılaşmayacaksınız. Uymanızı istediğimiz şartların karşılığında ödeme ve teminat olarak, Cumhuriyet adına size dışarıda duran iki yağız atın sırtına bağlanmış elli bin florini veriyorum. Bu miktarın yeterli olduğunu ve bu koşulların hakkını verebileceğinize inanıyor musunuz?"

Francesco Sforza bu soruyu kafasında tartsa da kararını çoktan vermiş olduğu gün gibi ortadaydı.

"Efendim, sadece ricalarınızı kabul etmekle kalmayıp, aynı zamanda bugün uzun ömürlü ve karlı bir ittifakın temellerini attığımıza dair ikna olduğumu da ekliyorum."

"Buna ben de ikna oldum," dedi Cosimo, kelimelerin üstüne bastırarak. "Ancak, size söylediklerimin siz ve tüm adamlarınız için geçerli olduğundan emin misiniz?"

"Size garanti veriyorum. Adımın Francesco Sforza olduğundan emin olduğum kadar eminim."

"İyi o zaman."

"Zannediyorum üzerinde uzlaştığımız anlaşma el sıkışmayı hak ediyor," dedi Komutan ve sağ elini Cosimo de' Medici'ye uzattı.

Floransalı asilzade uzatılan eli geri çevirmedi. O gün sadece Floransa'nın Milano tarafından ele geçirilmesine mâni olmakla kalmayıp aynı zamanda değerli bir ittifak kurmuş olduğunu yüreğinde hissetti.

Sforza pek tabii ki Milano Dukası değildi. Visconti ailesi bölgede güçlü ve köklüydü. Üstelik Filippo Maria kesinlikle tecrübesiz bir yönetici değildi. Öte yandan, bu paralı asker sadece cesaret ve ilkelere değil, uygun şekilde değerlendirildiği takdirde kendisini daha yükseğe taşıyabilecek politik ve profesyonel zekâya da sahipti. Cosimo, bu anlaşmanın kendisine gelecekteki hamleler için önemli bir müttefik ve dost kazandırmış olmasını umuyordu.

EYLÜL, 1430

15

Veba

Ne zaman biri uykusundan ürpererek uyansa, ölümün ansızın yanından geçtiği söylenir. O sabah Schwartz birdenbire uyandı. Âdeta bir kefen gibi vücudunu kaplayan buz gibi teri solgun teninde hissetmişti. Panjurların aralarından içeri herhangi bir ışık sızmadığına göre güneş henüz doğmamış olmalıydı. Aynı odada onunla birlikte uyuyanlara ait ekşi terin keskin kokusu uyandığı anda burnuna geldi. Askerlerin içtiği aşırı miktarda bira yüzünden içerisi sıcak ve boğucuydu. Bu nedenle, döktüğü soğuk terler ve tutulduğu ürpertiler daha da anlamsız görünüyordu.

Uzun zamandır silah arkadaşlarıyla beraber uyumaya fırsatı olmamıştı. Ancak Rinaldo degli Albizzi, kendisine Niccolò Piccinino'nun birlikleri tarafından savunulan Lucca kuşatmasında, Guidantonio da Montefeltro'nun emrinde çarpışmasını, Komutan'a yardımcı olmasını önermişti. Schwartz da emre itaat etmişti. Böylece evvelki gece, silah arkadaşlarından bazılarıyla birlikte geç saatlere kadar ziyafet çektikten sonra bu ahırda sızmıştı.

İsviçre asıllı paralı askerin bu göreve karşı hiçbir hevesi yoktu. İşin aslı, yakın zamana kadar kendisine çok iyi para kazandıran dalavereli işleri özlüyordu. Ne var ki, Albizzi hiçbir masraftan kaçınmamıştı. Üstelik oldukça kısa süreli bir görevdi. Dolayısıyla, Lucca kuşatmasına dair rapor vermek için Floransalıların saflarına katılmış, Francesco Sforza Cosimo de' Medici ile işbirliği yapıp elli bin florini cebe indirince de Nievole Vadisi'nden ayrılmıştı.

Öte yandan, bu aptal espiyonaj işinin tesadüf eseri değil de Laura Ricci ile aralarındaki ilişkinin Albizzi tarafından keşfedilmesi sonucu üzerine kaldığından şüpheleniyordu. Gerçekte Schwartz'ı intikamını alıncaya kadar orada çürümeye terk edip cezasını çekmesi için göndermiş olmalıydı. Laura Ricci, Rinaldo degli Albizzi'ye aitti ve başka kimsenin olamazdı. Ya da en azından, Albizzi kendi kendine fazlaca şişirdiği bu balona inanıyordu. Schwartz'ın Albizzi için çalışıyor olması, ondan korktuğu ya da ne olursa olsun onun kurallarına tahammül etmek zorunda olduğu anlamına gelmiyordu.

Aslında çoktan kararını verip oradan ayrılabilirdi, ne var ki Albizzi'nin verdiği bayağı vazifeleri sadece keyfinden değil, bir o kadar da mecburiyetten yerine getiriyordu. Böyle bir zamanda insanın patronunu değiştirmesi o kadar da basit değildi. Kılıç kullanmayı bilen o kadar çok insan vardı ki, kendisi iyi bir şöhrete sahip olsa da sunduğu hizmetler açısından kesinlikle vazgeçilmez değildi.

Dolayısıyla bu küçük hakaretin acısını sineye çekmek pahasına da olsa görevi yerine getirmeye razı oldu. İki hafta içinde savaş alanından topladığı havadislerle Albizzi Sarayı'na geri gidecek, yeni talimatlar almak üzere hazır bekliyor olacaktı.

Ancak Laura Ricci'nin altüst edici cazibesinden vazgeçmeye de hiç niyeti yoktu. Bu kadın Schwartz'ın iplerini tam manasıyla ele geçirmiş, onu kendisine bağlamayı başarmıştı. Fakat tasmasını çok kısa tutmasına izin vermemesi gerekiyordu, aksi takdirde, sonunda kendi kendini boğabilirdi.

Bu düşüncelerden sıyrılıp, kirli vücutlarla dolu o itiş tıkış ahırdan çıkmaya ve gidip kuyudan biraz soğuk su içmeye karar verdi. Böylece menteşeleri gıcırdayan kapıyı açtı ve arkasından kapattı.

Dışarıdaki eylül havası, ahırın içinden daha sıcak ve bir o kadar nemliydi. Gökyüzünü, seher vaktinin habercisi altın çatlaklar ve kızıl kuşaklar kaplamıştı. Siyah pelerinini çözdü. Bir kez daha ürperdikten sonra kuyuya doğru yürüdü. Kuyunun yanına varınca tahta kovayı aldı ve aşağıya sarkıttı. Makaraya dolanan kalın halatı kollarıyla çekmeye başladı. Kovanın yukarıya doğru çıkması bir ömür sürdü. Nihayet kovayı iki elinin arasında tutunca şafakla beraber artık iyiden iyiye ağarmış olan göğün, sudan dairenin içindeki kararsız yansımasına baktı. Yüzünü kovaya daldırdı, daha da ısınmış ve ıslanmış bir halde geri çekti.

Neredeyse hastalık ve yüksek ateşle yıkanmış o ılık suyun üzerinde bıraktığı his o kadar yoğun ve iğrençti ki bir an düşmekten korktu. Sanki yüzünü suya batırınca, önceki geceden kalan bütün pislikler onun derisinde uyanmaya karar vermişti. Böyle bir şeyin başına gelmesini asla beklemiyordu.

Yanında getirdiği bezle gelişigüzel kurulandı.

Sonra kepçeyi ağzına götürüp, her şeye rağmen, sudan içti.

Biraz da olsa kendine geldiğini hissetti ve öyle ya da böyle tadını çıkarmaya çalıştı. İnanması güçtü ama savaşta yaşanan sefalet onu en basit ve en küçük şeyler için bile şükreder hale getirmişti.

Nasıl atıştıracak bir şeyler bulabileceğini düşünüyordu. Hatta belki kahvaltı için bir yumurta… Tam o esnada kendisine doğru yaklaşan birini gördü. Askere benziyordu. Ancak üzerindeki kıyafetler yırtık pırtık, teninin rengi ise rahatsız edici derecede soluktu.

Adam gittikçe ona doğru yaklaşırken, tarif edilmez bir ıstırapla neredeyse görünmez hale gelen, soluk mavi, sulu gözlerini fark etti. Kılıcı sanki mahşeri bir çorbayı karıştırmaya yarayan bir kepçe gibi kemerinden sarkmış, bir o yana bir bu yana deli gibi sallanıyordu.

Bir deri bir kemik kalmış gibi görünüyordu. Açlık ve sarılık adamın yüzünü öylesine yemişti ki avurtları iyiden iyiye çökmüştü. Bitap suratına yerleşmiş sabit bakışları yüzünden çehresi âdeta bir kafatasını andırıyordu. Başını örten kapüşonlu pelerini insanın üzerinde bıraktığı bu etkiyi katbekat güçlendiriyor, göz irislerinin gerçek olamayacak kadar parlak görünmesine sebep oluyordu.

Schwartz ona nereden geldiğini soracak oldu fakat o esnada gözlerine ilişen şey, sesinin boğazına tıkılmasına neden oldu. Adam ona doğru dönmüş, soluk boynunu gösteriyordu. O anda Schwartz hayatı boyunca bir daha asla karşısına çıkmamasını umacağı bir şey gördü.

Kireç rengi cildinin ortasında zebani gibi patlak veren yumurta boyutlarında, mor ve iltihaplı bir şişkinlik... İyice kabarmıştı, nabız gibi atıyordu ve içinde sinsi sinsi gezinen ölümün bizzat kendisini ihtiva ediyor gibiydi.

Bir an Schwartz'ın bacakları boşaldı ve dengesizce geriledi. Ama bu adamı durdurmadı, dosdoğru Schwartz'ın üzerine geliyordu. Şeytan dölü gözlerini ona dikti ve dizlerinin üzerine düştü.

Sonra, bir kelime dahi sarf etmeden pelerininin göğsünü açtı. İşte o zaman Schwartz diğer izleri gördü. Biçarenin etinden fışkıran kararmış şişkinlikler... Vücudu âdeta ucube bitkiler tarafından ele geçirilmiş gibi görünüyordu.

"E-efendim," diye mırıldandı. Sesi titriyordu, çıkardığı homurtular âdeta şeytanın midesinden geliyordu. "Ya-yalvarırım, beni öldürün," diye devam etti Schwartz'ın kılıcını işaret ederek.

İsviçreli paralı asker gerçekten ne yapacağını bilmiyordu. Ama adamın ondan istediği lanet olası şey ortadaydı.

Asker ağlamaya başladı.

Pelerininin iki yanından üstü yaralarla ve kahverengi kan pıhtılarıyla kaplı, iki çotuk çıkardı. Ellerinden geriye bunlar kalmıştı. Çektiği işkenceye kendi kendine son vermesinin hiçbir yolu olmadığını anlamasını sağlamak için Schwartz'ın önünde ellerini salladı.

Bunu gören Schwartz adama acıyarak harekete geçti ve ışıldayan kılıcını kınından çıkardı. Adama yeterince yaklaştıktan sonra, göğsünü sağ omzundan sol tarafına kadar açacak bir kılıç darbesi indirdi.

Adam bu darbeyle öne devrildi ve son nefesini verdi.

Schwartz birkaç adım uzaklaştı. Sonra görüşü bulanıklaştı, dudaklarına doğru yükselen tükürüğü hissetti. Dizlerinin üzerine çöktü, az önce içtiği suyu ve önceki akşam yediği yemekleri kustu. Öğürme dürtüsünün şiddetinden neredeyse göğsü çatırdayacaktı.

Kendine gelir gelmez ayağa kalktı ve atını bıraktığı ahıra koştu. Atının sırtına çıkmak için eyere tutundu. Adamın görüntüsü onu öylesine korkutmuştu ki bacakları tutmuyordu. Büyük bir gayret sarf ederek sonunda kendini yukarıya çekmeyi başardı. Ahırdan ayrıldı ve atını dörtnala koşturarak Floransa'nın yolunu tuttu.

O görüntü ve hissettiği ürpertiler, geçmişe gömdüğü hatıralarını aklına getirmişti. Farklı bir adam olduğu lanetli günlerin hatıralarını... O günleri sonsuza dek aklından silmek istese de zaman zaman su yüzüne çıkıp zihnini ele geçirmelerine engel olamıyordu.

Bazı görüntülerin belleğinden tamamen silindiğini sanmıştı, en azından öyle umuyordu. Ancak uzuvlarını sarsan titremeler onu geçmiş bir zamana götürdü; içinde taşıdığı hastalığın onu tükettiği zamanlara.

Elini alnına götürdü, onu boğmak ister gibi akan soğuk terini sildi.

Zihni öldürdüğü adama geri döndü.

Adamın görüntüsü yolculuk boyunca onu rahat bırakmadı.

Veba, diye düşündü Schwartz. Veba, nihayet aralarına katılmıştı.

16

Ölüm Yüklü Kağnılar

Veba, Floransa'ya âdeta kuduz bir köpek sürüsü gibi saldırmıştı. Erkekleri, kadınları, çocukları ısırmış, bedenlerini kendine kurban seçmiş, uzuvlarını kötürüm bırakmış, şehre korku salıp namussuzca yayılmıştı. Soylu ailelerin hemen hepsi bulaşıcı hastalığa yakalanmamak umuduyla kırsal kesimlerdeki evlerine kaçmıştı. Eylül ateşi ve ölümcül rutubetle hızlanan salgın, inanılmaz bir süratle yayılmıştı.

Floransa tam anlamıyla bir hezeyana teslim olmuş, hastalık nüfusun büyük bir kısmını kısa sürede kırıp geçirmişti. Katedraldeki inşaat bir ölümle sonraki arasında gıdım gıdım ilerliyordu. Sokaklar açık hava lağımlarına dönüşmüştü. Üstelik şehir sakinlerinin bitmek bitmeyen çabalarına rağmen, bu dram yakın zamanda son bulacak gibi görünmüyordu.

San Pulinari Meydanı'nın üzerine gecenin rutubet battaniyesi çökmüş gibiydi.

Cosimo meydandaki inanılmaz kalabalığı görünce, cehennem yeryüzüne inmiş dahi olsa, en azından sınırda durmanın tek çıkar yol olduğunu düşündü. Salgın çok fazla sayıda insanı biçmiş olmasına rağmen, insanlar etrafta hayaletler gibi avare dolaşıyordu. Fahişeler sanki her zamankinden daha azimli çalışıyorlardı. Birkaç mezar kazıcı ölüleri yük arabalarına yerleştiriyordu. Mangallarda yanan alevler her tarafı kıpkırmızı aydınlatarak çırpınıyordu. Üst üste yığılan cesetlerden kapkara ve kokuşmuş tepecikler oluşmuştu. Yapış yapış, rutubetli hava ölümün kokusunu daha da artırmıştı. Şehrin siyah üniformalı bekçileri, müfrezeler halinde devriye geziyorlardı. Kıyafetlerinin rengi yüzünden Floransa'nın dönüştüğü hayaletlerle dolu bu tavşan kafesi daha da korkunç bir hâl alıyordu.

Veba ve içinde süregelen mücadeleler yüzünden iki büklüm kalan şehir, arkasında sadece kendi gölgesini bırakıp gitmiş gibiydi. Kubbenin inşaatı henüz tamamlanmamış, gece sıcağının ortasında öylece kalakalmıştı. Yapımı için taşınmış olan malzeme ve taşlar oraya buraya yığılmış, çalışmaların yeniden başlatılmasını bekliyorlardı.

Cosimo, ailesini şehri terk edip Trebbio'daki villaya sığınmaları için zorlamış, onlar da birkaç gün önce yola çıkmışlardı. Çok acil olan işleri halletmeye çalışmak için sadece o ve Lorenzo şehirde kalmışlardı. Fakat o gece bunun ne kadar saçma bir fikir olduğunu fark etmiş, artık onlar için de gitme vaktinin geldiğine kanaat getirmişti. Önce Filippo Brunelleschi ile konuşmak istiyor, onu da kendisiyle gelmeye ikna etmeyi umuyordu. Ancak adam Nuh diyor peygamber demiyordu. O delinin olduğu yerden kımıldamaya hiç niyeti yoktu. Hâlâ kubbenin tepesindeydi! İşini bitirmek için... Üstelik ölü sinek gibi durmadan düşen işçilere rağmen.

Cosimo onu ikna etmek için her yolu denedi. Eğer siz de ölecek olursanız, demişti adama, bu lanet kubbeyi kim bitirecek? Ona yalvardı, emretti, hatta onu tehdit etti. Ancak Filippo, içlerine deli işi bir azim zerk edilmiş kor gibi yanan gözleriyle ona bakıp kaçma ihtimalini mümkün olan en kararlı şekilde reddetti.

İşte bu yüzden Cosimo hâlâ oradaydı.

Pleb'lerle ve sıradan halkla birlikte... Yani nihayetinde, kendi evlerinden ya da lanetli bir çember gibi etraflarını saran bu şehrin mahşeri sokaklarından başka gidecek yeri olmayan sıradan insanlarla birlikte.

Işıkları sönmüş pencerelerin ve sürgülü kapıların ardında, bütün sahipsiz ailelerin ellerini kenetlemiş, kendilerine merhamet etmesi için Tanrı'ya dua edip yalvarmakta olduklarını hissediyordu. Bazı kapıların üzerinde bekçiler tarafından özensizce çizilmiş beyaz haç işaretleri vardı. Bu evlere vebanın musallat olduğunu belirtmek için... Siyah kana ve vebalılara has ruh haline bulanmış gecelikler içinde, çıplak ayaklı cesetler cadde boyunca yerlere serilmişti. Sürüden ayrılmış başıbozuk sokak köpekleri cesetlerin başında kanları yalıyordu.

Cosimo önünde uzanan San Pulinari Meydanı'na dalmış öylece duruyordu. Yanında taşıdığı meşaleden yayılan ışık sayesinde ansızın Santa Maria del Fiore Katedrali'nin içinden meydana doğru akan kalabalığı fark etti. Birkaç saniye içinde başka cesetler ve başka kağnılar belirdi. Ortalıkta dengesizce sallanan siyah figürler, ne yapacaklarını bilmez haldeydiler.

Birtakım korkaklar –kuvvetle muhtemel– hastalık taşıdığını düşündükleri yaşlı bir adamı tekmelemeye başlamıştı. Adamın, kemiklerini un ufak eden darbelerin altında nefes almaya çalıştığını gördü.

Dünyanın çivisi çıkmıştı.

Salgın beraberinde öfke ve anarşi getirmişti. Lucca'ya açılan savaşı finanse etmesi için dayatılan yeni vergiler avam tabakasının belini yeterince bükmemiş gibi, şimdi de veba, bir kez daha, emekçi kesime ağır bedeller ödetiyordu.

Hiçbir umut yoktu ve bu, gün gibi ortadaydı.

Çünkü süregelen bu ilkel kaosun içinde, evden dışarı çıkmak dahi başlı başına tehlikeli bir hâl almıştı. Şehrin yenik düştüğü bu karmaşadan cesaret alan yardakçıların ve paralı askerlerin en soysuzları, şehir muhafızlarının üstlerine düşen rutin devriyeleri an itibarıyla yapmalarının mümkün olmamasını fırsat biliyorlardı. Bölge sakinlerine saldırmak için dar sokaklara ve evlere giriyorlar, ellerinden geldiğince onları yağmalıyorlardı.

O an sanki biri düşüncelerini okumuştu.

Katedrali geçip Via Larga'ya yönelmek üzereydi ki iki haydut önüne çıkıp, yolunu kesti.

Kim oldukları hakkında en ufak bir fikri yoktu, ama üstlerine başlarına bakılacak olursa pek tekin görünmüyorlardı. "Efendim..." diye fısıldadı bir tanesi ince, kaypak bir vurguyla. "Bu kadar güzel bir akşamda sizinle tanışmak ne büyük şans," diye sözlerini tamamlarken kemerinden sivri bir hançer çıkarttı. Tek gözünde bir bandaj, üzerinde ise pejmürde bir deri ceket vardı. Ceketin içinden çok uzun zaman önce muhtemelen beyaz olan, yırtık pırtık gömleği görünüyordu.

Diğeri tek kelime etmedi ama Cosimo elinde bir kama tuttuğunu görebiliyordu. Keldi ve ela gözlüydü. Üzerinde yıpranmış bir tunik vardı.

Cosimo ne yapacağını bilmiyordu.

Geriledi. Evden çok uzakta değildi ve eğer onları şaşırtabilirse, ara sokaklarda adamları ekebilirdi. İnce sesli adam üzerine geliyor, aralarındaki mesafeyi daraltıyordu. Diğeri ise geride kalmış, sessizce duruyordu.

Cosimo üzerinde silah taşımazdı. Kara kara içinde bulunduğu durumdan nasıl kurtulabileceğini düşünürken beklenmedik bir şey oldu. Birisi onun adını haykırarak ikinci adamın üzerine atladı ve onu yere devirdi. Adam yüzünü kaldırıma çarptı ve açılan derin yarıktan kan fışkırmaya başladı.

İlk haydut bir an için şaşkınlık ve tereddüt içine düştü.

Bu duraksama anı onun için ölümcül oldu.

Cosimo fırsattan istifade öne atılarak meşalesini adamın göğsüne doğru uzattı. Adam, hançer tutan elini kaldırarak darbeyi engellemeye çalıştı fakat meşalenin ateşinden kaçamadı ve acı içinde feryat etmeye başladı.

"Çabuk," diye bağırdı kurtarıcısı. "Haydi, gidelim buradan!" İşte o an Cosimo kardeşinin sesini tanıdı ve arkasına bakmadan koşmaya başladı.

Ara sokaklardan birine daldı. Sonra o sokaktan başka bir sokağa... Adımları kaldırım taşlarını dövdükçe kendi ayakkabılarından çıkan tıkırtılar kulağına geliyordu. Bu kovalamaca nefesini boğazına tıkamıştı. Kardeşi hemen yanı başındaydı. Nihayet sarayı karşılarında gördükleri esnada iki saldırganın da onları takip etmekten vazgeçtiğini fark ettiler.

Sonunda eve ulaştıklarında, Lorenzo gözlerinin içine baktı.

"İyi ki seni aramaya gelmişim," dedi. "Artık gerçekten benimle gelip en azından bu salgın hastalık sakinleşene kadar kırsalda kalmak isteyeceğini umuyorum. Bu hamam gibi hava ve vebayla baş başa Floransa'da kalmak tam bir delilik."

Cosimo, "Bunu zaten konuştuk," diye yanıtladı.

"Evet, ama yeterli olmuş gibi görünmüyor."

"Önemli olan onlardan kurtulmuş olmamız."

Lorenzo, "Tabii," dedi. Sesi gitgide artan öfkesini ele veriyordu. "Çünkü sana göre o ikisi tamamen şans eseri oradaydı, öyle değil mi?"

Cosimo afallayarak kardeşine baktı. "Ne demek istiyorsun?" diye sordu duyduklarına inanamayarak.

"Bu geceki karşılaşma kesinlikle tesadüf değildi. İster inan ister inanma, sevgili kardeşim, birisi senin peşinde ve bu gece derini yüzmeye çalıştı."

17

Bir Gece Atışması

Rinaldo degli Albizzi kulaklarına inanamıyordu.

"Ne? O tefeciyi öldürmeyi yine mi beceremediniz?"

İki suikastçı Albizzi'nin karşısında dikiliyordu. Tek gözü kapalı olanın şimdi de eli gösterişli bir bandajla sargılıydı. Diğerinin ise kaldırım taşlarına çarparak yaraladığı yüzü şişmişti. İlki yaptıkları işi savunmaya kalkıştı.

"Efendim, bu bizim hatamız değil, inanın. Onu tam avucumuzun içine almıştık ki biri yardımına koştu ve bizi gafil avladı."

Arkadaşı başını salladı.

Rinaldo sırıttı ama dudaklarındaki kıvrıma sebep olan şeyin eğlenmekle uzaktan yakından alakası yoktu.

"Ve Dilsiz, tabii ki seninle aynı fikirde. Ama tamam! İyi iş çıkardınız! Sayenizde bu işi sadece bir kadının başarabileceğine dair inancım kuvvetlendi," diyerek bakışlarını sağında duran güzeller güzeli kıza çevirdi. Salonun büyük penceresinden dışarıya bakan kızın üzerinde inciler ve gümüşlerle bezenmiş zümrüt yeşili, upuzun bir elbise vardı. Geniş yaka dekoltesi göğsünün cömert kıvrımlarını gözler önüne seriyordu.

Kadın salonu çınlatan tiz bir kahkaha attı.

"Benim inancıma göre," diye devam etti Rinaldo, "Böylesi daha iyi olabilir. Siz ikiniz bende tam bir hayal kırıklığı yarattınız."

"Ama... Ekselansları," diye sızlanan dalkavuk şöyle devam etti: "İki kişi olmalarını gerçekten beklemiyorduk."

"Birbirine çok yakışan bir çift salak. Oysa ki bunu akıl edebilirdiniz. Onların iki erkek kardeş olduğunu biliyorsunuz. Birinin olduğu yerde, her zaman diğeri de vardır. Oraya birkaç arkadaşınızla birlikte gidebilirdiniz. O zaman belki de bu kadar kolay bir görevi yerine getirmeyi başarabilirdiniz. Bir daha bu kadar güzel bir veba illetini ne zaman yakalarız, Tanrı bilir!"

Rinaldo artık bağırıyordu. Tüm hayal kırıklığını boşaltıyor gibiydi. Üstelik buna hakkı vardı. Durum hiç olmadığı kadar elverişliydi. Böyle bir fırsat bir daha ne zaman eline geçecekti ki? Ve işte bu iki salak her şeyi yüzüne gözüne bulaştırmıştı.

Artık beceriksizliğin bu kadarı da fazlaydı, onu canından bezdirmişlerdi.

Bu ikisi gibi adamlarla Medicileri alt eden taraf olmayı nasıl hayal edebilirdi ki? Kendisi Lucca'da mücadele vermişti. Fakat o lanet olası Cosimo barış ortamının tekrar sağlanması için Sforza'ya rüşvet vermek konusunda Savaş Onlusu'nu kandırmayı başarmıştı. Şansına, onun bu manevrası Floransalıların, Paolo Guinigi'nin ölümünden sonra geri dönmelerine ve Lucca'yı tekrar kuşatmalarına neden olmuştu. Ne var ki, Floransalıların yeni komutanı Guidantonio da Montefeltro, son derece beceriksiz olduğunu kanıtlamakta, Luccalı rakibi Niccolò Piccinino, onu her yerde mağlup etmekteydi. En azından veba patlak verince savaş alanından erken dönen Schwartz'ın kendisine anlattıklarına göre durum buydu.

Ve nihayet eline geçirmiş olduğu bu büyük şans beyinsiz adamları tarafından boşa harcanmıştı.

Rinaldo sinirliydi. Son dönemde yolunda gitmeyen ne var ne yoksa kafasının içinde evirip çevirmekle meşguldü ki kapının çalındığını duydu.

"İçeri gir!" dedi rahatsız olmuş bir tonda.

Floransa veba nedeniyle dizlerinin üzerine çökmüş haldeydi. Oysa Schwartz, etrafta dolaşıyor olmasına rağmen, son derece formunda görünüyordu. Cermen genleri sayesinde olsa gerek, diye düşündü Albizzi. Giysilerinin siyahı, soluk yüzü, uzun kızıl saçları ve açık renk gözleri ile birleşince ona insanı daha da rahatsız eden bir hava katıyordu. Paralı askerden çok bir korsana benziyordu. Gerçi o sıralar ikisinin arasında büyük bir fark da yoktu. Onu başıyla hafifçe selamladı zira o sırada ilgilenmesi gereken farklı konular vardı. Fakat sonra gelişinin ilahi bir işaret olabileceğini düşündü.

Bir masaya yaklaşmasını izledi. Ardından oturmasını. Gümüş tepsiden bir elma almasını ve kemerinde taşıdığı hançerle onu soymasını.

Rinaldo degli Albizzi derin bir nefes aldı.

Yapılan hatalar cezasız kalamazdı. Bunu adamlarının kafasına sokması gerekiyordu. Bunun aksi bir söylenti yayılırsa, para ödediği bütün yardakçılar hata yapma hakkına sahip olduklarını sanabilirlerdi.

Gözü siyah bantlı adam Rinaldo'nun aklından geçenleri anlamış gibiydi.

"Sizi bir daha hayal kırıklığına uğratmayacağım efendim, size yemin ederim."

"Bunun son hatanız olduğuna yemin edecek biri varsa o da benim."

"N-ne demek istiyorsunuz, e-efendim...?"

Fakat sesi bir boğulma gurultusu ile paramparça olarak kesilmişti.

Schwartz'ın keskin hançerinin ucu adamın boğazına girip tekrar belirdiğinde kıpkırmızıydı. Yerlere kan fışkırıyordu. Sağır olan adam ayağa kalkıp topuklamak üzereydi ki Schwartz'ın hançeri kaçmasına fırsat bırakmadan bacağına saplandı ve tökezlemesine sebep oldu. Hemen sonra yandan aldığı bıçak darbesiyle yere serildi. İsviçreli paralı asker onun tepesine bindi, adamı alnından yakaladı, kafasını geriye doğru çekip boğazını açığa çıkardı. Hançeri son sürat gırtlağına saplayıp şahdamarını kesti.

Nihayet Schwartz onu elinden bıraktığından, kesik başı kırmızı bir gölün içinde yüzüyordu.

Rinaldo degli Albizzi ayağa kalktı.

"Eline sağlık," dedi Schwartz'a. "Kirli bir iş ama birinin de bunları halletmesi gerekiyor. Şimdi, görevlileri çağır ve onlara bu pisliği temizlemelerini söyle. Sonra da şu lanet olası Medicileri nasıl ortadan kaldıracağımıza bakacağız. Onların yüzünden kırıntılarla idare etmekten bıktım usandım. Üstelik emrettiğim görevleri layığıyla yerine getirecek adamlar da bulamıyorum. Neyse ki siz beni asla hayal kırıklığına uğratmadınız," diye tamamladı sözlerini, önce Schwartz'a, sonra da Laura'ya bakarak.

"Biliyorsunuz, her an ve her koşulda yüce efendimizin emrine amadeyim," dedi Laura. "Arzularınız benim için emirdir."

"Madem öyle, bu gece seni yatak odama bekliyorum," dedi Albizzi. "Yanında bir kız arkadaşını daha getirmeyi unutma."

NİSAN, 1431

18

Soylular ve *Pleb*'ler

Niccolò da Uzzano kafasını salladı. Sonra gözlerini tavana dikti, çünkü duydukları kulaklarını acıtıyordu.

Savaş Onlusu, Signoria Sarayı'nda toplanmıştı. Büyük pencerelerden içeriye insanın içini ısıtan, etrafı sarıp sarmalayan bir ışık yağıyordu. Güneş ışınları kırılıp dört bir yana dağılıyor, ışık huzmelerinin içinde altın tozundan minik sikkeleri andıran küçük partiküller dans ediyordu. Sade fakat mahrumiyete meydan okuyan vakur salonun dekorasyonu ortada duran geniş masadan ibaretti: Yüksek Askeri Şûra'nın üyeleri bu masanın etrafında oturuyordu. Tavandan sarkan ahşap oyma bebek melekler âdeta kafalarını aşağı uzatmış, merak ve umut içinde Cumhuriyet'in kaderini ellerinde tutan bu adamların nihai kararını bekliyorlardı.

Niccolò Barbadori söz aldı çünkü durumun ne kadar dramatik olduğunu açıkça ortaya koymak istiyordu.

"Arkadaşlar," diye başladı sözlerine. "Bu şûrada durumun Cumhuriyet'imiz açısından ne kadar vahim ve gergin bir hâl aldığını vurgulamak istiyorum. Bugün artık Luccalılar kontrol altına alınmaktan ve moral bozukluğundan fersah fersah uzaklar; aksine, hiç olmadıkları kadar hayat dolu ve coşkulular. Bunu bakan bütün gözler görebilir. Çünkü Niccolò Piccinino sahaya indiği andan itibaren, sadece geçen ay Nicola, Carrara, Moneta, Ortonovo ve Fivizzano olmak üzere, toplamda yüz on sekiz kaleyi işgal etti. Bunlardan elli dördü Floransalılara, Genovalı Fieschi* ailesine, yerel Guelfolara** ve kalanı da Malaspina'ya*** aittir. Bu savaşın başından beri son derece sahtekârca ve aptalca yönetildiğini söylememe izin verin. Bana göre savaş boyunca yapılan yolsuzlukların en kötüsü paralı asker Francesco Sforza'yı ikna etmek üzere Cosimo de' Medici tarafından yürütülmüş olan rüşvet operasyonudur. Bu girişim toplamda bize elli bin kanlı florine mal olmakla kalmayıp hiçbir işimize de yaramamıştır. Zira şu anda bile adamlarımız bir sonuca ulaşmaksızın savaşıp duruyor. Buna vebayı da eklersek, ne diyebilirim ki, herhalde karşımızdaki tablo bundan daha karanlık olamazdı diye düşünüyorum."

Bu konuşmayı dinledikten sonra Niccolò da Uzzano sessiz kalamadı. İleri yaşına rağmen etraftan gelebilecek basiretsiz ve aceleci yorumların önünü kesmek için sesinin iyi duyulmasını istiyordu. Hemen yanı başındaki Lorenzo de' Medici sessizce Uzzano'nun yapacağı konuşmayı bekliyordu.

"Kıymetli dostum Niccolò Barbadori'nin sözlerini dinledim," dedi. "Ama söylediklerine karşı çıkmak zorundayım, çünkü olayların geldiği mevcut durumun kabahatini Cosimo de' Medici'ye ya da burada yanımda oturan kardeşi Lorenzo'ya yıkmak kesinlikle yersizdir. Bu gerçek gün gibi ortada. Onlar birkaç ay önce bu Yüksek Kurul tarafından

---

* Cenevizli, soylu bir ailedir. Ticaretle uğraşan bu büyük aile, Papalık müessesesinin destekçisi Guelfo partisinin içinde oldukça etkin bir rol oynamıştır. (ç.n.)

** Özellikle 12. ve 13. yüzyıllarda Orta ve Kuzey İtalya şehir devletlerindeki hâkim politik hizipler, Papa taraftarı Guelfolar ve Kutsal Roma İmparatoru taraftarı Ghebellineler'dir. Bu iki partinin arasında süregiden rekabet, ortaçağ İtalya'sının iç siyasetinde önem arz eder. (ç.n.)

*** Toskana kökenli büyük bir ailedir. (ç.n.)

kendilerine verilmiş olan görevi yerine getirmekten başka bir şey yapmadılar. Sanki o sırada bu çözüm hepimizi, itiraf etmeliyim ki herkesten önce beni, memnun etmemiş gibi şimdi suçu Medicilerin üzerine atmak çok kolay. Cosimo ve şu an kendisi aramızda bulunan kardeşi gelip bu planı bana bizzat anlattılar. Hatta daha fazlasını da söyleyeyim: Bu karar aynı zamanda sizler tarafından son derece hoyratça bir muameleye maruz kalıyor olmalarına rağmen, esasında bu kentin önemli bir kesimini oluşturmakla kalmayıp savunma ve korunmaya dair gerçek araçlardan yoksun oldukları için bir savaşın şiddetini herkesten önce hissedip zarar gören *pleb*'leri de hesaba katmak için alındı. Aynı durum veba illeti için de geçerli. Haliyle böyle bir lükse sahip olmayan *pleb*'ler, kırsal alanlara sığınmak yerine leş gibi mahşeri kokuların musallat olduğu korkunç bir tavşan kafesine dönüşen bu şehirde kalıp çürümeye mahkûm oldular. Dolayısıyla, hastalık nüfusun en fakir katmanını kırıp geçti."

Niccolò durakladı. Bütün bu konuşma onu yormuştu. Artık genç değildi ve bu tür sohbetler onu eskisinden daha fazla strese sokuyordu. Bununla birlikte, muhterem yaşına hürmeten herkes, onun daima mantık esasına dayalı, anlaşılabilir fikirlerini son derece ciddiye alırdı. Üstelik Cumhuriyet tarafından yapılan seçimlerin ve takınılan tavırların gelecekte ne gibi sonuçlar doğuracağını hassasiyetle tespit etme yetisine sahipti. Bu nedenle diğer dokuz üye, o tekrar konuşmaya başlayıncaya dek ilahi bir sessizlik içinde bekledi.

"Mediciler insanların halet-i ruhiyelerini algılamaya ve ihtiyaçlarını önemsemeye özen gösteriyorlar. Dolayısıyla hepimizden daha çok seviliyorlar. Gerçeği söylemek gerekirse, Medici'ye karşı yükselen merhametsizliğin temelinde yatan sebep buymuş gibi görünüyor. Giovanni de' Medici tarafından teşvik edilen Kadastro Kanunu'nun ne denli nefretle anıldığını hepimiz biliyoruz, fakat halk olmadan Cumhuriyet'in var olamayacağını da kafamıza sokmak zorundayız. Bunu aklınızdan çıkarmayın, sevgili dostlarım ve bu farkındalığın kıymetini bilin. Veba salgınına gelince... Bana öyle geliyor ki, etkisi nihayet azalmaya başladı. Dolayısıyla halkın nispeten daha fakir kesimiyle az da olsa yakınlık kurmak için doğru zamanın geldiğine inanıyorum. Öyle sanıyorum ki, bu yönde atılması gereken adımların ilki kimseye faydası olmayan, aptalca nedenler öne sürerek kendisiyle bağdaşmayan olaylardan ötürü kahramanlarını suçlamaktan vazgeçmek olacaktır."

Niccolò da Uzzano, tarafını aşikâr bir şekilde belli eden konuşmasını tamamladıktan sonra hemen hemen herkesi kendi düşünceleriyle baş başa bırakarak sessizliğe gömüldü. Hem Niccolò Barbadori hem de Bernardo Guadagni yaptıkları hesapların o kadar da kolay tutmayacağını anlamışlardı. Niccolò da Uzzano hayatta olduğu sürece Medici'nin güçlü bir müttefiki vardı. Öyle ki yüzünü aydınlatan belli belirsiz bir tebessüm haricinde tek kelime söylememeye özen gösteren Lorenzo, konuşulanları uzaktan seyretmekle yetinmişti.

Söz alma sırası Palla Strozzi'ye gelmişti.

İddialarında ölçülü olması gerektiğinin farkında olmakla beraber Medici'yi nereden vuracağını da iyi biliyordu.

"Niccolò da Uzzano'nun dile getirdikleri kesinlikle doğru; sırf bu Yüksek Kurul tarafından bizzat verilmiş olan kararları hayata geçirdiler diye Cosimo ve Lorenzo de' Medici'ye yüklenirsek kendi adımıza adaletsiz davranmış oluruz. Bence asıl sorun Cosimo'nun yakın zamanda sergilemiş olduğu davranıştır. Kendisinin tam da geçtiğimiz birkaç gün içinde kendi ailesi adına Floransa'da daha önce eşi benzeri görülmemiş bir şey olacağı vaat edilen bir saray inşa ettirmek üzere Filippo Brunelleschi'yi görevlendirdiği hepimiz tarafından bilinen bir

112

gerçektir. Elbette ihtişam ve ölçüler bağlamında kabul gören sınırlara saygı gösterildiği müddetçe herhangi bir kimsenin kendine bir ev inşa etme isteğini eleştirmiyorum. Ancak inşa edilen yapının boyut ve özelliklerine dair efsaneler kulaktan kulağa yayılıyor. Ortada dolanan bu söylentilerden yola çıkarak, Cosimo de' Medici'nin daha ziyade bir krala ya da bir prense yakışır derecede görkemli ve gözalıcı bir saray inşa ettirmek niyetinde olduğunu anlıyorum. Her şeyin ötesinde kendisini Floransa'daki tüm ailelere yukarıdan bakma mertebesine taşıyacak yükseklikte bir saray..."

Lorenzo bu sözleri duyar duymaz müdahale edecek oldu fakat Niccolò da Uzzano bileğinden yakalayarak onu durdurdu. Zira Palla sözünü henüz bitirmemişti.

"Cosimo'nun Santa Maria del Fiore'nin kubbe inşasına dair tutumu da dikkate şayan. Gelinen son noktada eserin inşaat işleri Filippo Brunelleschi tarafından münhasıran üstlenilmiş durumda. Cosimo ise eserin yegâne finansörü kendisiymiş gibi bir tavır içinde. Oysa Opera del Duomo başlangıçta inşaat işlerini birlikte yürütmeleri için Brunelleschi kadar Lorenzo Ghiberti'yi de görevlendirmişti. Bu detay unutulmuş olacak ki kendisi süreç içinde itinayla çalışmaların dışında bırakıldı. Lorenzo'nun yetkileri daha düşük bir mevkiye getirilmek suretiyle sınırlandırılana kadar kendisi görevden uzaklaştırıldı. Bu gelişmelerin arkasındaki ismin daima Cosimo de' Medici olduğu son derece açık ve net. Söylemek istediklerim ve vardığım sonuç söyle özetlenebilir: ölçülü ve alçakgönüllü bir insan olan babası Giovanni'nin aksine, Cosimo de' Medici halka ve *pleb*'lere dair beslediği adalet anlayışının ötesinde, hepimizden üstün olduğuna inanan ve kibrini nazikçe gizleyebilen bir adamdır. Benim görüşüme göre bu tür bir davranış Cumhuriyet'in yararına olamaz, çünkü kıymetli dostlarım, özünde Cumhuriyet'i bir beyliğe, hatta Medici Beyliği'ne dönüştürür," dedi.

Palla Strozzi susar susmaz, hayret ve dehşet dolu nidalar bir koro halinde yükseldi. Çünkü kurulun diğer üyeleri daha ziyade edebiyat ile sanata ihtimam gösteren ve ılımlı bir mizaca sahip olduğu bilinegelmiş Palla Strozzi'nin ağzından böyle bir eleştiri duymayı asla beklemiyordu. Son derece temkinli başlayan sözleri kademe kademe sertleşmiş, herkesin ruhuna ve kalbine dokunmuştu. Kısacası bunlar birleştirici değil, bölücü sözlerdi. Kimileri Strozzi'ye hak verdi, kimileri ise açıkça ona karşı çıktı; ancak her halükârda tüm detayları ince ince düşünülerek şekillendirilmiş olan bu konuşma etkisini göstermişti. Üstelik bu eleştirinin daha önce hiçbir zaman benzer bir müsamahasızlık göstermemiş olan birinden gelmiş olması daha da şaşırtıcıydı. Hâl böyle olunca, Yüksek Kurul üyelerinin çoğu, Strozzi bile bu tür açıklamalar yapma noktasına geldiğine göre ipin ucu kaçmış olmalı diye düşündü.

Lorenzo öfkeyle yanıp tutuşuyor, alev alev kızaran yüzü dizginlerinden boşalma eşiğinde olduğunu ele veriyordu. Üzerinde bordo renkli, duble düğmeli, dar bir ceket vardı. Strozzi'ye aynı tonda karşılık vermek üzere ayağa kalktı, fakat öfkenin ateşiyle söylemeyi planladıkları netliğini kaybediyor gibiydi.

"Bu tür iftiralar duymak beni gerçekten hayrete düşürdü," diye parladı sert bir ses tonuyla. "Hem de dost bildiğimiz birinin ağzından... Üstelik Rinaldo degli Albizzi ile bir olup Fortebraccio'yu kışkırtarak Lucca'nın üzerine salan, sonunda da Floransa'yı içinde bulunduğu bu zor duruma sokan kişinin siz olduğunuzu söylemeye ihtiyaç bile hissetmiyorum. Ve şimdi Medici'yi kibir ve iktidar düşkünlüğü ile suçlamaya cesaret ediyorsunuz... Ne kadar tutarsız olduğunuzun farkında değil misiniz?" Fakat artık her şey için çok geçti. Sözleri salonun içine halihazırda çöreklenmiş olan hıncın ve yanlış anlama furyasının çıtasını yükseltmekten başka bir işe yaramadı. O andan itibaren hizipleşmenin ne kadar keskin olduğu su yüzüne çıkmış, tarafları tekrar bir araya getirmenin artık imkânsız olduğu herkes tarafından açık ve net bir şekilde anlaşılmıştı. Bu düşmanlık kesinlikle yeni bir şey değildi ama gelinen son noktada iki grubun arasındaki ihtilaf daha önce hiç olmadığı kadar şiddetlenmiş, tarafların açık açık birbirine saldırdığı bir savaşa dönüşmüştü.

Niccolò da Uzzano bu önemli gerçeği derhal kavradı. Artık öfkesini gizleme zahmetini bile bir kenara bırakmış olan Lorenzo'ya baktı ve elini omzuna koydu.

"Bugün Cumhuriyet adına kederli bir gün, dostum. Tüm samimiyetimle itiraf ediyorum ki, bekasına dair korkularım var."

19

Kâbus

Contessina, Santa Maria del Fiore'nin o devasa kütlesiyle üzerine doğru geldiğini gördü. Bir an için katedral gözüne canlı bir varlıkmış gibi göründü. Hatta sanki nefes alıp veriyor, evrimi tamamlanmamış ilkel bir yaratık gibi titriyordu. Öyle bir yaratık ki, birtakım karanlık büyüler sayesinde şehrin kalbi haline gelmiş, atıyordu.

Bu görüntü onu dehşete düşürüyordu, buna rağmen bakışlarını kaldırdı. Kırmızı kar taneleri havada burgular yapıyor, duman saçan fırıldaklar çizerek dört dönüyor, zincifre kırmızısı yaylar çizerek bir o yana bir bu yana uçuşuyorlardı.

Göğsünün içinde büyük bir şiddetle çarpan kalbini hissetti. Öylesine kuvvetli atıyordu ki bir an için kaburgalarını kırıp yerinden fırlayacak diye korktu. Ter içinde kalan alnını silmek için elini kaldırdı ve tenine dokundu. Tekrar baktığında eline bulaşan kanı fark etti.

Dehşet âdeta yağlı urgan gibi boynuna dolanmış, boğazını sıkıyordu. Nefes alıp verirken zorlanmaya başladı. Küçük keskin dişleriyle karnını kemiren zalim bir çocuk gibi içinde büyüyen korkuyu hissetti. Gözyaşları mavi nehirler gibi çağladı ama hiçbir faydası olmadı. Bu görüntü sevgili Cosimo'sunu görünceye dek ona işkence etmeye devam etti. Cosimo halen yapım aşamasında olan kubbenin üzerindeydi. Kubbe, kapkara ve sivri dişlerden oluşan bir kıyamet tacını anımsatıyordu. Contessina gözlerine inanmak istemedi. Sesini duyurmak umuduyla haykırdı, fakat Cosimo onun ve etrafında olup bitenlerin farkında değilmiş gibi görünüyordu.

Hayatının aşkına, kocasına doğru ümitsizce koştu. Kestane rengi, uzun saçları öfkeyle çırpınan kahverengi bir denizin darmadağınık dalgaları gibi havada uçuşuyordu.

Contessina, içine dolan korkunun gitgide yükseldiğini hissetti; neredeyse onu boğacak hatta boyunu aşacak kadar... Ancak onu tamamen suya gömecek kadar değil. Cosimo'yu o kadar çok seviyordu ki karşısında yükselen korkunç görüntüye rağmen koşmaktan vazgeçmedi.

Fakat ne kadar mücadele ederse etsin, hangi yolu denerse denesin vaftizhanenin sekizgen tabanına bir türlü ulaşamıyordu. Cosimo hep uzakta kalıyordu, ondan çok uzakta...

Onun güzel yüzüne dokunmak umuduyla parmaklarını çaresizce uzattı. Etrafa zekâ pırıltıları saçan kapkaranlık gözlerini taşıyan o tatlı, güzel yüzüne... Gözleri insanın başını döndüren ve önünde duran herkesi cazibe ve hayretten örülmüş bir battaniyeye sarıp sarmalamaya muktedir, simsiyah bir ışık ile kaplıydı.

Ancak tüm çabalarına rağmen Contessina, sonu gelmeyecekmiş gibi görünen o mesafeyi aşamamıştı. Panikten nefesi kesildi. Bacak ve kollarındaki kasların her biri ayrı ayrı sızlıyordu. Ne kadar koşmuştu? En ufak bir fikri yoktu fakat yeterince koşamadığı kesindi. Bu acizliği, becerisinin, çabalarının yetersizliği ona kendini kötü hissettiriyor, kabahatini hatırlatıyordu: Kocasını korumayı başaramamıştı.

Yetersiz miydi? Onun gibi bir adamı hak etmiyor muydu? Floransa'dan korkuyor muydu? Peki ya şehre gelip adamların hayatlarını kurutan, etlerine sıra gelmeden ruhlarını yiyip bitiren bu lanet olası katedralden?

Contessina kafasının içinde dönüp duran sorularla baş başa kaldı. Sanki zihninin içine doluşmuş, gizli saklı bir komployla onu patlatmaya niyetleniyorlardı. Fakat maruz kaldığı büyü her ne olursa olsun, kesin olan tek şey güçsüzlüğüydü. Cosimo'nun gözleri uzaktan ona baksa da bu kez de onu görmüyor gibiydi. Kaderin ve dünyanın tepe taklak oluşuna âdeta kayıtsız kalmış, öylece duruyordu. Belki de onlara öylesine teslim olmuştu ki bu olağanüstü taksirat katedralinin içinde sinip kalmış genel geçer bir vukuat, sıradan bir süs, önemsiz bir yaşamdan ibaret olma hali bünyesine büsbütün nüfus etmiş; tüm arzularını, bütün umutlarını bir yana bırakmak suretiyle kendini içine çekmesine izin vermişti.

Düştüğünü gördü.

Çığlık attı.

Ancak Cosimo düşmeye devam etti.

Aşağıya... Aşağıdaki Arnavut kaldırımına doğru.

Contessina gözlerini kapattı.

Onları tekrar açtığında âdeta bir ter gölündeydi. Gecelik, vücuduna ikinci bir ten gibi yapışmıştı. Uzun saçları sırılsıklamdı, minderler ve yastıklar Arno nehrinden çıkmış gibiydi. Uzun süredir çığlık attığını fark etti. Feryatları yüzünden sesi kısılmış, boğazı derin bir acıyla yırtılmıştı.

Cosimo, sevgili Cosimo'su onu sakinleştirmeye çalışıyordu. Kulağına tatlı sözler fısıldayarak başını okşuyordu. Kendini onun nazik ellerine teslim etti, Cosimo'nun onu teskin etmesine izin verdi. Kocası, uşaklara ve hizmetçilere dışarıda kalmalarını söylemişti. Contessina ile bizzat kendisi ilgileniyordu. Her zaman olduğu gibi...

Contessina, bu kâbus gerçek çıkmadığı için Tanrı'ya şükretti.

"Düştüğünü gördüm," dedi. "Benden uzakta duruyordun ve ben sana tekrar nasıl sarılacağımı bilmiyordum."

"Neler diyorsun küçüğüm, işte buradayım, senin odanda, görmüyor musun? Yanı başında olduğumu görmüyor musun? Seni korkutan nedir aşkım? Senin için her şeyi yapacağımı, hayatımın yegâne şafağı olduğunu bilmiyor musun? En samimi ve en parlak şafağı?"

Onu göğsüne sıkıca bastırdı.

"Aşkım, aşkım... Sen olmasaydın ben ne yapardım? Korkunç bir kâbus gördüm. Bir şey bizi ayırdı, sonra sen Santa Maria del Fiore'nin kubbesinden aşağıya düştün ve ben seni nasıl kurtaracağımı bilemedim."

"Yüce Tanrım," dedi Cosimo nüktedan bir tonla. "Elbette, yüz arşından yüksek bir yerden aşağıya düşersem yapılabilecek pek bir şey kalmaz. İşlerin nasıl ilerlediğini görmek için Messer Brunelleschi'yi ziyarete gittiğimde dikkat etsem iyi olur."

"Gülüyorsun, ama bu gördüklerimde kötücül bir şey vardı, Cosimo, korkarım ki biri seni benden ayırmak istiyor, bizi bölmek istiyor."

"Bizi hiçbir şey ayırmayacak, Contessina'm, artık neşelen, göreceksin ki korku ve endişelerinin hepsi uçup gidecek."

Bunları söyledikten sonra onu güçlü kollarının arasına aldı ve küçük bir kuşmuş gibi tuttu. Kucağında salladı, öpücüklere boğdu; ona güvende olduğunu ve sevildiğini hissettirdi. Contessina, Cosimo'nun geniş, güçlü göğsünde gümbürdeyen kalbinin sesini duyabiliyordu. O sırada kadın dudaklarını adamın meme ucuna değdirdi. Tutkuyla öptükten sonra ısırmaya başladı.

Adam gülümsedi, keyfi yerindeydi.

"Devam et," dedi kadına. "Durma."

Bu sözler âdeta duyma yetisini alıp götürmüştü. Teni okyanustaki köpükler gibi karıncalanıyordu. Küçük ellerini adamın geniş göğsünde gezdirdi. Cosimo yakışıklı ve güçlü bir adamdı, güzel kokuyordu. Contessina'nın koku alma duyusunu ele geçiren acı bir koku...

Küçük parmaklarıyla teninin üzerinde görünmez daireler çizmenin keyfine vardı. Kucağından doğruldu ve dudaklarına tutku dolu öpücükler kondurmaya başladı. Bir, iki, üç, on kez... Ta ki dili onun diline karışıp saf bir duygusallıkla birbirlerine dolaşıncaya kadar...

Sonra göğsünü, ardından karnını öpmeye başladı. Sonra daha aşağı, daha da aşağı...

Oysa adam onun en gizli hazinesini çoktan keşfetmişti. Büyük, güçlü parmaklarını kadının içinde gezdiriyor, onu kendinden geçiriyordu. Tadına doyulmaz bir yara gibiydi. Contessina, onu ele geçirmek üzere olan zevk dalgasını hissetti. Kendini Cosimo'ya bıraktı; onu bir suç ortağına, bir aşk kölesine dönüştüren o olağanüstü dokunuşa... Öne doğru eğilirken, sesi zevkten kısılmıştı.

Adam içine girdiğinde kadın çoktan iki kere boşalmıştı.

20

Niccolò da Uzzano'nun Ölümü

Haberi aldığı zaman, Cosimo ölümü yüreğinde hissetmişti. Çünkü Niccolò, babasından sonra Floransa'da kalan az sayıda onurlu adamdan biriydi. Adil ve dürüst bir insandı. Dostluğunu ve onun örnek alınacak kişiliğini kaybetmek bütün Cumhuriyet'e inmiş ağır bir darbe anlamına geliyordu. Santa Lucia de' Magnoli'nin önündeki meydandan geçerken bunları düşünüyordu. Niccolò, Pitiglioso adı verilen bu bölgede uzun süredir yaşadığı için çok sevilirdi. Cosimo'ya annesi Piccarda, Contessina, Lorenzo ve kardeşinin karısı Ginevra eşlik ediyorlardı. Ayrıca oğlu Piero da onlarla birlikteydi. Kiliseye girdikten sonra, Niccolò'nun cansız bedeninin son veda için sergilendiği ana şapele doğru yöneldiler. Kilise küçük gruplar halinde toplanmış insanlarla doluydu. Çoğunluk ertesi gün düzenlenecek olan cenaze törenini beklerken, bu büyük ruha karşı son görevlerini yerine getirmek üzere kiliseye gelen nüfuzlu insanlardan ve beyefendilerden oluşuyordu.

Niccolò'nun bedeni çam kokan ahşap bir tabutun içinde ana şapelin ortasında duruyordu. Şapelin duvarları kendi talimatıyla Lorenzo di Bicci tarafından tasarlanmış olan fresklerle süslüydü. Kolları çapraz bir şekilde birleştirilmiş, kalbinin üzerine ise bir haç yerleştirilmişti. Üzerine kenarlarına inci ve değerli taşlar işlenmiş olan gümüş rengi bir tunik giydirilmişti. Ölümünden sonra bile bilgelere has o dingin ifade yüzünden silinmemişti.

Lorenzo'ya babasını hatırlattı.

Şapelin içi mumların kızıl alevleriyle aydınlanıyordu. Mumların titrek, loş aydınlığında Lorenzo di Bicci'nin freskleri kana bulanmış gibi görünüyordu.

Piccarda, Contessina ve Ginevra dua etmek üzere banklardan birinin üzerine diz çökerken, Lorenzo ve Piero onları izliyordu. Cosimo ise gözlerini dikmiş, asilzadeler arasından belki de son müttefiki olan kişiye bakıyordu.

Uzzano, sadece birkaç gün önce, Medici aleyhinde esip gürleyen Palla Strozzi ve Niccolò Barbadori'nin çıkışmalarına karşı ailesini savunmuş, Savaş Onlusu Konseyi'nin neredeyse tamamını karşısına almıştı.

Cosimo başını salladı.

Müttefikleri birbiri ardına düşüyor, düşmanları ise gittikçe safları sıklaştırıyordu. Günbegün artan bir hırsla kendisini ve çevresindekileri alt etmek istiyorlardı. Filippo Brunelleschi'nin Lucca'yı sular altında bırakmayı hedefleyen ve yakın zamanda başarısızlıkla sonuçlanarak Floransalılara zarar vermekten başka bir işe yaramayan acemice girişimi bile Cosimo'nun sonunu ilan eden duyuruyu duvara çakan kimbilir kaçıncı çivi olmuştu.

Fırsatını yakaladıkları anda Cosimo'yu bıçaklamak istedikleri her hallerinden belli olan Giovanni Guicciardini ve Bernardo Guadagni'nin nefret ve hınç dolu bakışlarını çoktan fark etmişti.

Niccolò'yu son bir kez alnında öptü. Başıyla bir işaret yaparak annesini, karısını ve diğerlerini onu takip edip oradan ayrılmaya davet etti.

Piccarda haç çıkardı ve ayağa kalktı. Her zamanki gibi muhteşem kıyafetler içindeydi: kenarları kürkle süslenmiş mantosu, incilerle ve altın sırmalarla bezenmiş siyah pelerini ve koyu gri *gamurra*'sı* ile bütün yası üzerine toplayıp cenazeye getirmiş gibiydi.

Annesinin kişiliği insana daima ulaşılmaz olduğu hissini veren kraliçelere özgü bir şeyler ihtiva ediyordu. Uzun boylu bir kadındı, onurlu bir duruşa sahipti. Contessina ve Ginevra bile onun yanındayken farklı bir ışıkla parlıyordu. Sanki Piccarda kan bağlarının ve soyadlarının ötesine geçen zarif tarzını Medicilerin dillere destan servetlerinden bağımsız, başlı başına kendi varlığıyla ortaya koyar gibiydi.

Bu gerçek orada bulunan insanların da gözüne çarpmış olmalıydı. Cosimo, herkesin ona sanki diğerlerinden farklıymış gibi mesafeli davrandığı fikrine kapılmıştı. Onu selamlamak için kimse yanına uğramamış, kiliseden çıkıp meydana açılan merdivenlere ulaştığında birisi şiddetle omzuna çarpmıştı. Cosimo bunun neredeyse kasıtlı olarak yapıldığını düşünecekti.

Cosimo bu tür bir davranışın alametlerini okumuş olacak ki bu hareket onu hiç şaşırtmadı.

Lorenzo'ya tam kendisi için endişelenmemesini ve ailesini emniyete almasını tembihliyordu ki Rinaldo degli Albizzi'nin kimselerinkine benzemeyen, inceden bir öfke ve kıskançlık ile damarlanmış sesi kulağına geldi.

"Buraya ne yapmak için geldin?" diye sordu. Damarları alev almaya hazır kıvılcımları andıran siyah gözleri çakmak çakmak parlıyordu. Kan kırmızısı duble, dar ceketinin üstüne aynı renkte bir pelerin giymişti. Yüzüne şeytan tarafından resmedilmiş gibi duran kısa, siyah bir sakalı vardı.

Erkek kardeşinin ona söylediklerini duymazdan gelen Lorenzo gerisin geri dönmüş, sağ elini İsviçreli paralı askerle

---

* (İt.) Ortaçağda elbisenin üzerine giyilen dış elbise. (ç.n.)

karşı karşıya geldiği o talihsiz günden beri kemerinde taşıdığı hançerinin kabzasına götürmüştü.

Cosimo kardeşine döndü ve "Ben sana ne dedim?" diye çıkıştı öfkeli bir sesle. "Annemizle, Ginevra ve Contessina ile kal!"

Sonra Rinaldo'ya dönerek, "Harikulade bir adama hürmetlerimi sunmaya geldim, sence başka ne yapmaya gelmiş olabilirim?" diye sordu.

Rinaldo yere tükürdü.

"Sen!" Konuşurken cüzzamlı birini gösterir gibi onu işaret ediyordu. "Sen bu şehre felaket getirdin! Hatta vebayı bile sen getirdin! Başkalarından üstün olduğunu zannediyorsun, oysa sen bir hiçsin, kibirli bir aptaldan başka bir şey değilsin, Mugellolu bir yüncünün oğlu! Geldiğin yere geri dönmen lazım!"

Ancak Cosimo'nun bu sefer altta kalmaya hiç niyeti yoktu. Rakiplerinin mütemadi provokasyonlarından ve kendilerini yalnızca onlara ait bir gerçekliğin muhafızları sanarak takındıkları kibir dolu, tahammül edilmez tavırlarından bıkmış usanmıştı.

"Şunu kafana sok Albizzi, senden korkmuyorum! Hiçbir zaman da korkmadım. Biliyorum, bu durum seni deli ediyor ama umurumda bile değil. Şimdiye kadar nasıl yaşadıysam bundan sonra da hayatıma öyle devam edeceğim. Alçakgönüllülük ve haysiyet... Davranışlarım daima bu iki ilkenin ışığında şekillendi, bundan sonra da farklı olmayacak."

Tam olarak o esnada kızıl ve kirli uzun saçları, kalın bıyıklarıyla İsviçreli, devasa paralı asker Schwartz kiliseden çıktı. O gün bile koyu renk dar ceketinin üzerine demir plakalı zırhını giymişti. Rinaldo'ya yaklaştı: "Bu adam sizi rahatsız mı ediyor, Ekselansları?"

Albizzi kafasını salladı.

Adam tam kemerinde asılı duran koskoca kılıcı çıkarmaya yeltenmişti ki Piccarda tehlikeyi ve az sonra vuku bulabilecek herhangi bir tehdidi umursamadan aralarına girdi, iki tarafa eşit mesafede durdu. Gözleri öfkeyle ateş saçıyordu; güzel, vakur yüzünde öylesine hor gören bir ifade belirmişti ki sadece başkalarının hayatını değil, kendininkini de küçümsüyor gibiydi.

"Siz, lanet olası laf ebeleri, tüm tehditleriniz ve iftiralarınız! Yoruldum hepinizden." Piccarda'nın sesi kilisenin duvarlarında gürlüyordu. "Kılıçlarınızı kınından çıkarmak istiyorsanız, şimdi karar verin ve beni parçalarıma ayırın, ama korkarım ki siz korkak köpeklerden başka bir şey değilsiniz!"

"Anne..." diye bağırdı Cosimo, ama Piccarda onu duymuyor gibiydi.

Albizzi o kadar şaşırmıştı ki durumun hoşuna gittiğini gizleyemedi ve sırıttı.

"Doğrusu bunu hiç beklemiyordum," diye bağırdı. Şimdi artık kahkaha atıyordu. "Beyler, işte gerçekten ciğeri olan birisi varsa o burada! İkinize gelince..." dedi Cosimo ve Lorenzo'ya hitaben: "Cenazeleriniz yalnızca ertelendi. Bu kadına teşekkür edin, çünkü tek başına ikinizin toplamından daha fazla cesarete sahip."

"Nasıl konuştuğuna dikkat et, Albizzi." Lorenzo öfkeden titriyordu.

"Gidin, hadi uzaklaşın!" dedi kısık bir sesle Rinaldo, "Sonunuz sadece ertelendi."

Başka bir şey söylemeden kiliseye geri döndü.

Cosimo ve ailesi, Schwartz'ın yağmacı bir köpeği andıran dondurucu bakışları altında, meydanın ortasında onları bekleyen arabaya doğru ilerledi.

Orada, kılıcının yarısı kınından çıkarılmış halde dikilirken Laura Ricci yanına geldi.

O gün de her zamanki gibi güzelliğini müstehcen bir şıklıkla pekiştirmiş, ışıl ışıl parlıyordu.

Beyaz tilki kürkünden bir etol omuzlarını sarıyordu. Narçiçeği rengi, uzun elbisesi, baş döndürücü bir dekolteyle dolgun göğüslerini açıkta bırakıyordu. Yeşil gözleri, soğuk ilkbahar ışığında değerli taşlar gibi parlıyordu.

"Bu iki kardeşin sonu senin elinden olacak," dedi kısık, şehvetli bir sesle.

"İster inan ister inanma, şu anda yürüyen iki ölünün arkasından bakıyorsun."

NÍSAN, 1433

21

Son Sözler

Rengini kestane kabuğunun sıcaklığından alan uzun saçları şimdi artık çizgi çizgi ağarmış, yüzüne hâlâ hâkim olan mağrur güzellik önceki seneden bu yana kısmen solmuştu. Buna rağmen Piccarda Bueri daha önce hiç bu kadar güzel olmamıştı. Ölüme yaklaştığı o anki kadar... Kütüphanedeki en sevdiği koltuğa oturdu. Şöminenin yanındakine. Yıllarca samimi sıcaklığının tadını çıkarmıştı, kimi zaman iyi bir kitap kimi zaman hizmetçilerin kendisi için hazırladığı demleme bitki çayları eşliğinde... Piccarda basit zevkleri olan sade bir kadındı.

Zengin bir hayat yaşamış, ömrünün hakkını vermişti. Şimdi kendi dünyevi yolculuğunu tamamlamak üzereyken ne bir üzüntü ne de bir pişmanlık duyuyordu, çünkü hayal edebileceğinden çok daha fazlasını elde etmişti; her şeyden önce hayattayken kendisine tapan ve yıllar boyunca ona olan aşkını kaybetmeyen bir eş. Yıllar geçtikçe kocasının ona olan tutkusu yerini sevgi ve saygıya bırakmış, böylece onun şefkatinin ve parlak zekâsının da bir o kadar keyfini çıkarmıştı. Son tahlilde minnettar ve halinden memnundu; o son adımı atmaya hazırdı. O anın yaklaştığını hissediyordu ve çok sevgili evlatlarını, gelinlerini, torunlarını yanına çağırmış; gözlerini huzur ve sükunetin kucağında yummayı planlamıştı.

Bakışları çok sevdiği odanın içinde gezindi. Sonra vedalaşmak üzere oldukları konusunda onları uyarmak ister gibi her birinin tek tek gözlerinin içine baktı.

Cosimo ve Lorenzo, Contessina ve Ginevra, sonra Piero, Giovanni, Francesco ve Pierfrancesco, olanca sevgi ve şükranlarıyla onu izlerken son bir kez konuştu.

"Evlatlarım," diye söze başladı. "Hepinizi herhangi bir ayrım gözetmeksizin evlatlarım olarak görüyorum çünkü benim kanımdan olmanız ya da cesaret ve kararlılıkla sonradan bu kanı seçmeniz arasında bir fark yok. Hatta inanın ki ikincisi soydan daha yüce, daha takdire şayan bir bağdır. Evet, Tanrı tarafından bana bahşedilen zamanın sona erdiğini hissediyorum. Az ama öz olmakla beraber size söylemek istediğim birkaç şey var, çünkü her şeye rağmen kelimelerimin altın tohumları gibi kalbinizde filizleneceğine inanıyorum. Babanızla tekrar buluşacağım cennette bile beni mutlu etmeniz için sizden tek ricam, daima bir arada kalmanız. Hayatta aileden daha önemli bir şey bulamazsınız, çünkü aile en candan şefkatlerin beşiğidir; tarifsiz bir memnuniyet ve neşe kaynağıdır. İnanın bana, sayenizde kendi hayatım boyunca bu bahsettiklerimi bol bol yaşadım."

Bu noktada Giovanni kendini tutamadı ve ağlamaya başladı. Küçük yüzünden aşağıya tuzlu ve ışıltılı gözyaşları süzülüyordu. Cebinden bir mendil çıkardı ve yüzünü kurulamaya çalıştı.

Piccarda şefkatle ona baktı.

"Bırak gözyaşların dökülsün, Giovanni, onlardan utanma. Duygularını göstermekte yanlış bir şey yok. Hatta benim gözümde en az sessizlik kadar kıymetli. Ağlamamanın erkekliğe, mertliğe dair önemli bir belirti olduğu zannedilir, fakat ben asıl korkulması gereken kişilerin kendi duygularından korkan erkekler olduğuna inanıyorum. Çünkü eğer bir adam sevdiği kişiye bunu söyleyemiyorsa, hayatın en güzel bölümünden bihaber kalmış demektir. Böyle bir erkek ise sevgili torunum, bir korkaktan başka hiçbir şey değildir."

Giovanni, büyükannesinin söylediklerinden cesaret almış gibiydi, onun sözlerini duyunca sakinleşti.

Piccarda şefkatli bir şekilde başını salladı.

"Aile, sahip olduğumuz en kıymetli şeydir ve dayanıklılığı bizim tarafımızdan ömür boyu sınanır. Bu çatının altında her gün birlikte yaşıyoruz; günler boyunca kişisel ve müşterek korkularımızı, endişelerimizi, şüphelerimizi birbirimizle paylaşıyoruz. Daha da önemlisi aynı zamanda birbirimizin başarılarına, zaferlerine, sevinçlerine ve bağışlamalarına ortak oluyoruz. Sizden doğanlar ve başkalarının etki ve baskısı altında kalmaksızın kendi tercihleri ile –ekseriyetle güzelliklerle dolu– ışıl ışıl olduğu kadar –en azından bazı zamanlarda– tehlike ve keder yüklü tuzaklar ihtiva eden bu hayat yolunda sizinle beraber yürümeye karar verenlerle bir arada yaşamaktan daha büyük bir mutluluk olamaz. Her zaman birbirinizi sevmeye çalışın. Sen, Cosimo, aileni zekânla, aklınla ve öngörülerinle korumayı unutma. Her zaman ileriye bak ve Medici isminin bu şehirde, babanızın sana ve kardeşine miras bıraktığı itibarla anılmasına özen göster. Elinden geldiği kadar prestijimizi ve gücümüzü artırmaya çalış, bunlar ölçülü ve hassasiyetle kullanıldığı takdirde toplumun tamamına fayda sağlayacaktır. Lorenzo, ikinizin arasında her an harekete geçmeye hazır ve nispeten daha atik olan sensin. Bankamızın işlerini her zamanki gibi tutku ve titizlikle denetlemeye devam et, faaliyet alanımızı mümkün olduğu kadar genişlet, ailemizin onurlu ve dürüst bir yaşam sürdürdüğünden emin ol. Muhteşem eşlerinizi sevin, bunu kalbinizde taşıdığınız tüm tutku ve şefkatle yapın. Siz, Contessina ve

Ginevra... Saygı ve sadakat talep etmekten vazgeçmeksizin eşlerinizin zayıflıklarını affetmeyi, onları anlamayı bilin ve onlara sığınak olun. Sırdaşlık rolünü üstlenirken değerli ve beklenmedik çözümlerin habercisi olan fikirlerinizi ifade etmekten asla korkmayın."

Bu noktada Piccarda durdu. Önündeki küçük masaya doğru eğildi ve içi demlenmiş gül çayıyla dolu fincanı almak için uzandı. Bu hareketi tamamlaması sonsuza dek sürdü, ancak hepsi ona yardım etmemeleri gerektiğinin farkındaydı, çünkü gerçekten ihtiyaç duysaydı Piccarda bunu söylerdi.

Fincanı dudaklarına götürdü ve çayından birkaç yudum aldı. Derin gözleri titredi. Cosimo, bu kadar basit bir jestin bile ona hâlâ nasıl inanılmaz bir keyif verdiğini görünce gülümsedi. Annesini izlemek, bazı yönleriyle mutlu bir kız çocuğunu izlemek gibiydi. Yıllar geçtikçe, her şeyden önce küçük şeylerden ve hayatın akışı içinde insana büyük bir cömertlikle ihsan edilen basit mutluluklardan keyif almaya özen gösterir olmuştu.

Yeteri kadar içtiğine kanat getirdiğinde fincanı ellerinin arasında tutmaya devam ederek dudaklarını çekti. Bitki çayından mavi bir buhar yükseldi, gözlerini kıstı. Çayın kokusu artık odanın içini de kaplamıştı, sanki bu nefis aromayı içine çekip bu hazzı bir süre daha uzatmak ister gibiydi.

"Son olarak da siz, benim çok sevgili torunlarım. Ebeveynlerinize karşı itaatkâr ve saygılı olun, minnettarlığınızı ve sevginizi ifade etmeyi ihmal etmeyin, çünkü bir babanın ve bir annenin kalbi en küçük hareketinizde bile sevgi ile dolar. Düşünceli davranarak bile onlara verebileceğiniz sonsuz huzuru onlardan esirgemek dayanılmaz bir acımasızlık olur. Kendinizi tanıyın, ailenizin size her gün verdiklerinden yararlanın. Ebeveynlerinizin günlük olarak gösterdikleri gayret sayesinde ayrıcalıklı ve refah seviyesi yüksek bir yaşantı sürüyorsunuz, bu imkânlara layık olun, bunları hak edin. Zamanı geldiğinde

uygulama, alıştırma ve çalışma ile edindiğiniz şeyleri geri öde-
yin ve bu şekilde ailemiz için yeri doldurulamaz birer kaynak
olun. Nihayet işim bitti ve sanırım şimdi uyuyacağım. Beni
dikkatlice dinlediğiniz için teşekkür ederim."

Piccarda, bunu söyledikten sonra gözlerini kapattı.

Çocuklar odalarına gönderildi. Cosimo, Lorenzo, Con-
tessina ve Ginevra bir süre daha onu izledi. Onunki derin
ve huzurlu bir uykuydu. Yüzü öylesine büyük bir sükûnet
içinde, öylesine rahattı ki, o altın sessizlikte hiçbir kelime onu
şu an olduğundan daha çok mutlu edemezdi.

Bir süre sonra Contessina ve Ginevra uyumaya gittiler.

Saatler geçti.

Cosimo ve Lorenzo orada onunla kaldılar. Ellerini anne-
lerininkinin üzerine koydular.

Derisi yavaş yavaş bir mermer kadar soğudu. Yüzü ren-
gini kaybetti ve nefesi durdu.

Piccarda ölmüştü.

Cosimo son ayin için rahibi çağırmalarını istedi.

Hâlâ annelerinin yanı başında dururken iki kardeş birbir-
lerine baktılar. Bir an için her ikisi de birbirlerinin gözünde
annelerinin bakışlarını gördü.

22

Filippo Brunelleschi

Günler geçti. Piccarda'nın cenaze töreni ölçülü bir ihtişamla düzenlendi. Annesi artık San Lorenzo Bazilikası'nın içinde, onlara ayrılan bölümde babasının yanı başında istirahat ediyordu. Yeniden bir aradaydılar. Cosimo, bunun, birbirlerini bu kadar çok sevmiş iki insanın başına gelebilecek en güzel şey olduğuna inanıyor, onlar kadar şanslı olmayı diliyordu. Annesine bitmez tükenmez bir özlem duyuyor, onu düşündüğünde kalbine neredeyse metalik bir ağrı saplanıyordu. Zaman elbet bu acıyı da hafifletir, diye düşünüyordu. Fakat kendine bir söz vermişti: zamanın amansız işleyişine karşı gelemese de annesinin hatıralarını elinden gökyüzüne uzanan altın bir ipliğin ucuna bağlayacak, onları daima saklayacaktı.

İçini çekti.

Filippo Brunelleschi'nin atölyesindeydi.

Hayatı boyunca nice harika yerler görmüş olmasına rağmen, gözlerinin önündekiyle karşılaştırılabilir herhangi bir şey hatırlamıyordu. Binanın mimarisinden daha ziyade sonu gelmez yığınlar halinde kümelenmiş modeller, aletler ve cihazlar tek bir mucizeler teorisinin içinde kendi kendini tekrarlıyor, insanın nefesini kesiyordu.

Bakışları muhteşem bronz fayanslardan açık renk mermer sütun başlarına, taştan oyulmuş büstlerden klasik çağ ilahlarının heykellerine atladı; açık kitapların ve mermer zeminin üzerinde âdeta bir halı gibi serili duran, kömürle çizilmiş eskizlerle kaplı parşömen kâğıtlarının üzerinde dolaştı. Sonra renkli cam kıymıkları, tahtadan oyulmuş muhteşem figürler, çerçeve parçaları, fresk ya da kimbilir ne için hazırlanmış karton maketler, keskiler, fırça demetleri, içlerinden renkli tozlar taşan kaplar ve Santa Maria del Fiore kubbesinin minyatür bir modeli. Filippo sanki hayatının tek amacı bu katedralin inşaatıymış gibi, kendini tamamen bu işe adamıştı. Belki de gerçekten öyleydi… Cosimo'nun, bir insanın bir dine, bir inanca, bir aşka adanırcasına tüm varlığını sanata nasıl verebildiğine dair hiçbir fikri yoktu. Bu adanmışlık onu ürküten bir özveri ihtiva ediyordu çünkü kendi yaşamında böyle bir şey olmadığını biliyordu.

Onun gözünde, Filippo nevi şahsına münhasır, benzersiz bir adamdı. Belki de sanatçıları sanatçı yapan özellik tam olarak buydu; sonsuzluk kokan bir disiplin tarafından ele geçirildikleri için dünyevi yasalara uyamama halleri. Âdeta bir kez bulaştı mı bir daha peşlerini bırakmayan ateşli, salgın bir hastalık gibi… Filippo veba tuzaklarını görmezden gelmiş, aylarca olduğu yerde tüneyip o kubbenin başını beklemiş, şimdi de yalnızca birtakım kontroller yapmak amacıyla aşağıya inmişti. Kararlı bir şekilde devam eden inşaatta gitgide sona yaklaşılırken hiç de küçük olmayan bir problem ortaya çıkmıştı: Kubbeyi kapatma.

Tüm yapının çökmesine sebep olmadan o kubbe nasıl kapatılacaktı?

Cosimo, ustanın bu sorunu nasıl çözeceğini bilmiyordu. Fakat şu anda kafasını kurcalayan asıl konu Via Larga'da gerçekleştirilmesi planlanan Palazzo Medici projesi ile ilgiliydi. Bu projeyi hayata geçirmenin mümkün olmayacağını

Brunelleschi'ye artık söylemesi gerekiyordu. Bu fikir ve fikrin gerçekleştirilmesine dair ihtimaller etrafında yayılan dedikoduların, ailesinin aleyhinde gelişen kötücül ve zehirli havayı körüklediğini fark etmişti. Albizzi ve Strozzi bir süredir, üstelik gayet de başarılı bir şekilde, Brunelleschi tarafından Mediciler için inşa edilen yeni konutun akıllara bir hükümdarın sarayını getirecek raddede abartılı bir ihtişamla tasarlandığını dillendiriyorlardı. Etrafta Medicilerin Floransalı soylu ailelerin bile kendilerine ait şahsi işleri gerçekleştirirken saygı göstermekle yükümlü oldukları ince zevk ve ölçülere riayet etmeye tenezzül etmedikleri konuşuluyordu.

Cosimo, bütün bunların Filippo'ya safi delilik gibi geleceğini biliyordu ve bu durum işini kolaylaştırmıyordu.

Tamamen düşüncelerinin içine gömülmüş, söylenecek doğru kelimeleri ararken, üstadın yere çömelmiş olduğunu fark etti. Mumların ışığında delirmiş ve hatta şuurunu kaybetmiş bir halde zemine, Cosimo'ya tamamen anlaşılmaz gelen birtakım eğik çizgiler çiziyordu. Cosimo elini adamın omzuna koydu ama Filippo bunu bile zar zor fark etti. Çizmekte olduğu şey tarafından tamamen ele geçirilmiş gibiydi. Sonra ona doğru döndü. Zeki, nemli ve neredeyse sarhoş bakışları, Cosimo'nun damalarındaki kanı dondurdu.

Acınacak bir haldeydi. İçine kaçmış gözler, bir deri bir kemik kalmış bir surat, çıkıntılı elmacık kemikleri. Daha da kilo kaybetmiş olmalıydı. Cosimo yemek yiyip yemediğini merak etti.

"Sabahtan beri herhangi bir şey yediniz mi?" diye sordu doğrudan.

"Vaktim olmadı," diye cevap verdi sanatçı. Can çekişen birinin hırıltısı gibi çıkan sesi boğuktu. Bu kelimeler muhtemelen çok uzun süren bir sessizliğin çocuğuydu.

"Sizi öğle yemeği için bir yerlere götürebilir miyim?"

"Yapmam gerekenler var."

"Pekâlâ."

"Ne istiyorsunuz?"

"Her şeyin yolunda gidip gitmediğini merak ediyordum."

"Bana bunu sormak için mi geldiniz? Haydi ama, benimle alay etmeyin efendim, buna tahammül edemem. En azından siz bunu yapmayın."

Cosimo, Brunelleschi'nin karşısında kendini kimbilir kaçıncı kez ne söyleyeceğini bilemez bir halde buldu. Onunla konuşurken başına hep aynı şey geliyordu. Ona karşı gelmek konusundaki beceriksizliğini gizlemek isterken sergilediği acemice girişimler sonucu, gerçeğin kendisinden çok daha beter olan belirsiz sözcüklere ve yarım yamalak yalanlara saplanıp kalıyordu. Buna artık bir son vermesi gerekiyordu.

"Saray..." dedi.

"Hangisi?"

"Benim için yapacak olduğunuz."

"Ah."

"Devam edemiyoruz."

"Ah."

"Tabii ki size projenin bedelini ödeyeceğim."

Filippo başını salladı.

Bir an için düşüncelere dalmış gibi göründü.

"Peki ne oldu?" diye sordu.

"Floransa soyluları fazla görkemli olduğunu düşünüyor."

"Değil."

"Haklısınız, ama maalesef yargıları birçok kişinin iradesini belirlemeye muktedir."

"Siz dahil mi?"

"Ailemi korumak zorundayım."

"Yani pes mi ediyorsunuz?"

"B-bu pes etmekle ilgili değil ..."

"Ah evet, aslına bakarsanız," diye sözünü kesti Filippo, "tam olarak pes etmekle ilgili."

"Sorumluluklarım var."

"Bunlar yaptığınızı haklı çıkarmak için söylenen yalanlardan başka bir şey değil."

"İnandığın şey bu mu?"

"Kesinlikle."

"Ne yapmalıyım?" diye sordu Cosimo bıkkın bir şekilde.

"Daha önce aklınızda olanı."

"Ama bunu yaparak..."

"O zaman her şeyi iptal edelim, sorun yok. Sadece size soruyorum: Madem halihazırda bir karar verdiniz, o zaman neden bana geldiniz?"

"Henüz bir karar vermemiştim."

"Bana yine yalan söylemeyin."

Cosimo homurdandı. Bir kere daha düşmüştü.

"Tamam!" dedi pes ederek.

"Sorun yok."

"Ne hakkında?"

"Bina hakkında. Bu arada, proje için para almak istemiyorum."

"Ama bu adil değil."

"Ben bu şekilde olmasını tercih ederim."

"Yine de size ödeme yapacağım."

"Bunu yapmaya sakın cüret etmeyin," diye emretti Filippo ve gözlerinden vahşi bir pırıltı geçti.

Cosimo ellerini kaldırdı. "Anlaştık, anlaştık... Eğer istediğiniz buysa."

"Messer Medici, kendinizi bana karşı borçlu hissetmemelisiniz. Seçim sizin. Siz müşterisiniz. Ancak bir ödemeyi reddetmek için her türlü hakka sahibim. Ben bir parazit değilim."

"Bu aklımdan bile geçmedi, bir an bile."

"Çok iyi, o zaman isteğime saygı göstereceksiniz."

"Öyle olsun!"

"Başka bir şey var mı?"

"Hayır."

"O zaman işime devam edeceğim."

Cosimo ekleyecek başka bir şey olmadığını anlamıştı. Brunelleschi, olabilecek en zarif şekilde onu gitmeye davet etmişti.

"Peki," dedi. "İyi günler."

"Size de."

Filippo ona arkasını döndü. Hiç konuşmamışlar gibi yeniden çizimine koyuldu. Çünkü aralarında geçen bu konuşma, sanatının ebediyete uzanan yolunda karşısına çıkan küçük bir aksilikten ibaretti; bir virgül, bir parantez, bir kesme işareti için ayrılandan daha geniş bir yer kaplaması söz konusu olamazdı.

Cosimo üzülmüştü. Ama başka ne bekleyebilirdi ki? Sonuçta Filippo ile çalışmayı reddeden oydu. İçinde ona ihanet etmenin bıraktığı acı bir tat vardı. Gelenekleri ve kaideleri arkadaşlıklarının önüne koymuş olmak...

Sorumluluk demişti. Ya o haklıysa? Ya mecburiyetler ve usule saygı üzerine yapılan bütün o yapmacık konuşmalar zayıflıktan başka bir şey değilse? Hırsızlardan ve savaş şakşakçılarından oluşan bir hizibin iradesine boyun mu eğiyordu? Yoksa onlarla savaşmalı mıydı? Hâlâ mı?

Cosimo başını iki yana salladı.

En iyi kararı verdiğine kanaat getirdi fakat yüreğinin derinliklerinde bir şey ona aksini fısıldıyordu.

Filippo Brunelleschi'nin atölyesinden ayrılırken, oraya gelirken olduğundan çok daha üzgündü.

EYLÜL, 1433

23

Suçlama

Cosimo gelmek üzere olduklarını biliyordu. Bernardo Guadagni'nin ismi müstakbel Adalet Yargıcı olarak anılmaya başlandığı andan itibaren kaderinin mühürlendiğini anlamıştı. Bernardo, Rinaldo degli Albizzi'nin adamıydı ve Albizzi onu kendi tarafında tutmak için elinden ne geliyorsa bizzat yapmıştı. Hatta şehirde onun gözüne girmek için bin florin vergi ödediğine dair söylentiler bile dolaşıyordu.

Bu sadece bir zaman meselesiydi, hatta doğruyu söylemek gerekirse bir an meselesi. Karısını uyarmıştı. Contessina ilk önce korkmuş sonra sinirlenmiş hatta öfkeden deliye dönmüştü. Kendisi hayattayken onu hapse atamayacaklarını söyleyip durmuştu ancak Cosimo sadece başını sallamakla yetinmişti. Tam olarak bunun olacağını biliyorlardı, kendilerini en kötüsüne hazırlamaları ve bundan kurtulmanın bir yolunu bulmaları gerekiyordu. Elbette muhtemel bir çıkış yolunun mevcut olduğunu varsaymak suretiyle...

Onunki teslim olmak değil, sadece kendisinden daha büyük bir tezgâhın varlığını kabullenmekti. Bu gerçeği sindirmeli, içine düştüğü durum karşısında cebir ve şiddet yerine farklı silah ve araçlara başvurmalıydı. Aksi halde bu duygu, kendini açığa vurarak insanı kör edebilir ve bu da muhtemel stratejiler arasında en aptalcası olurdu. Zaten Rinaldo degli Albizzi de dört gözle bu fırsatı kolluyordu; Cosimo düşünmeden, öfkeyle davrandığı takdirde düşmanına kendisini öldürtmek için mükemmel bir bahane vermiş olacaktı.

Cosimo öylece durmuş güneşin doğuşunu izliyordu, gökyüzünün gri mavi perdesini kesen parlak ışın bıçağını... O sabah, özellikle mor renkli, zarif, duble bir ceket giymeye karar vermişti. Özel bir gün için özel bir renk. Ceketinin düğmelerini boynuna kadar iliklemişti. Gümüş kakmalarla bezenmiş ceketini, aynı renkte bir balon pantolonla tamamlamıştı. Kafasında başlığı yoktu ve bu da gitmek zorunda olduğu yere uygun kaçmayabilirdi. Siyah saçlarının arasından fırlayan kuzguni, isyankâr bukleleri önüne düşüyordu. Daha yeni tıraş olmuştu.

Oturma odasında beklerken bir an için gözlerini kaldırıp tüm ihtişamıyla uzanan ahşap tavana baktı. Kendi içlerinde altışar bölmeye ayrılmış olan üç ayrı panonun her biri kenger yaprağı motifli oymalarla bezenmişti. Tavandan sarkan görkemli, ferforje avizelerin üstünde mumlar ışıldıyordu.

Cosimo homurdandı çünkü bu bekleyiş sabrını taşırıyordu. Rinaldo degli Albizzi'nin gelmesi daha ne kadar sürecekti? Lorenzo'dan Contessina, Giovanni ve Piero ile birlikte kalmasını istemişti.

Ardından açık büyük pencerelerden askerlerin ayak seslerini duydu.

Kapı çalındı. İç karartıcı bir sesti bu... Kapıyı çalan her kimse tereddüt etmiyor, durmaksızın vuruyordu. Eğer Cosimo'ya bu şekilde gözdağı vermeye çalışıyorlarsa, istediklerini elde edemeyeceklerdi.

Salondan ayrıldı, geniş mermer merdivenlerden aşağı inerek binanın girişine yöneldi.

O sırada Contessina belirdi. Çektiği acı yüzünden okunuyor, yanaklarından sicim gibi gözyaşları süzülüyordu. Elbisesi omuzlarını açıkta bırakacak kadar aşağıya kaymış, göğsü neredeyse ortaya çıkmıştı. Durmaksızın hıçkırarak ağlıyordu.

"C-Cosimo," diye kekeledi, "Sana ne yapacaklar aşkım?" Ona doğru koştu.

"Yalvarıyorum aşkım, güçlü ol," dedi Cosimo. "Zor günler bizi bekliyor ama birlikte üstesinden gelip ileriye bakacağız. Piero ve Giovanni'nin yanında ol."

Kollarını boynuna dolayarak göğsünün üzerinde ağladı. Ağladı çünkü kendini onsuz kaybolmuş gibi hissediyor, kocasını bir daha görememekten ölesiye korkuyordu.

"Cosimo, seni kaybetmeye dayanamam. Sana bir şey olursa bil ki ben ölürüm. Sensiz yaşamayı düşünemiyorum bile."

Cosimo gülümseyerek karısının yüzünü okşadı. Ardından o eylül sabahında ruhunda bulabildiği tüm tatlılıkla konuştu.

"Aşkım," dedi. "Korkmana gerek yok. Yedi gün geçmeden tekrar evde olacağım. Yeniden bir arada olacağız ve hayatımıza kaldığımız yerden devam edeceğiz. Hiçbir şey bizi ayıramaz."

"Söz veriyor musun?"

"Söz veriyorum."

Sözlerini tamamlar tamamlamaz, hizmetçiler uzun süredir beklenen ziyaretçilerin geldiğini haber verdiler. Muhafızlar içeri girdi.

Onlara Rinaldo degli Albizzi eşlik ediyordu.

Cosimo'yu görür görmez gözlerini ona dikti. Zalimce bir tebessüm yüzünü vahşi bir neşeyle boyadı.

"Messer Cosimo de' Medici," diye gürledi gardiyanların komutanı. "Adalet Yargıcı'nın emriyle, sizi Cumhuriyet'e ihanet ve tiranlığa teşebbüs suçlamasıyla tutukluyorum. Signoria Sarayı'na götürüleceksiniz. İşlediğiniz suçların tamamı Adalet Yargıcı, Messer Bernardo Guadagni tarafından size orada bütün ayrıntılarıyla aktarılacaktır."

"Fakat," diye araya girdi Albizzi meymenetsiz bir ses tonuyla. "Seni tamamen gayri resmi bir şekilde bu şehrin senin kibrine ve sahte merhametine daha fazla tahammül edemediği konusunda uyarabiliriz. Yaptırmak istediğin saraydan haberdarız, bu sarayı Filippo Brunelleschi'nin inşa etmiyor olmasının herhangi bir önemi yok, belki de bu iş için Michelozzo'yu ya da Donatello'yu görevlendireceksin. Sonuçta senin için çalışan sanatçıların listesi o kadar uzun ki... Ayrıca Floransa'ya karşı tezgâhladığın komploları da gayet iyi biliyoruz, artık tüm bu kabahatlerinin bedelini ödeme zamanı geldi."

Albizzi bu anı çok uzun zamandır bekliyor olmalıydı. Ağzından çıkan kelimeleri öylesine büyük bir coşkuyla telaffuz ediyordu ki dudaklarından saçılan tükürükler kuduz bir köpeğin salyalarını anımsatıyordu.

Cosimo susuyordu. Contessina'yı bakışlarıyla âdeta yaktı çünkü o anda her zamankinden daha da güçlü olmasını istiyordu. Beş para etmez bu değersiz adamın tatmin duygusunu tatmasını hiçbir şekilde istemiyordu.

Karısı ne istediğini gayet iyi anlamıştı. Kendini toparlamış, biraz önceki sözlerinden güç almıştı. Yanına yaklaştı ve dudaklarına bir öpücük kondurdu.

"Yapmanız gerekeni yerine getirin," dedi.

Bu sözleri duyan Rinaldo degli Albizzi, şaşırmış bir halde, öfkeden kanı kaynayarak Muhafız Komutanı'na başıyla bir işaret verdi.

Adam kelepçeleri Cosimo'nun bileklerine taktı.

Ardından onu dışarı çıkardılar.

Şehrin sokakları boyunca ellerinde kelepçelerle götürülmek garip bir histi. Cosimo sakin ruh halini koruyordu fakat Floransa'nın üzerine kasvetli bir hava çökmüştü. Şehrin bir kısmı bu kadar büyük bir adaletsizliğin karşısında şaşkınlığını saklayamaz haldeydi, diğerleri ise kendisine ihanet edildiğini hisseden birinin öfkesiyle ona saldırıyordu.

Signoria Meydanı'na girerken Cosimo, yoğun bir kalabalığın toplandığını gördü. Sokaktaki yiyecek ve şarap satıcıları arı gibi çalışıyorlardı. Sıcak bir sabahtı. Güneş gökyüzünde metalden bir plaka gibi parlıyordu. Hava o kadar ağırdı ki neredeyse sıvılaşıp insanın teninden akacaktı. Sıcaktan nefesinin kesildiğini, gözlerinin karardığını hissetti. İçine doluşan beşerî kalabalık yüzünden canlı bir varlığa, bir canavara benzeyen meydan, âdeta çocuklarını yemeye hazır, titreyen bir *Leviathan* gibi devinim içindeydi. Gözlerinin önünde, Arnolfo di Cambio Kulesi ile yükselen saray, gökyüzünün mavi aynasına meydan okuyor gibiydi.

Meydanın ortasına ahşap bir platform kurulmuştu.

Yukarıda, onların gelmesini bekleyen Bernardo Guadagni, başka yüzlerin arasından Cosimo'ya bakıyordu.

Bu çehrelerin arasında avazı çıktığı kadar bağırmak suretiyle öfkelerini kusanların sayısı azımsanacak gibi değildi. Bilhassa nefret, kıskançlık, güç ve yolsuzluk vurgularını yüksek perdeden haykırıyorlardı. Doğrusu bu delilikte benim de payım yok değil, diye düşündü Cosimo. Karşısında duran bu insanlara baktı fakat hiçbirinin içinde düşmanının midesine hançerin buz gibi demirini saplamak için muhtaç olunan soğukkanlı kararlılığı göremedi. Neyse ki her halükârda –en azından yakın gelecekte– hayatı için endişelenmesi gerekmiyordu. Eğer idam edilmesine karar vermiş olsalardı, soylular onu almak için şehir muhafızlarını göndermeye tenezzül etmezlerdi. Ya da en azından bunu güpegündüz yapmazlardı. Destekçileri hakaretler yağdırarak Cosimo'yu yerin dibine sokmaya çalışan düşmanlarına karşı çıktılar; bir o kadar öfkeli, bir o kadar savaşmaya hazır. En azından sözleriyle... Çatışma, muhafızlar ve mistik bir ilah gibi kollarını platformun üzerinden uzatmış, aşağıdaki ruhları kıl payı zapt ediyormuş gibi görünen yargıcın iradesi sayesinde zar zor engellenirken Cosimo, bu keşmekeşin içinde uçurumun eşiğine gelen Cumhuriyet'in olanca kırılganlığı ve hezeyanını hissetti.

Kalbinin içinde birbirleriyle çelişen binlerce duygu, çuvalın içine zorla tıkılmış vahşi hayvanlar gibi, zincirlerini kırıp yüreğini paramparça etmek için hazır bekliyordu. Bu hisleri bastırmaya gayret ederek ilerlemeye devam etti.

Biri ona tükürdü.

Üzerindeki tunikten akan sarımsı balgamı fark etti.

Gözyaşlarına boğulan kadınları, Cosimo'yu öldürmeye ant içen adamları gördü. Yüzleri cin gibi bakan gözleriyle aydınlanan çocuklara, makyajı yüzüne gözüne bulaşmış yosmalara baktı. O kavurucu güneşin altında önüne çıkanı kendine katıp sürükleyen, kudurmuş bir deniz gibi kabaran insan selini yararak orta yerinden yürüyordu. Meydan patlamaya hazır bir barut fıçısı gibi usul usul homurdanıyordu.

Sonunda platformun eteklerine geldi ve ardından Bernardo Guadagni'nin yanındaki iki gardiyan tarafından teslim alındı.

Yargıç, âdeta cüzzam kapmaktan korkuyormuşçasına Cosimo'dan yana bakmaya tenezzül bile etmiyordu. Güç ve para ile baştan çıkarılmış bu adamların ona karşı sergiledikleri kibri görünce içinde büyüyen öfkeyi zorbela bastırdı.

Sükunetini korumaya kararlıydı, çünkü o anda kendini kaybetmek ölümcül bir hata olurdu.

"Bu adam," dedi Bernardo, Cosimo'yu işaret ederek. "Entrikalar çevirerek ayakçılarının da yardımıyla halkı Cumhuriyet'in asilzadelerine karşı kışkırttı. Bunu kendi hür iradesiyle, son derece bilinçli ve hatta yüz kızartan bir kibir içinde yaptı. Her şeyden önce hiç utanmadan kendisi ve ailesi adına Floransa'daki diğer tüm yapılara yukarıdan bakacak nitelikte bir saray inşa etmesi için Messer Filippo Brunelleschi'yi görevlendirdi. Hakkındaki suçlamalara vakıf olduğu zaman ise Brunelleschi'yi görevden alıp, devreye Michelozzo'yu soktu. Ancak, konunun bizi ilgilendiren kısmı sanatçının kimliği değil, Medici'nin kendisini hepimizin üstünde konumlandırmak konusunda durmaksızın ısrar etmesidir."

Yargıcın sözcükleri, meydanda toplanan *pleb*'lerin, halkın ve soyluların kulaklarında bir savcının iddianamesi gibi çınlıyordu.

"Bu nedenle ben, Bernardo Guadagni, bu Cumhuriyet'in Adalet Yargıcı olarak, Cosimo de' Medici'nin mahkûmiyeti ya da beraatı yönünde bir karara varmak üzere Savaş Onlusu azalarını bir araya toplamak istedim. Bir karara varılıncaya dek, sanığın saraya götürülmesi, daha spesifik olmak gerekirse Arnolfo Kulesi'nde bulunan Alberghetto* hücresinde gözaltında tutulması ve kurumların kendisi için vereceği kararı öğrenene kadar orada beklemesi hükmüne vardım. Bu kararı tamamıyla Floransa Cumhuriyeti'nin menfaatini gözeterek vermiş bulunmaktayım."

Bu sözleri duyunca kalabalık kükredi. Yükselen küfürler ve hakaretler, alkışlara ve sevinç çığlıklarına karıştı. Cosimo'nun geleceğine dair hayal kırıklığına uğrayıp ümitsizliğe kapılanların sayısı hiç de az değildi, ne var ki çoğunluk hain ve Yahuda gibi yakıştırmalar yaparak onunla alay ediyordu.

Çığlıklar gökyüzünü tırmalarken, Bernardo ona âdeta dalga geçerek baktı. Albizzi, Soderini ve Strozzi bu anı o kadar uzun zamandır dört gözle bekliyorlardı ki...

"Bu adamı Alberghetto'ya kapatın ve ne yapacağımıza karar verene kadar orada tutun," diye ekledi.

Gardiyanlar kafalarını salladılar ve Cosimo'yu kollarındaki zincirlerden yakaladılar. Ortadan ikiye ayrılan kalabalığın arasından geçerek onu saraya doğru götürdüler.

---

* (İt.) Misafirhane, küçük han. (ç.n.)

149

24

Contessina

"Zavallı kardeşini hiç mi sevmiyorsun?"
Contessina'nın sesi öfke doluydu. Yüzü ise savaşçı bir güzellikle kaplanmıştı. Darmadağınık uzun saçları ve kural tanımaz bukleleri, bin karanlık mızrakla donanmış kavisli hançerleri andırıyordu. Göğüsleri sanki kalbi patlama noktasına gelmiş gibi titreyerek inip kalkıyor, her yükselişinde üzerindeki elbise geriliyordu. Koyu renk gözlerinde parlayan derin bakışları daha önce hiç olmadığı kadar içine işliyordu Lorenzo'nun.

Contessina hiddetliydi. Lorenzo şimdiye kadar onu hiç böyle görmemişti, ancak onun Piccarda'nın ölümü ve hemen ardından Cosimo'nun hapse atılmasıyla bambaşka bir insana dönüştüğünün farkındaydı.

"Cevap ver bana!" Contessina ona seslendi.

"Savaş hazırlığındayım," dedi. "Arkadaşlarımı ve bizi şu ana kadar desteklemiş olan herkesi etrafıma toplayacağım. Gerekirse Floransa'yı cehenneme çevirip kana boğacağım..."

Ama Contessina kelimeleri ağzına tıkadı.

"Adamlarını toplayacaksın, tabii ya, sana sadık olanları çağıracaksın ve Albizzi'ye karşı savaş açacaksın. Peki ya sonra? Sence ne olacak? Bunu anlamıyor olman mümkün mü?"

"Bu bir savaş olacak, sevgili yengem."

"Sonrasında ne olacak? Bu savaş sayesinde kardeşin kapatıldığı kuleden kurtulacak mı sanıyorsun? Düşün Lorenzo, aklını çalıştır! Rinaldo ve adamlarının senden yapmanı bekledikleri yegâne şey işte bu."

"Fark etmez! Eğer böyle bir savaşı halihazırda bekliyorlarsa, bu onlar için daha da kötü! Daha iyi savaşmaları gerekecek demektir. Kuralına uygun bir şekilde… En azından belki bu seferlik, rakiplerini sırtından bıçaklamak yerine onlarla yüz yüze çarpışırlar."

Contessina onaylamayan bir tavırla kafasını iki yana salladı. Doğru yolun bu olmadığını nasıl göremiyordu? Başka bir çıkış yolu daha mutlaka olmalıydı, ne pahasına olursa olsun onu bulacaktı. Bunu Cosimo ve çocukları için yapacaktı. Onların aşkı için yapacaktı.

"Pekâlâ, anlaştık öyleyse," dedi. "Şöyle yapacağız: Sen şiddet yolunda yürüyerek bu işi çözmeye çalışacaksın. Daha diplomatik silah ve stratejilerden faydalanma fırsatını da bana bırakacaksın."

Lorenzo duyduklarına inanamıyordu. Yengesi neler saçmalıyordu?

"Ne demek istiyorsun?" diye sordu şaşkın bir sesle. "Gerçekten mantık yoluyla bu insanlarla başa çıkabileceğini mi zannediyorsun? Rinaldo degli Albizzi'yi görmedin mi? Niccolò da Uzzano'nun cenazesinde, Cosimo'ya bunları ödeteceğine dair yemin etti. Eğer aklını tamamen yitirmediysen, böyle bir dönemde yapabileceğin en akıllıca şey, kırsal bölgeye sığınmak ve olayların gidişatını oradan izlemektir…"

Bu sözler ani ve sert bir tokat gibi ağzından çıkıvermişti. Öyle ki kelimelerin şiddetiyle kafası ateş alan bir silahın geri tepmesi gibi arkaya doğru hafifçe savruldu. Hemen ardından dudaklarının yandığını hissetti. Erkek kardeşinin karısına sesini yükseltmekten duyduğu utançla yüzü kıpkırmızı oldu.

Bu sözleri asla söylememiş olmayı yeğlerdi. Artık bunun için çok geç kalmıştı.

"Kırsal bölgeye sığınmamı söylemeye ne hakkın var? Onu savunmak için elimden geleni yapmadan kocamı Alberghetto'da çürümeye bırakabileceğimi mi zannediyorsun? Seninle uzun yıllardır tanışıyoruz, en azından kocamı dünyadaki her şeyden çok sevdiğimi şimdiye kadar anlamış olman gerekir! Bir villaya saklanıp Cosimo'nun darağacına çıkarılmasını beklemeyeceğim! Ayrıca bunu çocuklarımızın da yapmayacağından emin olabilirsin! Ne Piero'nun ne de Giovanni'nin..."

Sonra Contessina'nın ses tonu yumuşadı. "Karar verildi: Sen Rinaldo degli Albizzi ve müttefiklerine karşı bir birlik toplamaya çalışırken ben Bernardo Guadagni'yi rüşvetle kandırmanın bir yolunu bulacağım."

Lorenzo söyleyecek bir şey bulamadı.

Olaylar bu noktaya kadar varmış mıydı?

Cosimo parmaklıkları izliyordu.

Yegâne penceresi parmaklıklarla korunan Alberghetto hücresi ona on arşın ölçülerindeydi. Odanın dekoru üzerinde uyuması için yerleştirilmiş tahta döşekten ve bir köşede duran dışkı kovasından ibaretti. Arnolfo Kulesi'nin kalın duvarları dışarıdan birinin bu hücreye girme ihtimalini sıfıra indirgiyor, ağır demir kapının devasa sürgüsü tek kaçış yolunun geçit vermeyeceğini garantiliyordu.

Cosimo kendini döşeğin üzerine attı. Yatağın tahta yüzeyi anında sırtına batmaya başladı. Tam bir işkence... Açık pencereden meydanı dolduran kalabalığın uğultusunu duyabiliyordu. Kaderinde onu neyin beklediğini düşündü; günler geçiyordu ve en kısa sürede bir çözüm bulmak zorundaydı. Öte yandan, önceki bütün belirtiler idam cezasına çarptırılacağına dair ipuçları barındırıyor olsa da aradan geçen zamanın uzaması bu karardan çaymış oldukları anlamına geliyor olabilirdi. Ancak Rinaldo degli Albizzi'nin atalarından ona miras kalan bir kinle Cosimo'dan nefret ettiği gerçeği dışında hiçbir şeyden emin olamadığı için o anda kaderinin iplerini elinde tutan Bernardo Guadagni'nin iradesini etkilemek üzere mümkün olan bütün yolları denemeye mecburdu.

Ailesinin ne yapacağı hakkında hiçbir fikri yoktu. Lorenzo'nun silahlara başvurmayı da düşünebileceğini göz ardı etmiyordu. Öte yandan karısı daha ince hesaplanmış, üstü kapalı manevralar yapıyor olabilirdi.

Contessina saf ve naif bir kadındı fakat bu nitelikleri onu kesinlikle aciz kılmıyordu. Hem de hiç... Aksine görüşmesi gereken kişi oydu. En kısa zamanda karısıyla konuşmayı umuyordu.

Bu hücreden çıkmanın bir yolunu bulmak zorundaydı. Cumhuriyet aleyhine işlenen tiranlık suçlarının sadece iki şekilde cezalandırıldığını biliyordu: ölüm ya da sürgün. Elbette affedilme olasılığı her zaman mevcuttu, fakat gelişmelerin bu noktaya gelme şekli göz önünde bulundurulduğunda Cosimo bunun ihtimal dahilinde olduğuna pek inanmıyordu.

Geride bıraktığı sene içinde başına gelenleri düşündü, her şeyden önce annesinin ölümünü... Tamamen doğa kanunlarıyla uyum içinde vuku bulmuş olmasına rağmen ruhunu paramparça etmişti. Sonra veba, ardından erkek kardeşi sayesinde kaçabildiği o cüretkâr suikast girişimi ve Albizzi'nin Santa Lucia de' Magnoli Kilisesi'nde kendisine savurduğu tehditler. Ve nihayet o iki mahşeri suikastçı; paralı asker ile baştan çıkarıcı ve bir o kadar ölümcül olan o kadın.

Hayatı saldırılarla ve tehlikelerle çevrili bir hale gelmişti. Sonuç olarak Rinaldo degli Albizzi'yi hafife almışım, diye düşündü. Cosimo'yu öldürmek istese bile bu kadar inat edip bu fikri böylesine bir takıntı haline getirebileceğine inanmamıştı.

Şu ana kadar hep onunla birebir mücadele etmenin yeterli olacağını sanarak yanılmıştı. Fakat o adam onun kanını akıtmak istiyordu. Hatta bunu Adalet Yargıcı'nı rüşvetle yoldan çıkaracak kadar çok istiyordu.

İşte o zaman ne yapması gerektiğini fark etti.

Parası vardı.

Adamları ve imkânları vardı.

Bernardo'ya rüşvet vermek zorundaydı. Eğer onun gibi çıkarcı bir adam paraya bir kez teslim olduysa, elbette bunu tekrar yapabilirdi. Albizzi'nin Bernardo'ya teklif ettiği miktar ne kadar olursa olsun ona daha fazlasını önerecekti. Rinaldo'nun kendisine bin florin vergi ödediği söyleniyordu.

Merhametli bir karar karşılığında ona iki bin duka önerecekti.

Zarlar atılmıştı, şimdi iş karısına ya da erkek kardeşine bu durumu düzeltmeleri için gerekli talimatları vermeye kalmıştı.

Belki de hâlâ bir umut vardı...

25

Zalim Güzellik

Rinaldo ve onun bu ikircikli halinden bıkmış usanmıştı. Medicilerin aklına şüphe düşürmek ve onlara bir uyarı vermek için onu kullanmışlardı. Üç yıl sonra nihayet onlardan tamamen kurtulma şansını yakalamışken şimdi tereddüt mü ediyorlardı? Rinaldo gerçekten bu kadar zayıf mıydı? Bu hikâye onu çıldırtıyordu.

Laura bir türlü huzur bulamıyordu.

Kesin olan bir şey varsa hayatını riske atmıştı. Hem de kaçıncı kez... Lorenzo o gün onu yakalasaydı, neler olacağını kim bilebilirdi ki. Cosimo zararsız görünüyordu ya da en azından son derece kararlı bir şekilde kendisine karşı kin besleyen kardeşi kadar gözü kara değildi. Lorenzo'nun yok edilmesi gerekiyordu.

Bu hikâyenin daha en başında itibaren tahmin ve kabul edebileceğinden çok daha karmaşık bir oyunun içinde kısılıp kalmıştı. Rinaldo degli Albizzi'nin hizmetleri karşılığında ona sunduğu lüks yaşam tarzı gözünü boyamıştı; işin içine bu kadar dahil olmasında bu faziletlerin payı büyüktü. Bunlar da oyunun bir parçasıydı. Ancak son tahlilde artık kendisi de bir hedef haline gelmişti.

Bu yüzden herkesten önce kendisi Cosimo'nun hapiste olmasını makul karşılayamazdı. Hele ki diğer Medici'nin hâlâ serbest olduğu hesaba katılacak olursa... Lorenzo'nun neler yapabileceğini yalnızca Tanrı bilebilirdi. O ikisi birbirine sımsıkı bağlarla kenetlenmişti. Kardeşlerdi, elbette, ama onlar için kan bağı, kadının şu ana kadar hiç görmediği kadar güçlü bir şeyi ifade ediyordu.

Bahsi geçen sıradan, basit bir sevgi değildi. Her ikisi de kardeşinin hayatı söz konusu olduğunda gözünü kırpmadan kendini ölüme atabilirdi.

Üstelik bir kez daha, Rinaldo degli Albizzi onları fazla hafife alıyordu. Bu konu sadece güç, çıkar, para ve rüşvet ile ilgili değildi. Önceki kuşaklardan miras kalan, çok daha derin bir meseleydi. Mediciler birer yılandı ve başları ezilerek öldürülmeleri gerekiyordu. Bu aile zehirli bir ot gibi kökünden sökülmeliydi.

Homurdandı. Güzel kırmızı dudakları, küçük, leziz bir hareketle, yanaklarının içinde kıvrıldı. Laura aynada kendine baktı. Tuvalet masasında oturuyordu.

Güzeldi. Kocaman siyah bukleleri, tarçın rengine çalan, esmer tenli yüzünü çevreliyordu. Yeşil ve parlak gözlerinin kedileri kıskandıran çekik formu derin bakışlarını daha da hülyalı hale getiriyor, fakat alışılagelmemiş büyüklüklerinden bir şey götürmüyordu. Bütün bunlara rağmen yeri geldiğinde böyle bir güzelliğin bir çift elmas kadar sert görünmesine sebebiyet veren acımasız bir ışıkla parlamayı da iyi biliyorlardı. Burnu küçük olmamasına rağmen, kusurlu bir harmoni yaratarak çehresini alevlendiriyor, insanda şehvet uyandıran yüzü ipeksi dudaklarının karşı konulmaz formuyla birleşince onu daha da çekici kılıyordu.

Gözalıcı, koyu yeşil elbisesinin kumaşları yer yer çıplak ve arzu uyandıran omuzlarını, kollarını açığa çıkarıyor, dolgun ve yuvarlak göğüsleri korsesinin içinden patlayacakmış gibi fışkırıyordu. Bunlar kesinlikle kadının favori silahları arasındaydı.

Gülümsedi.

Çok az erkek göğüslerinin erotik dolgunluğuna karşı koyabilirdi.

Öyleyse onları değerlendirmeliydi. Şimdi her zamankinden daha fazla... Yoksa fazlasıyla gayret sarf ederek elde etmiş olduğu her şeyi kaybetme riskiyle karşı karşıya kalacaktı. Bir *pleb*'in onun geldiği noktaya ulaşabilmesi hiç de kolay değildi. Bir kimsenin beceri ve dikkatle çalışmadığı takdirde ihanet ve yalan sanatlarında kusursuz bir ustalığa ulaşması imkânsızdı. Ve o yıllarda bu ikisine ne kadar sık başvurduğunu bir tek Tanrı bilebilirdi. Yolsuzluk ve dalavere ipliğiyle örülmüş bir dokumanın düğümlerini temsil eden tuzaklar ve entrikalarla dolu, şeytan tarafından lanetlenmiş bu şehirde becerileri sayesinde hayatta kalmıştı.

Ne var ki zehirleri ve yalanları onu korumaya yetmiyordu. Bu yüzden Schwartz ile sessiz bir ittifak yapmıştı. Schwartz onun Rinaldo degli Albizzi'nin malı olduğunu biliyordu, en azından rahatını garantilediği müddetçe... Başka herhangi bir şekilde şehrin kalbinde böylesine büyük, bu denli aristokratik bir sarayda, hizmetçiler ve korumalar eşliğinde yaşayamayacağını biliyordu. Öte yandan, bu tür bir adamla kurduğu çetrefilli suç ortaklığı, adamın ruh hallerine bağlı olarak onu zaman zaman savunmasız bırakıyordu.

Rinaldo, kadını yalnızca cinselliğini tatmin etmek için kullanıyor, her an elinin altında hazır ve nazır, basit bir araç olarak görüyordu. Bu onun lehine bir durumdu. Schwartz ise onu vahşice, yabani bir şekilde arzuluyor, üstelik kalbinin derinliklerinde kadını seviyordu. Tabii ki kadının üzerinde çeşitli şekillerde fiziksel baskı kurmayı amaçlayan yırtıcı bir adamdı, ancak onu kontrol altına alabileceğinden bir kez emin olduktan sonra onun için yapmayacağı şey yoktu. Çünkü aslında aklı tamamen ondaydı.

Bundan emindi. Ona açılan Zafer kartlarında görmüştü. Şayet kartlar bunu ona söylememiş olsaydı bile, kendi iç güdüleri sayesinde adamın ona karşı boş olmadığını anlaması hiç de zor olmazdı.

Kenarları som altınla süslenmiş kart destesini tuvalet masasının yanındaki konsolun çekmecesine geri koydu.

Rinaldo'nun üzerinde özel bir baskı kurmalıydı, en azından bir süreliğine. Kendini daha güvende hissedene kadar... Onu tüm kalbiyle, hararetle, o iki Medici'nin ölümünü arzulayacak kıvama getirmeliydi, ta ki onları haklayana kadar. Ya da en azından kadın onların işini bitirdiği takdirde güvenliğini garanti altına alıncaya kadar.

Belki o zaman Schwartz'ı kullanarak Rinaldo'dan kurtulup özgürlüğüne bile kavuşabilirdi. Ama bunları düşünmek için henüz çok erkendi.

Rinaldo'dan hiç hoşlanmıyordu ama Medicilerden gerçekten nefret ediyordu. Temsil ettikleri şeyden tiksiniyordu; Albizzi'den farklı olarak, kendilerini gerçekte oldukları gibi göstermiyorlardı. Daha ziyade mide bulandırıcı bir ikiyüzlülükle hayırsever ve bonkör insanlarmış gibi davranıyorlardı. Eğer dışarıdan göründüğü gibi, fakir halka ve hatta *pleb*'lere bile yardım ettikleri, büyük meblağlar bağışladıkları ve harika eserlerin gerçekleşmesini cömertçe finanse ettikleri doğruysa, bunları sadece sosyal prestijlerini ve siyasal güçlerini pekiştirmek için yaptıkları bir gerçekti. Her şeyin ötesinde, yegâne amaçları bu yardımların arkasına sığınarak diğerleri gibi, hatta belki onlardan daha da kötü olduklarını gizlemekti.

Bu davranış biçiminin dürüstlükle uzaktan yakından alakası yoktu; hatta bazı açılardan, kendisini tanıyan kimilerince yakışıksız ve şehvet düşkünü olmakla eleştirilen Laura'nınkinden daha aşağılık, daha iğrençti.

Elbette, Laura'yı hor gören soyluların, mahrumiyet ve açlığa –mideyi büzüştüren, bağırsakları çatlatan o gerçek açlığa– dair en ufak bir fikirleri yoktu... Üstelik sürekli sarhoş gezen, aşağılık bir babanın yumruklarına ve ağza alınmayacak kadar çirkin ilgisine maruz kalmanın ne demek olduğunu hayal bile edemezlerdi. Babası onu daha on yaşındayken herhangi bir et parçasıymış gibi, gezgin bir tüccara satmıştı! Ve bu onun kâbusunun sadece başlangıcı olmuştu. O adam, onu âdeta vahşi bir yaratık gibi zincirleyip bir arabanın içine hapsetmişti. Hayvanlarla birlikte ahırlarda uyudu. Ahırlardaki, çürümüş samanların ve dışkıların arasında, canavar ruhlu adamları anımsıyordu: zengin adamları, fakir adamları, yalancıları ve sahtekârları, vahşi olanları... Hepsini birer canavar gibi hatırlıyordu çünkü her biri kendi yöntemleriyle o ya da bu şekilde onun nefesini kesmişti.

Üstüne çıkmak için para ödüyorlardı.

İstisnasız hepsi.

Bunların arasında onu en çok etkileyen ve sonsuza dek hayatına damga vuran o sarı gözlü adamdı. Aslında gözleri yeşildi. Fakat içlerindeki altın rengi solgun yansımalar ve vagonun loş ışığı yüzünden ateşli bir hastalıktan tükenip feri sönmüş gibi görünen gözleri o korkunç renge dönüşüyordu. Onu ilk gördüğünde titremişti. İri yarı, kaslı bir adamdı; çocuk yüzlü ve açık tenliydi.

Adam ona sahip olmamış fakat korku ve dehşetin ne anlama geldiğini tam olarak öğretmişti. Akşam karanlığında gelmişti, kimbilir nereden... Sanki peşinden köpekler kovalıyormuşçasına, ağzında köpüklerle, telaşla içeri dalmıştı. Bir şeyler arar gibi bir hali vardı. Bir hırsız olmalı, diye düşünmüştü. O gözler yüzünden kapıldığı dehşetin zorbela üstesinden geldiği vakit adamdan kendisini zincirlerinden azat etmesini istemişti. Gözlerinde yaşlarla ona yalvarmıştı ama adam, kıza yardım etmek şöyle dursun, onu öyle bir dövmüştü ki Laura öleceğini zannetmişti. Karşı koymaya çalışınca adam sivri bir hançerle kızın bacağına bir kesik atmıştı. Ardından ona tekrar saldırmıştı ve Laura sonunda yüzü koyun yere yığılmıştı.

Bir süre kızı arabada alıkoymuştu.

Adam, yaşlı tüccarın kıyafetlerini üzerine geçirirken içinden garip bir tunik çıkarmıştı; altın zemin üzerinde altı adet kırmızı top.

Sonra o ceketi orada bırakıp gitmişti. Geldiği belirsizliğe geri dönüp ortadan kaybolmuştu.

Tüccar alışveriş yapmak için gittiği köyden geri döndüğünde, arabanın ne hale geldiğini görüp deliye dönmüştü.

Laura'nın o günden itibaren iyileşmesi, sakat ya da biçimsiz kalacağından korkarak geçen iki ayını almıştı.

Ancak günden güne, yıldan yıla büyümüş ve olgunlaştıkça daha da güzelleşmişti. Hem de tüm yaşadıklarına rağmen. Bunun nasıl olduğunu kendisi de açıklayamıyordu. Sanki çekiciliği, hissettiği tüm acıyı emmiş ve bunu mümkün olan en iyi şekilde yüzüne geri tükürmüş gibi görünüyordu. Fakat öfkesi asla dinmemişti. Hiddetini ekti, biçti, besledi, nefretle emzirdi ve zamanla bir medcezir gibi büyümesine izin verdi.

Ve bu korkunç, bulanık, şeytani görüntü hafızasından asla silinmedi; altın zemin üzerine işlenmiş altı adet kırmızı top. Bir saplantı, bir takıntı, bizzat korkunun sembolü...

Zaman geçmişti. Daha da güzelleşmesinin yanı sıra, Laura daha uzun boylu, daha güçlü ve ne istediğini bilen bir kadın haline dönüşmüştü. Yaşlanan efendisi onu daha az kontrol eder olmuştu. O ise kalbini dondurup kristal bir yumruk haline getirmişti.

İlk bitkileri ve tozları hatırlıyordu. Etli, şişkin ve tarif edilemeyecek kadar solgun saplı zehirli mantarların beyaz kabuklarla beneklenmiş parlak kırmızı veya turuncu şapkalarını anımsıyordu. Çok güzel ama bir o kadar da tehlikeliydiler ve içinde büyüyen çocukları öldürmek istiyorsa onları yutmak zorunda kalırdı. Çünkü erkekler canları istedikleri zaman ona sahip oluyorlardı. Medici ve Albizzi gibi adamlar... Onu istemediği bir anneliğe mahkûm eden adamlar. Oysa o, bir çocuğu yaşamak zorunda kaldığı bu cehennemde yetiştirmenin, onu hiç doğurmamaktan daha zalimce olduğunu biliyordu. Delilik nöbetlerini, mantarların neden olduğu halüsinasyonları, çılgın krizleri, kâbuslarına kâbus, korkularına öfke katan acının boyutunu hatırlıyordu. Korku ve öfke... Kişiliği bu iki unsurun içinde şekillenmiş, bu hisler artık varoluşunun sadık yoldaşları olmuşlardı.

Ancak zaman içinde, erkeklerin üzerinde ne kadar olağanüstü bir etki yarattığını ve bu etkinin ne kadar geçerli bir silah olduğunu fark etti.

Ve günlerden bir gün, yeteri kadar büyüyüp güçlendiğinde, yaşlı tüccarın zehirli mantarlarından yemesini sağladı. Bu mantarlardan ezip çorbasına o kadar çok katmıştı ki, ihtiva ettikleri zehir adamın midesini için için kemirmişti. O gece adamı ağzından beyaz köpükler akıtırken, gözleri geriye dönmüş bir halde gördükten sonra eline bir bıçak aldığı gibi kafası bedeninden ayrılıncaya kadar boğazını kesmek, Laura için çocuk oyuncağı olmuştu.

O andan itibaren özgür bir kadındı.

Artık ne uğruna yaşayacağını biliyordu. Bu yüzden uzun bir yolculuğun sonunda Floransa'ya ulaşmış, bitki ve çiçeklere dair sahip olduğu bilgiyi faydalı bir alana yönlendirmişti. Bitki özlerinden bitkisel yağlar ve parfümler yapmaya başlamıştı.

Ardından bir gün, altın zemin üzerine işlenmiş altı adet kırmızı topun, Medici ailesinin amblemi olduğunu keşfetti.

Sarı gözlü adamın renkleri...

Bu gerçeği ilk keşfettiği an âdeta korkudan ölecekmiş gibi hissetti. Ancak korku yerini derhal öfkeye bıraktı. Bu lanet olası sapkın aileyi yok etmek için elinden geleni ardına koymayacağına dair kendine söz verdi.

26

Bir Projenin Kıvılcımları

Gardiyan uzun boylu, göründüğü kadarıyla temiz yüzlü bir adamdı. Hiç de kötü birine benzemiyordu ve bu içten içe rahatlamasına neden oldu. Kabul, görünüş çoğu zaman hiçbir şey ifade etmezdi, yine de bu adamın gözlerindeki ışık samimi bir yüzü aydınlatıyor gibiydi.

Contessina, gerçekten de öyle olmasını diledi.

Adam kibar bir şekilde, yanında şüpheli bir şey getirip getirmediğini kontrol etmek istedi. Contessina itiraz etmedi.

Federico Malavolti –gardiyanın adı buydu– kontrolün ardından içeri girmesine izin verdi ve onu âdeta sonsuzluğa uzanan bir merdivenin dik ve kaygan basamaklarına doğru yönlendirdi.

Arnolfo Kulesi'nin nemli soğuğu iliklerine işlediğinde Contessina'nın içi ürperdi. Kalın, taş duvarlar neredeyse donmuştu; doğrudan devriye yoluna açılan kapının altından içeri sızan kuvvetli rüzgârı saymıyordu bile...

Tırmanışın sonunda bacakları yorgunluktan kırılacakmış gibi hissediyordu. Aralıklı olarak duvarlara yerleştirilmiş olan meşalelerin göz kırpan kırmızı hareli ışıkları boyunca ilerleyerek Alberghetto'nun demir kapısına geldiler. Malavolti, kemerinden geniş bir anahtar takımı çıkardı ve en uzunlarından birini seçerek demir kilidin içine soktu. Kısa bir an sonra mekanizma paslı, metalik bir ses çıkardı. Malavolti kapıyı açtı ve Contessina'ya başıyla bir işaret yaptı. Az konuşan biriydi.

"İstediğiniz kadar uzun kalabilirsiniz, *madonna**. Dışarıya çıkma vaktinizin geldiğine karar verdiğinizde kapının demirine vurmanız yeterli olacak. Burada sizi bekliyor olacağım."

Contessina başını salladı ve daha fazla zaman kaybetmeden hücreye girdi.

Kendini o sıkışık ve nemden çürümüş hücrenin içinde bulduğunda, demir kilidin arkasından kapandığını duydu.

Hücrenin tamamını kaplamış gibi görünen ağır ve yoğun karanlık yanan birkaç mumdan etrafa yayılan loş ışıkla aydınlanıyordu. Contessina, Cosimo'yu tahta yatakta yatarken buldu. Adam onu görünce hemen ayağa fırladı ve yanına gitti.

Contessina kendini kocasının kollarına bıraktı. Göğsünü yakıp kavuran bu çaresizlik karşısında çektiği acı ve ıstırap içinde Cosimo ile kucaklaşırken kuleye geldiğinden beri ilk kez bir şeyler mırıldandı.

"Cosimo, aşkım, nasılsın? Hep seni düşünüyorum ve ilk fırsatta yanına geldim. Sensiz yaşayamıyorum."

Cosimo'nun gözlerinin içine baktı. Solgun ve yorgun görünüyordu. Sadece iki gün geçmişti ama cezaevi onda çoktan kalıcı izler bırakmış gibiydi.

"Contessina'm benim, acele etmeliyiz," dedi. "Zaman kısa ve herhangi bir duraksama bizim için ölümcül olabilir."

Ancak Contessina en azından birkaç saniye durup kocasının sadece iki gün iki gece içinde nasıl bu kadar zayıflamış olabileceğini anlamaya çalıştı.

"Seni aç mı bırakıyorlar, Cosimo? Çünkü eğer durum buysa, gardiyanına söyleyecek bir çift lafım var."

---

* (İt.) Güzel, namuslu ve saygıdeğer kadınlar için kullanılan bir hitap şekli, eski İtalyancada hanımefendi. (ç.n.)

163

Karısına baktı. Gölgelerin arasında bu denli yumuşak ve zarif görünen bu çehrede beklenmedik bir şekilde ortaya çıkan mücadeleci bakışı gördü ve hayranlığını gizleyemedi.

"Hiç şüphem yok aşkım. Ama gerçek şu ki, bana verdikleri yemeği yemeyi reddeden benim."

Contessina tek kaşını kaldırdı.

"Sebebi basit. Yemeğe zehir katabileceklerinden korkuyorum."

"Gerçekten mi? Sence bu adam..."

"Hayır, sanmıyorum. Ama o adam, senin de söylediğin gibi, sadece bir gardiyan. Hiçbirimiz gıdaları kimin hazırladığını bilmiyoruz, fakat bana kalırsa Rinaldo degli Albizzi'ye yakın birinin, hatta belki de onun tarafından iyi maaş ödenen birinin hazırlamadığına inanmak pek mümkün görünmüyor."

"Ama bu şekilde devam edemezsin," diye haykırdı endişeden çatlak çıkan bir ses tonuyla.

"Endişelerimde haklı olma riskini de göze alamam."

"Peki ne yapmamızı önerirsin? Biliyorsun, kuleye yemek getiremem. Getirsem bile yakalayacaklardır, bundan emin olabilirsin."

"Bu yüzden acele etmeliyiz, kararımız her ne olursa olsun."

"Lorenzo bir ordu topluyor, mümkün olduğunca çok asker getirmeyi ve şehre saldırmayı planlıyor."

"Bu bir şaka mı?" diye sordu Cosimo, şaşırmıştı. Lorenzo'nun mizacı gereği silahlı bir yönteme başvurmayı düşünebileceğini biliyordu, ancak bir ordu toplama noktasına geleceğini beklemiyordu. Ama erkek kardeşi sözünün eriydi ve eğer kendisine, onu bu hücreden kurtaracağına dair bir söz verdiyse, taahhüdünü yerine getirmek için her şeyi yapardı. Yine de Cosimo en iyi çözüm yolunun bu olduğundan pek emin değildi. Dürüst olmak gerekirse, bunun bir çözüm olduğuna bile inanmıyordu

"Kesinlikle değil," dedi Contessina. "Ona bunun delilik olduğunu söyledim. Seni buradan çıkarmak konusunda onunla hem fikir olsam da bunun için başka bir yol bulmamız gerektiğine inanıyorum."

Cosimo başını salladı. Onun da aklından bu geçiyordu. "Sana katılıyorum. Serbest bırakılacağıma dair pek umudum yok ama en azından sürgüne gönderilmemi garantileyebilecek bir planı hemen uygulamaya sokmamız gerektiğini düşünüyorum."

"Floransa'dan uzakta olmak ölmekten iyidir."

"Kesinlikle! Piero nasıl? Ya Giovanni?" Cosimo, bir an için de olsa, bu plandan soyutlanmak istiyor gibiydi.

"Giovanni iyi. Mümkün olduğunca. Piero, amcasının peşinden gitmek istedi. Onun savaşçı bir ruhu olduğunu biliyorsun. O çocuk bizi üzecek gibi görünüyor."

Cosimo başını salladı. "Daha az kan akıtacak bir yol bulmak için bir neden daha. Floransa'ya karşı açacağımız bir savaşta kaybedecek çok şeyimiz var, kazanacağımız ise hiçbir şey."

"Ben de buna inanıyorum, ama bu dediğini nasıl başaracaksın?" Contessina nihayet duygu yoğunluğundan çatlayan sesiyle sordu.

Cosimo'nun bakışları karanlık hücrenin içinde gezindi. Bir projenin kıvılcımlarını hayali bir parşömene not almış da onları gözden geçiriyor gibi görünüyordu. Düşünülecek olursa, bekleyerek geçirdiği bütün bu saatler boyunca yaptığı şey tam olarak buydu.

"Son iki gündür meydanda bağrışan insanların seslerini dinleyerek uzun uzun düşündüm. Bernardo'nun İki Yüz Konseyi'ni bir araya topladığını ve Sekiz Muhafız'ın bir karara varacağını biliyorum, ancak nihai karar Adalet Yargıcı'na bağlı, çünkü kurumların iradesini etkilemek ve hatta yönlendirmek için en büyük gücü elinde tutan kişi o. Ben de kendi kendime dedim ki, bir zamanlar bizzat kendi fikirlerini ve iradesini para karşılığında değiştirmeye gönüllü olan bir adam neden bunu tekrar yapmasın ki?"

"Yani ona rüşvet vermeyi mi düşünüyorsun?" diye sordu.

"Sanırım tek şansımız bu ve bunu yapabilmek için sana ihtiyacım olacak."

"Ne istersen, aşkım. Dürüst olmak gerekirse, bu en başından beri benim de aklımda olan şey."

"Bu çok zor olmamalı. Senin de gördüğün gibi, canım Contessina'm, gardiyan Federico Malavolti'nin iyi bir insan olduğu su götürmez."

"Ben de onunla tanıştığımda aynen böyle hissettim."

"İnan bana, öyle. Benim ölmemi isteyecek kadar yüreksiz değil. Saygın ve değerli bir adam, bundan adım gibi emin olduğumu söyleyebilirim."

"Buna sevindim, ama kendisi bize nasıl yardımcı olabilir ki?" Sesi şimdi kopmak üzere olan bir ip kadar ince çıkıyordu. Birlikte kocasının hayatını nasıl kurtaracaklarını düşünüyorlardı ve bu ihtimal onu öylesine korkutuyordu ki aklını kaçırmak üzereydi. O anda istediği tek şey elinden tutup sevdiği adamı eve götürmekti.

"Şöyle ki; Malavolti, Bernardo Guadagni'nin ailesine mensup olan Farganaccio'yu yakinen tanıyor."

"Sanırım anlıyorum," dedi Contessina, dudakları bir tebessümle kıvrılırken. "Guadagni'ye rüşvet vermesi için Farganaccio'ya ulaşmak istiyorsun."

"Aynen öyle," diye onayladı Cosimo. "Ve böylece sürgünümü satın almak."

27

Ateş ve Kan Gecesi

Lorenzo tam iki gün boyunca at sürmüştü. Şehre tüm lobicileri salmıştı ve şimdi de Floransa dışındaki silahlı soylularla askerlerin arasından birkaç yüz adam topluyordu. Araziye yayılan çadırlar yüzünden ovanın düzlüğü benek benek görünüyordu. Güneşin, günbatımı kızılına bulanmış gökyüzünde erimesini izliyordu. Meşalelerin ve mangalların ateşi gecenin erken saatlerinde parlamaya başlamıştı.

İki gün sonra kendi şehrine karşı harekete geçeceğini düşünerek çadırında oturuyordu. Bu durum üzerine bir kâbus gibi çökmüştü. Acele etmek zorunda olduğunun farkındaydı. Casusları ona Cosimo'nun hâlâ hayatta olduğunu ama bunun çok da uzun sürmeyebileceğini söylemişti.

İki Yüz Konseyi Cosimo'nun idama mahkûm edilmesini isteyenler ve şehirden sürülmesini talep edenler olmak üzere tam ortadan bıçakla kesilmiş gibi ikiye bölünmüştü. Durum bütün açıklığıyla ortaya konulduğunda, ikinci olasılık daha ziyade bir beraat kararına benziyordu. Elbette sürgün de onlar için büyük bir sorun teşkil ederdi ama en azından aile başka bir şehirden bile –hatta belki Venedik'ten– Banka işleri ile yatırım faaliyetlerini sorunsuz bir şekilde idare etmeye devam edebilirdi. Tabii nihai kararın sürgün yönünde verileceğinin bir garantisi yoktu.

Lorenzo, savaş kararının fazla cüretkâr olduğunu biliyordu, ne de olsa o bir bankacıydı! Hesap yapmayı, referans mektubu yazmayı, bütçe tutmayı, yeni bir şube açmayı iyi bilirdi. Kesinlikle profesyonel bir asker değildi, hele bir katil hiç değildi. Gerekirse kendini savunurdu, ama hepsi bu. Adalet Yargıcı'nın Floransa surlarının dibinde bir ordunun toplanmakta olduğunu ve ölüm cezası kararı alındığı takdirde bu orduyla bizzat kendisinin yüzleşmek zorunda kalacağını öğrendiği zaman seçimini sürgünden yana yapmasını umuyordu. Bernardo Guadagni'ye hamlelerinin ve seçimlerinin olası sonuçları hakkında çoktan bilgi verilmiş olmalıydı.

Kısacası Lorenzo, fiili müdahaleden ziyade tehdidin caydırıcı gücünden medet umuyordu. Lorenzo ve Cosimo'ya destek vermek üzere son birkaç saat içinde kampa ulaşan Floransalı asillerin sayısı azımsanacak gibi değildi. Bu soyluların arasında Piero Guicciardini, Tommaso ve Niccolò Soderini, ayrıca Puccio ve Giovanni Pucci yer alıyordu. Kimileri bizzat kendi akrabalarına karşı besledikleri kıskançlık ve nefretten ötürü Medici saflarına katılmışlardı. Yani bu savaş onlar için bahane olmuştu, tek dertleri fırsatını yakalamışken onlara karşı gelmekti. Ancak onları oraya getiren sebepler Lorenzo'yu çok da ilgilendirmiyordu, çünkü Rinaldo degli Albizzi ve ailesinden nefret etmeleri, müttefik olmaları için yeterliydi.

Kampın içine gömüldüğü sessizlik, tehditkâr çığlıklarla yırtıldığı esnada aklından tam olarak bunlar geçiyordu. Lorenzo bir an dahi beklemeden çadırından dışarı fırladı. Tamamen içgüdüsel bir hareketle çadırın girişindeki mangala bir meşale soktu, alev alan tahtadan çıkan cızırtı ve kıvılcımların kuzguni gökyüzüne doğru yükseldiğini duydu. Deri yelekler ve çelik zırhlarla kaplı adamlar, onun bulunduğu noktanın tam tersine, tek bir hedefe odaklanmış, nefes nefese koşturuyordu. Sırtından aşağı buz gibi terler boşanırken içini kötü bir his kaplamıştı.

Koşmaya başladı. Seslerin geldiği noktaya mümkün olduğu kadar çabuk ulaşmaya çalışıyordu. Aniden neler olduğunu fark etti. Çaresiz insanların feryatları başka bir sesle birlikte gökyüzüne yükseliyordu: zapt edilemeyen hayvanların keskin çığlıkları.

Kişnemeler.

Biri atları çalıyordu.

Gözlerinin önünde son derece rahatsız edici bir olay gerçekleşiyordu.

Siyahlar giyinmiş birtakım adamlar, askerleri yaya bırakarak hızlarını kesmek ve dahası şehre girerken yaratacakları etkinin büyük bir kısmını ellerinden almak için, atları çitlerin dışına doğru sürüp salıvermekle meşguldü.

Lorenzo kemerinde asılı duran kılıcını çıkardı. Gördüğü kadarıyla düşmanlar giriştikleri işte tam olarak başarılı olamamışlardı. Nöbetçiler tam vaktinde bu saldırıyı fark etmişlerdi. İlk çiti sonuna kadar açmalarına ve böylece atların dörtnala koşarak yaklaşık yirmi kadar çadırı ezip dışarı çıkmalarına mâni olunamadı. Her şeye rağmen en azından saldırganların eylemleri bu noktada durdurulabilmişti. Kalan çitleri açmaya çalışanlar öldürüldü. Bazı askerler, salıverilen hayvanlara at sırtında öncülük eden ve onları kamptan uzaklaştırmaya çalışan saldırganlara kılıçlarla giriştiler.

Saldırganlardan biri mangalları yere devirmişti. Yerde yatan bedenler vardı. Cesetler, yakut kırmızısı geniş kesiklerle dağlanmıştı. Her yer kan içindeydi... Etrafta yıkılmış kazıklar, çökmüş çadırlar, siyah ve yanmış odun parçaları, kırık kılıçlar mevcuttu. Lorenzo nereye bakacağını şaşırmıştı, fakat gözlerini nereye çevirse görüntü hep aynıydı.

Önünden uçarcasına geçen birkaç atlı gördü. İçlerinden bir tanesi kılıcını havada salladı. Siyahlar giymiş, kafasına sipersiz bir miğfer takmıştı. Yüzü kanla lekelenmişti. Kahverengi atının sırtında ilerlerken bir askeri arkadan bıçakladı. Siyah ceketi ve aynı renkteki uzun peleriniyle dişlerini gıcırdatarak yüzünü buruşturdu. Schwartz'dı bu! Lorenzo adamın askerleri nasıl bir itinayla incelediğini gördü. İçlerinden birini seçip acele etmeksizin kovalayışını, ardından havada şimşek gibi parlayan tek ve keskin bir darbeyle kafasını bedeninden ayırışını izledi. Adamın başı yerde yuvarlanırken bedeni dizlerinin üzerine çöktü.

Schwartz son derece kontrollüydü. Bıçağının demiri kadar soğuk kanlı.

Ta ki Lorenzo'yu görene kadar.

Gülümsedi, nerdeyse alay etmek istermişçesine onu selamladı. Düpedüz Lorenzo'yu aşağılıyordu. O sırada askerlerden biri kendini onun önüne attı ama Schwartz iyi bir hamleyle aniden atını çevirerek adamı direkt göğsünden vurdu, iki kılıcını ayna anda bedeninin içine soktu. Birincisini düşmanının etinin içinde bırakırken, ikincisiyle boğazında eğik bir yarık açtı.

Gırtlağından bir nehir gibi kan çağlayan asker ellerini boğazına götürdü. Dizlerinin üzerine çöktü ardından da öne doğru yüzüstü devrildi. Suratı tozun içine gömüldü.

Atlar dörtnala koşarken Schwartz arkasını dönüp ona doğru son bir bakış attı. Lorenzo tarifsiz bir kışın uzuvlarının içine kadar işlediğini hissetti. Meşalelerin ışığında tuhaf bir gölge ihtiva eden o gözler onu sonsuza dek dondurmuş gibi, oracıkta kitlenip kalmıştı. Bir an için ona sanki sararmış gibi göründüler. Kendini titremekten alı koyamadı.

O adamda, insana doğaüstü bir zalimlik hissi veren bir şeyler vardı.

Sona kalan atların peşine takılırken ona bakmaya devam etti, ardından atını dörtnala sürdü ve ovayı son derece rahat bir şekilde terk etti.

Lorenzo parmağını bile kaldıramadığı için kendini tam bir korkak gibi hissediyordu.

Er ya da geç, ne kadar korkutucu olursa olsun, onunla yüzleşmek zorunda kalacaktı.

EKİM, 1433

28

Yıldızların Seyrini Değiştir

Laura'nın hiçbir şey yapmadan daha fazla beklemeye niyeti yoktu. Hemen harekete geçmesi gerekiyordu yoksa çok geç olabilirdi. Üstelik kaderin kendisine bu kadar cömertçe sunduğu fırsattan gerektiği gibi yararlanamazsa kendini asla affetmezdi.

Rinaldo degli Albizzi'yi masada otururken buldu, adam kadehindeki kırmızı şarabın tadını çıkarmaya çalışıyordu. Yalnız yemek yemeyi çok severdi. Zira herkes ondan korktuğu için hiç arkadaşı yoktu. Tabii müttefikleri ve etrafındaki dalkavuklar hariç... Bu da onları güvenilmez ve ihanete hazır hale getiriyordu.

Dürüst olmak gerekirse bu epey zor bir durum olmalıydı.

Sonsuz bir itina göstererek süslenmişti çünkü onun üzerinde derin bir etki yaratmak istiyordu. Geniş yakası, dolgun ve esmer göğüslerini açıkta bırakan, inci grisi elbisesi adamı tahrik etmek için özel olarak seçilmişti. Uzun, manikürlü tırnakları ateş kırmızısına boyanmıştı. Ağır siyah makyajı yeşil gözlerini daha da ön plana çıkarmış, bakışlarının gizemli ve baştan çıkarıcı etkisini artırmıştı. Son olarak, güzeller güzeli kollarını hem örtmek hem de ortaya çıkarmak için gümüş madalyonlarla süslenmiş siyah-kırmızı, örgü kolluklar takmıştı.

Adama doğru yaklaştı. Rinaldo'nun kadını fark etmeme olasılığı yoktu. Gözleri hayret ve arzu ile büyüdü.

Ağzını bile açmadı. Masadan kalktı ve kadını yanına çağırdı. Vahşi kuşlar gibi hareket eden ellerini yakasından içeri sokup, sanki uzun süredir aradığı hazineleri sonunda bulmuş gibi, kusursuz dolgun göğüslerini avuçladı. Elleriyle onları kavradı, kontrolden çıkmış bir iştahla meme uçlarını ısırmaya başladı. Laura, hızlı bir hareketle sağ elini pantolonunun içine sokup sertleşmiş, birleşmeye hazır organını yakaladı. Parmak uçlarıyla gıdıklayarak, penisin ucunu ortaya çıkardı. Rinaldo nefes nefeseydi, neredeyse boğuluyormuş gibi... Kadın elbisesini çıkararak kendini ona sundu. İç çamaşırı giymemişti, uzun siyah çoraplar dışında. Bir kedi gibi dizlerinin üzerine çöktü, sonra kalçalarını hafifçe yukarı kaldırdı, onu kendisiyle birleşmeye davet etti. Adam kadının uzun siyah saçlarını yakaladı, eline doladı, sonra neredeyse onu boğana kadar başını yastığa gömdü. Ona hükmetmek istiyordu. Kadın zevkten inleyerek onun arzusunu artırdı. Organının ucunun etine değdiğini hissetti, ilk meni damlası kalçalarını ve baldırlarını ıslattı. Adam vajinasının dudaklarını açtı, parmaklarını içine soktu. Önce iki parmağını, sonra üç... Ta ki kadın boşalıp onları ıslatana kadar. Sonunda tamamen kontrolünü kaybetti ve şiddetli bir şekilde onun içine girerek vahşi bir zevkle çığlık atmasına neden oldu. İçindeyken Laura onunla konuşuyordu.

"Cezalandır beni," dedi. "Daha fazla canımı yak."

Rinaldo o kadar zevk alıyordu ki bir an delirmekten korktu. Son derece hoyrat bir şekilde kadının üzerine çullanmıştı. Kadına tıslayarak hakaretler savurdu, kalçalarını ortadan ayıracakmışçasına iki yanından sıkıca yakaladı: kadını artık tamamen ele geçirmişti, çaresizce kendisine itaat etmesini sağlamıştı.

"Mutlu et beni Rinaldo," diye bağırdı iniltilerinin ortasında. "Lorenzo ve Cosimo de' Medici'yi benim için öldür."

"Yapacağım," diye hırıldadı arzudan kısılmış sesiyle. "Sana yemin ederim yapacağım."

Contessina uzun süre Federico Malavolti'nin gözlerine baktı. O da karşılık vermekten utanmayarak, onun bakışlarının içinde kaldı.

Alberghetto'dan çıkar çıkmaz, kendisiyle Farganaccio konusunda konuşmak zorunda olduğunu biliyordu. Bu sorun bekleyemezdi, tıpkı yiyeceklerin zehirli olup olmadığı sorusunun bekleyemeyeceği gibi...

Doğrudan konuya girmeye karar verdi.

"Neden kocamın yemeğini zehirliyorsunuz?" diye sordu.

Federico taş kesildi. Bir an için gözleri büyüdü. "Bunu nasıl söylersiniz, *madonna?*"

"Kocam yemeğine zehir katıldığını iddia ediyor. Suçun sizde olduğuna inanmıyor –hem de hiçbir şekilde– ama Rinaldo degli Albizzi'nin, getirdiğiniz yemekleri mutfakta değiştiriyor olmasından korkuyor."

Federico şaşkınlıkla kafasını salladı.

"Bu mümkün değil, *madonna.*"

"Gerçekten mi?" diye sordu.

"Size yemin edebilirim."

"Peki nasıl bu kadar emin olabiliyorsunuz?"

"Çünkü gıdalar hazırlanırken onları kontrol eden güvenilir bir adamım var."

"Peki size yalan söylemediği konusunda kendinize güveniyor musunuz?"

Federico Malavolti içini çekti.

"Beni dinleyin, *madonna*, Messer Cosimo'nun Alberghetto'ya hapsedilmesini isteyenlerden biri olmadığıma dair yemin edebilirim. Medici'nin tarafında olduğumu söylemem de zor, ama karşı tarafın da destekçisi değilim. Şerefli bir adamım ya da en azından öyle olmaya çalışıyorum ve eğer Messer Cosimo'ya bir şey olursa kendimi asla affetmem. Bana soracak olursanız... Adalet Yargıcı'nın, sürgün cezası yönünde karar vereceğine dair gizli bir umudum var. Benim yegâne niyetimin ve amacımın Cosimo de' Medici'nin hapis cezasını denetlemek olduğunu, böylece olması gerekenden daha fazla acı çekmemesini umduğumu ve ona getirdiğim yemeği reddetmesinin, sizi olduğu kadar beni de üzdüğünü anlamanızı isterim."

Contessina, Federico Malavolti'nin sözlerinin yürekten geldiğini ve kişisel çıkarlarla söylenmediğini hissediyordu. Kendini istemsizce onun koluna dokunurken bulduğunda şaşırdı. Ancak bu noktada birine güvenmek zorundaydı. Medicilerin şu ankinden daha fazla kaybedecek bir şeyi kalmamıştı.

Contessina bu adama inanıyordu, ancak bu şartlar altında basit bir açıklama ile tatmin olamazdı.

"Söylediklerinizin ruhunuzun derinliklerinden geldiğini ve hiçbir şekilde yalan olmadığını ispat etmek için ne yapardınız?"

"Şu andan itibaren her gün Messer Cosimo'ya getirilecek olan yemeği tadacağım ve bunu onun gözlerinin önünde yapacağım, zehirli olması halinde ondan önce ben öleceğim. Umarım bu yeterli olacaktır."

"Bunu yapar mısınız, söyledikleriniz gerçek mi?"

"Sizin içinizde gördüğüm kadının aşkı kadar gerçek."

Contessina bir an sessiz kaldı. "Çok mu belli oluyor?"

"Utanmanız için hiçbir sebep yok."

"Utanmıyorum, sadece bu şekilde zayıf ve savunmasızım. Düşmanlarım Cosimo'yu daha derinden vurmak için duygularımı kullanabilirler."

"Bu doğru değil," diye devam etti Federico. "Dünya üzerinde erkeğine âşık olan kadından daha güçlüsü yoktur."

Contessina içini çekti. "Dediğiniz gibi olsun," dedi. "Siz,

Federico, bana gerçekten bilge ve içten bir adam gibi görünüyorsunuz. Cosimo için yapacaklarınıza şimdiden teşekkür ederim... Bu arada, sizden isteyeceğim bir iyilik daha var."

"Sizi dinliyorum."

Contessina doğru sözcükleri aradı. Konuşmak istediği şey hiç de önemsiz bir mesele değildi. Federico iyi kalpli bir adam olsa bile, önermek üzere olduğu şeyi yapmayı reddetme hakkına sahipti.

"Hem harika bir hatip hem de keyifli bir yemek arkadaşı olarak ün yapmış bir adamın yakını olduğunuzu biliyorum. Messer Farganaccio'yu kastediyorum. Kendisi kocamı iyi tanır ve burada onlar için bir akşam yemeği düzenleyebileceğinizi düşünüyorum. Kocama merhamet gösterirseniz o da keyifli bir akşam geçirme fırsatı bulacak. Üstelik bu vesileyle..." Bu kelimelerle Contessina söyleyebildiğinden daha fazlasını ima etti. "Hem de bu şekilde Cosimo tekrar bir şeyler yemeye başlayabilir."

"Messer Farganaccio'yu tanıyorum. O gerçekten oldukça içten bir insandır. İsteğinizin altında yatan nedeni anladığımı düşünüyorum. Özellikle Farganaccio'nun Bernardo Guadagni'nin arkadaşı olduğunu düşünürsek. Buna karşı çıkmayacağım. Dediğim gibi, ben Medici'nin tarafında değilim, ama Rinaldo degli Albizzi'nin tarafında da değilim ve bir ölüm cezasının telaffuz edilmesini engellemek için herhangi bir şekilde katkıda bulunabileceksem ne âlâ, hiç tereddüt etmeden yaparım."

Bu sözleri duyan Contessina neredeyse bayılacak gibi hissetti.

"O zaman bunu yapacak mısınız?"

"Neden olmasın? Ne de olsa bu, Farganaccio ve Cosimo de' Medici'yi akşam yemeğinde bir araya getirmekten öteye giden bir mesele değil."

"Teşekkür ederim, teşekkür ederim, teşekkür ederim, bunun benim için ne kadar önemli olduğunu bilemezsiniz," diye mırıldandı Contessina. O anda kendini âdeta bulutların üzerinde hissediyordu.

Kalbinde öyle büyük bir mutluluk patladı ki kendini tutamayarak karşısındaki adama sarıldı.

Federico Malavolti böyle bir tepkiye şahit olmaktan ötürü şaşkındı. Kucaklamaya karşılık verdi. Sonra kadının kollarından sıyrılarak kendini elinden geldiğince geri çekti.

"Size teşekkür etmesi gereken kişi benim, *madonna*, bana onurumu ve iyi niyetimi gösterme fırsatı verdiniz. Şimdi anlaşmaya vardığımıza göre, herhangi bir itirazınız yoksa, sizi kulenin girişine doğru götürmem icap eder, oradan da uğurlamam. Ziyaret uzun ve her iki tarafın da kesinlikle yararına oldu ancak Adalet Yargıcı'dan gelecek herhangi bir şikâyete sebebiyet vermek istemem. Elimizden geldiğince hatasız davranmaya özen göstermeliyiz."

"Elbette," dedi Contessina. "Oldukça iyi anlıyorum. Yaptığınız şey için size çok teşekkür ederim."

"Henüz bir şey yapmadım, *madonna* ve daha fikrimizin bizi bir yere götürüp götürmeyeceğini bilmiyoruz bile. Bununla birlikte, bu planın kocanızın hayatını kurtarmaya yardımcı olacağını umalım, aksi olursa kendimi affetmem."

Federico Malavolti bu umut dolu sözcükleri söyleyip onların kulenin soğuk atmosferinde salınmalarına izin verdi. Sonra peşi sıra gelen Contessina'ya yol göstererek merdivenlerden aşağıya doğru inmeye başladı, ardından da kadını uğurladı.

Durum tabii ki çözümlenmemişti, ancak kasveti hafiflettiği kesin olan cılız bir ışık Cosimo de' Medici'nin kaderini az da olsa aydınlatmıştı. Lorenzo'nun şehri kuşatmaya hazırlandığını söylemeye gerek bile yoktu. Bu yüzden de yeni yapılan müzakerelerin iyi sonuç vereceğini ümit etmek güzeldi. Kimbilir Piccarda onun bu davranışı hakkında ne düşünürdü? Kesinlikle o da aynı şeyi yapardı. Peki ya o anda onu görebilseydi, onunla gurur duyar mıydı? Contessina öyle olmasını çok isterdi.

İşte sonuna kadar savaşmak için bir sebep daha. Sadece kocası ve kalplerini birbirine bağlayan aşk ya da evde onu bekleyen çocukları için değil, aynı zamanda Medicileri bugünlerine getirenlerin ve geçmişte bu aile için birçok fedakârlıkta bulunmuş olanların hatırasına ihanet etmemek için...

Olması gerektiği gibi davranmıştı.

Şimdi yapabileceği tek şey Tanrı'ya ve rahmetine sığınmaktı.

Peki bu yeterli olacak mıydı?

29

Komplo

"Ölüm! Bu adam için olası yegâne mahkûmiyet ancak ölüm olabilir."

Rinaldo degli Albizzi hiç olmadığı kadar kararlıydı. Medici'ye olan nefreti ona atalarından miras kalmıştı. Temsil ettikleri şeyden nefret ediyordu ve daha da kötüsü, eğer ölmezlerse er ya da geç geri dönüp karşısına dikileceklerini, kendisi için bir tehdit teşkil edeceklerini biliyordu. Onları süpürmek zorundaydı, tam da Laura'nın dediği gibi. Kadının tavrı onu hayrete düşürmüştü. Onda öyle büyük bir öfke vardı ki... İçinde beslediği öldürme hırsı, adamı şaşırtmıştı. Her halükârda, ne kadar beklenmedik olursa olsun, Laura'nın bu arzusu sayesinde Medici'nin sonunu istemesine vesile olan nedenlere bir yenisi daha eklenmiş oluyordu.

"Böyle bir seçimin arkasındaki sebepleri anlıyorum," diye araya girdi Palla Strozzi. "Ama dikkatli olmalıyız çünkü iki kardeş hâlâ çok güçlü. Cosimo'yu tiranlık bahanesiyle ölüme mahkûm edersek, *pleb*'leri, halkı ve kısmen soyluları karşımıza almış oluruz. Biz burada konuşurken, Lorenzo de' Medici üzerimize saldırmak için Floransa'nın eteklerinde bir ordu topluyor. Bu gerçek küçümsenmemeli," dedi.

"Bu yüzden ikisini de öldürmeliyiz," diye bağırdı Rinaldo. Palla Strozzi homurdandı. Arkadaşı için ölümün daima tek muhtemel çözüm olması nasıl mümkün olabiliyordu? "Aksini söylemiyorum, ancak asillerin arasında Medici'nin tarafını tutanların olduğunu unutmayalım. Piero Guicciardini, Tommaso ve Niccolò Soderini, Puccio ve Giovanni Pucci zaten Lorenzo'nun saflarına katıldılar bile. Bu yüzden en doğru çözümün sürgün olduğuna inanıyorum." "Elbette!" Rinaldo degli Albizzi patladı. "Aman ne harika bir fikir! Floransa'dan uzak olan Medici'nin bu şehir üzerindeki yıkıcı etkilerini kullanmaktan vaz mı geçeceğini düşünüyorsunuz yoksa? Onun her yerde dostları var! Mesela Banka'nın önemli şubelerinden biri Venedik'te yer alıyor ki bu durum Venedik Doçesi ile bizzat ittifak kurmalarına yaradı. Sonra Milano'da... Eğer Cosimo'nun Francesco Sforza'yı dostları arasında saydığı doğruysa endişelenseniz iyi olur çünkü Sforza çok yakında Duka'nın rahatını kaçıracak gibi görünüyor. Viscontilerin vadesinin dolduğu her yerde konuşuluyor. Belki an itibarıyla tek düşmanları Roma'dır ki bundan bile emin olduğumu söyleyemem. Çünkü bildiğiniz üzere Camera Apostolica*'nın kasası da Medici Bankası. Papalığın hazinesinden bahsediyoruz. Şimdi, nihayet Medicilerin bizim için ne kadar büyük bir tehlike arz ettiğini fark ettiniz mi? Hâlâ inatla onları hayatta bırakmanın en uygun çözüm olduğuna mı inanıyorsunuz?"

Rinaldo'nun gözleri öfkeden kararmıştı ama bu, tehlikeleri şaşırtıcı derecede net bir şekilde ayırt etmesine mâni olmuyordu, Bernardo Guadagni onun hakkını vermek zorundaydı. Ancak, Cosimo de Medici'yi ölüm cezasına çarptırmak... İşte bunu telaffuz etmenin iyi bir fikir olup olmadığı konusunda bazı tereddütleri vardı. İki Yüz Konseyi ikiye bölünmüştü ve hatta, dürüst olmak gerekirse, şiddet

---

* (İt.) Roma kilisesinin hazine odası. (ç.n.)

içermeyen bir sonuç lehine hafif bir eğilim vardı. Bernardo bu gerçeğin önemini tabii ki görmezden gelemezdi. Bu nedenle Rinaldo ve Palla ile birlikte Signoria Sarayı'nın avlusuna bakan Silah Odası'na kapanmış, hararetli bir şekilde bu konuyu tartışıyorlardı. O sırada biri onları görse, kesinlikle komplocu zannederdi. Dürüst olmak gerekirse yaptıkları da aynen buydu. Cosimo'nun kaderine dair net bir karara varmak üzere art arda düzenlenen ve son günlere damgasını vuran sonu gelmez toplantılar silsilesinin ardından İki Yüz Konseyi görüşmelerine ara vermişti. Bina o sırada tamamen boş olmasa da her zamankine göre nispeten daha dingindi.

"Onu ölüme mahkûm etmenin iyi bir fikir olacağını sanmıyorum," dedi. Rinaldo'ya bakacak oldu, adamın gözlerini kan bürümüşü. Sözlerine ivedilikle devam etmeye özen gösterdi: "Ben de ölmesi gerektiğini düşünüyorum, bu sözlerimle aksini kastettiğim düşünülmesin. Ancak bu hayırlı olayın, kazara ya da tesadüfi bir şekilde olması gerekiyor, bir mahkûmiyet hükmüyle değil."

"Sevgili Bernardo, bu mevkiye kimin sayesinde geldiğini, nasıl Floransa Cumhuriyeti'nin Adalet Yargıcı olduğunu sana hatırlatmak zorunda kalmamayı umuyorum."

"Bunu tabii ki unutmadım, ama bu tedbirsizliği haklı göstermez. Cosimo gibi bir adamı ölüme mahkûm etmeden önce çok dikkatli davranmalıyım. Başlangıçta niyetimiz şehri zorbalardan kurtarmaktı. Ölüm cezasının illa ki en uygun çözüm olması gerektiğine inanmıyorum. Sizin tarafınıza olan sadakatim, Messer Rinaldo, tartışılmaz, ama tam olarak sizin de söylediğiniz gibi, Medici'nin güçlü dostlukları var. Dolayısıyla biz de bu öfkenin açığa çıkmasına engel olacak şekilde davranmalıyız."

"Tabii hesaba katmadığınız bir şey daha var," diye ekledi Palla Strozzi, manidar bir tonla, "o da Floransa'nın an itibarıyla Lucca ile savaşmakta olduğu ve..."

"Neyse ki, bu savaşın sorumluluğunu," diye sözünü kesti

Rinaldo, "işini gayet iyi yapan lobiciler sayesinde Medici'nin üzerine atmayı başarabildik."

"Bunu gayet iyi biliyorum," diye parladı Palla öfkeyle. "Ben de onlardan biriydim. Fakat şimdi Lucca ile süren bu savaş, Lorenzo Floransa'ya girmeye karar verdiği takdirde, iç savaşla birleşebilir."

"Medicileri ortadan kaldırmak için bir sebep daha!" diye atladı Rinaldo.

"Evet, ama birileri bu ikinci çatışmanın bizden kaynaklandığını düşünebilir ve dürüst olmak gerekirse, gerçeklerden çok da uzaklaşmış sayılmazlar."

"Öyle olsun! Peki ne öneriyorsunuz?" diye sordu Rinaldo.

"Sizi böyle bir fırsatı kaçırmaya niyetim olmadığı konusunda uyarıyorum. Zira geçmişte birçok kez buna izin verdik."

"Birkaç gün daha bekleyelim," diye devam etti Bernardo. "Konsey'i adamlarımız aracılığıyla yönlendirmeye çalışalım, tabii ki bunu baskı kurduğumuz hissini vermeden yapalım. Bu arada, Lorenzo tarafından gelecek bir saldırıya karşı askeri olarak hazırlanalım. Bu akşam Savaş Onlusu'nu toplayacağım. Devriyelerin ve bekçi nöbetlerinin iki kat artırılmasını sağlayacağım. Bütün adamları kapılara ve şehir surlarına yerleştireceğim. Bundan fazlasını yapamayız. Hazır bekleyelim. İki gün daha... Sonra önümüzdeki iki seçenekten birine karar vereceğiz. Kaderin talihsizliğiyle kararımızın sürgün yönünde olması gerekirse, bu kararı Cosimo için özellikle uğursuz kılacak bir yol bulacağız."

Rinaldo homurdandı ama sonunda başını salladı.

"Anlaştık ama fazla vakit kaybetmemeye gayret edelim yoksa size yemin ederim ki bu iki kardeşi kendi ellerimle öldüreceğim."

Cosimo bütün gece uyanıktı. Uykuya dalabilmek için birkaç kez tahta döşeğin üzerinde dönmüş, ama her seferinde ahşap yatak sırtını fazlasıyla rahatsız etmişti. Bu onun Procuste* yatağıydı. Pencereden içeri sıcak bir ışık sızıyordu ve Alberghetto'nun havasını az da olsa ısıtıyordu. Anahtarın kilidin içinde döndüğünü işitti. Tahta döşekten kalkmaya fırsat bulamadan Federico Malavolti içeride belirdi.

O sabah da adamın dürüst ve sakin yüzü, Cosimo'nun her şeye rağmen kendini iyi hissetmesine sebep olmuştu. Federico'nun ağzından, onun bu hissini doğrulamak istercesine, iç rahatlatıcı kelimeler döküldü.

"Messer Cosimo, dün gece karınız Contessina ile konuştum. Yemeğinizi içine zehir konulmuş olmasından endişe ettiğiniz için reddettiğinizi anlamamıştım. Bu yüzden bu sabah sizinle birlikte aynı tabaktan yiyeceğim, bu şekilde bana güveneceğinizi umuyorum. Tarafınıza herhangi bir nefret beslemiyorum ve Cumhuriyet'imizin talihsizliklerinden sizi sorumlu tutmanın haksızlık olduğunu düşünüyorum. Ayrıca tiranlık teşebbüsü şüphesiyle ilgili olarak söylenenlerin doğru olup olmadığına dair hiçbir fikrim olmamakla birlikte en azından hayatınızın bağışlanmasını hak ettiğinizi düşünüyorum."

Başka bir şey eklemeden Federico tabağı tahtanın üzerine yerleştirdi. Bir parça ekmek kopardı ve bir ısırık aldı. Sonra bir ısırık daha... Sürahiyi aldı ve ahşap bardağa biraz su döktü. İçti.

Cosimo'nun gözlerine baktı ve bekledi.

Bir süre geçti ve ikisi de sessizce durmaya devam ettiler. Francesco Malavolti, başına gelenlerin Cosimo'yu çok etkilediğini görüyordu. Hapis cezası alalı fazla olmamıştı,

---

* Yunan mitolojisinden, kurbanını bir yatağa yatırıp, boyu yataktan uzunsa, kollarını ve bacaklarını kesen, kısaysa gererek bağlayan haydut. (ç.n.)

sadece birkaç gündür kuledeydi, ancak maruz kaldığı sonsuz yıpranma muhtemelen kaderinin altüst olması yüzündendi. Halk Savaş Onlusu'nu her gün karşısında görmek istiyordu. O sabah da diğerlerinden farklı değildi ve aşağıdaki meydan kalabalıklaşmaya başlamıştı. Alberghetto'nun penceresi tam da meydana açıldığı için, oldukları yerden insanların bağırışları ve gürültüleri işitiliyordu. İki Yüz Konseyi bir hükme varamıyor, Adalet Yargıcı hâlâ kararsız görünüyordu. Bu âdeta bir işkenceydi ve böyle bir işkenceye dayanabilmek için Cosimo'nun ruh sağlığı gerçekten çok sağlam olmalıydı.

Başka bir kelime etmeden, Federico elini uzattı. "Bana güveniyor musunuz, Messer Cosimo?"

"Size güveniyorum, dürüstlüğünüzü bu şekilde sergilemiş olmanız çok kıymetli, teşekkür ederim." Ardından ona sarıldı. "Bu aralar çok fazla arkadaşım yok, ne yazık ki," diye devam etti, "bu yüzden yakınlığınız benim için çok değerli."

Birbirlerinden uzaklaşırlarken, Federico Malavolti'nin neredeyse gözleri doldu.

"Çok fazla arkadaşınızın olmadığı doğru değil, Messer Cosimo. Binanın içinde ve dışında sizi destekleyen birçok insan var. Onlara güvenmelisiniz. Her şeyin huzurlu bir çözüme kavuşacağını göreceksiniz, bundan hiç şüphem yok. Ayrıca böyle bir olasılığı desteklemesi için, bu akşam Alberghetto'ya, son derece nazik biri olan Messer Farganaccio'yu davet etmek istiyorum. O benim en yakın arkadaşlarımdan biri ve size son derece saygı duyduğunu biliyorum. Sizin için de uygunsa, birlikte bir akşam yemeği yiyebiliriz."

"Sizlerle birlikte akşam yemeği yiyebilmek benim için beklenmedik bir hediye olurdu," dedi Cosimo.

"Çok iyi o zaman. Aşçıya lezzetli bir şeyler hazırlatacağım, böylece uzun süren bir açlık grevinin ardından, ruhunuzu olmasa bile en azından uzuvlarınızı biraz iyileştirebilirsiniz. Ve kimbilir, belki de gücünüzü kuvvetinizi tekrar kazandıktan sonra talih de yeniden yüzünüze güler," diyerek imakâr sözlerini bitirdi Francesco.

"Size nasıl teşekkür edeceğimi gerçekten bilmiyorum," diye cevap verdi Cosimo.

"Bunu yapmak için bekleyin. Henüz kesin bir şey yok."

"Bekleyeceğim o zaman. Ne de olsa yapacak başka bir şeyim yok."

"Öyleyse bu gece görüşmek üzere. Neler olacağını birlikte göreceğiz."

30

Reinhardt Schwartz

Reinhardt Schwartz daha yeni uyanmıştı. Her saniyenin tadını çıkararak miskin miskin gerindi. Gerçekten böylesine iyi bir gece uykusunu sonuna kadar hak etmişti! Önceki gün çok uzun süre at sürmüştü. Sonra kendini kafa keserken ve Lorenzo de' Medici'nin kampına saldırırken bulmuştu. Bunda istisnai bir durum yoktu elbette. Sadece artık Rinaldo degli Albizzi'nin lanetlenmiş oyuncağı olmaya tahammül edemiyordu. Ara vermesi gerekiyordu. Lorenzo de' Medici kesinlikle iyi bir asker değildi, o yalnızca bir bankacıydı. Ama yürekliydi, hakkını vermek zorundaydı, üstelik hayat onu sürekli karşısına çıkarıyordu.

Albizzi'den iyi bir maaş alıyordu: Schwartz'ın kendisine durmadan telkin ettiği şey buydu, ancak bir insan bunu kendine sürekli hatırlatmak zorunda kalıyorsa –üstelik bu kadar isteksizce– bir şeyler yanlış gidiyor demekti. Schwartz son iki yıldır bu tereddütlerinin gelgitleri arasında çırpınıyordu. Albizzi için çalışmaya devam ederse, kendisini er ya da geç göğsünde birkaç çelik kurşun ile bulacağını dile getirmeye gerek bile yoktu. Bu sadece an meselesiydi.

Kısacası, kendini kullandırmaya bir son vermek zorundaydı. Tabii ki her zaman elini taşın altına koymaya hazırdı. Ancak eğer bunu yapmak zorundaysa daha fazla güvenceye ihtiyacı vardı. İlk fırsatta bu konuyu efendisine iletmeliydi, çünkü böyle devam edemezdi.

Etrafına bakındı, oda basitti ama bu onu hiç rahatsız etmiyordu. Önceki gece Lorenzo de' Medici'nin kampına saldırdıktan sonra, Floransa kırsalındaki bir handa kendine konaklayacak yer bulmuştu.

Nihayet o sabah kenarları kuş tüyleriyle süslü olmasa da en azından temiz çarşafların üzerinde, düzgün bir yatakta uyanmıştı. Hiç acele etmeden yataktan kalktı. Güneş çoktan yükselmişti. Soğuk suyla dolu demir kâsede yüzünü yıkadı. Giyindi, merdivenden inip hanın mutfağına girdi.

Mutfakta güneş ışığıyla birlikte Laura'yı da kendisini beklerken buldu. Böylece günü hayal edebileceğinden çok daha güzel başlamıştı.

Kadını gördüğü anda eğilerek onu selamladı ve narin elini öptü.

"Gördüklerime inanamıyorum. Bu olağanüstü kibarlığını neye borçluyum, Reinhardt?" Schwartz alınmış gibi davrandı.

"Ciddi misin, gerçekten şaşırdın mı, *mein schatz?* En karanlık anlarında seni yakalayıp desteğini esirgemeyen benim kollarım değil mi?"

Laura gülümsedi. O sabah gözalıcıydı.

"Tamam, kabul ediyorum," dedi tatlı bir hoşgörü ile.

"Ne kadar zamanımız var?"

"İstediğin kadar ağırdan alabilirsin. Bak şuradaki turta çok lezzetli görünüyor," dedi masada duran gösterişli bıldırcın turtasını işaret ederek. Schwartz, turtanın yanında duran bir sepet gevrek ekmeğin yanı sıra mevsim meyveleri, yaban domuzu jambonu ve peynirle bezenmiş tepsiyi gördü. Bir tek şarap eksikti.

"Vernaccia di San Gimignano?" diye sordu.

"Sabahın bu saatinde beyaz şarap? Ne kadar büyük bir kabalık... Benim aceleci Reinhardt'ım," diye dalga geçti Laura.

"Sen ne önerirsin?"

"Bu sofistike yemekte sana eşlik edeceğimi sanmıyorum ama bir şarap önermem gerekse Chianti'yi tavsiye ederdim. Önünde bir bıldırcın turtası olduğundan, kırmızı şarabı tercih etmen daha uygun olur."

"Mükemmel," dedi kalın, sarı bıyığını çekiştirerek. Ardından garsonu çağırarak derhal en iyi Chianti'den bir şişe getirmesini söyledi. Laura ise sadece papatya çayıyla bal istedi.

İçecekleri beklerken Schwartz, turtaya övgüler düzmeye başladı. Gerçekten çok lezzetliydi.

"Rinaldo sonuna kadar gitmeye kararlı, ancak dün gece bana söylediği kadarıyla müttefikleri aynı şeyi yapmaya hazır görünmüyor," diye son gelişmeleri bir çırpıda aktardı Laura.

Schwartz tek kaşını kaldırıp sordu: "*Wirklich?*"

"Aynen öyle. Bernardo Guadagni, onun sayesinde Adalet Yargıcı oldu fakat şimdi ona itaat etmiyormuş gibi görünüyor. Palla Strozzi ise bildiğin gibi, tam bir fırsatçı. Kısacası Floransa'da durumlar şimdilik böyle. Konuyu değiştirecek olursak... Senden isteneni yaptın mı?"

"Hem de fazlasıyla. Dün geceki saldırıdan sonra Lorenzo de' Medici'nin harekete geçmesi en az birkaç gün alacak."

"Çok iyi. Bu bize Veneto'daki evime çekilmemiz için gerekli zamanı tanıyacaktır."

"Orada ne yapacağız?"

"Albizzi bizi ayak altında istemiyor."

"Bizi bulmalarından mı korkuyor?"

"Aynen öyle. Seni armasız bir arabayla almaya geldim. Karnını doyurur doyurmaz, daha fazla vakit kaybetmeden Padova'ya doğru yola koyulacağız."

---

* (Alm.) Gerçekten mi? (ç.n)

Schwartz yüzünü buruşturdu. Araba ile seyahat etmekten hoşlanmazdı. Bu onun için son derece feminen bir ulaşım aracıydı. Ayrıca arabanın yavaş seyrini dayanılmaz bulduğu için at sürmeyi bin kere tercih ederdi. Öte yandan üzerinde arması olmayan bir araba onları en iyi şekilde gizleyecek ulaşım aracıydı.

"Anlaştık," diye onayladı, elindeki bıçakla yaban domuzu jambonundan birkaç kalın dilim daha keserken. Etin gövdeli, yoğun lezzetinin keyfine vardı.

İçkileri geldi.

Chianti'yi yudumladı. Çok lezzetliydi.

"Bu şarapta nektarın doğal tadı hissediliyor. Tavsiyen için teşekkür ederim, güzeller güzeli dostum. Peki neden Padova?"

"Çok sevgili hayranlarımdan biri orada yaşıyor."

"Tabii ya. Sormakla aptallık ettim."

"Her halükârda Albizzi bizim buradan uzaklaşmamızı, aynı zamanda olur da bir talihsizlik sonucu Cosimo'nun canı bağışlanırsa ve kendisi Floransa'dan sürülürse, her nerede olursa olsun ona kolayca ulaşabilecek mesafede bulunmamızı istiyor."

"Ah!" diye bağırdı Schwartz. "İşte onun planı."

"Her zaman bir adım önde olmayı tercih eder, bunu biliyorsun. Onu suçlayamam. İtiraf ediyorum, senden o lanet Lorenzo de' Medici'yi benim için öldürmeni istemediğime pişmanım."

Schwartz kahkahasını bastıramadı.

"O züppe," dedi, "dün gece gözlerimin önündeydi. Eğer bilseydim, onu bir oğlak gibi ikiye bölerdim. Bunu senin için yapardım, *mein kätzchen!*"

"Günlerce bir casus gibi beni takip ettiği... ve neredeyse beni yakalamak üzere olduğu aklıma geldikçe... bir ürperti geliyor. Ondan nefret ediyorum. O ve kardeşi bu şehre musallat olan vebanın ta kendisi."

"Bana ne olursun vebadan bahsetme."

"Neden?"

"Eh, uzun bir hikâye, belki sana yolda anlatırım."

"Anlaştık."

"Peki sen neden Medicilerden bu kadar nefret ediyorsun?"

"Benimki de uzun bir hikâye, ama sanırım bunu sana asla anlatmayacağım."

"*Ach schade!**" diye haykırdı Schwartz bir parça hayal kırıklığıyla.

Onlar konuşurken arkalarındaki masaya bir grup erkek oturdu. Öğlen yemeği için erken bir saat olmasına rağmen çoktan sarhoş olmuş gibi görünüyorlardı. Yüksek sesle laflıyorlardı ve sohbetlerinin içeriğine bakılırsa Medicilerden yana gibiydiler.

"Bana kalsa hepsini öldürürdüm," dedi Schwartz, sesini alçaltarak.

Bir an için Laura'nın gözleri büyüdü. "Kimden bahsediyorsun?"

"Hem Medici'nin hem de Albizzi'nin müttefiklerinden. Messer Rinaldo'da cesaret yok, ciğeri beş para etmez."

"Bundan emin misin?"

"Hem de nasıl! Bu hizip hikâyesi harika bir şehri paramparça ediyor. Rinaldo rakiplerini yok ederek iyi bir hamle yapabilirdi. Onun yerinde olsam Cosimo'nun kafasını keser, Lorenzo ile saçma ordusunu yok ederdim. Asıl düşmanlarımı elendikten sonra, önde gelen bazı müttefiklerini de ortadan kaldırarak yoluma devam ederdim."

"Ama bu tam bir kan banyosu olurdu."

"Evet, ama en azından Cumhuriyet'i tam anlamıyla bir Signoria yönetimine dönüştürmüş olurdum, üstelik bunu günışığında yapardım. Yerinde sayan asalaklarla daha fazla uğraşmaz ve bütün gücü kesinlikle tek elimde toplardım.

---

* (Alm.) Çok yazık! (ç.n.)

Yavaş yavaş sağlam bir liderlik örneği sergilediğim takdirde insanlar zaten peşimden gelecektir. Ayaktakımının –*pleb*'lerin– güçlü bir lidere ihtiyacı var, halkın alt tabakasının da öyle. Gerisi lafügüzaf."

"Tabii bunun ince düşünülmüş zarif bir strateji olduğu pek söylenemez."

"Verimlilik ve zarafet nadiren örtüşür."

"Tabii ki, ama... Piç kurusu!" Laura'nın yüzü öfkeden kıpkırmızı oldu.

"Ne oldu, *mein schatz?*"

Laura'nın gözlerini nefret bürümüştü. "Arkandaki adamlardan biri bana müstehcen bir hareket yaptı."

Reinhardt Schwartz bu sözleri duyar duymaz ayağa kalktı. Arkasını döndü ve masada oturan üç adama baktı. Adamlar ona bakıp kabaca güldüler. İsviçreli paralı asker adamları süzüyordu. Bunlar ancak sürü halindeyken kendilerini güçlü hisseden birkaç itten başka bir şey değildi. Kendisinin bir şövalye olmadığını, hareketlerinin de kibarlıktan nasibini almadığını biliyordu, ancak Laura gibi bir kadını savunmak uğruna canını feda etmeye razıydı. Kendisinin de ona bazen sert davrandığı olurdu, ama zamanla onu sevmeyi öğrenmişti ve hepsinden öte, hiç kimse ona dokunamaz ya da saygısızlık edemezdi, kendisi dışında... Albizzi bile.

"Beyler, bana neden güldüğünüzü söyleyin de hep beraber gülelim."

Sorusuna karşılık olarak adamlardan en heybetli olanı ayağa kalktı.

"Gülüyoruz, çünkü sizin gibi domuza benzeyen paralı bir askerin nasıl bu kadar güzel bir kadınla birlikte olabileceğini aklımız almıyor. Ve vardığımız sonuç, bu kadının bir fahişe olduğu."

Arkadaşları gülmeye devam etti.

Schwartz tek kelime dahi sarf etmedi.

"Sizi avluda bekliyorum, messer. Kılıcınızla birlikte. Bu kadına addettiğiniz hakaret, kanla yıkanacaktır, sakıncası yoksa."

Adam omzunu silkti. Bundan çok da etkilenmiş gibi bir hali yoktu. "Sorun değil," diye cevap verdi böbürlenerek. Schwartz arkasını döndüğünde, Laura ona bakıyordu. Gözleri arzu ile yanıyordu.

"Bugüne dek hiç kimse benim için hiç savaşmadı."

"Gerçekten mi?"

Başını salladı.

"Eh, bu durumda ilk olduğum için mutluyum. Aynı zamanda sonuncu olmayı dilerim."

Laura gülümsedi. "Siz o köylüyle ilgilenirken, Albizzi'nin parasıyla hancıya ödeme yapacağım. Sonra harekete geçmeliyiz."

"Beni bahçede bulursunuz," diye ekledi Reinhardt. "Uzun sürmeyecek."

O ekim günü, güneş gökyüzünde parlıyordu. Avludaki toprak yumuşaktı ve Reinhardt kendini oldukça formda hissediyordu. Kılıç ve hançerini çıkararak kendini savunmaya aldı.

Karşısındaki adam da aynısını yaptıktan sonra saldırdı. Birkaç hamle yaptı, sonra bir hamle daha denedi. Schwartz onu kolayca savuşturdu. Sıra ona gelmişti, sağa doğru atılır gibi yapıp dönerken çapraz bir kılıç darbesi indirdi. Bu darbe rakibini şaşırtmamıştı. Kılıçlar etrafa kıvılcımlar yağdırarak tekrar çarpıştı. Bu son darbe oldukça güçlüydü. Schwartz durmadı. Kılıcını iki kere daha savurarak rakibinin üzerine gitti. Acele etmesi gerekmediğini biliyordu, ancak bu serseriyle uğraşarak çok fazla zaman kaybetmek de istemiyordu. Adam onu tekrar savuşturdu ama zor durumda kaldığı açıktı. Schwartz yukarıdan aşağıya doğru bir inen çapraz bir hamle yaptı, yatay bir atakla adamı savunmasız yakaladı. Bıçak fırladı ve adamı yaraladı. Yay gibi fışkıran zincifre rengi kan havada motifler çizdi. Floransalı adam sağ elini yanağına götürünce parmakları kıpkırmızı oldu.

Laura avluya çıkmıştı.

Gözleri tutku ile yanıyordu. Kahramanını âdeta bakışlarıyla yiyerek düelloyu izliyordu.

Schwartz rakibinin üzerine gelmesini bekledi. Kılıcını yüksekten savurarak darbeleri süpürdü, ardından yıldırım gibi bir hareketle, Floransalının göğsünü bir uçtan diğer uca keserek ikiye yardı.

Rakibi elindeki kılıcın kahverengi toprağın üzerine düşmesine engel olamadı. Sonra dizlerinin üzerine yığıldı. Schwartz yanına yaklaştı, adamın kafasını yana çevirerek hançeriyle açıkta kalan boğazını kesti. Ortalık Floransalının gırtlağından fışkıran kan yağmuruyla ıslanırken kılıcını adamın göğsünden çekip çıkardı. Rakibi bedeni altında yayılan kırmızı gölün içine devrildi.

Schwartz ölü adamın iki yoldaşına döndü: "İşte bir kadına saygı duymayanların sonu budur."

Floransalılar fal taşı gibi açılmış gözlerle ona baktılar. Nefesleri kesilmişti. Arkadaşlarının cesedini yüklendiler ve oradan uzaklaştılar. Kimse nereye doğru gittikleriyle ilgilenmedi.

Laura gülümsedi. Aralarındaki şey her neyse acı, sevgi ve aşağılanmanın tuhaf bir karışımıydı. Bunun sağlıksız bir şey olduğunu bilmesine rağmen bir şekilde Schwartz'tan hoşlanıyordu. O ve Reinhardt, aynı sahibe hizmet eden iki tazıydı. Birbirlerine zevk, acı ya da her ikisini aynı anda verebilirlerdi. Belki de hayatı boyunca katlanmak zorunda kaldıkları yüzünden Laura'nın bu hislerden birini, diğeri olmaksızın yaşaması artık mümkün değildi.

Ayrıca Reinhardt'ın ruh hali aniden değişen, aynı zamanda hem tatlı hem de bir o kadar kana susamış, zarif ve kaba bir adam olduğunu biliyordu. Üstelik, benliğinde karşıtların –tıpkı kendisininkine benzeyen– tuhaf uyumsuzluğunu taşıyordu. Olağanüstü patlamalara muktedir bir adamdı; hem iyilik hem de kötülük anlamında. Laura, adamın bu garip ve ölçüsüz iniş çıkışlarında, kendisinin en derinlerinde saklı olan özünü buluyordu. Birbirlerini sık sık gördükleri bu son üç yılda, yatağa girdikleri zamanlar iki veya üçten fazla değildi.

Ama kadın onları hiç unutmamıştı. Onunla seviştiği zaman kendisini hem yaralı hem de koruma altında hissediyordu. Adamın içinde kaybolduğu ve adamdan korktuğu anları tam olarak hafızasına kazımıştı. Ancak bunlar kadını endişelendirmek yerine ona çılgın bir zevk ve heyecan dalgası bahşediyordu.

İşte bu sebeplerle Schwartz'ı orada elinde kılıcıyla –ki ucundan Laura'ya saygısızlık etmeye cesaret eden adamın kanı damlıyordu– güneşin altında terlerken görünce ona karşı öyle sıcak bir tutku hissetti ki, hemen orada, o avlunun ölüm kokan topraklarında kendisini ona sunmak istedi. Bir an bile beklemeden.

Kalbi sevinçle dolup taşıyordu çünkü hayatında ilk defa bir adam onun için savaşmıştı. Hatta bunu kanının son damlasına kadar, ölümüne yapmıştı. O andan itibaren onun için her şeyi yapabileceğini hissetti.

Gerektiğinde Albizzi'yi öldürmek de buna dahildi...

31

Farganaccio

Keyifli akşam yemeğinin sonuna geliyorlardı.

Federico Malavolti'nin kendisine karşı göstermiş olduğu cömertlik Cosimo'yu şaşırtmıştı; sadece güvenliğini garanti altına almakla kalmamış, aynı zamanda Farganaccio'yu Arnolfo Kulesi'ne ve hatta Alberghetto'ya kadar getirmişti. Aynen Contessina'nın ondan istediği gibi... Belki de hâlâ bir umut vardı.

Doğru zamanın geldiğini düşündüğü an Cosimo, Federico'ya başıyla işaret etti.

Cosimo'nun niyetini anlayan Malavolti, bir şişe daha şarap alma bahanesiyle masadan ayrıldı.

Böylece baş başa kaldıklarında Cosimo muhatabına aklından geçenleri açıkladı. Farganaccio, uzun boylu ve geniş omuzlu bir adamdı, iyi ve samimi bir çehresi vardı. Al yanaklara, berrak ve canlı gözlere sahipti. O gece şakalar yapmış, esprili hikâyeler anlatmış, neşeli sohbetiyle ortamı keyiflendirmişti.

Bu sayede Cosimo onunla konuşmaya kesin olarak karar vermişti. Bütün samimiyetiyle, olabilecek en doğal haliyle konuşmaya başlamıştı, çünkü artık kaybedecek bir şeyi kalmamıştı. "Messer Farganaccio," dedi, "size bu soruyu sormama izin verin, çünkü bu karanlık ve kasvetli yere sakin ve neşeli bir rüzgâr getirme nezaketinde bulundunuz. Bunu o kadar nazik bir şekilde yaptınız ki, neden burada olduğumu bile unuttum neredeyse."

Sonra durdu. Talebinde ne kadar açık olması gerektiğini düşünüyordu.

Farganaccio, başladığı sözlerin devamını gözle görülür bir şekilde merak etmiş, dolayısıyla konuşmasına devam etmesi için onu cesaretlendirmişti. Böylece Cosimo daha fazla duraksamadan sözlerine devam etti.

"Neden burada olduğumu gayet iyi biliyorsunuz," diye devam etti. "Rinaldo degli Albizzi ve partisi beni tiranlıkla suçladı. Beni hapse atıp ölüm cezasına çarptırması için Bernardo Guadagni'nin üzerinde baskı kurdular. Bunu yaparak, Floransa'yı şimdi olduğundan daha iyi bir hale getirebileceklerini düşünüyorlar. Bu noktada, arkadaşınız olduğunu gayet iyi bildiğim Bernardo'yu sorumlu tutmadığımı vurgulamak isterim. Adalet Yargıcı olarak bulunduğu konumda, şahsım aleyhindeki suçlamalar düşünüldüğünde bundan başka bir şekilde hareket edemeyeceği aşikâr. Yalnız şunu da belirtmeliyim ki, davranışım her ne kadar hatalardan tamamen muaf olmasa da şehrime veya diğer partiye zarar vermeyi asla istemedim. Zira şu ana kadar tek hedefim –öyle görünüyor ki pek de başarılı olamamışım– Floransa'ya fayda ve ihtişam sağlamaktı. Ailemin maddi refaha sahip olduğu bir sır değil ama aynı zamanda unutulmaması gereken, bize fazla geleni her zaman şehrin güzelliğini artırmak için kullanmaya çalıştığımızdır."

Farganaccio başını salladı. Aniden ciddileşmişti.

"Her şey bir yana," diye devam etti Cosimo, "şayet şahsım şu anda Cumhuriyet'in düşmanı olarak addediliyorsa, hiç şüphe yok ki bir şekilde başarısızlığa uğramışım. Şehrimi güzelleştirmeye ve yüceltmeye dair arzum, beni sonunda gösteriş kibrinden suçlu bulunacak raddeye getiren aşırı bir coşku ve gayrete dönüşmüştür, bunu göz ardı edemem. Bu sebeple buna karşı çıkmak için hiçbir nedenim yok ve Adalet Yargıcı'nın şahsında Floransa'nın işlediğim suçlar için vereceği kararı kabul etmeye hazırım. Sizden tek istediğim, beni yalnızca idam cezasından kurtaracak kadar merhamet."

"Messere," diyerek konuya girdi Farganaccio. "Olanları anlatma üslubunuza, ayrıca ulaştığınız sonuca tamamen katılıyorum. Şahsen belirtmek zorundayım ki, size karşı hiçbir olumsuz düşüncem yok. Ancak genel dengenin sağlanması gerektiğine de inanıyorum. İki Yüz Konseyi günlerdir tartışıyor ve bütün bu yoğun tartışmalara rağmen karar henüz netleşmedi. Bir anlamda, dengeyi sizin lehinize çevirebilecek imkânlar olduğuna inanıyorum."

"Anlıyorum. Ayrıca Messer Bernardo'nun kararı kolayca etkileyebileceğine dair hiç kuşkum yok. Öte yandan, Cumhuriyet'in iyiliği için harekete geçmeli zira üstlendiği rol kendisini buna mecbur kılıyor. Görevini layığıyla yerine getireceğinden eminim."

"Tabii ki."

"Her şeyden öte, niyetim herhangi bir şekilde Cumhuriyet'in önüne taş koymak değildir. Ne pahasına olursa olsun onu seviyorum, her zaman onun iyiliğini istiyorum. Eğer tavrım bazılarının gözüne gereğinden fazla kibirli ve lükse meyilli göründüyse, yaptırımlara karşı çıkmaya niyetim yok. Bir kenara çekilmeye ve en kısa zamanda sürgün yoluna çıkmaya hazırım. Bu durumda, sizden niyetimi ve bu konuda ne kadar istekli olduğumu Bernardo'ya olduğu gibi aktarmanızı rica ediyorum. Adalet Yargıcı, bu olasılığı bir çözüm olarak kabul ettiği takdirde, adanmışlığımın göstergesi, iyi niyetimin teminatı olarak hizmet bedeli ölçüsünde *ad adiuvandum**
ödeme yapmaktan mutluluk duyarım."

---

* (Lat.) Teşvik için, cesaretlendirmek için. (ç.n.)

Bu noktada, Cosimo doğrudan muhatabına baktı. Teklif, Bernardo'nun kişiliğine saygısızlık etmemek için ince bir şekilde sunulmuştu. Yolsuzluğun avantajlarından yararlanmaya fazlasıyla hazır olduğunu gayet iyi biliyordu, öte yandan en yüksek teklifi verene kendisini satabilecek bir adam olduğunu açıkça ilan edemezdi.

"Elbette," diye tamamladı, "minnettarlığım bana vermiş olduğunuz değerli hizmet için size de uzanıyor."

Farganaccio onu büyük bir dikkatle dinlemişti. Aslında, Federico Malavolti teklif ettiği andan itibaren o akşam yemeğinin altında Cosimo de' Medici'den gelecek bir talebin yatıyor olabileceğini ve Arnolfo Kulesi'nde gerçekleştirdikleri bu tuhaf buluşmanın birlikte yiyecekleri keyifli bir yemeğin ötesine geçebileceğini tahmin ediyordu. Üstelik bu hipotezin onu memnun etmediği söylenemezdi. Ne onu ne de nihayetinde Bernardo Guadagni'yi. Üstelik Cosimo'yu da takdir ediyor ve ona sempati besliyordu. Bu günlerde süregelen müttefik oyununda Albizzi'nin şansı yaver gidiyor, diye düşündü. Fakat bu dengelerin mütemadiyen dalgalanmalara maruz kalacağını bilecek kadar da görmüş geçirmişti.

Sonuç itibarıyla bir Medici ile kurulan dostluktan nasıl bir zarar gelebilirdi ki?

"Sizce bu teminat nakit olarak da ödenebilir mi?" diye sordu.

"Bernardo ne şekilde daha kullanışlı olacağına inanıyorsa, benim seçeceğim yöntem de o olacaktır."

Farganaccio iç çekti. Büyük mavi gözlerinde yardımsever bir ışık yandı. Sonra doğrudan konuya girdi. "Ne kadar?"

"İki bin iki yüz duka yeterli olur mu? Böylece on birinci kısmı kendinize ayırabilirsiniz."

32

Karar

3 Ekim'de Cosimo, Adalet Yargıcı'nın huzuruna çıkarıldı. Bernardo Guadagni hemen önünde duruyor ve düşünecek çok şeyi varmış gibi görünüyordu. Gerçekten de öyleydi. Sekiz Muhafız adamın etrafına dizilmişti.

Kurul, cezai konularda en üst düzeydeki karar merciiydi. Her dört ayda bir seçilen üyeler, herhangi bir müdahale ya da dışarıdan katılım olmaksızın, Floransa'ya karşı işlenen suçlardan dolayı yargılanan vatandaşların kaderini belirliyordu. Üstlerine lal kırmızısı muhteşem togalar giymişlerdi; yakaları as kürkündendi. Yarım daire şeklinde yerleştirilmiş, oymalı-kakmalı ahşap banklara oturarak salonu âdeta taçlandırmışlardı. Tam ortadaki Bernardo idi. Bernardo'nun togası da diğerlerininki gibi şarap kırmızısı olmakla beraber kalan sekiz kişininkinden farklıydı; bulunduğu makamı vurgulamak üzere altın yıldızlarla süslenmiş olan yegâne toga onunkiydi.

Cosimo teklifinin kabul edildiğini biliyordu, bu yüzden karar çok belirgin bir senaryoyu takip edecekti. Öte yandan, Floransa birbirleriyle sürekli savaş halinde olan ailelerin kızıydı ve bu şehirde her an her şey değişebilirdi. Bernardo aldığı meblağdan bağımsız olarak Rinaldo degli Albizzi'ye ihanet etmişti ve bu ihanetinin muhtemel sonuçlarını görmezden gelemezdi.

Her halükârda, dananın kuyruğu birazdan kopacak, Cosimo başına neler geleceğini az sonra öğrenecekti.

Hakkında verilecek kararı kabul etmeye razıydı, cesaretle hâkimlere bakıyordu.

Bernardo, sessizlik istercesine elini havaya kaldırdı. Zaten kimse tek kelime etmeye cesaret edemiyordu.

"Cosimo de' Medici," diyerek sözlerine başladı, "bugün, 1433 yılının Ekim ayının üçüncü gününde kamuoyunun talebi üzerine şahsınız namına tiranlık şüphesiyle davranışlarınızı itinayla incelemek, halkın iradesini ortaya koymak ve toplum vicdanını rahatlatmak adına, İki Yüz Konseyi'nin yalnızca danışma amaçlı art arda yapılmış olan toplantılarını takiben, başkanlık etme onuruna nail olduğum bu üst kurul size atfedilen suçtan dolayı cezalandırılmanıza karar verdi. Konu bir bütün olarak ele alındığında size idam cezası vermenin uygun olacağına inanmamakla birlikte tutuklama öncesi, esnası ve sonrasındaki davranışlarınız ışığında, Padova şehri yakınlarına sürülerek cezalandırılmanızın adil olacağına kanaat getiriyoruz. Böylece, Cumhuriyet'in kurumları aracılığıyla aksi kararlaştırılmadıkça, Floransa'ya geri dönmeniz mümkün olmayacaktır. Bu hüküm Lorenzo ve Averardo Medici ile Puccio ve Giovanni Pucci'yi de kapsamaktadır."

Bernardo bir anlığına duraksadı. Gözle görülür şekilde heyecanlanmıştı. Medici'nin Floransa'dan atılması –ki durumun başka bir açıklaması yoktu– tarihsel bir olaydı.

Zarlar atılmıştı. Bundan böyle Albizzi ve Strozzi'nin altına girdikleri sorumluluktan kaçmaları mümkün değildi: Şehri bizzat yönetmeleri gerekecekti.

Cezayı duyan Cosimo başını salladı.

Bernardo, adalet komününün vardığı hükmü ilan etmeye devam etti ve şu sözlerle noktaladı: "Hükme etkin bir şekilde hürmet edilmesi ve size bir zarar gelmemesi için, akşam karanlığını bekleyeceğiz. Ardından Cumhuriyet sınırları içinde bir arabaya bindirileceksiniz ve sınır noktasına kadar, güvenliğinizi garanti altına almak üzere, silahlı bir eskort eşliğinde götürüleceksiniz. Aileniz sağlığınız adına gerekli önlemleri alabilmeleri için hüküm hakkında bilgilendirilecektir. Ayrıca unutmayınız ki, bu hüküm kardeşiniz ve sizinle anlaşma yaparak, Floransa Cumhuriyeti'ne karşı komplo kurmuş olan diğer müttefikleriniz için de geçerlidir. Karar budur ve önümüzdeki saatlerde kaideler çerçevesinde uygulanacaktır."

Lorenzo atıyla herkesin önünden gidiyordu. Hemen yanı başında Piero ona eşlik ediyor, şehre savaş ilan edecekleri anı düşündükçe heyecanlanıyordu. Gönderdiği haberciler geri dönmüş, Ginevra'nın ve oğullarının –Francesco ile Pierfrancesco– Contessina ile Giovanni'nin ve ailedeki diğer herkesin, mesele çözümleninceye kadar yaşayacakları Cafaggiolo villasına götürüldüklerini bildirmişlerdi.

Şafağın ilk ışıklarıyla yola çıkmışlar, şimdi ise uzaktan Floransa'nın surlarını izliyorlardı.

Kardeşini teslim ettikleri takdirde Lorenzo'nun kesinlikle saldırmak gibi bir niyeti yoktu, arkadaşlarını ve ihtiyacı olduğunda onun yanında olan bütün bu insanları feda etmek istemiyordu. Ancak, Floransa'nın ordusunu görmesini ve Bernardo Guadagni domuzunun cesaret edip kendini göstermesini umuyordu. Bununla birlikte, erkek kardeşinin adama rüşvet teklif ettiğini biliyordu ve gerçeği söylemek gerekirse, başarmış olduğunu umuyordu.

Kendilerini Porta di San Giorgio'nun kapısına üç yüz adımdan az mesafede bulduklarında Sekiz Muhafız ve Şehir Muhafızları Komutanı karşılarında belirdi.

Lorenzo yanındakilere durmalarını işaret etti. Şövalyeler atlarını durdurdu ve safları sıklaştırdılar. Atlar toynaklarıyla yerleri döverek hizaya girerken, buhar bulutları havada salınıyordu.

Lorenzo kendisine yaklaşmak için atını mahmuzlayan Puccio Pucci'ye baktı.

"İşte sonunda buraya kadar geldik," dediğini duydu.

"Dinleyelim bakalım bize ne söyleyecekler," diye yanıtladı Lorenzo.

"Anlaştık."

"Habercilere bekleme emri vermelerini söyle. Sonra alanın ortasında bana katıl ve neler olacağını hep birlikte görelim."

Puccio, Lorenzo'nun dediklerini yaparken, Lorenzo tek başına ilerledi. Atını onu Sekiz Muhafız'dan ayıran alanın ortasına sürdü.

Soğuk bir gündü. Sonbahar aniden gelip havayı dondurmuş gibiydi. Ayaklarının altındaki toprak ince ince yağmaya başlayan yağmurla kayganlaşıyordu. Damlalar koca koca damların, zırhların ve kaskların üzerinden kulakları sağır eden ağır bir tınlamayla sekiyor, âdeta olan bitenle alay ediyordu. Yağmur, o hüzünlü günde boğucu bir his yaratıyor, gökyüzü gitgide kararıyordu.

İki atlının gruptan ayrıldığını gördü: bir tanesi kesinlikle Şehir Muhafızları Komutanı olmalıydı. Diğeri de tanıdık geliyordu. Puccio nihayet yanına vardığında atlılar da oldukça yaklaşmışlardı.

"Eğer Sekiz Muhafız'dan Neri de' Bardi, Komutan Manfredi da Rabatta'ya eşlik ediyorsa, kesinlikle önemli bir şey olmuş demektir."

"Haklısın," demekle yetindi tüm bu olanların barışçıl bir şekilde son bulacağı hayalini kurmaya cesaret bile edemeyen Lorenzo. Ancak yüreğindeki umudu asla kaybetmek istemiyordu.

Böylece yarı yolda, kapıdan en fazla yüz adım uzaklıkta durdular. Bu mesafeden Lorenzo, kapının üst kısmındaki çift kemeri ve kemeri süsleyen kabartmayı açıkça seçebiliyordu. Kabartmada at sırtındaki San Giorgio'nun ejderhayı mızrakla öldürdüğü an betimleniyordu.

Dizginlere asılarak atları durdurdular. Toynakları etrafa ışın gibi çamur sıçrattı. Lorenzo küheylanını sakinleştirdi. Hayvan bir gerginlik hissetmiş gibiydi ve kendi etrafında daireler çizmeye devam ediyordu. Atın kulağına bir şeyler fısıldayarak hayvanın boynunu okşadı.

"Endişelenme, yaşlı dostum, her şey yoluna girecek, göreceksin," dedi.

Sözlerini gerçekten anlamış gibi görünen beygir sakinleşti. Yanan burun deliklerinden buharlar çıktı.

Bu sırada Neri ve Manfredi iyice yaklaşmışlardı.

Muhafızların komutanı, keskin nişancılara has savaş zırhını giymişti. Çelik yüzeyin üzerini kaplayan yağmur suları bulutların arasında büyümeye başlayan soluk güneşin ışınlarıyla karıştıkça etrafa yanardöner parıltılar saçılıyordu.

Lorenzo onları selamladı. İkisine de daima büyük bir saygı duymuş olduğu için samimi bir şekilde gülümsedi.

Komutan onunla aynı hisler içinde gibi görünmüyordu. Oysa Neri de Bardi uzlaşmaya daha açıktı.

"Lorenzo de' Medici, görüyorum ki adamlarınızla birlikte gelmişsiniz," dedi, önünde dizilmiş duran şövalyeleri ve piyadeleri işaret ederek.

"Başka seçeneğim yoktu," diye yanıtladı.

"Öyleyse, adalet komününün kendisine atfedilen suçtan kınamak suretiyle kardeşinize sürgün cezası verdiğini duymaktan memnun olacaksınız."

Bu sözleri duyan Lorenzo, kalbindeki buzların erimeye başladığını hissetti. Bu hüküm normal şartlarda bir zafer sayılmazdı fakat şu an için tam olarak öyleydi. Duydukları için Tanrı'ya şükretti. Hükmün devamında cezanın kendisini de kapsadığını anladı.

"Öte yandan," diye devam etti Neri, "cezai önlemin ucu size de dokunuyor."

"Bunu bekliyordum," dedi Lorenzo.

"Tahmin edebiliyorum."

"Bu hüküm sizi de kapsıyor Puccio Pucci," diye ekledi Komutan Manfredi.

"Sorun değil," dedi Puccio gözünü kırpmadan.

"Şimdi sizden istediğim, Sekiz Muhafız kurulunun ve Adalet Yargıcı'nın vermiş olduğu kararı adamlarınıza bildirmenizdir," diye tekrar söze girdi Neri de' Bardi. "Safları açın ve sizi Cumhuriyet'in sınırına kadar götürmekle görevli olan Şehir Muhafızları Komutanı'na teslim olun. Orada kardeşiniz Cosimo sizi bekliyor olacak. O andan itibaren başınıza gelenler artık bizim sorumluluğumuzda değildir. Padova kenti sınırlarında hapsolmaya mahkûm olacaksınız."

Lorenzo gözlerini kapattı.

Onu şehrini terk etmeye mahkûm etmişlerdi.

Sonsuza dek.

Fakat bu, hayatının kurtulmasına izin verdikleri taktirde ödemeye çoktan hazır olduğu bir bedeldi. Kendisinin ve erkek kardeşinin hayatını...

"Öyle olsun," dedi. "Söylediğinizi yapacağım."

Başka bir şey söylemeden başını salladı ve atını adamlarının saflarına doğru geri çekti.

Puccio da onu takip etti.

Mutlu oldukları söylenemezdi, ama en azından Cosimo'nun hayatının güvende olmasını sağlamış, diğer arkadaşlarının hayatını kardeşini korumak uğruna çıkacak bir savaşta harcamak zorunda kalmamışlardı. Ancak o andan itibaren Floransa, azılı düşmanlarının ellerinde olacaktı.

"Sevgili şehrimize bundan sonra ne olacak?" diye düşündü Lorenzo.

OCAK, 1434

33

Venedik

Benim büyük, ebedi aşkım,

Bugün kar yağdı. Tarlalar ve yapraklarını dökmüş çıplak ağaçlar kar taneleriyle kaplandı. Cafaggiolo'da soğuklar gerçekten keskin, kış âdeta bütün hayatı dondurup ele geçirmiş gibi görünüyor. Seni her zamanki gibi, kendi yüreğimden bir parçaya hasret duyarmışçasına özlüyorum. Fakat sanki bugün sana olan özlemim her zamankinden daha da kuvvetli. Çıt çıkmıyor, bir nefes bile duyulmuyor, kırsal âdeta bir battaniyenin altına gömülmüş gibi. Havada asılı kalmış bir ölüm sessizliği var ama bu sessizliğin sebebi kış değil. Ağaçların kasvetli kabukları, birbirlerine dolanmış dalları kendilerince dile gelip Floransa'nın üzerine çöken kâbusu anlatıyor ve etrafta ne varsa susturuyor.

İşin aslı sen ve Lorenzo buradan gittikten sonra Albizzi ve Strozzi'nin davranışları daha da zorba bir hâl aldı. Avam tabakası, tarihinin en acımasız sefaletine ve en karanlık aşağılamalarına maruz kalıyor. İnsanlar sokaklarda açlıktan ölüyorlar. Soylular sırf Lucca'ya karşı süren bu menfur savaşı finanse etmek ve rezilliğe varan müsrif bir yaşam standardı edinmek adına halkın içinde bulunduğu yoksulluk ve sefaleti hiçe sayarak vergi topluyorlar. Neredeyse arkalarında bıraktıkları derin ve kanlı izden keyif alır gibi bir halleri var fakat bunu aymazlıklarından yaptıkları aşikâr. Çünkü günbegün halkın rızasını kaybediyorlar ve bu tutumlarının mevcut durumu nasıl etkilediğine dair en ufak bir fikirleri olmadığı anlaşılıyor.

Giovanni de' Benci, işlerin en iyi şekilde yürütüldüğünden emin olmak için burada biraz vakit geçirdi. Gerçekten çok nazik biri ve onu görmek bu ayrılık acısını az da olsa katlanılabilir kıldı. Banka işlerinin sürgün edilmenizden ötürü hiçbir suretle etkilenmediğini ve hatta zamanla inşa edilmiş olan güven duygusu sayesinde, müşterilerin Floransa'nın iyiliği için en kısa zamanda geri dönebilmenizi dilediklerini söyledi.

Dayanmam gerektiğini biliyorum. İnan bana, herkese örnek olmak için elimden geleni yapıyorum. Ne var ki, gerçeği söylemem gerekirse bu konuda başarılı olduğuma inanmıyorum. Ginevra benden çok daha güçlü. Bence seni ve Lorenzo'yu beklerken ölmezsek bu onun sayesinde olacak.

Her halükârda Giovanni, Rinaldo degli Albizzi ve Palla Strozzi'nin güttüğü politikaların senin dönüşünü hızlandırmak için birebir olduğunu savunuyor. Bunun önümüzdeki birkaç ay içinde gerçekleşebileceğini öngörüyor. Birkaç ay daha seni görmeme fikri beni öldürse de umarım Giovanni haklıdır. Ginevra ile kendi iyiliğimiz için burada kalıp beklememiz gerektiğini biliyorum fakat bu bekleyiş gittikçe dayanılması güç bir işkenceye dönüşüyor.

Dilerim Venedik'te her şey yolunda gidiyordur. Son mektubunda yazdıkların sayesinde San Giorgio Manastırı için yeni bir kütüphane tasarlamak üzere Michelozzo ile çalışmalar yaptığını öğrendim. Hepimiz seninle gurur duyuyoruz. Zaten Venedik'te bile şehir için elinden gelen her şeyi yapacağın konusunda bir an bile tereddüt etmemiştik.

Ruhunun cömertliği ve herkesin yardımına koşmak için duyduğun o bitmek bilmez arzu karşısında zaman zaman hayrete düşürüyorum. Zannediyorum her geçen gün sana yeniden âşık olmama vesile olan şey sahip olduğun bu erdemler. Evet, doğru okudun sevgilim: Geçmek bilmeyen günlere ve dondurucu kışa rağmen sana olan aşkım her sabah yeniden çiçekleniyor.

Daima böyle kal ve yalvarırım Piero'ya beladan uzak durmasını söyle.

Giovanni sana selamlarını gönderiyor ve seni sevgiyle kucaklıyor. Aritmetik biliminde gitgide kendini geliştiriyor, avcılıkta ise rakip tanımaz hale geldi.

Şimdilik sana veda ediyorum fakat haftaya sana tekrar yazmayı umuyorum. Seni seviyorum.

Ebediyen ve ümitsizce sana ait olan,
Contessina

Cosimo gözünden süzülen tek damla yaşı elinin tersiyle sildi. Onu duygulandırmak kolay değildi fakat öyle anlaşılıyor ki Contessina doğru kelimeleri seçip Cosimo'nun kalbine dokunmayı iyi biliyordu. Ondan başka bunu kim başarabilirdi ki? Karısı mektubu öylesine yoğun ve tutkulu bir üslupla yazmıştı ki onun varlığını yanı başında hissetmişti. Ocak ayı Venedik Lagünü'nü yekpare bir buz tabakasına dönüştürmüş gibi görünse de kalbi bu dizelerle alev alev kızıllaşmış, yüreğinden yayılan sıcaklık bütün uzuvlarını ele geçirmişti.

Alevlere baktı, uzun turuncu alazlar şöminenin içinde huzursuzca titreşiyorlardı. Ürperdi ve içi kürklü pelerinini omuzlarını daha sıkı saracak şekilde düzeltti. Ayağa kalktı ve geniş pencereden dışarıya baktı.

Pencereden Büyük Kanal görünüyordu. Siyah gondollar buz parçalarıyla benek benek olmuş soğuk suları usul usul yarıyordu. Tekne fenerlerinin kızıl ışıkları artık yavaş yavaş akşamın gölgelerine teslim olan bu sıvı aynadan noktalar halinde yansıyordu. Tahta kazıklar suyun yüzeyinde mendireğe eşlik ediyordu.

Asilzade saraylarının ön cepheleri olanca haşmetleriyle suyun üzerinde yükseliyor, bu görüntü karşısında insanın âdeta nutku tutuluyordu. Biraz ötede kurşun rengi gökyüzü ve altında nispeten mütevazı evlerin kırmızı çatıları… Sonsuz bir labirent oluşturup köprülerin sırtlarında buluşan, sıra sıra dizilmiş küçük meydanların ve kuyuların aralarına dağıldıktan sonra kanala ulaşan dar sokaklar...

Cosimo bu şehri neredeyse kendi Floransa'sı kadar sevmeyi başarmıştı. Venedik Doçesi Francesco Foscari, kendisini muhabbet ve cömertlikle buyur ederek Serenissima Cumhuriyeti'nin* kendileri için ne denli kıymetli bir müttefik olduğunu kanıtlamakla kalmamış, aynı zamanda Mediciler nihayet Floransa'ya döndükleri zaman aileye destek olmaya çoktan hazır olduğunu belirtmişti. Bu yeniden doğuşun içinde bulundukları sürgün bittikten sonra bozulmasından imtina edilen, belki de sonsuza dek sürecek bir ittifaka vesile olmasını umuyordu.

Lorenzo içeriye girdi.

Saçını ve sakalını uzatmıştı. Üzerinde çivit mavisi duble bir ceket vardı. Kenarları kürkle süslenmiş pelerininin rengi ceketiyle aynıydı. Soğuktan suratı kızarmıştı.

"Kutsal azizler aşkına," dedi içeri girerken, "dondurucu soğuğun üstüne bu ne güzel bir sıcaklık. Lagün buz tutuyor ve böyle devam ederse Serenissima için büyük bir sorun haline gelecek."

"Sana bir mektup ve bir kasa şarap geldi."

"Gerçekten mi?"

"Şanslı bir adamsın," dedi Cosimo gülümseyerek, "Ginevra sana kelimelerle olduğu gibi iyi bir Chianti'nin cömert ruhuyla da destek oluyor."

---

* (İt.) En Huzurlu Cumhuriyet, Huzur Cumhuriyeti. (ç.n.)

"Contessina dizelerden ve hesaplardan daha iyi anlıyor," diye şakalaştı Lorenzo.

"Doğru söylüyorsun, daha bugün bir mektup aldım. Mektubu okuyunca doğal olarak çok heyecanlandım, fakat arada bir sevgili topraklarımızdan birkaç şişe şarap ya da biraz domuz jambonu gelirse de hayır demem doğrusu."

"Kıskanmıyorsun, öyle değil mi?"

"Kesinlikle hayır. Hem zaten benim olan senindir," diye yanıtladı Cosimo ve bunu söyler söylemez kasanın içinden bir şişe alıp şevkle tıpasını çıkarmaya koyuldu.

Lorenzo dalga geçerek, "Vay utanmaz vay!" dedi. "Partiyi unuttun mu?"

"Hangisini?"

"Loredana Grimani'nin partisini! Sakın bana daveti unuttuğunu söyleme!"

"Elbette unutmadım. Fakat canım hiç gelmek istemiyor. Bu güzel şarabın keyfini çıkarmayı tercih ederim…"

"Dalga mı geçiyorsun? Venedikli soyluların hepsi orada olacaklar. Üstelik, öyle görünüyor ki, Francesco Squarcione de gelecek!"

"Padovalı koleksiyoncu ve ressam?"

"Ta kendisi." Lorenzo bunu kasten söylemişti, çünkü erkek kardeşinin Padova'da kaldığı günlerde Francesco'nun arkadaşlığından çok keyif aldığını biliyordu.

İki kristal şarap bardağına Chianti şarabı koymaya hazırlanan Cosimo, "Tamam o zaman, ama en azından önce birer kadeh içelim," diye ısrar etti.

"Vakit yok, halihazırda geç kaldık. Hadi bakalım, üzerine bir şeyler al da yola çıkalım. Şehre hâlâ tam anlamıyla hâkim olmadığım için oraya ulaşmamız biraz zaman alabilir."

"Tamam tamam, sen kazandın." Ellerini havaya kaldırarak teslim oldu Cosimo.

"Güzel hanımlar da olacak gibi görünüyor."

"Biliyorsun, bu bir şeyi değiştirmiyor."

"Biliyorum, biliyorum, sen sadık bir kocasın. Her halükârda maskeleri yanıma alacağım, çünkü buradaki partilerde kimliğini açıkça ifşa etmemek bir gelenek."

"Karnaval boyunca olduğu gibi... Venedik'te karnaval bütün yıl sürüyor gibi görünüyor."

"Haklısın, al bakalım." Bir çantanın içinden iki tane büyük, beyaz maske çıkardı.

"Bunlar ne?"

"*Bauta*'lar, meşhur Venedik maskeleri."

"Veba doktorlarının maskelerine benziyorlar."

"Yüce İsa! Ruh halin gerçekten berbat, Cosimo."

"Kafana takma, sadece bu garip maskeleri görünce içime kötü bir his çöktü."

"Tamam, tamam, hadi yola çıkalım."

"Anlaştık."

Cosimo ağır pelerininin önünü ilikleyip erkek kardeşini takip etmeye hazırlanırken Lorenzo insanı rahatsız eden, garip maskeyi ona uzattı.

"Maskeyi dene," diye ısrar etti.

"Kabul, kabul."

Dışarı çıkmadan önce Cosimo nasıl hissettireceğini görmek için maskeyi yüzüne taktı. Aynadaki yansımasından hiç hoşlanmamıştı.

Bu görüntüde insanın içini ürperten, yanlış bir şeyler vardı. Ne olduğunu ifade etmesi mümkün değildi, fakat beyaz *bauta* maskesinin ona uğursuzluk getireceğine dair bir izlenime kapıldığı söylenebilirdi.

Sustu, Lorenzo'nun akşamını rezil etmek istemiyordu.

34

Hadise

Laura halinden memnundu; uzun lüleli, kızıl kahverengi peruk kusursuzdu. Üstelik dudağının yanına kondurduğu ben, tebessümüyle oluşan kıvrımı gözalıcı hale getiriyordu. Üzerine giydiği camgöbeği mavisi, göz kamaştırıcı elbise peruğuyla mükemmel bir kontrast oluşturuyordu. Yaka dekoltesinin hiçbir şeyi hayal gücüne bırakmayacak kadar derin ve geniş olduğuna kanaat getirdi. Dar korsesinin iç astarına küçük bir hançer gizlenmişti; bu hançer aklından geçenleri gerçekleştirebilmesi için biçilmiş kaftandı.

Yüzünü gizlemek için bir *moretta* taktı. Bu küçük, siyah bir maskeydi ve Venedikli hanımlar arasında oldukça yaygındı.

Binanın mimarisi insanın aklını başından alıyordu. Gözleri sarayın muhteşem salonlarıyla buluşunca büyülenmişçesine bakakaldı. Duvarları kaplayan dokumaların güzelliği Floransa'nın en şık konaklarına taş çıkarıyor, hepsi birer işçilik harikası olan altın varaklı, ahşap oyma rölyeflerle kaplı tavanlar göz alıyordu.

Venedikli asilzadelerden oluşan kaymak tabaka, salonu tıka basa doldurmuştu. Hanımların gevezelikleri etrafta yankılanıyor, aralarında bazı tanınmış simaların da eksik olmadığı şövalyelerin esprilerine karşılık attıkları sırnaşık kahkahalar havada çınlıyordu. Francesco Barbaro, Leonardo Bruni, Guarino Veronese... Soylu bir hanımefendi olan Loredana Grimani, en bilindik hümanistleri, en kültürlü filozofları çevresinde toplamaya bayıldığından olsa gerek hepsini davet etmişti.

Ev sahibesinin entelektüelleri bir araya topladığı davetler herkes tarafından bilinirdi. Bu salon, sanatın diğer dallarının yanı sıra, düşünce sanatının Venedikli ve Floransalı üstatları için de benzersiz ve çekici bir buluşma noktası, bir kamusal alan haline gelmişti. O dönemde iki şehir birbirlerine sarsılmaz bir ittifakla kenetlenmiş durumdaydı. Bu sebepten ötürü Venedik yolculuğu keyifli ve sorunsuz geçmiş, herhangi bir şüphe uyandıracak şekilde göze batmamıştı.

Ne var ki, gizli tehlikelere karşı dikkatli olmalıydı. Çünkü ihtişamın ve zevküsefanın bu gözalıcı cilası, politik hesaplardan ve entrikalardan ibaret bir gerçekliğin üstünü örtüyordu. Doçe'nin gücünü arkasına almak için birilerine yaranmayı ve seçenekleri genişletmeyi hedefleyen bir gerçekliğin...

Floransa'da bile Cumhuriyet'in kontrolü Mediciler ile Albizziler arasında bir mesele haline gelmişti; bu Venedik gibi bir yerde sorunun çok daha karmaşık olacağı anlamına geliyordu. Doçe'nin gözüne girip politik ve adli güç ihtiva eden belli başlı mevkilere yükselmek umuduyla kanının son damlasına kadar mücadele etmeyi kafasına koymuş ailelerin sayısı burada çok daha fazlaydı. Bu salonları dolduran kalabalığın içinde hiç kuşkusuz, azımsanmayacak sayıda casus mevcuttu. Bunlar sırf zalimlik ve merhametsizlik olsun diye her şeye burunlarını sokmaya ve Serenissima Cumhuriyeti'nin en yüksek karar mercii olan Onlu'ya pireyi deve yaparak raporlamaya hazır bekliyorlardı. Laura'nın bu ispiyonculara karşı dikkatli olması gerekiyordu.

Reinhardt Schwartz bir yerlerden onu gözlüyordu. Kaçışı esnasında onu koruyacaktı. En azından kendisi böyle olduğunu umuyordu.

"Bir şeyi unuttum," dedi Cosimo.

Birkaç sokağı çoktan geride bırakmışlardı. Havada dağılmadan asılı duran sis yoğun kütleler halinde süzülüyor, Lorenzo kendi burnunun dibini zor görüyordu. Gece mistik bir enerjiyle yüklüydü, gaipten gelen bir şeyleri haber veriyor gibiydi. "Geri dönüp sonra Grimani Sarayı'na nasıl ulaşacağına dair bir fikrin var mı?"

"Gondolla geleceğim, Toni beni getirir."

Lorenzo kafasını salladı. "Tanrı aşkına, unuttuğun lanet şey nedir?"

"Francesco Squarcione için bir armağan."

"Dilim kopsaydı da onun adını söylemeseydim," dedi Lorenzo. "Anlaştık o zaman, bildiğin gibi yap. Seni partide bekliyor olacağım."

"Seni fazla bekletmeyeceğime söz veriyorum."

"Peki, sana güveniyorum."

Lorenzo, bu sözleri söyledikten sonra Loredana Grimani'nin sarayına doğru tekrar yola koyuldu. Geç kalmaktan nefret ederdi, parti çoktan başlamış olmalıydı. Sebebini anlamayı başaramamıştı ama her nedense Cosimo'nun sanki o akşamı bilerek mahvetmek için elinden geleni ardına koymayan bir hali vardı.

Her halükârda canı eğlenmek istiyordu ve kardeşinin üzerindeki karanlık ruh halinin onu da etkilemesine izin vermeyecekti. Canı cehenneme, diye düşündü. Bu şehre geldiklerinden beri durmadan çalışıyorlardı. Tamamen Medici Bankası'nın Venedik şubesine gömülmüş durumdaydı. Lorenzo, Venedik şubesinin temsilcilerinden biri olan Francesco Sassetti ile birlikte yatırım planlarının üzerinden geçmiş, güncellenmelerin doğruluğundan emin olurken bazı hesaplarda değişiklikler yapmış ve kararlı bir tutumla dört bin gümüş dukanın üzerinde borcun tahsil edilmesine katkıda bulunmuştu.

O akşam tek istediği zamanını gülüp eğlenerek ve kaliteli şaraplar içerek geçirmekti. Çekici bir hanımefendiyle müstehcen bir sohbete de hayır demeyebilirdi. Neden olmasın... Masum bir eğlence, ehemmiyet ya da beklenti arz etmeyecek bir şey. Başına dert açmaya kesinlikle niyeti yoktu.

Rebecca kadehin dibinde kalan kırmızı şarabı fark etmişti. İki kardeş birbirleriyle şakalaşmaya dalıp bardağın dibini içmeyi unutmuş olmalılardı.

Yorgundu. Sabahtan beri çalışıyordu ve dili damağına yapışmıştı. Sert bir şeyler içmek ona iyi gelebilirdi.

Yapmaması gerektiğini biliyordu ama sonuçta bardakların birinden bir yudum şarap alsa kimsenin ruhu bile duymayacaktı. Üstelik biri fark edecek bile olsa çok da umurunda olmazdı, bu riski göze almaya razıydı.

Gözalıcı kristal bardakların içinde duran yakut rengi sıvıdan bir süre gözlerini alamadı. Efsunlanmış gibi bakıyordu.

Masaya yaklaştı ve birini eline aldı. Onu dudaklarına götürdü.

Büyük bir yudum aldı.

Sonra bir yudum daha ve bir tane daha...

Gerçekten nefisti.

Adabımuaşeret kurallarını bir kenara bırakıp dilini dudaklarının üzerinde gezdirdi. Sonuçta evde yalnızdı, bu yaptığını kim fark edecekti ki? Şekerli ve sert bir tat aldı. İlk anda fark etmemişti ama birkaç saniye sonra aromaların damağında bıraktığı melodinin içinde garip bir nota algıladı. Geriye kalan her şeyle tamamen ahenksiz gibiydi. Eğreti, keskin bir tat...

Henüz birkaç saniye geçmişti ki sanki etraf sarsılmaya başladı.

Dengesini kaybettiğini hissetti.

Nefesi daraldı ve kollarıyla masaya tutundu. Flaman keteni masa örtüsünü yakaladı, yere düşerken onu da beraberinde sürükledi. Şarap şişesiyle kadehler yere devrilerek paramparça oldu. Kırılan kristallerin uğursuz sesi odanın içinde yankılandı. Şarap yerdeki Venedik mozaiklerinin üzerine döküldü. Rebecca ellerinin üzerinde doğrulmaya çalıştı ama kalkmayı başaramadı. Ellerinin kontrolünü tamamen kaybetmişti. Sonunda kırık kristal parçaları parmaklarına battı. Elleri kesildi ve akan kan yerdeki şaraba karıştı.

Görüşü bulanıklaşmaya başlamıştı ki birisi adını haykırdı. Kendini korumak istermişçesine ellerini kaldırdı çünkü yakalandığını biliyordu. Sanki bir şey bağırsaklarını ısırıyordu. Bıçak gibi bir acı saplandı. Ağzının içini dolduran kanın keskin tadını alabiliyordu. Yuttu. Yoğun, hatta katı bir şey tarafından boğuluyormuş duygusuna kapıldı. Öksürdü ve tükürdü. Bir kez daha kalkmaya çalıştı fakat asla yapamayacağını fark etti.

Birisi onu omuzlarından tuttu ve kucağına alarak kaldırdı.

Rebecca onu kaldıran kişinin kim olduğuna bakmak için kafasını çevirdi fakat adamın yüz hatlarından onu tanıyamadı. Görüşü bulanıktı, üstelik en ufak hareketi bile tarif edilmez bir acıya sebep oluyordu.

O şaraba asla dokunmamalıydım, diye düşündü. Görevini ihmal etmiş, ceza olarak da başına bunlar gelmişti.

Bu düşünce onu öyle sarstı ki gözlerinden yaşların süzüldüğünü hissetti.

Ağladı.

Çünkü hayatında ilk defa itaatsizlik etmişti. Bu erdemsizlik ve suçluluk duygusuyla ölme fikri o anı daha da acı ve dayanılmaz bir hale getiriyordu. Fakat artık çok geçti, yapacak bir şey kalmamıştı.

Çünkü ölüyordu.

Bundan hiç kuşkusu yoktu.

35

Venedik'te Ölüm

"Rebecca!" diye bağırdı Cosimo.

Kadının cam gibi donuklaşan gözlerini fark etti. Etrafı kırık kristal parçalarıyla kaplıydı. Sanki bir şey onu içeriden kemiriyormuş gibi ellerini kenetlemiş karnına bastırıyordu. Birer pençe gibi kıvrılmış elleriyle elbisesinin kumaşını sıkı sıkı tutuyordu. Parmakları kör bir adamınkileri andırıyordu. Etine saplanmış olan büyükçe cam kırıkları yüzünden elleri kan revan içinde kalmıştı.

Şarap! Ginevra'nın şarabı!

Bir yudum bile içmemiş oldukları şarap...

Şişe binlerce parçaya ayrılmıştı. Üfleme Murano camı kadehler de öyle... Cam parçaları ve kırıklarından oluşan bu keşmekeşin arasında yere dökülmüş olan yakut rengi Chianti'yi gören Cosimo'nun aklına tek bir olasılık geliyordu.

"Zehir!"

Altüst olmuştu.

Tekrar "Rebecca!" diye bağırdı.

Adını bir kez daha haykırdı, iki kez daha, hatta üç kez daha... Ama kadın artık cevap vermiyordu. Kanla karışık salya köpürmüş dudakları ve cam gibi donuk gözleri binlerce kelimenin ifade edebileceğinden fazlasını anlatıyordu.

Cosimo kadını nazikçe divanın üzerine bıraktı.

Sonra birden fark etti.

Ve fark eder etmez kendini dışarı atıp kapıyı arkasından çarptı.

Lorenzo! Kendisini ve Lorenzo'yu öldürmek istiyorlardı. Albizzi onu ve kardeşini affetmemiş, elinden kurtuldukları için daha da bilenmiş ve kiralık katillerini oraya kadar peşlerinden göndermişti. Ta Venedik'e kadar... Onları ölüm cezasına çarptırmayı başaramadığı andan itibaren canlarını almak için başka yollara başvurmaya karar vermişti.

O lanet ikili... İsimlerini hatırlamıyordu. O adam ve o kadın. Onları Niccolò da Uzzano'nun cenazesinde görmüştü. Kendisini ve Lorenzo'yu takip ediyor olmalılardı. Kardeşiyle kendisi hakkında her şeyi biliyorlardı. Sırf onları öldürmek için kimsenin Venedik'e kadar gelmeye cüret etmeyeceğini sanmışlar, güvende olduklarını düşünerek yine yanılmışlardı. Gerçekten bir çift aptal gibi davranmışlardı. Nasıl bu kadar saf olabilmişlerdi ki?

Eğer Lorenzo'nun başına bir şey gelecek olursa Cosimo kendini asla affetmeyecekti. Gösterişli mermer merdivenlerden aşağıya koştu, bir solukta hepsini inip kendini kapıda buldu. Binadan çıktığı anda koşarak iskeleye doğru yöneldi. "Toni!" diye bağırdı. "Toni!" Sisten etrafını göremediği için bir sarhoş gibi koşturuyordu. "Grimani Sarayı'na, hemen."

"Efendi Cosimo, buradayım."

Cosimo iskelede duran Toni'yi gördü. Hızlı adımlarla ona doğru ilerledi ve tek kelime daha etmeden gondolun içine atladı.

"Acele etmeliyiz! Acele etmeliyiz!" diye sayıklıyordu. Olabilecek en korkunç kâbusun içinde sıkışıp kalmış bir uyur gezer gibiydi.

Toni, Cosimo'nun lafını ikiletmeden –ki zaten efendisinin söylediklerini tam olarak anlamamıştı– küreklere asıldı.

"Rebecca, Yüce Tanrım, Rebecca öldü, Toni! Biri onu zehirledi... Şarap..."

İşte ziyafet dediğin böyle olur!

Lorenzo cennetin yedinci katındaydı. Flaman işi keten örtünün üzerine yan yana dizilmiş üfleme cam kadehlerin ince uzun narin siluetleri ve mekânı birkaç kat genişleten altın çerçeveli aynalar gerçekten nefes kesen bir güzelliğe sahipti. Bakışları duvarları göz alabildiğine kaplayan dokumaların üzerinde hayranlıkla gezindi. Deniz mavisinden kırmızı ve turuncunun bütün parlak tonlarına, bambaşka renkler ihtiva ederek duvarları egzotik tasarımlarla kaplıyorlardı. Venedikli kuyumcu ustalarının elinden çıkan, alışılagelmemiş bir tarzda işlenmiş olan pırıl pırıl altın mücevherlere büyülenmiş gibi bakakaldı. Tavandan sarkan devasa avizelerdeki mumların ışıklarından süzülen titrek pırıltıları kendinden geçmişçesine izledi.

İnci ve değerli taşlarla süslü, benzersiz kumaşlardan dikilmiş elbiseler içindeki hanımefendiler, iddialı saç modelleri ve olağanüstü peruklarıyla cazibenin ta kendisini temsil ediyor gibiydiler.

Ortam muhteşemdi. Âdeta sihirliydi. Lorenzo kendini erkek kardeşinin Venedik asilzadelerinden iki arkadaşıyla çene çalarken buldu. Maske takarak kimliğini saklama fikri ona çok eğlenceli geliyordu. Kılık değiştirme alışkanlığının Venedik şehrinde ileri seviyede icra edilen bir sanata dönüştüğünü biliyordu. Öyle ki sadece kostüm yapma ve kılık değiştirme konularında uzmanlaşmış dükkânlar mevcuttu. Mükemmel bir şekilde soğutulmuş beyaz Ribolla şarabını yudumladı. Nefis nektarın tadı ona abartıya kaçmayan tatlı bir mayhoşluk verdi. Kendini çakırkeyf hissetti.

"İşte buradasınız, sevgili dostum," dedi asilzadelerden biri ona. "Aylardır buralarda, Venedik şehrinde, siz ve erkek kardeşinizden başka bir şey konuşulmaz oldu. Benim adım Niccolò Dandolo, Serenissima Cumhuriyeti'nin diplomatıyım," dedi. Şahsına münhasır bir hayat enerjisi ve zekâyla parıldayan bir çift siyah gözün aydınlattığı zarif hatlı çehresini açıkta bırakacak şekilde *bautta* maskesini kaldırdı.

"Gerçekten mi?" diye sordu Lorenzo. Kulaklarına inanamıyormuş gibi numara yapsa da durumun son derece farkındaydı. Medicilerin şehirdeki varlığı herkesin dikkatini çekmişti. Fakat yüzündeki maskeye rağmen adamın kendisini tanıyabilmiş olmasına akıl erdiremedi.

"Sizi temin ederim," diye ekledi diğeri. "İzninizle... Ben Ludovico Mocenigo, Venedik Cumhuriyeti'nin donanmasında yüzbaşıyım." Konuşurken bir yandan o da yüzündeki *bautta*'yı kaldırdı. "Kim olduğunuzu nasıl anladığımızı soracak olursanız, burada, Venedik'te sokakların bile gözleri olduğunu aklınızdan çıkarmamanızı tavsiye ederim. Buraya doğru yola çıktığınızı ve hatta evinizden ayrılırken üzerinizde ne olduğunu bile öğrendik. Doğal olarak bunu sadece sizin güvenliğiniz için yaptık. Kötü niyetli casuslar ve kiralık katiller Venedik'te cirit atıyor. Sizinle tanışmaktan onur duyuyorum, efendim Lorenzo. Sizin hakkınızda konuşulan o kadar çok şey geldi ki kulağıma... Başınıza gelen korkunç şeyler kabul edilemez. Size yapılanları o kadar utanç verici buluyorum ki tahmin bile edemezsiniz. Sürgün edildiğinizden haberdarım."

"Maalesef öyle," dedi Lorenzo. Maskesini kaldırma sırası ona gelmişti. Ne var ki kendine hâkim olamayarak bir an için öfkeyle kaşlarını çattı.

Mocenigo bunu fark etmiş olacaktı ki derhal sözlerine devam etme ihtiyacı hissetti: "Fakat eminim uzun sürmeyecektir."

"Bana karşı gösterdiğiniz itinadan ötürü size minnettarım, fakat gerçeği yumuşatmak konusunda kendinizi sorumlu hissetmenize gerek yok. Mevcut durumla herhangi bir sıkıntı çekmeden başa çıkabiliyorum."

"Buna dair hiç kuşkum yok," diye yanıtladı Mocenigo. "Fakat size söylediklerimin içinde gerçek payı olduğuna da inanıyorum. Bilgi kaynaklarımız Rinaldo degli Albizzi yönetiminin kendi üzerine yıkılmak üzere olduğunu teyit ediyorlar. Birkaç ay içinde muhteşem şehrinize zafer alayı ile karşılanarak dönerseniz hiç şaşırmam."

"Bu gerçekten çok iyi olur," dedi Lorenzo. Bu düşünce gülümsemesine neden oldu.

"Floransa'yı özlüyor musunuz?" diye sordu Dandolo.

"Hem de nasıl."

"Tahmin edebiliyorum. Olağanüstü bir şehir."

"Daha önce Floransa'da bulundunuz mu?"

"İş için gitme fırsatım oldu."

"Üstelik cumhuriyetlerimiz arasında kurulan ittifak şimdi her zamankinden daha da güçlü," diye ekledi Mocenigo. "Artık ordularımızın komutanlarını bile paylaşıyoruz."

"Efendim?"

"Haklısınız, biraz üstü kapalı konuşmuş olabilirim. Son birkaç gün içinde Floransa ordusunun komutanı Erasmo da Narni, görevinden istifa etti ve Venedik ordusunun başına geçmeyi büyük bir şevkle kabul etti. Yeni bir göreve çıkmadan önce barış ve sükûnet içinde geçen son günlerimin keyfini çıkarıyorum."

"Gattamelata'yı* mı kastediyorsunuz?" diye sordu Dandolo.

"Ta kendisi," diye yanıtladı Mocenigo. "Ne tuhaf bir lakap ama. Denildiğine göre ona bu takma isimle hitap edilmesinin sebebi konuşma tarzıymış: ikna edici fakat acımasız. Kimilerine göre hali tavrı bir kediyi anımsatıyormuş."

"Garip bir teori," diye yorumladı Dandolo. "Fakat benim duyduğuma göre ona bu lakabı miğferinin üzerinde taşıdığı sorguçtan dolayı takmışlar. Sorgucu bal rengi bir kedi şeklindeymiş."

"Neyse ne," diye kısa kesti Mocenigo. "Önemli olan sa-

* (İt.) Ballı Kedi. Erasmo da Narni'nin lakabı. (ç.n.)

vaş meydanındaki başarılarıyla tanınıyor olması," derken yeşil gözlerinde bir pırıltı geçti.

"Aslına bakarsanız Venedik'in olağanüstü bir şehir olduğunu düşünüyorum," dedi Lorenzo, konuyu değiştirerek. "Bir şehri tamamıyla suyun üzerine inşa etme fikri kelimenin tam manasıyla inanılmaz. Üstelik ticaret sayesinde bu şehirde kültürler tek bir potada eriyip birbirinin içine geçmiş. Dolayısıyla Venedik sanatın ve sanata kendiliğinden eşlik eden bütün güzelliklerin beşiği haline gelmiş."

"Evet... Şehirlerimizin birçok ortak özelliği olduğundan eminim. Bağlarımız güçleniyorsa bu siz Mediciler sayesinde. Duyduğuma göre Donatello bu aralar Padova'daymış," dedi Dandolo.

"Olağanüstü şehirlerden biri daha. Maalesef heykel ve resim konusunda benden çok daha hassas olan kardeşim şu an burada değil. Bir şey unuttu ve..."

"Ama gelecek, öyle değil mi?"

"Elbette."

Sohbet nazik ve ilginç bir seyir izleyedursun, Lorenzo bir kadının işveli ve biraz da esrarengiz bir edayla kendisine doğru yaklaştığını gördü.

"Bütün gece burada durup bu pek sevgili beyefendilerle sohbet mi etmek istiyorsunuz? Yoksa arzu ettiğiniz daha heyecanlı bir şeyler var mı?"

Sözcükler dudaklarından boğuk ve davetkâr bir ses tonuyla döküldü. Lorenzo sorunun cüretkârlığı karşısında donup kalmıştı fakat bu açıksözlülüğü doğal olarak çekici de bulmuştu.

"Ah," diye haykırdı Mocenigo. "Sizi böyle bir zevkten mahrum bırakmaya gönlümüz razı gelmez," diyerek kafasıyla ortalıktan kaybolan Dandolo'ya işaret etti. "Sevgili dostum, bol şans," diye sözlerini bitirdi. "Bence partinin en çekici hanımefendisini etkilemeyi başarmışsınız."

36

Kırmızı Saçlı Kadın

"Öyle görünüyor ki partideki en meşgul kişi sizsiniz," diye sözlerine devam etti kadın. Üzerinde turkuaz renkli muhteşem bir elbise vardı.

Lorenzo, kadının göz kamaştırıcı güzelliği karşısında âdeta kör olmuş gibi hissediyordu. Kanına karışan şarabın da etkisiyle tamamen kendini kaptırmış, kadının albenisine teslim olmuştu.

Kadının o büyüleyici gözlerinde sıradışı bir pırıltı vardı. Gözlerinin rengi gecenin karanlığında ayın berrak ışığı altında süzülen bir orman gibiydi. Kadın bir an için Lorenzo'ya tanıdık geldi fakat sonra kafasını sallayıp bu düşünceden sıyrıldı. Onu hatırlayamadı ve başka biriyle karıştırdığını düşündü. Sonuçta böyle bir kadını tanıyor olsam asla unutmazdım, diye düşündü.

"Hiç de değil, hanımefendi, tamamen emrinize amadeyim," dedi telaşla.

"Benimle alay mı ediyorsunuz?" diye sordu o muhteşem dudaklarını karşı konulmaz bir şekilde bükerek. İnsanda şehvet uyandıran bir edayla kırpıştırdığı uzun kirpikleri bir çiçeğin taç yaprakları gibiydi.

"Ne münasebet?" diye sordu. "Böyle bir şeye olsa olsa aptalın teki cüret eder. Güzelliğiniz beni kör etti."

Güzel hanımefendi cana yakın tebessümüne engel olamadı. "Çok cömertsiniz."

"Hiç de değil. Venedik'teki bütün kadınların sizin kadar güzel olma ihtimali var mı? Hiç zannetmiyorum."

"O kadarını bilmiyorum fakat doğruluğundan emin olduğum bir şey varsa sihrin Venedik şehrinin içine işlemiş olduğudur. Kadınları ise oldukça meşhur. Erkekleri büyüleme kabiliyetleri sayesinde... Ben de elimden geldiğince bu sanatı öğrenmeye çalışıyorum."

"Beraberinde bu kadar çok güzellik getiren hanım bana ismini bahşeder mi?"

Laura işaret parmağını dudaklarının üzerine koydu.

"Tek şartla. Eğer bu sırrı saklayabilirseniz..." diye fısıldadı.

"Size söz veriyorum."

"Bundan emin misiniz?"

"Kalbimin göğsümde attığından emin olduğum kadar. Size yalvarıyorum, bana isminizi söyleyin."

"Burada olmaz," diye devam etti kadın. "Hadi daha tenha bir yere gidelim."

Tek kelime daha etmeden, eteklerinden çıkan büyük hışırtı eşliğinde başka bir salona doğru yöneldi. Kraliçelere yakışır bir tavrı ve o öylesine baştan çıkarıcı bir edası vardı ki Lorenzo'nun elinden onu peşi sıra takip etmek dışında bir şey gelmedi. Kadının bu sarayı avcunun içi gibi bildiği anlaşılıyordu. Kendinden emin bir şekilde ilerliyor, istenmeyen misafirlere yakalanmamak için ara sıra parlak yeşil gözleriyle *moretta* maskesinin ardından kaçamak bakışlar atarak etrafı kolaçan ediyordu.

Etrafta nefis yemeklerin, son derece özel şarapların servis edilmekte olduğu, insanın hayallerinin alabileceği en şaşalı şekilde dekore edilmiş iki salonun daha içinden geçtikten sonra üst kata çıkan geniş bir merdivenin dibine ulaştı. Durmaksızın yoluna devam etti. Birinci kata çıkınca sağa döndü, hızla uzun bir koridordan geçti, yine sağında kalan bir kapıyı açtı. Böylece Lorenzo kendini kütüphane olduğu su götürmez bir odanın içinde buldu. Kapı arkasından kapandı.

Duvarlar işlemeli, ahşap bir kütüphaneyle kaplıydı. Görünüşe bakılırsa ağzına kadar dolu raflar gerçek bir hazineye evsahipliği yapıyordu: Yunan ve Latin dillerinde, nadir bulunan paha biçilmez el yazması klasikler. Beşerî bilimlere duyulan sınır tanımaz bir aşkın temsili... Grimani ailesinin edebiyat ve felsefeye karşı olağanüstü bir tutkusu olmalıydı.

"Gerçekten muhteşem, öyle değil mi?" diye sordu güzel kadın, Lorenzo'nun aklından geçenleri okumuş gibi. Bir yandan da yekpare ahşaptan kusursuz kesilmiş, yüzeyi işlemelerle süslü bir masaya yaslandı. Lorenzo, öne doğru hafifçe eğilen kadının nefes aldıkça inip kalkan göğsünden gözlerini alamadı.

"Dilinizi mi yuttunuz, bayım?" diye sıkıştırdı kadın.

"Ha-hayır hayır, hiç de değil," diye yanıtladı tereddüt ederek. Aslına bakılacak olursa, telaffuz etmeye çalıştığı sözcüklerle taban tabana zıt hisler içindeydi. Çünkü sergilemeye çalıştığı özgüvenin aksine o sırada tuzağa düşmüş gibi hissediyordu. Sanki şarabın etkisi aniden uçup gitmişti de kendisini ansızın bu odanın içinde, bu kadınla beraber neler olup bittiğine akıl erdiremez bir halde buluvermişti. Bu oyunun gereğinden fazla ileri gitme riski taşıdığını o an fark etti.

Üstelik güzel kadının geri adım atmak ister gibi bir hali yoktu.

"Sizden bir iyilik isteyebilir miyim?"

"Elbette."

"Bir saniye için bana yaklaşabilir misiniz? Yoksa benden korkuyor musunuz?"

Lorenzo kendini tek kelime etmeden ve neredeyse gönülsüzce kadının yanında buldu. Gözlerinde öyle keskin bir irade vardı ki ona karşı gelememişti. "Hay aksi..." dedi kadın. Altın bileziği bileğinden çıkıp yere düşmüştü. Lorenzo yumuşak bir şark halısının üzerine düşen mücevheri bulmak için arkasını kadına dönerek öne doğru eğildi. Kadın maskesini kaldırdı. Lorenzo eğilmiş yere bakarken hançerini korsesinin içinden çekip çıkarttı. Lorenzo'nun arkası kadına dönüktü ve kesinlikle böyle bir hamle beklemiyordu. Kadın fırsattan istifade hançeri var gücüyle Lorenzo'nun omzuna saplamak üzere havaya kaldırdı. Fakat ölümcül darbeyi indirmek üzereyken kütüphanenin kapısı hızla açıldı.

Cosimo partiye ulaşmıştı. Arkadaşlarını ve şehrin mevki sahibi önemli isimlerini fazla uzatmadan kuru kuru selamlamıştı; zaman kaybetmemesi gerekiyordu. Kardeşini bulmak zorundaydı.

Şövalye Grimani'nin kardeşinin nerede olabileceğine dair en ufak bir fikri yoktu. Partideki davetliler arasında bulunan savcı Jacopo Tron'un da öyle... Nihayet Ludovico Mocenigo'ya rastladığında Yüzbaşı, Cosimo'ya merdivenlere doğru giden yolu işaret edebildi ve kendisine eşlik etmeyi teklif etti. Mocenigo, Lorenzo'yu en son istisnai çekiciliğe sahip kırmızı saçlı bir kadının arkasından birinci kata çıkarken görmüştü.

"Şayet bana eşlik etmek isterseniz buna minnettar olurum," dedi Cosimo. "Korkarım ki hayatı tehlikede olabilir."

Ludovico kafasını sallayarak onayladı. Mekânın güvenliğini sağlamak üzere misafirlerin arasına karışan iki bölge muhafızını derhal yanına çağırdı. Hep beraber birinci kata çıkan merdivenlere doğru süratle ilerlediler, sonra da koşarak merdivenlerden yukarı çıktılar. Cosimo, Rebecca'ya olanlardan sonra kardeşini ne halde bulacağından emin olamıyordu. Hayatta olacağına dair bahse girecek olsa ortaya bir florin bile koymazdı. Zavallı kadını acı içinde sarsılarak ölürken izlemişti ve o andan beri aynı şeyin kardeşinin de başına gelme ihtimali içini kemiriyordu.

Birinci kata ulaştıklarında kendilerini geniş ve boş bir salonun önünde buldular. Aynı salondan iki ayrı koridora çıkış vardı. Ayrıldılar. İki muhafız soldaki koridora yöneldi. Cosimo ve Ludovico ise sağa dönüp kısa süre içinde kütüphaneye açılan kapıyı buldular.

Cosimo kapıda nöbet bekleyen adamı görür görmez tanıdı. Bu, o lanet olası İsviçreli paralı askerdi! Daha önce Santa Lucia de' Magnoli Kilisesi'nde, Niccolò da Uzzano'nun cenaze töreninde gördüğü adam!

"Siz", diye çıkıştı. "Kardeşim nerede?"

Reinhardt Schwartz ona cevaben kılıcını ve hançerini çekerek gardını aldı.

"Onunla ben ilgilenirim," dedi Ludovico Mocenigo. "Siz içeri girip kardeşinize yardım etmeye bakın."

Bunları söyledikten sonra kılıcını ve hançerini çekme sırası ondaydı.

"Gardınızı alın, bayım," diye bağırdı ve diğer koridorun sonundan onlara doğru gelen iki bölge muhafızını kastederek sözlerine devam etti: "Üçe karşı bir!"

Mocenigo ve Schwartz birbirlerine ilk kılıç darbelerini savurmaya, hançerleri ise kulak tırmalayan sesler çıkararak çarpışmaya başladığı esnada Cosimo kapının kulpunu indirdi fakat kapı açılmadı.

Omzuyla kapıya yüklenerek içeriye daldı ve gözlerinin önünde cereyan eden sahne ömrünün sonuna kadar hafızasına kazındı.

Kardeşi yerden bir şey almaya çalışıyordu. Arkasında ise taşkın güzelliği anında fark edilen bir kadın figürü duruyordu. Fakat kadının elinde Lorenzo'nun sırtına indirmek üzere hazır bekleyen bir hançer vardı.

Cosimo'nun düşünecek vakti olmadı.

Sadece olanca nefesiyle haykırabildi. Bir süredir yanında taşıdığı hançeri çıkararak kendini kardeşinin üzerine attı.

"Lorenzo, Lorenzo!"

Çığlığının etkisiyle kadın birden afalladı ve gözlerini Cosimo'ya doğru çevirdi.

Sadece bir saniye duraksadı fakat o bir saniye yeterince uzundu. Hemen kendine gelip hançeri tamamen içgüdüsel ve hantal bir hareketle yuvarlanarak kaçmaya çalışan Lorenzo'ya indirdi. Lorenzo'nun hamlesi kırmızı saçlı gazabı ona zarar vermekten alıkoymaya yetmemişti fakat hançerin geç kalan bıçağı omzunu sadece sıyırıp geçmişti.

Duble ceketi tereyağı gibi ayrılmış, etinin üstünde kızıl bir yay belirmişti. Lorenzo bir çığlık attı. Cosimo elindeki hançerin ucunu kadına doğru tutarak yüzüne baktı.

Kadını iyice inceledi, ne olduğunu hemen çıkaramasa da yüzünde tanıdık bir şeyler vardı. Gözler, hummalı bir ışık saçan o yeşil gözler... Onları daha önce nerede görmüştü? Saçları, saçları farklıydı... Dikkatli bakınca bunun bir peruk olduğunu fark etti... Ve o anda tanıdı... Bu kadın o lanet olası parfümcüydü! Adı neydi? Adını hatırlamıyordu, fakat bu kadının fazlasıyla uzun zamandır canlarını sıktığını gayet iyi biliyordu.

Laura Ricci!

Adı buydu... Cosimo, kadının onlardan neden bu kadar nefret ettiğini bilmiyordu fakat Albizzi'nin emrindeydi. En azından artık bundan emindi.

Gözlerinden öfke fışkırıyordu.

"Sizi lanet olasıcalar!" diye tısladı hırsla. "Sizi birer köpek gibi öldüreceğim!"

Başka bir şey söylemeden kolunu kaldırdı ve havada aşağıya doğru bir yay çizerek hançerini indirdi. Fakat Cosimo ondan daha hızlı davrandı. Kenara çekilerek sol eliyle kadının hançer tutan elini bileğinden yakaladı. Bir yandan bütün gücüyle kadının bileğini sıkarken, bir yandan da sağ elindeki hançerin ucunu tehditkâr bir şekilde kadının yüzüne doğru yaklaştırdı.

Kadının güzel parmakları açıldı ve hançeri bir tıkırtıyla yere düştü.

Bu arada Lorenzo ayağa kalktı. Tek eliyle omzunu tutuyor, parmaklarının arasından kanlar akıyordu. Yerdeki hançeri aldı.

"Yeter!" diye bağırdı Cosimo. "Durun! Yoksa Tanrı'nın huzurunda yemin ederim ki bu güzel yüzünüzü yaralayarak sonsuza dek mahvedeceğim."

"Söylediğini yap," dedi kadın. Boğuk sesi vahşi bir hayvan gibi zehir saçıyordu. "Zaten siz Medicilerin yaptığı her zaman bu değil mi? Her zaman her şeyin içine etmek? Midemi bulandırıyorsunuz, bayım, hem de olabilecek en berbat şekilde!"

Cosimo anlamıyordu. Duyduklarına inanamayan gözlerle, fakat aynı zamanda gizli bir hayranlıkla kadına baktı. Bu kadının güzelliği insanı sersemletiyordu. Ama onu etkilemesine izin vermemeliydi. Az önce kardeşini öldürmeye çalışmıştı.

"Tanrı senin cezanı versin," dedi Lorenzo. "Babamız öldüğünden beri peşimizdesin."

Onlar konuşurlarken kapının dışından gelen bir gürültü duydular. Bir cam kırılmıştı.

"Kahretsin, neler oluyor?" diye sordu Lorenzo.

"Hiçbir fikrim yok," diye cevap verdi Cosimo.

Birkaç saniye sonra Venedik donanmasında yüzbaşı olan Ludovico Mocenigo kütüphaneye girdi. Yanağında kanlı bir kesik vardı. Laura kendini tutamayarak zafer kazanmış bir edayla sırıttı. Koyu yeşil gözleri memnuniyet ve kan görmekten duyduğu hazla ışıldadı.

"Görüyorum ki Schwartz size küçük bir armağan bırakmış, efendim." Ludovico anlamadı.

"Peki, siz kimsiniz, hanımefendi?"

"Peruğa rağmen önümüzde duran kişinin Laura Ricci olduğunu söyleyebilirim. O Rinaldo degli Albizzi'nin emrinde çalışan bir casus," dedi Cosimo. Yorulduğu için sesi durgun çıkıyordu.

"Ah." Ludovico şaşırmamıştı, verebildiği yegâne tepki bu oldu.

"Hizmetçimiz, Rebecca'nın ölümünden sorumlu olduğu neredeyse kesin! İtiraf edin, o zehirli şarabın bize ulaşmasını sağlayan sizsiniz, öyle değil mi?"

"Zehirli şarap mı?" diye sordu Lorenzo. Şaşırmıştı.

"Aynen öyle. Eğer eve geri dönmemiş olsaydım, neler döndüğünü asla zamanında fark edemeyecektik. Hayatta olmamız bir mucize, bunu belirtmeme gerek yok." Sonra, Laura'ya döndü: "Pekâlâ, hanımefendi, söyleyecek bir şeyiniz yok mu?"

"Herhangi bir kanıtınız yok," diye cevap verdi kadın. Bu sözcükleri birer hakaretmiş gibi telaffuz etti.

"Anlaşıldı, buna Onlu karar verecek. Hanımefendi, tutuklusunuz!" dedi Ludovico Mocenigo. "Adaletin karşısına çıkıp bizzat Dükler Sarayı'nın kuyularına atılmanızı sağlayacağım."

"O adama ne oldu?" diye sordu Cosimo, Schwartz'ı kast ederek.

"O şeytan..." dedi Mocenigo. "Muhafızlardan birini öldürdü, diğerini ise yaraladı. Bana da bu sıyrığı hediye ettiğini söylememe gerek yok. Sonra da pencereden atladı. Artık bize zarar veremeyecek."

"Size öyle geliyor," dedi Laura hain bir gülümsemeyle.

"Otuz arşını aşkın bir yükseklikten kanalı boylamadan önce kılıcımı göğsüne saplamayı başardım. Dolayısıyla şu

233

ana kadar kanamadan ölmediyse bile lagündeki buzların onu öldüreceği kesin."

Laura'nın bakışları bir an gölgelenir gibi oldu. Fakat hemen ardından o rahatsız edici tuhaf ay ışığı gözlerini yeniden kapladı.

"İnanın ya da inanmayın, bu hayatta ya da sonrakinde, bu size pahalıya patlayacak."

"Bundan şüpheliyim," diye sözlerini tamamladı Mocenigo. "Şimdiye kadar Dükler Sarayı'nın zindanlarına atılıp da çıkabilen pek görülmedi."

EYLÜL, 1434

37

San Pulinari Meydanı

Rinaldo onu bekliyordu.

Körü körüne giriştiği işler tamamen tepe taklak olmuştu. Adamlarının önünde, aheste aheste giden atının üzerinde San Pulinari Meydanı'na doğru ilerleyen Palla Strozzi, ne tuhaftır ki Cosimo'yu uzaklaştırmak için aleyhinde verilmiş olan sürgün cezası, sonunda garip bir şekilde onun işine yaradı, diye düşündü. Kendisine küçük bir muhafız alayının eşlik etmesini tercih etmişti. Ne de olsa orada kalıp dövüşmeye hiç niyeti yoktu. Tek arzusu mümkün olan en asgari zararla bu işin içinden sıyrılmaktı

Pleb'ler onun karşısındaydı.

Halk onun karşısındaydı.

O sıralarda Santa Maria Novella'da bulunan, hâlâ da Roma'ya dönmemiş olan Papa IV. Eugenio bile bu felaketi önlemek için elinden geleni yapmıştı.

Üstelik bütün bunlar olurken Cosimo de' Medici Venedik'te huzur içinde parasına para katıyordu. Dedikodulara bakılırsa Cosimo, Venedik Doçesi Francesco Foscari'nin evinde ikamet ediyor, günlerini sanat ve felsefe konuşarak geçiriyordu. Bu arada kardeşi Lorenzo da Banka'nın son derece önem arz eden Venedik şubesi için gereken finansal ağı günbegün genişletiyordu. Uzun lafın kısası, Rinaldo ve diğer müttefiklerle birlikte kurdukları yönetimin topyekûn bir yenilgiyle sonuçlandığını söyleyebilmek için artık daha fazla bir şeyin olmasına gerek yoktu. Ele geçirdikleri gücü yönetememişlerdi. Kısa bir süre için hükmetmeyi başarmış olsalar dahi bu zafer o kadar kısa ömürlü ve uçucu olmuştu ki, hiç olmamasını tercih edebilirdi. Çünkü açık konuşmak gerekirse, sonunda kendilerini ölçüsüz bir yükseklikten mümkün olan en sert ve yıkıcı şekilde açgözlülüğün ve şirret bir çöküşün dipsiz girdaplarına düşerken bulmuşlardı. Şu an içinde bulundukları durum sonun başlangıcıydı, bunu görmemek için kör olmak gerekiyordu. Siyaset alanındaki tecrübeleri sayesinde Palla'nın durumu gözden kaçırması olasılık dışıydı.

Nihayetinde o ve Rinaldo, orada öylece durmuş, savaşmayı ve öldürülmeyi bekliyorlardı. Hava buz gibiydi. Palla en başından itibaren hata yaptık, diye düşündü. Rinaldo'nun aşırıya kaçan yıkıcı mizacı ikisinin de gözlerini kör etmiş, denklemler arasında en bariz olanını görmelerine mâni olmuştu: Medici'nin parası olmadan Floransa'nın sefalet içine düşmesi kaçınılmazdı. Nitekim öyle de olmuştu; Lucca ile savaş, şehri kırıp geçen salgın hastalık, Albizzi'nin şiddet ve ölüm güden politikaları âdeta Mısır'ın illetleri gibiydi. Şimdi ise her an alaşağı edilme tehdidiyle burun buruna, kendini bu durumdan kurtarmaya çalışıyordu. Üniversitenin belagat kürsüsüne çıkıp esip gürleyerek Cosimo'nun ölüm cezasına çarptırılması gerektiğini söyleyen Francesco Filelfo'nun söylediklerinde doğruluk payı vardı. Şartları ne kadar zorlu olursa, alınan tedbirler ne kadar sert olursa, Cosimo dünyanın gözüne o kadar güçlü görünecekti. Venedik onaylamıyordu, Fransa Kralı VII. Şarl onaylamıyordu, hatta İngiltere Kralı VI. Henry bile onaylamıyordu, Papa onaylamıyordu!

Uygarlığı olduğu gibi karşılarına almayı başarmışlardı. Ne kadar büyük bir aptallık ettiklerini şimdi fark ediyordu. Beceriksizler, bir avuç beceriksizden başka hiçbir şey değillerdi! Meydana vardığında bu sonbahar sabahının kasvetini artıran adamlarıyla birlikte kendisini bekleyen Rinaldo'yu gördü. Albizzi'nin üzerinde koyu gri, çift düğmeli, dar bir ceket ile kenarları kürklü uzun, mor bir pelerin vardı. Dizine kadar gelen çizmeler giymiş, kemerine ise bir kılıç ile bir hançer takmıştı. Askeri geçit törenlerine yaraşır kıyafeti bir tutam kadife ile tamamlanıyordu. Fakat hepsi bu kadardı; her şey bir gösteriden, gerçekte askerlikle alakası olmayan birinin asker kılığına bürünmesinden ibaretti. İnsan olmadığı biri gibi davranmaya çalışırsa onu bekleyen tek ve yegâne bir ihtimal vardır: bozgun.

Rinaldo hâlâ durumu düzeltebileceğine inanarak kendisini kandırıyordu, oysa artık her şey için çok geç kalınmıştı.

Palla onu görünce, kafasıyla selamladı.

Albizzi Palla'nın yanına geldi. Atlar toynaklarıyla San Pulinari Meydanı'nın Arnavut kaldırımlarını dövüyordu. Soğuk rüzgârın ıslığı duyuluyor, silahlarını kuşanmış adamlar düşmanına karşı saldırıya geçmek üzere hazır bekleyen şeytanlar gibi görünüyorlardı.

"Nihayet geldin," diye sözlerine başladı Rinaldo. "Bizi bekletmek mi istedin, ha? Rodolfo Peruzzi ve Niccolò Barbadoro çoktan geldi," diye devam etti arkadaşlarını işaret ederek. "Giovanni Guicciardini ortalıkta yok. Üstelik üzülerek görüyorum ki senin de bugün savaşmaya pek niyetin yok gibi! Verilen sözün hatırı bu kadarmış, desene?" Palla'yı takip eden birkaç çaylağı görünce, kelimeler ağzından aşağılayan bir tonda, zehir tükürür gibi dökülmüştü. "Ne büyük hayal kırıklığı, dostum! Sana teessüf ederim, bu kadar küçülmene gerek yoktu!" diye içinden geçenleri olduğu gibi kustu Rinaldo degli Albizzi sonunda.

"Öfkenin sebebini anlayabiliyorum..." diye konuşmaya başladı Palla ama sözlerini tamamlayamadı.

"Kapa çeneni! Zaten haddinden fazla konuştun bile. Medicilerin öldürülmesi gerektiği konusunda seni uyardım. Ne var ki sen ve soyadına yakışır şekilde ceplerini hem benden hem Cosimo'dan aldığı paralarla dolduran o Bernardo Guadagni* olacak o korkak, evet, siz, onun sürgüne gönderilmesini istediniz. Ben ise hepsinin boğazını kesmem gerekirken senin lafını dinleme gafletinde bulundum! Bugünü de sayarsak bana üç kez ihanet etmiş oldun: ilki Cosimo'nun sürülmesini istediğinde, ikincisi ben Cosimo'nun öldürülmesi gerektiğini söylerken beni duymazdan geldiğindeydi. Şu an benim yanımda silah kuşanmayı reddederek de üçüncü kez ihanet etmiş oluyorsun."

Palla Strozzi kafasını salladı.

"Anlamıyorsun, Rinaldo..."

"Ortada anlamamı gerektiren hiçbir şey yok," diye kestirip attı Albizzi. "Başından beri boş boş konuşup duruyorsun, söylediklerini ciddiye alıp seni dinlemekle aptallık ettim. Şimdi evine git ve saklan, burada artık sana ihtiyacımız yok. Dua et de bu savaşı kaybedeyim, çünkü eğer kazanacak olursam kafanı kesip bir mızrağın ucuna takacağımdan hiç şüphen olmasın."

Palla Strozzi söyleyecek bir şey kalmadığını anladı.

Bunun üzerine atını çevirdi ve adamlarıyla beraber geldiği yöne doğru geri gitti.

Hali insanın içine dokunuyordu. Çarpışmanın sonucu her ne olursa olsun, orada bulunan herkes Strozzi'nin savaşı çoktan kaybettiğini açıkça görebiliyordu. Rinaldo bunu asla unutmayacaktı. Bu adamın tutmadığı sözleri, dolmakaleminin ucuyla verdiği savaşları, sonu gelmez kararsızlığı onu o kadar canından bezdirmişti ki gidişiyle bir bakıma

---

* (İt.) Kazanç, kâr. (ç.n.)

240

azat olmuş sayılırdı. Senin tarafında olduğunu söyleyip sonra bambaşka şeyler yapanlarla aynı takımda olmamak çok daha iyiydi! İnsan pekâlâ birliklerini toparlayabilir ve yanına az sayıda ama sadık birkaç dostunu alıp, kaderinde onu bekleyenlerle yüzleşmeye gidebilirdi.

Rinaldo degli Albizzi, adamlarının karşısına geçip bağırdı. Adamlar mızraklarını ve baltalı kargılarını havaya kaldırdı, karşısında sağlam bir askeri bölük duruyordu. Neler olup biteceğini görebilmek için ellerindeki hançerleri kullanmak ve Signoria Sarayı'na karşı saldırıya geçmek konusunda bir an bile tereddüt etmeyeceklerdi.

"Bırakın da artık silahlarınız konuşsun!" diye bağırdı Rinaldo. "Gereğinden fazla sessiz kaldılar!"

Adamlar bu sözleri duyar duymaz âdeta çelik ve deri parçalarından oluşan bir deniz gibi Signoria Sarayı'na doğru akın ettiler. Bir kurt sürüsü kadar dağınık ilerlediler. Doğruca sarayın kapısına dayandılar. Gözlerini kan bürümüştü. Onları yenmek imkânsız görünüyordu.

Sonra kimsenin beklemediği bir şey oldu.

Rinaldo'nun adamları koşarak öne doğru atıldıktan sonra bir anda yıldırım çarpmışa döndüler. Şaşkınlıktan oldukları yerde kalakalmalarına sebep olan bir şey görmüşlerdi.

Oklardan oluşan siyah bir nehir Arnolfo di Cambio Kulesi'nden ve hatta sarayın diğer siperlerinden üstlerine doğru uçuşa geçmişti. Askerler okların hummalı ıslıklar eşliğinde gri gökyüzüne doğru yükselişini izledi. Meydanın tam ortasında tamamen korunmasız bir halde olduklarını fark ettiklerinde iş işten geçmişti. Kelimenin tam manasıyla açık hedef olarak orta yerde kalmışlardı.

Sarayı korumak için yan yana dizilmiş kemankeşlerin attığı oklar mahşeri iğneler gibi üstlerine yağdı. Askerler kendilerini korumak için can havliyle kalkanlarını kaldırıp sivri uçlu demir darbelerine karşı kendilerini hazırladılar. Nicelerinin siper almaya bile fırsatı olmadı.

Oklar kalkanları delip geçti. İnsan etine saplanmak için kendilerine gizli saklı yollar buldular. Askerlerden bazıları ellerini gırtlağına götürdü. Kimisi kendini yüzüne saplanan okun kıçındaki tüyle burun buruna buldu. Rinaldo bu ok dalgasıyla tarumar olan adamlarından bazılarının ellerini göğüslerine götürdüklerini gördü. Birçoğu akan kanlar yüzünden al al olan meydana yüzüstü devriliyordu.

Böyle lanet bir şey nasıl mümkün olabilirdi ki? Bekleyerek çok mu fazla vakit kaybetmişti de karşı taraf gece boyunca Signoria Sarayı'nın içinde organize olup teyakkuza geçmişti? Nasıl olduğuna dair en ufak bir fikri yoktu ama ortada bir gerçek vardı. Arnolfo Kulesi'nin üzerinden ve birinci katın siperlerindeki askerler durmaksızın ok atıyorlardı.

Kardeşlerini yere düşerken izledi. Yanı başından geçen bir okun ıslığını duydu. Tam zamanında eğildi. Bağırdı. Fakat meydan çoktan bir katliam alanına dönüşmüştü. Binayı kolayca ele geçirebileceğini sanmış, Cosimo'nun geri dönmesini isteyenlerin bu derece hızlı ve işlevsel bir şekilde organize olacakları aklının ucundan bile geçmemişti. Dişlerini gıcırdattı.

"Asker, bana doğru gel!" diye bağırdı. Fakat o sırada adamların tek derdi kendilerini teker teker meydanın taşlarına zımbalayan bu ok fırtınasından uzaklaşıp canlarını kurtarmaktı. Okçuların menzilinden çıkmaya çalışarak can havliyle geri çekiliyorlardı.

Rinaldo ne yapacağını bilemiyor olmanın verdiği buz gibi bir şaşkınlık dalgasıyla ürperdi. Böyle bir şeyi asla beklemiyordu. Ayrıca bu saldırıya karşı hazırlıklı olsaydı bile bu hiçbir şeyi değiştirmezdi. Çünkü en kötü ihtimali öngörmek başka bir şey, gözlerinin önünde gerçekleşiyor olması bambaşka bir şeydi...

Cambio Capponi'yi kendisine doğru koşarken gördü. Sonra sırtına isabet eden bir okla kollarını iki yana açıp öne doğru nasıl düştüğünü gördü. Adamlar nihayet okçuların menzilinden çıkmayı başarıncaya dek üzerlerine tekrar tekrar çelik yağdı.

Meydan göz açıp kapayıncaya kadar cesetle dolmuştu: yerde acı içinde kıvranan, üzeri okla kaplı adamlar. Devrilen atlar. Sesleri çektikleri ıstırapla titreyen, feryatları bir türlü son bulmayan yaralılar. Rinaldo meydanda olup biten arbedenin kıyısında, okçuların görüş açısının dışında bir yere konuşlanmayı başarmıştı. Çatışmaya bile girmeden kendini öldürtmeye hiç niyeti yoktu. Fakat ölümcül bir hata yaptığını çoktan fark etmişti. Uzun zamandır beklenen yüzleşme kısmen neticelenmişti. Ne yazık kendi adamlarının aleyhine dramatik bir sonla…. Sarayı gezintiye çıkar gibi ele geçireceklerini sanarak aldanmışlar ve hazırlıksız yakalanmışlardı. Kendilerini emin adımlarla cehennemin kapısına doğru yürürken bulmuşlardı. Şimdi Cumhuriyet'in adamları siperlerin üzerinden kafa tutarcasına onlara bakıyordu. Olanlar göz önünde bulundurulacak olursa, haksız da sayılmazlardı.

Bu noktadan sonra ne halt edebilirdi ki? Adamlarını tam anlamıyla bir mezbahaya göndermişti, bunun başka bir tarifi olamazdı.

Niccolò Barbadoro atından indi. Elleri kan lekesi içindeydi. Ondan yardım istemeye çalışırken kollarının arasında ölen silah arkadaşlarının kanları… Yere tükürdü. Siyah atı ağzından beyaz köpükler saçıyor, ön ayaklarıyla toprağı eşeliyordu.

"Peh," dedi, "peki, şimdi buradan nasıl çıkacağız?"

"Hadi, geri dönüp saldıralım!" diye bağırdı Rinaldo. Bu kelimeler amacına ulaşamamış olmanın ve çaresizliğin verdiği hiddetle üzerine düşünülmeksizin dudaklarından dökülüvermiş, ne denli delilik ihtiva ettiklerini kendisi dahi daha telaffuz etmeden önce fark etmişti; on kere daha hücum etse bir adım ileriye gidemeyecekti.

"Çıldırdın mı sen?" diye bağırdı Niccolò Barbadoro karşılık olarak. "Hepimizi köpekler gibi öldürtmek mi istiyorsun?

Bu ne işimize yarayacak? Dahası ne uğruna öleceğiz? Gözlerini kör eden bu hırs yüzünden zaten yeterince kaybetmedik mi? Palla Strozzi'nin haklı olduğuna inanmaya başlıyorum!" Rinaldo cevap vermek üzereydi ki Signoria Sarayı'ndan onlara doğru yaklaşan birini fark etti. Beyaz bir atın üzerine binmiş, elleri havada geliyordu.

"Teslim mi oluyorlar?" diye sordu Niccolò Barbadoro gözlerine inanamayarak. Rinaldo eliyle işaret ederek onu susturdu.

Gelen adamı iyi tanıyordu, kendisinin yakın dostu ve Floransa'nın en itibarlı asilzadelerinden biri olan Giovanni Vitelleschi'nin ta kendisiydi. Oklar meydana sihirli bir değnek dokunmuşçasına aniden kesildi ve ihtiyar bilge nihayet Rinaldo'nun, Niccolò'nun ve diğerlerinin yanına ulaştı.

Yeterince yaklaşınca, "Evladım," dedi Giovanni sakin bir sesle. "Buraya, sizinle konuşmaya, Papa IV. Eugenio'nun ricası üzerine geldim. Senin de çok iyi bildiğin gibi onu Roma'dan ayrılmaya mecbur bırakan sebeplerden ötürü kendisi Santa Maria Novella'ya çekildi.

Rinaldo, Giovanni'nin lafı nereye getireceğini anlamadığı için öylece durmuş adama bakıyordu.

"Sizi dinliyorum," demekle yetindi.

"Pekâlâ, Floransa'nın size karşı nasıl azimle savaştığını gördünüz. Üstelik Palla Strozzi ve Giovanni Guicciardini de sizi yüzüstü bıraktı. Şimdi, sözcü olma vasfımın bana bahşettiği yetkiye dayanarak, Niccolò Barbadoro ile birlikte silahlarınızı indirme nezaketini gösterdiğiniz takdirde, Papa IV. Eugenio'nun, Saray'la sizlerin onurunuzu gözetecek koşullar altında uzlaşma sağlanması için pazarlık etmekten memnuniyet duyacağını bildirmek isterim. Size güveniyor ve bir hataya düşmüş olduğunuzun son derece farkında. Kendi kardeşlerinizle savaşmak yerine saraya girip konuşarak anlaşma sağlamaya çalışmanızın herkesin yararına olacağına inanıyor. Elbette seçim size ait, fakat benim kanaatim bu sarayı kolay kolay ele geçiremeyeceğiniz ve denediğiniz takdirde bile bu yolda daha birçok adam kaybedeceğiniz yönünde. Arzu ettiğiniz şey bu mu?"

Rinaldo adamın gözlerinin içine baktı. Giovanni'nin haklı olduğunu biliyordu ve dikkatli düşününce saraydaki askerlerin ona karşı direnmeye son derece hazırlıklı oldukları anlaşılıyordu.

Gözlerinde belirsizlikle karışık, korku dolu bir ifadeyle kendisini izleyen adamlarının bakışları altında durdu ve düşünmeye başladı.

Böyle devam ederse tüm itibarını ve güvenirliğini kaybedeceğini biliyordu. Tabii ilk saldırı hezeyanla sonuçlanınca elinde itibar namına hak ettiği herhangi bir şey kaldıysa... Her türlü mütalaanın ötesinde Giovanni Vitelleschi'nin sözlerine itiraz etmeye hacet yoktu. Sayıca âdeta biçilmiş, daha da önemlisi ruhen yenik düşmüş adamlarla sarayın kapılarını nasıl zorlayabilirlerdi ki? Muhtemel bir katliamdan onları kurtarmaya muktedir miydi? Muharebe alanının koşulları iki taraf için denk değildi; adamları en iyi ihtimalle elli adım ilerlemeyi başarsalar bile kule siperlerinin ardında duran okçular tarafından, bir kez daha, telef edileceklerdi. Adamların o demirden çekiç darbelerinin altına geri dönüp ölmektense, Rinaldo'ya karşı gelip onun canını almayı tercih edeceklerini anlamak için dahi olmaya gerek yoktu. Etrafındakilerin bakışlarını okumak yetiyordu.

En azından bir çıkar yol bulmadığı sürece...

Fakat ne kadar kafa yorarsa yorsun, aklına hiçbir şey gelmiyordu; o bir strateji insanı değildi, hele cesur bir lider hiç değildi. Daima başkalarının kılıçlarından güç almıştı. İçinde bulunduğu durum yetersizliğini öylesine ani ve acımasızca yüzüne vurmuştu ki, kurduğu zafer hayallerinden paldır küldür uyanıp beceriksizliği ile yüzleşmek Rinaldo için katbekat ölümcül olmuştu.

Kafasını salladı.

Bütün bunlar ona pahalıya patlamış, sonunda her şeyi kaybettiğini itiraf etme noktasına gelmişti. Hayat insana bazen seçme şansı bırakmaz. "Papa IV. Eugenio'ya teklifini itinayla değerlendirdiğimi iletin," dedi. "Ve eğer tavsiyesine kulak verecek olursam kendisinden beklentim beni ve adamlarımı himayesi altına alması olacaktır," diyerek sözlerini noktaladı.

Solgun güneş yükseklerde parlarken, ne yapacağına karar vermeye çalışarak orada öylece kaldı.

38

Kader Tersine Dönüyor

Benim sevgili Cosimo'm,

Sensiz geçen bir yılın ardından zaman artık akmak bilmez oldu, bu bekleyiş dayanılmaz bir hâl aldı. Fakat sonunda vakit geldi çattı, geri dönüyorsun! Kalbim daha önce benzeri görülmemiş bir sevinç ve aşkla dolup taşıyor. Giovanni de' Benci son günlerde olan biteni teyit etti. Rinaldo degli Albizzi, cansiperane müdafaa edilen Signoria Sarayı'nı ele geçirmeye yönelik girişiminde hezimete uğramakla kalmamış, bağışlanması için Papa'nın araya girmesi üzerine adamlarını geri çekmeyi de kabul etmiş. Ne var ki, Albizzi'ye karşı olan soylular Rinaldo'nun kararsızlıklarından istifade edip halkı konseye çağırmış. Konsey senin derhal Floransa'ya dönmeni, Rinaldo degli Albizzi, Rodolfo Peruzzi, Niccolò Barbadoro ve Palla Strozzi'nin ise tüm avaneleri ile birlikte sürgün cezasına mahkûm edilmesini emretmiş. Öyle anlaşılıyor ki, Rinaldo itiraz etmeye kalkışmış ancak bu hiçbir işe yaramamış. IV. Eugenio'ya ateş püskürüyormuş çünkü istemeden de olsa kendisine bizzat ihanet etmiş. Mülklerine ve topraklarına el konulmuş ve bunun üzerine Rinaldo şehri terk ederek Ancona'ya sığınmış.

Her halükârda Cumhuriyet seni bekliyor, Cosimo. Eve döndük, Via Larga'daki evimize... Tek düşündüğüm seni bir an önce kollarımın arasına almak. Seni öyle çok özledim ki. Seni karşılarken ne giyeceğimi düşünüyorum, sana güzel görünmek istiyorum. *Pater patriae** ilan edileceğin söyleniyor. Her işte bir hayır vardır; bu sürgünün konumunu daha da güçlendireceğini kim tahmin edebilirdi ki?

Oysa gerçekleşen tam da bu.

Uzun lafın kısası benim değerli Cosimo'm, seni bekliyorum, mümkün olan en kısa zamanda gelmeye çalış, çünkü Floransa seni övgülere boğuyor ve ısrarla seni çağırıyor.

Ben de ona eşlik ediyorum.

Daima sana ait olan,

Contessina

Cosimo mektubu duble ceketinin cebine geri koydu. Tam kalbinin üzerindeki cebine...

Karısının sözleri âdeta bir merhemdi ve ruhundaki yaraları iyileştiriyordu.

Atların su içmesi için bir çeşmede durdular. Saatlerdir mola vermeksizin dörtnala koşuyorlardı. Fakat artık tekrar yola koyulma vakti gelmişti. Floransa uzak sayılmazdı ve bu hızla devam ederlerse şehri çok yakında karşılarında göreceklerdi.

Gerisin geri atın eyerine tırmandı. Hayvanın yönünü Floransa'ya doğru çevirdi, sonra da mahmuzlayıp dörtnala koşturmaya başladı. Lorenzo, Giovanni ve Piero'nun yanı sıra bütün taraftarları ve Cosimo'yu destekleyen beyefendilerin hepsi peşi sıra ilerledi. Atı dörtnala koşarken aklına Venedik ve geride bıraktığı dostluklar geldi.

Francesco Foscari, Yüzbaşı Ludovico Mocenigo ve onun aracılığıyla arkadaş olduğu Gattamelata... Venedik Floransa

---

* (Lat.) Anavatanın atası, şehrin babası. (ç.n.)

için paha biçilmez bir müttefik olacaktı. En az Milano Dukalığı'nı ele geçirip tahta oturmak isteyen Francesco Sforza kadar... Cosimo bu iyi zamanlardan istifade edip Floransa üzerindeki egemenliğini pekiştirmesi gerektiğini düşünüyordu. Papa ve Roma ile yeni uzlaşmaların temellerini atmalıydı. Şehrine barış getirmenin tek yolu kaçınılmaz olarak şu anki Milano Dukası Filippo Maria Visconti'yi alt etmekten geçiyordu. Kendisinin tek yaptığı Lucca'yı Floransa'ya karşı kışkırtmak olmuştu.

Fakat artık barış zamanı gelmişti, ya da en azından yeniden doğmanın... Santa Maria del Fiore'nin kubbesi hangi aşamadaydı? Şehrin kaynakları ne durumdaydı? Veba nihayet sona ermiş miydi? Bu sorular kafasında dönüp duruyordu. Düşmanlarını bir daha asla küçümsemeyecekti ancak bir koruma ordusuyla gezmeye de hiç niyeti yoktu. Son zamanlarda yaşanan olayların kendisinin ve hatta ailesinin alışkanlıklarını değiştirmesine müsaade etmesi mümkün değildi.

Kendinden emin bir tavırla ileriye doğru baktı ve yüzünde tekrar bir tebessüm belirdi; önünde Floransa kırsalının altın rengi buğday tarlaları göz alabildiğine uzanıyordu. Üstlerinde müşfik bir edayla ışıldayan gökyüzünün mavisi öylesine yoğundu ki insanın nefesi kesiliyordu. Çiçeklerin ve taze biçilmiş otların kokularıyla ağırlaşan hava güneşin kör eden ışınlarıyla aydınlanıyordu.

Küheylanlar yol boyunca dörtnala koşuyor; çayırların, tarlaların ortasından ok gibi ilerliyorlardı. Cosimo ve Lorenzo kafilenin en önünden gidiyordu. Etrafı duvarlarla çevrili, kulelerle dolu Floransa, ansızın tüm azametiyle karşılarında beliriverdi... En görmüş geçirmiş adamlara bile söyleyecek söz bırakmayacak kadar güzeldi.

Şehre adım adım yaklaşırken Cosimo yüreğinin kabardığını hissetti. Yaşlandıkça böyle anlarda gözyaşlarına hâkim olmak onun için zorlaşıyordu.

Belki biricik Contessina'sından uzak kaldığı için, belki çok uzun süre sıkıntı çektiği ve daha bir yıl önce ölümden döndüğü için, belki de bu şehrin en büyük mükafatı kendisine henüz bahşetmediğini hissettiği, ısrarla o an geldiğinde bu göreve layık olup olamayacağını merak ettiği için...

Belki de ona baktıkça aklına çok sevdiği ve artık hayatta olmayan annesi ile babası geliyordu.

Birçok geçerli sebebi vardı, fakat nedenlerini daha fazla kurcalamadan gözyaşlarının akmasına izin verdi.

Ve ağlamaya başladı.

Bir zamanlar annesinin söylediği gibi gözyaşı dökmekte utanılacak bir şey olmadığını fark etti. Bir erkeği erkek yapan şey, o anki duruma göre sevincini ya da üzüntüsünü yani duygularını gösterecek güce sahip olmaktı.

Aradan aylar geçmişti ama Laura sabırlı olması gerektiğini biliyordu. Hücresi pek rahat sayılmazdı fakat gardiyanı Marco Ferracin tam isteyeceği türdendi. Üstelik Laura'ya karşı boş değildi. Biliyordu, bundan emindi. Bu konuda hiçbir kuşkusu olmadığı kadar, adamla konuşmaya yılmaksızın devam etmesi gerektiğini de gayet iyi biliyordu. Onu ikna etmek biraz daha zaman alacak gibi görünüyordu fakat ümidini kaybetmemeliydi. Su nasıl kayayı çatlatmaya muktedirse adamın direnci de zamanla kırılacaktı, Laura sabretmeye mecburdu. Hayatta daha kötülerini görmüştü ve bir kez daha konsantre olması gereken tek bir şey vardı: hayatta kalmak.

Bunu başarmak için hileye ve yalana başvurabilecek, insanları manipüle edebilecek bir kapasiteye sahipti. Şimdiye kadar kayda değer hiç kimse Laura'ya yardım etmeye çalışmadığı için kendini daima zanaatlarına emanet etmiş, bu becerileri de onu asla yarı yolda bırakmamıştı. Dünya üzerindeki en berbat insanlarla bir arada yaşamaya alışmıştı:

hırsızlar ve hainler, cellatlar ve dönekler... Böylece ahlaksızlık ve suç onun için öylesine gündelik bir hâl almıştı ki istese de artık bu bataktan uzak kalamazdı. Aslına bakılacak olursa normal bir yaşam sürdürme fikri şimdiye kadar aklının ucundan dahi geçmemişti. Hatta belki böyle bir şeyi zaten hiç arzu etmemişti.

Bir şekilde bunun için çok geç kalmıştı. Ruhu henüz küçük bir kız çocuğu iken kirlenmişti. Bundan sonra ondan ne yapması beklenebilirdi ki? Saygıdeğer bir hanımefendiye dönüşebilmesi mi? Bu asla gerçekleşmeyecekti. Asla. Hatta Schwartz bile onu kurtarmaya gelmeyecekti, bundan adı gibi emindi. Onun gerçekten öldüğüne inanmıyordu fakat buradan çıkmak için kendi başının çaresine bakması gerektiğini biliyordu.

Başka seçeneği yoktu. Bu adamı baştan çıkarması gerekiyordu. Şimdiye kadar böyle hayatta kalmıştı.

Hücrenin demir kapısından gelen gıcırtıyla içine gömüldüğü bu kasvetli düşüncelerden bir anda sıyrıldı. Hemen sonra kapının açıldığını duydu. Marco Ferracin'in içeri girdiğini gördü. Öyle görünüyordu ki arkasında ona eşlik eden biri daha vardı. Laura başta hiçbir şey anlamadı. Gardiyanının yüzü bir paçavra parçası kadar solgundu. Hemen sonra yaprak gibi titreyen adamın göğsünde bir hançer patladı ve her tarafa fıskiyeden boşalırcasına kan fışkırdı.

Ferracin önce dizlerinin üzerine düştü, sonra yüzüstü yere yığıldı.

Arkasındaki adam kapüşonlu, koyu renk bir pelerine sarınmıştı. Üzerinde Dükler Sarayı'nı koruyan muhafızların giydiği türden, mavi kolları altın rengi biyelerle süslü bir üniforma vardı. Çizmeleri dizine kadar çıkıyordu; üzerinde Serenissima'nın sembolü —San Marco Aslanı— olan çelik bir göğüs zırhı takmıştı. Kapüşonunu indirdiği anda Laura adamın kim olduğunu anladı. Cam gibi donuk mavi gözleri, gür sarı bıyıkları ve kızıl saçları kuşkuya yer bırakmıyordu.

Reinhardt Schwartz!

Hayattaydı! Ve onu kurtarmaya gelmişti!

"Geldin..." diye mırıldandı. "Hayattasın... Buraya benim için mi geldin?" Hiç beklemediği bu mucizeye inanmakta güçlük çekiyor, sesi titriyordu.

"Senin için ölürüm... *mein schatz.*"

Laura gözyaşlarına boğuldu.

Reinhardt ona ilk defa sarıldı. Laura adamın kollarında kayboldu, bu anın sonsuza dek sürmesini istiyordu.

"S-söyle, bir daha s-söyle..." diye mırıldandı.

"Daha sonra," diye cevap verdi Schwartz. "Şimdi bunun için vaktimiz yok. Şunu üzerine giy, hemen. Eğer bizi bulurlarsa işimiz bitti demektir."

Pelerininin altından bir bohça çıkardı. Bohçayı hücrenin içindeki tahta bankın üzerine boca edip içindekileri çıkardı: bir çift çizme, bir muhafız üniforması ve kapüşonlu bir pelerin.

"Şansımız yaver giderse," diye sözlerine devam etti, "pekâlâ işe yarayabilir."

Kadın hemen üzerini değiştirdi. Saçlarını topladı, kapüşonu gözlerini kapatacak kadar aşağıya çekti.

"Lanet olsun," dedi Reinhardt.

"Ne oldu?" diye sordu kadın.

"Bu halde bile... çok güzelsin."

Laura gülümsedi. Gözlerindeki yaşları sildi. Sustu.

"Şimdi," diye sözlerine devam etti Reinhardt, Marco Ferracin'in kemerinden büyükçe bir tomar anahtarı alırken. "Beni takip et ve ne olursa olsun yanımdan ayrılma. Bırak ben konuşayım. Gözlerini kapüşonun altında tutmaya çalış. Dua edelim de karşımıza kimse çıkmasın."

"Peki ya çıkarsa?"

"Onu bana bırak, *mein schatz.*"

Bunları söyledikten sonra Reinhardt kapıyı açtı. Laura da onu takip etti. Kendilerini uzun bir koridorda buldular.

Yol, fenerlerden etrafa yayılan cılız, titrek ışıkla aydınlanıyordu. Binanın bu kanadı birçok hücreye evsahipliği yapıyordu. Bu hücrelere açılan diğer kapıların önünden geçerek koridorun sonuna kadar ilerlediler. Dükler Sarayı'nın en alt katındaydılar. Kuyularda... Lagünün sularına oldukça yakında... Koridorun sonundaki kısa ve dar merdiveni tırmanır tırmanmaz kendilerini ana taşlıkta buluverdiler. Burada gardiyanlar çiftler halinde nöbet tutuyorlardı. Tıpkı Reinhardt ve Laura gibi.

Schwartz hızla harekete geçti, Laura da yanı başındaydı. Sanki hiçbir şey yokmuşçasına son derece mağrur bir edayla yürüyorlardı. Ana girişe birkaç adım kala önlerine çıkan iki gardiyanla karşı karşıya geldiler.

"Burada ne arıyorsunuz?" diye sordu biri.

"Bize kontrol etmekle mesul olduğumuz bir yükün geleceği söylendi."

"Gerçekten mi?"

"Venedik Donanması'ndan Yüzbaşı Ludovico Mocenigo'nun emri. Bu görevi benim yerine getirmemi bizzat kendisi emretti."

"Emin misiniz? Elinizde yazılı bir emir var mı?"

"Hayır yok. Fakat sırf bana verilen emri yerine getirmeye çalıştığım için azar işitmeye de hiç niyetim yok. Dolayısıyla sizden rica ediyorum, zahmet olmazsa bizimle gelme nezaketini gösterir misiniz? Kayık hemen kapının dışında, rıhtımda bizi bekliyor."

Schwartz, konuşmasını noktalarken özgürlükle aralarına giren mesafeyi mümkün olduğunca daraltmaya çalışarak kapıya doğru ilerlemeyi sürdürdü.

Kendi kaderinin de Laura'nınkinin de utanmazca yalan söyleyebilme kapasitesine bağlı olduğunu biliyordu. Elbette bir düelloyu tetikleyebilirdi, ancak şüphesiz, birkaç saniyeye kalmadan bir garnizon asker üzerine çullanacaktı. Kapüşonu kaldırdıkları takdirde yanındaki kişinin gerçekte kim olduğunu anlamalarının bir saniyeden kısa süreceğini söylemeye gerek bile yoktu.

Dolayısıyla en azından onları kurtarmak için orada bekleyen teknenin güvertesine çıkana kadar rol yapmaya karar verdi.

Yanında Laura, arkasında muhafızlarla Frumento Kapısı'ndan geçerek ilerledi. Doğrudan rıhtıma geçiş sağlayan iskelenin üzerinden hep birlikte yürüdüler. Görür görmez tekneyi tanıyan Schwartz için iskeleden güverteye atlamak çocuk oyuncağıydı.

Laura da onu takip etti.

Muhafızlar da arkalarından...

Başından beri soruları soran muhafızın gagasını tekrar açmak üzere olduğunu fark edince Schwartz ondan hızlı davranması gerektiğini düşündü. Söylemek istediklerini ağzına tıkarak konuşmayı kısa kesti.

"Isacco," dedi ellerini çırparak, "lütfen, bize Venedik Donanması'ndan Yüzbaşı Ludovico Mocenigo'nun denetlememizi istediği eşyaları göster."

Elinde yelken bezinden bir çuvalla yanlarına gelen kara gözlü, gaga burunlu adam Yahudi bir tüccardı.

"Hadi bakalım," diye sözlerine devam etti Schwartz içinde ne olduğunu görmek için çuvalı karıştırır gibi yaparak. Sonra muhafızlara dönerek: "Bakın, dostlarım, ne kadar muhteşem."

Çuval yarı yarıya boş gibi görünüyordu, yine de meraklarına yenik düşen muhafızların ikisi birden çuvalın içinde ne olduğunu görmek için öne doğru atıldılar. Eğildiklerini görünce Schwartz vakit kaybetmeden pelerinin altında dikkatle saklamakta olduğu iki hançeri birden çıkardı, tek seferde yukarı doğru çifte hamle yaparak muhafızların boğazlarını kesti. Hançerler şimşek hızıyla ve o kadar sessizce parladı ki adamlar ne olduğunu anlamadan gurultular çıkararak boğuldu. Schwartz yere yığılmak üzere olan adamları tam zamanında havada yakaladı, düşüşlerine eşlik ederek onları güverteye indirdi. Dışarıdan bakınca üçünün küpeşteye yaslanmış, güverteye dizilmiş yan yana oturuyor gibi göründüklerinden emin oldu. Isacco ise aynı anda teknenin halatlarını çözmüş, elinde tutuğu küreklerin yardımıyla tekneyi küçük iskeleden ve babalarda uzaklaştırmaya çalışıyordu.

İskele tarafından biri onlara doğru bir ışık doğrulttu.

"Kim var orada?" diye bağırdı.

Schwartz ayağa kalktı.

"Serenissima Cumhuriyeti'nin muhafızları," diye bağırarak yanıtladı. "Cephaneliğe kadar bu tacire eşlik ediyoruz. Teknesinde Venedik Donanması'na teslim edilecek silahlar yüklü."

"Pekâlâ," diye yanıt geldi.

Az sonra ortalık dinginleşti, geriye sadece lagünü yararak ilerleyen teknenin suların üzerinde süzüldükçe çıkardığı ses kaldı. Dükler Sarayı'ndan yeterince uzaklaşır uzaklaşmaz, Reinhardt öldürdüğü muhafızları suya attı.

Teknenin ışığı Laura'nın yüzünü aydınlatıyordu, Schwartz kadının tutkuyla ışıldadığını gördü.

"Seni seviyorum," dedi Laura. "Fakat bu duygunun beni nereye götüreceğini bilmiyorum."

Kadının gözlerinin içine baktı, ne kadar güzel olduğunu gördü. Schwartz'a tamamen güvenmeye karar vermişti, bakışlarından bunu anlayabiliyordu. Gittikleri yerin ona kesinlikle bir eli yağda bir eli balda bir yaşam vadetmediğini biliyordu; yine de baştan bir hayat kurmak için başka çareleri yoktu. Bu gerçeği ondan saklayamazdı çünkü kadını çok seviyordu.

"Maalesef, belirsizliklerle dolu bir gelecek bizi bekliyor. Bunun için beni affedebilecek misin?"

"Senin yanında olduğum sürece, Reinhardt, her şeyin üstesinden gelebilirmişim gibi hissediyorum."

"Sana söz veriyorum, her zaman yanında olacağım. Fakat

seni acı ve ıstıraptan koruyabilir miyim? İşte onun garantisini veremiyorum."

"Istırap ve zevk...Esrarengiz ve bir o kadar kaçınılmaz bir şekilde her zaman hayatımın ayrılmaz parçaları oldular. Başka türlü bir hayat sürdürebileceğime inanmıyorum, sanırım sürdürebilsem bile bundan memnun kalmazdım. Schwartz bu sözlerin ne kadar doğru olduğunu düşünerek acı acı gülümsedi. Kendisi de bu kadehi kabul etmişti; zamanla ruhunu emen günlük zehirden her gün acı ve kaçınılmaz bir doz içiyordu.

Başka bir seçeneği olmadığına dair yüreğinde taşıdığı korku yüzünden ardı ardına bir beyefendinin emri altına girmiş, gelen gideni aratmıştı.

"Tam bir korkağım," dedi tekne lagünün siyah sularında salınırken.

"Hiç de değil." Bu sözleri öylesine kendinden emin bir tonda söylemişti ki sanki geçmişteki bütün hataları bir anda bağışlanmıştı. "Senden başka kim beni kurtarmaya gelirdi ki?" diye devam etti. Onları birbirine bağlayan aşk ve lanet paktını bir kez daha vurgulayıp tasdik etmek ister gibiydi.

"Bilmiyorum," dedi Reinhardt. "Fakat özgürlüğünüze çoktan yeni bir esaretle ipotek kondu bile, sevgili arkadaşım! Artık her ikimiz de Milano Dukası'na aitiz."

İşte, söyledim, diye düşündü. Bu itiraf en azından bir an için kendini daha iyi hissetmesine sebep olmuştu.

Fakat kadının öyle altüst olmuş gibi bir hali yoktu.

"Hepsi bu kadar mı?" diye sordu. "Gerçekten bunun beni korkutabileceğini mi sanıyorsun?"

"Hayır, pek sayılmaz," dedi, "ama adamın tam bir deli olduğunu da unutmamak lazım."

"Buna dair en ufak bir kuşkum yok. Fakat bizim gibi insanlar için delilik yaşamın kaynağıdır. Daha önce de söylediğim gibi, ıstırap ve zevkin hayatlarımızın özü olduğuna inanıyorum. Bu ikisi yaşamlarımızın asla vazgeçemeyeceğimiz bileşenleri, çünkü birinden birinin yokluğu kendi kendimizi yok etmeye dair hastalıklı ihtiyacımızı beslemek için gereken enerjiyi kaybetmemiz anlamına geliyor."

Reinhardt sessizdi, kadının söylediklerinin ne kadar doğru olduğunu düşünüyordu.

Tek kelime daha etmeden Laura'yı kollarının arasına aldı ve öptü. Dudaklarına yerleşmiş olan lanetli masumiyetin tadına vararak yumuşak ve hoş kokulu dudaklarını hisseti. Her şeye rağmen kadında adamı büyüleyen, onu güzelliğine ve içinde yaşamayı seçtiği derin ve uzun gölgeye müptela eden bir samimiyet vardı.

Aynı kendisi gibi.

Ruhunu ele geçirmek istercesine onu uzun uzun öptü. Boynunun karşı konulmaz esmer kıvrımına, çıkık elmacık kemiklerine, göğüslerinin arasındaki o muhteşem oyuğa baktı. Kıyafetini sıyırıp omuzlarını soydu ve her yerini öptü. Onu yiyip bitiren suçluluk duygusunu bir an için silmesi umuduyla kadının içinde kaybolana dek kendini bıraktı.

O an ikisinin birlikte kaçma ihtimalleri var mıydı? Peki, nereye gidebilirlerdi? Duka'nın adamları teknenin içinde, güvertenin altında saklanıyorlardı. Kaçışlarına refakat etmek için gönderilmişlerdi fakat aynı zamanda verdiği söze ihanet ettiği takdirde ikisini de öldürene kadar takip edeceklerine şüphe yoktu.

Gülümsedi.

Paralı bir asker olduğu göz önünde bulundurulduğunda oldukça saçma görünmekle birlikte Rinaldo degli Albizzi'nin emrinde çalışmak kendi geleceğine karar verme özgürlüğünü elinden almıştı. Ne var ki dünya üzerindeki en sadık insandı.

Rinaldo'nun kendi canını ve değerli mallarını, yani Reinhardt Schwartz ile Laura Ricci'yi, emanet etmiş olduğu Filipo Maria Visconti'nin emrinde çalışmanın ne kadar zor olduğunu Laura da çok yakında keşfedecekti.

Rinaldo kendi canını kurtarmak ve kendisi için belirsiz bir gelecek inşa etmek uğruna onları satmıştı. Üstelik, kendisinin ve Laura'nın umutları da Albizzi'nin meçhul ve kasvetli yarınlarında yatıyordu.

Kendi hayatına dair uğursuz, ters bir şeyler olduğunu düşünerek kafasını salladı. Fakat sonra zihnini yiyip bitiren bu düşünceleri zihninden uzaklaştırdı ve bir kez daha kendini Laura'nın kucağına bırakarak teslim olmaya karar verdi.

Er ya da geç, ona her şeyi anlatması gerekecekti, ancak o anda kendinde bunu yapacak cesareti bulamadı.

EYLÜL, 1436

39

Filippo Maria Visconti

Filippo Maria Visconti, boyutları ve şekli itibarıyla bir yüzme havuzunu anımsatan devasa taş küvetin içinde gevşek gevşek uzanmış ona bakıyordu. İnsanda nefret uyandıran menfur bakışları her seferinde onu öfkeden deliye döndürüyordu. Beyaz ve pörsümüş eti, üzerini kaplayan berrak su yüzünden şeffaflaşmıştı.

Rinaldo degli Albizzi istifra etmesinin bir an meselesi olduğunu hissetti. İnsanüstü bir gayretle kendini tuttu. Nasıl oluyor da Milano Dukası bu kadar küçülebiliyor, diye düşündü. Ona berbat bir görüntü veren çıkıntılı alnı –ki gözden kaçırmak mümkün olmadığı için ne kadar berbat göründüğünü söylemeye bile gerek yoktu– ve pembe yağ ruloları halinde katlanan gerdanı sayesinde kesime hazırlanması için yıkamaya götürülmüş bir domuzu andırıyordu.

Bu adam tam bir yüz karasıydı!

Ne var ki kendisi tüm imtiyazlarını yitirmiş, herkes tarafından sırt çevrilmiş bir halde orada dururken, her şey Milano Dukalığı'na hükmeden ve tarihin akışını değiştirmesi için kendisine adam ve silah tahsis etme gücünü elinde tutan bu yağ tulumunun ağzından çıkacak kelimelere bakıyordu.

Filippo Maria domuz gözleriyle aşağıdan ona baktı ve bir kahkaha patlattı. Her şey bir yana, Rinaldo'nun içinde bulunduğu durum gerçekten acınası değil miydi? Rinaldo bunu o kadar iyi biliyordu ki artık hamlelerini gizleme gereği bile duymuyordu. Duka'nın desteğini almak umuduyla kaçıp Milano'ya sığınmasının üzerinden iki yıldan fazla zaman geçmişti. Ne pahasına olursa olsun Rinaldo'yu öldürmeye ant içmiş gibi görünen Floransalı fanatikler dahil, herkes bu gerçeği biliyordu.

Ayrıca Duka'dan yardım almayı umuyorsa karşılığında bir şeyler vermek zorunda kalacağını da gayet iyi biliyordu. Bu adam berbat göründüğü kadar açgözlü ve zekiydi. Bu yüzden Rinaldo kendisi için son derece büyük bir önem arz eden iki temel varlığını pazarlık masasına koymaya karar vermişti: geriye kalan parası ve –adamın ahlaksız doğası düşünülecek olursa– altın kadar, hatta belki daha da kıymetli, benzersiz iki insan.

Adamın sapkınlıkları meşhurdu. Hem kadınları hem erkekleri içeren cinsel tercihleri ve alışkanlıkları da... Tıpkı dairelerinde düzenlediği dillere destan grup partileri gibi, şiddete eğilimli olduğu da herkesçe biliniyordu. Aklın sınırlarını zorlayan korkulardan kaynaklanan bu eğilimlerin çocukluğundan itibaren üzerine yapışan birtakım kalıtımsal defolarla bağlantılı olduğu aşikârdı.

Tam da bu sebepten ötürü Reinhardt Schwartz ve Laura Ricci'ye ihtiyacı vardı.

Rinaldo o ikisini Visconti'nin insafına terk ettiği takdirde, aynen kaynakları ve geleceğe dair umutları olmaksızın dımdızlak ortada kalmış bir oyuncu gibi, elinde avucunda ne varsa kaybedeceğini gayet iyi biliyordu. Fakat öte yandan beklemeye devam ederse ya da daha da kötüsü, Duka'nın en iyi adamlarını almasına izin vermezse, eline ne geçecekti? Güzel, yuvarlak bir sıfır!

Dolayısıyla bütün yolları denemeye değerdi. Ve o da öyle yaptı.

Talihsizlikler İsviçreli paralı askerin peşini bırakmamış, aynı seçimi o da yapmak zorunda kalmıştı. Kendini çamura bulanmış ve yaralı bir halde Venedik kanallarının sularında bulan Schwartz, Rinaldo'nun adamlarının devreye girmesi sayesinde kurtulmayı başarmıştı. Pekâlâ hizmetlerini başka bir beyefendinin emrine sunmak üzere harekete geçebilirdi. Ancak işin aslı eğer bir kez Albizzi'nin parasını almayı seçtiyseniz artık başka bir işveren bulmak oldukça güç bir hâl alıyordu. Eğer bunu bir de ağır yaralı olduğunuz esnada başarmaya çalışıyorsanız şansınızın yaver gitmesi pek olası değildi.

Dolayısıyla Rinaldo Floransa'dan kovulup ardından Milano'ya iltica edince Schwartz da senyörüne yardımcı olmak için, Filippo Maria Visconti'nin emrinde çalışma fikrini canı gönülden kabul etmişti. Elbette bu başına gelebilecek en kötü senaryo değildi, üstelik Rinaldo bu sayede bir miktar altın ve birkaç adamla birlikte Trani'den ayrılıp Milano'ya gelmeyi başarmıştı. Schwartz, özellikle de Napoli Krallığı'nın taht savaşı yetmezmiş gibi aynı anda Floransa ve Venedik Cumhuriyetleri ile mücadele etmek zorunda kaldığı son iki yıllık süre içinde, iyi silahşörlerin kıymetini her şeyden çok bilir hale gelen Filippo Maria'yı doğal olarak derhal tesiri altına almıştı.

Böylece Schwartz Visconti amblemindeki yılanının renklerini kuşanıp savaşa gittiği andan itibaren muharebe alanında takdir görmüş, Venedik bölgesine gidip Laura'yı kurtarmak için yapacağı taarruzu finanse etmenin yolunu bulmuştu.

Fakat bu görev bedelsiz olmamıştı çünkü asilzade Visconti kendisine en çok yakışan rolü layığıyla üslenmiş, benim diyen tefecilere taş çıkarmıştı. Schwartz'a kadını kurtarması için tek bir şartla destek vermeyi kabul etmişti: Laura gözdesi, hatta bir nevi rehinesi olacaktı. Açıkça anlaşılıyordu ki

Rinaldo kadının parfüm ve zehir konusundaki ustalığını tarif etmekle yetinmemiş, yataktaki becerilerini de Visconti'ye ballandıra ballandıra anlatmıştı. Rinaldo'nun ima ettiği bu yetenekler silsilesi Filippo Maria Visconti'de şehvet uyandırmış, merakını cezbetmişti. Ne var ki Laura kedimsi şeytani zekâsıyla tırmalaya tırmalaya kendisine kısmen farklı bir rol biçmeyi başarmıştı. Hâlâ Duka'nın orospusu ve maiyetinde çalışan zehir sorumlusuydu; ancak mevcut görevlerine bir de yenisini eklemeyi başarmıştı. Artık aynı zamanda sarayın tarot falcısıydı ve Visconti geleceğini ilgilendiren en önemli konularda ona ve kartlarına danışmayı asla ihmal etmiyordu.

Rinaldo en kıymetli mal varlıklarını satmıştı çünkü elinde mübadeleye değecek bir tek onlar kalmıştı. Fakat Laura ve Schwartz bu ticari işlemle mükemmel bir şekilde başa çıkabilmişti. Her ne kadar kendi alanlarında Visconti'nin malı haline dönüşmüş olsalar da ikisi de Rinaldo'dan çok daha iyi idare ediyorlardı.

Kendisi ise Duka'nın saraylarına hapsolmuş bir mahkûm gibi orada durmuş, Medicilere karşı savaşabilmesi için adamdan yardım dileniyordu.

İşte kendi yağlarının içine gömülmüş olan Duka da hemen oracıkta, gözlerinin önündeydi. Sarkık kollarını suyun içine sokmuş, memnuniyetsizlik içinde Rinaldo'nun yakarışlarını duymayı bekliyordu.

Rinaldo kafasını salladı.

"Ekselansları," dedi. Telaffuz ettiği sözcüklerin ağzında bıraktığı tat küfürden farksızdı. "Medici ve Floransa'ya karşı bir saldırıyı ne zaman tasavvur edebileceğimizi merak ediyordum. Şehrimin yeniden Milano himayesi altına alınması için…"

Filippo Maria ağzındaki suyu dudaklarının arasından fışkırttı. Püskürttüğü su havada köpüklü, sıvı bir yay çizdi ve lıkırdayarak küvete döküldü. Duka'nın konuşmak için hiçbir acelesi olmadığı belliydi. Dinlenerek günün bütün yorgunluğunu atmaya çalışıyordu. Bir şehri kaybetmiş ve sürgün edilmiş olan bu beceriksize cevap vermek için acele etmesine ne gerek vardı?

Visconti'nin gözünde Rinaldo'nun herhangi bir saygınlığı yoktu. Bu başbelası, işe yaramaz saçmalıklarla gelmiş, kendisinden sürekli birtakım iyilikler istemeye başlamıştı. Tamam, cüzi miktarda altın getirmişti. Ayrıca öfke ve kıskançlıktan o kadar gözü kararmıştı ki, kimbilir, belki de birkaç şövalye ve yüz tane piyadeyle işine yarayacak bir şeyler yapmayı bile başarabilirdi. Mesela Floransa'yı yeniden kontrolü altına sokmak gibi bir şeyler. Kuşkusuz komutanı Niccolò Piccinino yanına Albizzi'nin emrine soktuğu o kana susamış, yabani canavarı alsa ve bir grup paralı askerin başına geçse... Adı neydi?

Ilık su beyaz ve yumuşak tenini okşarken, aklından bunlar geçiyordu... Ne kadar muhteşem, canı isterse suyun yüzeyinden yükselen mavi buhar kulelerini izleyerek bütün gün küvetin içinde süzülebilirdi... Lanet olası adamın adı neydi? Garip bir adı vardı, İsviçreli...

Schwartz! Adı Schwartz'dı! Pekâlâ, belki o ikisi ve emirleri altında bulunan bir avuç adam eşlik ettiği takdirde bu Albizzi salağı bile sapkınlar ve domuzlarla dolu o şehri, Floransa'yı, Milano boyunduruğu altına geri sokmayı başarabilirdi. Bunun kendi lehine olacağı su götürmez bir gerçekti.

Kollarıyla bir çift kurbağalama kulaç daha atıp oyalandı.

Sonuç olarak, artık ona cevabını da verebilirdi.

Nihayet alicenap davranmaya karar vermişti.

"Sevgili Albizzi," dedi dalgın bir tavırla. "Ne yapabileceğime bir bakacağım. Şu anda öncelikli meşguliyetim Cenova sorunu. Cumhuriyet Aragonlu Alfonso ile yaptığım başarısız ittifakı hoş karşılamadı. Bu yüzden, sizin de çok iyi bildiğiniz üzere, eğer Liguria'yı yakıp yıkmazsam, eninde sonunda Cenevizlileri evimin kapısının eşiğinde bulacağım. Şansım var ki Niccolò Piccinino işini iyi biliyor."

"Anlıyorum Ekselansları, ama söz vermiştiniz..."

Yüce Tanrılar aşkına, bu adam gerçekten tahammül edilir gibi değildi! Daha ne istiyordu? Meteliğe kurşun atıyordu. Ne adamı ne de silahı vardı. Kendisinden yardım dilenirken, ona, Milano Dukası'na, bu yardımın ne zaman ve ne şekilde yapılması gerektiğini dikte etmeye mi çalışıyordu? Dünyanın çivisi mi çıkmıştı? Yok vasfındaki bu omurgasız adamın canını sıkmasına izin vermeye hiç mi hiç niyeti yoktu. Elbette, bu şekilde ısrarcı olmak sağlam cesaret gerektiriyordu. Filippo Maria adamın bu cengaverliğine hiçbir anlam veremiyordu. Can sıkıntısıyla derin bir nefes alarak küvetteki suya üfledi. Ne haltlar dönüyordu!

Sonra gülümsedi. Karamsarlığa kapılıp günü mahvetmeye ne gerek vardı ki? Ilımlı olmayı tercih ederek cevap verdi.

"Sabredin, dostum. Her şeyin bir sırası var! Yoksa sizi iyi ağırlayamıyor muyum?" Ağzını açıp idaresini eleştirecek tek bir kelime etsin! Hele bir denesin! Onu doğduğuna doğacağına pişman edecekti.

"Ekselansları, sorumun sebebi hiçbir şekilde bu değil."

"Al bak sen! Sanki burada olmasan seni çok özleyecektik!" diye düşündü.

"Fakat Floransa'ya geri dönmek konusunda ne kadar istekli olduğumu tahmin ediyorsunuzdur."

Amma kafa ütüledi, diye düşündü Duka. Söyleyecek başka bir şeyi kalmamış gibi görünüyordu. Eğer bu söyledikleri doğru olsaydı kendi şehrinden kovulmamak için daha en başından bir şeyler yapardı, öyle değil mi?

Tekrar kafasını salladı.

"Benim sevgili Albizzi'm, bunu gayet iyi anlıyorum. Öte yandan, kendi avucunuzun içinde tuttuğunuz bir şehrin hâkimiyetini kaybetmek kesinlikle benim fikrim değildi. Tanrı aşkına, o lanet Medicilerden kurtulmayı bile başaramadınız! Ve şimdi, işte, halimiz ortada." Filippo Maria geniş taş küvetin kenarına yaklaştı, suyun itme gücünden ve sırılsıklam kollarından olabildiğince faydalanmak suretiyle küvetten çıkmaya çalıştı ancak bu girişimi büyük bir hüsranla sonuçlandı. "Yüce Jüpiter!" diye haykırdı. "Ne mahşeri bir küvet bu... Ne yaptığınızı zannediyorsunuz, orada öyle dikilip durmayın," diye bağırdı Albizzi'ye. Yüzü öfke dolu bir şimşekle aydınlanırken, "Ghislieri olacak şu aptalı çağırın, ayrıca bana elinizi uzatın. Aksi takdirde yarın sabaha kadar bu suyun içinde kalıp demleneceğim. Hadi, ne bekliyorsunuz! Tanrım, bütün cildim buruştu!" Filippo Maria korku içinde ellerine baktı. Şimdi parmaklarının bu haline nasıl katlanacaktı? Berbat görünüyorlardı. Lanet olsun! Suyun içinde çok uzun kalmıştı! Ama o kadar güzeldi ki!

Albizzi onu o küvetin içinde boğmayı gerçekten çok isterdi, maalesef buna gücü yetmiyordu. Utancını bir öksürükle gizledi ve Ghislieri'yi çağırdı. Duka'nın özel sekreteri aniden beliriverdi; lacivert bir tunik içinde, upuzun, incecik, sırık gibi bir adam.

"Çabuk!" diye gürledi Rinaldo. "İki muhafız çağırın, hadi, Ekselanslarının sudan çıkmasına yardım edelim."

Ghislieri vakit kaybetmedi. Birkaç saniye sonra iki muhafız Filippo Maria Visconti'yi kollarından ve kalçasından yakalamış, insanüstü bir güç sarf ederek adamı taş küvetin kenarına çıkarıyordu.

Ghislieri elinde sıcak havlularla bekliyordu. Küvetten çıkar çıkmaz Ekselanslarını yumuşacık banyo havlularına sarmaladı. Duka kaygan, pembe yağlı tombalak ayaklarına rahat, kadife terliklerini geçirdi. Bütün memnuniyetsizliğini itinayla gösterecek şekilde, tükürür gibi konuştu.

"Parmağınızı bile oynatmadınız, Albizzi, resmen muhafızları çağırmaya tenezzül ettiniz. Bu lütfeder, ukala ruh haliniz size hiç yakışmıyor, dostum. Hele bir de sürgün edilmiş birinden hallice olduğunuz düşünülecek olursa. Üstelik benden bir de yardım talep ediyorsunuz. Gerçekten benim desteğimi almak istiyorsanız, gelecekte daha atik davranmanızı tavsiye ederim. Şu an için size söyleyebileceklerim şunlar: Floransa'ya giden yol hâlâ çok uzun ve meşakkatli. Aptal kibrinizle bu yolu kısaltmayı beceremediğiniz aşikâr. Zamanında, bana iki hizmetçi getirdiniz, ikisi de mükemmel, bu gerçeği yadsıyamam, fakat dürüst olmak gerekirse bu iki yıl içinde yaptıkları işleri sizinkilerden ziyade kendi meziyetleri sayesinde başardılar. Doğrusu, geçmişte böyle bir seçim yapabilmiş olmanıza bile şaşırıyorum, bu konu benim açımdan gizemini koruyor."

"Ekselansları... Anında çağırdım..."

"Tabii, tabii," diye sözünü kesti Duka. Yağlara gömülmüş o memnuniyetsiz tebessüm, Filippo Maria'nın yüzünde bir kez daha belirdi. Pis pis sırıtarak, "Şöyle ki geri dönmeniz için size yardım etmek yerine sizin yaptığınızı yapacağım: hizmetçilerinizle –kaldı ki artık bana aitler– konuşacağım. Kendi menfaatleriniz doğrultusunda –ki bunlar tesadüfi bir şekilde benim menfaatlerime de dönüşebilir– yapılması gerekenleri sizden daha verimli bir şekilde yerine getirmeye yetkin olduklarına eminim. Fakat bunu benim söylediğim şekilde ve zamanda yapacaklar. O zamana dek ciddi ciddi kollarınızı sıvayıp bizzat işe koyulmanızı tavsiye ederim. Aksi takdirde, size yemin ederim, ömrünüzün sonuna kadar zorla alıkonulacak ve Milano'da yaşamaya mecbur kalacaksınız," dedi.

Duka tek kelime daha etmeden kadife terliklerinin içindeki tombul ayaklarını sürüyerek gitti. Solgun renkli cildinden sular damlıyordu. Rinaldo'yu içi hâlâ su dolu olan geniş taş küvetin başında yalnız bıraktı.

Önünde duran geniş, sıvı aynadan yansıyan öfkeli surata gözlerini dikti ve öylece durdu. Hırstan deliye dönen gözleri ona bakıyordu, yumruğunu öyle bir sıktı ki parmaklarının eklemleri beyazlaştı.

İnanılmaz bir hezeyan içindeydi.

Üstelik bu adamı anlayamıyordu.

Desteğini almak için önünde daha ne kadar eğilebilirdi ki? O... Bir zamanlar sadece ismiyle bütün Floransa'yı korkudan titretmiş olan Rinaldo! Gelmiş geçmiş en asil ailelerden birine mensup olan Rinaldo. Volterra'yı, Lucca'yı ve daha pek çok şehri yakıp yıkmış olan... Sadece üç yıl önce Medici'yi Signoria Sarayı'ndan sürmüş olan Rinaldo.

Ve işte şimdi oradaydı. Elinde sopasıyla kendisine emirler yağdıran yozlaşmış bir domuzun teriyle kirlenmiş aksi, berrak sudan yansıyordu.

Onu haklamayı ne kadar da çok isterdi!

Fakat o zaman Floransa'ya dönmesi için gereken askerleri nereden bulacaktı?

Hayır, hayır, lanet olsun, böyle bir şeyin altından kalkamazdı. Bunu yapamayacağını kafasına ne kadar çabuk sokarsa kendisi için o kadar iyi olacaktı. O ve aptal gururu!

Bu işe yaramaz kibrini bir an önce bir kenara bırakıp Duka'nın karşısında pişman ve emrine amade görünmenin yollarını düşünmeliydi. Sonunda nihai amacına ulaşmak, daha büyük bir planı gerçekleştirebilmek için... Şehrini tekrar ele geçirebilmek için. Üstelik bu mümkündü; Piccinino, Schwartz ve en az bin tane mızraklı süvari ile üstesinden gelemeyeceği şey yoktu. Filippo Maria onunla alay edip onu açıkça aşağılamış olsa da mevcut durum değiştiği takdirde kendisi de bundan birçok menfaat sağlayacaktı; Venedik ve Floransa Milano'yu ölümcül bir kıskaca almıştı. Onu, Rinaldo degli Albizzi'yi Signoria Sarayı'ndaki en yüksek mevkiye yerleştirdiği takdirde kendi egemenliğini genişletmek ve pekiştirmek için gereken ittifakı garantilemiş olmakla kalmayıp Serenissima tehdidinden kurtulacaktı. Cosimo de' Medici'nin Francesco Sforza ile birlikte dukalığı Visconti'den çalmak üzere bir tezgâh peşinde olduğunu söylemeye bile gerek yoktu.

Bu oyunu büyük bir ustalıkla yönetmesi gerekiyordu. Ona tamamen teslim olmuş gibi davranmalı, Duka'nın içine su serpmeliydi. Fakat bu o kadar zordu ki... İnsanın sahip olduğu gücü sonradan kaybetmesi, hiç sahip olmamasından çok daha çetin bir şey, diye düşündü. Yüreği bunu kaldırmıyordu. Tırnaklarını kanatana kadar avcuna batırdı.

Sonra ışıkları suya yansıyan fenerlerin aydınlığında, sessizce yemin etti. Ondan alınanları geri kazanmak için elinden geleni ardına koymayacaktı, ne pahasına olursa olsun...

Kadim kudretine kavuşmak için diz çökmesi gerekiyorsa bir saniye bile tereddüt etmeyecekti.

Nasıl olsa er ya da geç intikamını alacaktı.

40

Tamamlanan Kubbe

İnşaat bitmişti.

İşte oradaydılar, tamamlanan yapıyı kutsamak üzere orada duruyorlardı. Fakat Cosimo bittiğine hâlâ inanamıyordu. Evet, aydınlatma fanusu henüz yerine takılmamıştı ama Santa Maria de Fiore neredeyse hazırdı. Filippo Brunelleschi imkânsızı gerçekleştirmeyi başarmıştı.

Yukarı doğru baktığında Cosimo'nun âdeta başı döndü. Sorular, dur durak bilmez dalgalar misali zihnine hücum ediyordu. IV. Eugenio, katedralin kutsama seremonisini başlatırken Cosimo kafasına üşüşen binlerce düşüncenin içine o kadar gömülmüştü ki onu gören herkes aklının başka bir şeylerle meşgul olduğunu kolayca anlayabilirdi.

Söylendiğine göre Filippo, tuğlaların nizami dizilmesi için kubbenin merkezinden dış çerçevesine uzanan kılavuz bir kordon germişti. Kubbe, işinin ehli ustaların becerikli elleri tarafından aşama aşama inşa edilirken, bu inanılmaz kordon kubbenin çevresinde üç yüz altmış derece hareket ettirilmiş ve bir daire oluşturulmuştu. Kubbe yükseldikçe boyu kısaltılan bu kordon, her yeni tuğla ve harç katmanının hangi eğim ve hangi dairesel kavisle yerleştirileceğini belirleyen temel araç görevini üstleniyordu. Başka bir deyişle kubbenin büyüklüğü göz önünde bulundurulduğunda en az yüz kırk arşınlık bir uzunluğa sahip olmalıydı.

Cosimo bu olağanüstü eserin en ince detayına kadar gizemli ve mucizevi materyaller kullanılarak yaratılmış olduğunu fark etti.

Filippo böylesine uzun bir kordonun ortasından sarkma yapıp ölçüleri kaydırma riskini nasıl bertaraf etmişti? Kordon yağlanmış mıydı? Filippo'nun yarattığı birtakım zihni fikir mekanizmalardan mı faydalanılmıştı? Her şeyin ötesinde Brunelleschi o kordonu koskoca yapının tam ortasına sabitlemeyi nasıl başarmıştı? Zirveye ulaşmak için en azından yüz seksen arşın uzunluğunda ahşap bir direk gerekiyordu. Alışılagelmemiş formlarda tuğlalar kullanılmıştı. Bu tuğlaların şeklen birbirlerinden de farklı olduğunu tahmin etmek çok da zor olmasa gerek: dikdörtgen, üçgen, kırlangıç kuyruğu, saçaklı... Sekizgenin açılarına uymaları için özel şekillendirilmiş tuğlalar. Cosimo kulağına çalınan dedikoduların ne kadarının doğru olduğunu merak etmeye başlamıştı; bir noktada Filippo'nun bu formları çizmek için kullandığı parşömen kâğıdını bitirip taslaklarını bu işe özel satın alınmış eski el yazmalarından kopardığı sayfalara karalamak zorunda kaldığı konuşuluyordu.

Gerçi Cosimo'nun kafasını kurcalayan bütün bu sorular yanıtsız kalmaya mahkûmdu! Aradığı cevapları bu büyük sanatçının kendisinden alması daha da düşük bir ihtimaldi. Şu anda bile tam karşısında duruyor, bedenen oradaymış gibi görünmesine rağmen ruhen çok uzaklarda olduğu her halinden anlaşılıyordu. Zihni çoktan bambaşka projelerle ve üstesinden gelinmesi gereken yeni zorluklarla cebelleşmeye başlamıştı. Bilmeyen birinin sığ diyebileceği o alışıldık, boş bakışları ise zekâsının derinliğine ihanet ediyor gibiydi.

Sonuçta, Tanrı'dan sonra, günün kahramanı oydu. Yine de sanki sıradan bir izleyici, oradan tesadüfen geçen herhangi bir delikanlı gibi görünüyordu. Giysilerine çeki düzen vermek için bir saniye bile harcamamıştı. Üzerine kaba deriden dikilmiş pejmürde bir tunik geçirmişti. Çorapları şarap lekesi içindeydi ve ateş gibi yanan gözleri deli bir kuş gibi görünmesine yol açıyordu. Kel kafası pürüzsüz ve parlak bir şekilde ışıldıyordu. Kararmış, korkunç dişlerini göstererek gülümsedi. Cosimo onun neden böyle olduğuna hiçbir zaman akıl erdiremeyecekti. Kim erdirebilirdi ki zaten? Kendine gösterdiği özen, projelerini planlamaya ve gerçekleştirmeye adadığı enerji ile ters orantılı işliyor gibiydi. Başka bir deyişle dış görünüşüne sıra gelince geriye hiçbir şey kalmamış oluyordu. Sanki sanatı bütün enerjisini emiyordu. Kıyafet seçmek ya da yüzünü yıkamak için gerekeni bile...

Tekrar yukarıya baktı.

İşçilerin ve marangozların ona söylediklerini anımsadı: anlaşılan o ki, yüzlerce güvercin ve karatavuk çatlakların ve dar oyukların içlerine yuva yapmıştı ve bu durum ustalar tarafından keşfedilmişti. Kuşlar kubbenin içiyle dışını birleştiren iskelede derhal tavaya atılıp akşam yemeği niyetine pişiriliyordu. Ta ki karnı acıkan işçilerin iskeleden düşüp ölebileceklerine dair bir endişeyle kuş avına hususi bir yasak getirilene kadar...

Bakışları yükseklerde süzülmeye devam ederken Cosimo derin bir nefes aldı. Aldığı soluk bütün duyularını harekete geçirmiş, böylece bu miti gerçekleştirmek için bir araya toplanan envai çeşit malzemeyi içinde hissedebilmişti. Bu inanılmaz mimari eserin insanüstü imgesi onun üzerinde böyle bir etki yaratıyordu. Hem de her seferinde...

Contessina, aklından geçenlerin tabiatını hissetmiş gibi Cosimo'nun elini tuttu. Âdeta başka bir evrenin güçleriyle diyalog kurmasına vesile olan hoş bir gezintideydi. Bir bakıma aynen öyle, diye düşündü Cosimo.

Dışarıdan esen soğuk rüzgârın katedralin içine girip yapıya çeşitli şekillerde zarar vermesine engel olmak üzere kasnağın etrafındaki sekiz pencereye ince ketenden çarşaflar gerilmişti. Kumaş parçalarının üstünden muhteşem bir gün ışığı içeriye süzülüyordu. Birkaç yıldır ikametgâh olarak Floransa'yı tercih eden Papa kasnağın merkezinde yer alan ve *il Santo Sepolcro*'yu* çağrıştıran ana sunaktan gülümsüyordu. Giannozzo Manetti katedralin ebatlarını kutsamak için verdiği vaazı az önce tamamlamıştı. Bu seremoni için özel olarak hazırlanan duanın adı *Oratio de secularibus et pontificalibus pompis* idi.

Kardinaller kilise korosunu temsil eden on iki ahşap havarinin önündeki mumları yaktılar. Elbette bu da Filippo Brunelleschi'nin tasarımıydı.

On iki alaz havaya hoş tütsü kokuları ve çiçek esansları yayarak dans etmeye başladığı anda Papa kafasıyla bir işaret verdi ve koroyu Guillaume Dufay tarafından kutsama töreni şerefine özel olarak bestelenmiş olan çok sesli ilahiyi söylemeye davet etti. İlahinin adı *Nuper rosarum flores* idi: "İşte, güller açıyor..."

Koro mensuplarının berrak ve büyüleyici sesleriyle icra ettikleri bu iddialı bestenin melodileri eşliğinde IV. Eugenio sunağa kutsal emanetleri koymaya başladı: Vaftizci Yahyâ'nın parmağı ve Santa Maria del Fiore'nin koruyucu azizi, Aziz Zenobio'nun kalıntıları.

İlahi devam ediyordu: sesler âdeta Arnolfo di Cambio'nun çizdiği kemerlerin arasında kanat çırpıyor, büyüleyici güzellikte tasarlanmış mekânda bir o yana bir bu yana salınarak kovalamaca oynuyordu.

Nihayet o çok sevdiği şehrinin üzerine bir ahenk perdesi indiğini hissetti. Yüz kırk yıllık bir sonsuzluğun ardından Floransa bu mistik sahnede ilk kez gerçekten bir araya gelmiş, bütünlüğüne kavuşmuş, yek vücut olmuştu. Katedralin kemerleri ve kubbesi Cosimo'nun daha önce tecrübe etmediği bir kaynaşmaya, ortak bir niyete şahit oluyordu.

---

* (İt.) Kutsal Kabir. (ç.n.)

Gözleri bir an holleri ve ana sunağı süsleyen çelenklere takıldı. Çelenkleri çevreleyen, mevsimin ilk zambakları ne kadar da saf görünüyorlardı... Âdeta doğa da o gün yaşanan zafere ve sevince aynı heyecanla iştirak ediyor, erken açmış zambaklar bunu sessizce teyit ediyordu.

Artık şehrin yöneticisi, son iki yıl içinde sağlam ve içten bir arkadaşlık geliştirmeyi başardığı papanın dostu ve koruyucusu olan Cosimo'nun gelecekten pekâlâ umutlu olduğu söylenebilirdi.

Contessina fildişi elbisesinin içinde bugün daha da güzeldi. Ginevra ve çocuklar da öyle... Lorenzo onunla birlikte ailesini izliyordu.

Müzik devam ediyordu. Bu melodide kalbine ve ruhuna dokunan bir şeyler vardı. Gözlerini kapattı ve notaların onu alıp uzaklara götürmesine izin verdi.

Bu kadar güzel bir müzik besteleyebilmeyi ne kadar çok isterdi. Böyle bir yeteneğin karşılığında Banka'nın bütün varlıklarını vermeye hazırdı. Ya da belki her şeyini! Kalbinin ana holden kasnağa doğru, hatta sonra daha da yukarıya, kubbeye doğru yükseldiğini hissetti. Aklındakiler havada uçuşuyordu. Bütün gerginlikler, korkular, meşguliyetler sihirli bir değnekle dokunulmuşçasına eriyor gibiydi.

Giovanni'ye baktı ve gülümsedi. Onun için büyük planları vardı. Elbette oğlu Piero'yu da çok seviyordu fakat küçük oğlu ağabeyine göre çok daha azimliydi. Örnek alınacak bir adanmışlıkla derslerine çalışıyor, kahramanlık hayalleri üzerine yapılan beyhude muhabbetlerle vakit kaybetmek yerine aldığı eğitimin hakkını veriyor, şimdiden dikkatli bir haznedar olarak kendini kanıtlıyordu. Piero'nun ise marazi bünyesi ve kırılgan bedeni yüzünden ıstırap çektiği aşikârdı: Cosimo çocuğun aksiyon almaya dair sonu gelmek bilmeyen arzusunun bu duruma karşı geliştirdiği bir tepki olduğunu düşünüyordu. Çelimsiz ve sıska vücudunun Piero'ya sıkıntı verdiğini anlıyor ve çocuğa içten içe acıyordu. Karamsar ve melankolik kişiliğine rağmen Piero seyahatlerde bulunmuş ve oldukça ileri bir seviyeye ulaştığı yabancı diller konusundaki başarısıyla herkesi şaşırtmıştı. Öte yandan, Cosimo her halükârda gerçekçi olmak zorundaydı, beklentilerinin çoğu Giovanni'den yanaydı. Aksini iddia etmek kendine yalan söylemesi anlamına gelecekti. Çocuğu en yakın zamanda Ferrara şubesine yerleştirmeyi planlıyordu. Zaman içinde siyasi bir kariyer yapabilirdi. Giovanni yakışıklı, güçlü, uzun boylu ve inceydi. Ölçülü bir mizaca sahip olan genç adam oldukça zekiydi. Belki daha yakından incelenecek olursa tek zaafı, başka bir deyişle Aşil topuğu, zaman zaman aşırıya kaçan damak tadıydı. Öte yandan, insanlar tarafından çok sevilirdi. Kızların gözbebeğiydi. O gün üzerinde gök mavisi dar bir ceket vardı. Düzgünce taranmış, kısa saçları, kocaman ve içten bakan gözleri, cüretkâr ve akıllı edasıyla etrafa ışıltı ve neşe saçıyor, bütün dikkatleri üzerinde topluyordu.

Uzun lafın kısası Cosimo nihayet kendini tehlikelerden uzakta ve güvende hissediyordu. Seviliyordu ve geleceğe dair mükemmel beklentileri vardı. Daha ne isteyebilirdi ki?

Tam o esnada gözlerini açtı ve gerçeklerden çok da uzaklaşamadığını fark etti. Kendini müziğe kaptırmış, hayallere dalmıştı. Tekrar kalabalığa doğru baktığında bir an için arkasına dönmüş ve göz ucuyla aynı anda hem ışıltılı hem marazi bir şey yakalar gibi olmuştu.

O anda ne olduğunu algılayamamıştı fakat sonra gözalıcı ve bir o kadar da kasvetli, aynı anda büyüleyici ve rahatsız edici bir şeyin holün en dibinden etrafa habis bir ışık yaydığını net bir şekilde görmüştü.

Odaklanmayı başardığında ise artık hiçbir şüphesi kalmamıştı, emin olduğu her şey zihninin içinde yerle yeksan oluyordu. Âdeta bir saray soytarısı tarafından iskambil kartlarından yapılan bir kalenin kat kat devrilerek yerle yeksan olması gibi...

Çünkü kilise kapısının hemen yanında, hiçbir şüphenin gölgesine yer bırakmayacak şekilde, Laura Ricci'nin güzeller güzeli ve korkunç yüzünü görmüştü.

Bir an için olduğu yerde mıhlanıp kaldı. Karşı konulmaz bir güç onu yeryüzüne sabitlemişti. Bu nasıl olabilirdi ki? Ludovico Mocenigo'nun uzun zaman önce kendisine yazmış olduğu mektubu hatırladı. Lanet olası kadın, Dükler Sarayı'nın zindanlarından kaçmayı başarmıştı. Fakat onu burada, ansızın göreceği aklının ucundan bile geçmemişti. Burada, hem de kilisenin kutsama seremonisinde... Bu ancak zihninin ona oynadığı bir oyun, bir halüsinasyon olabilirdi, başka bir açıklaması olması mümkün değildi.

Ardından ateşli bir hastalığa tutulmuş gibi birkaç kelime homurdandı.

"Hemen geliyorum," dedi ve ayağa kalktı. Dikkatleri üzerine çekmemeye özen göstererek ara holden sessizce yürüdü.

Rinaldo degli Albizzi'nin lanetli gözdesini görmüş olduğu ya da en azından gördüğünü zannettiği büyük kapının yanına ulaşmaya çalışıyordu.

Fakat kadına dair hiçbir iz yoktu.

Elbette kadının orada durup kendisini bekleyeceğini düşünmüyordu. Peki, sonuç olarak, kadın gerçekten orada mıydı yoksa hayal mi görmüştü? Bu aklının en karanlık zindanlarında gizlenen, kendisine bile itiraf edemediği korkularının bir yansıması mıydı?

Orada öylece durdu. Katedralin içini gözleriyle taramaya devam etti. Hemen önünde boş buldukları son sıralara yığılmış oturan garibanları gördü. İlk sıralar soylulara, orta sıralar ise kodamanlara ayrılmıştı. Sonra sıra halkın alt tabakasına ve en son *pleb*'lere geliyordu. Yalınayak çocuklar ve paçavralar içindeki adamlar. Çocuklarını birer enik gibi kucaklarında tutan, avurtları çökmüş anneler. Sefalet ve yoksullukla yüklü bu sahne en vurdumduymaz en umursamaz insanların bile hakkını vereceği bir asalet ihtiva ediyordu. Cosimo bu insanlardan bazılarını tanıyordu, çünkü elinden geldiğince her gün onlara yardım etmeye çalışıyordu. Katedralin devasa kapıları ardına kadar açıktı. Tanrı'nın bu olağanüstü evini kutsamakta olan papanın hayır dualarından medet uman *pleb* ailelerini gördü. Bu ilahi kıvılcımdan bir nebze de olsa kendi paylarına düşer de hayatları aydınlanır umuduyla dışarıda toplanmış bekliyorlardı.

Fakat gözleriyle etrafı ne kadar incelerse incelesin Cosimo, bu muammanın içinden çıkamıyordu. Sadece hayal görmüş olması gerçekten mümkün müydü?

Daha ileriye, kapıların açıldığı meydana baktı. Bulunduğu noktadan, Lorenzo Ghiberti'nin bronz panellerine —ki altın plaka bu paneller doğu cephesinde bulunan vaftizhane kapısını süslüyordu— kadar olan alan tıklım tıklımdı. Cosimo, hayranlıktan ağızları açık vecd eden çehreler denizinin ortasında birdenbire o kedi gözlerin çakmak çakmak yanan yeşil ışığını gördü.

Bu görüntü suratının tam ortasına bir hançer gibi inmişti.

41

Yeni Bir Savaşa Doğru

Dört adam o anıtsal salonun tam ortasında duruyordu: altın kakmalı süslemelerle kaplı ahşap tavan, mekânı ışıkla doldurmaları için konmuş mangallar ve som gümüşten işlemeli şamdanlar. Duvarları kaplayan parlak renkli duvar halıları… Odanın ortasında ebatlarıyla göz dolduran dokumanın üzerinde Medici'nin hanedan amblemi mevcuttu. Bu rafine, zarif ortam köşe bucak el yapımı, şık mobilyalarla, mermer büstlerle, raflara dizilmiş baltalı kargılar ve mızraklarla doluydu. Ortada duran dört yemek masasının üzeri baştan sona donatılmış, olması gerektiği gibi hazırlanmıştı. Tanrı'nın bahşettiği ne kadar yiyecek varsa masaların üzerinde mevcuttu: ateşte pişmiş kuzu ve sülün eti, geyik etli turta, tatlılar ve peynirler, ayrıca meyveler, üzümler, yemişler ve içleri doldurulmuş hamur işleri. Cosimo hizmetçileri göndermişti; kendisinin ve misafirlerinin birbirlerine söylemek zorunda oldukları şeylere kulak misafiri olup ardından boşboğazlık etme ihtimali olan hiç kimseyi etrafta istemiyordu.

"Sizlere yeni bir savaşa doğru sürüklendiğimizi söylüyorum, bundan adım gibi eminim. Lucca yetmedi, Volterra yetmedi. Rinaldo degli Albizzi bu çarpışmayı istiyor, bunu herkesten çok arzuluyor. Hep bu fırsatı bekledi. Üstelik Cosimo kilisede o kadını gördü! Venedik ve Floransa'nın arasındaki bağlar kuvvetlendi ve Milano bir ittifaktan başka bir şey olamayacağına kanaat getirdiği bu bağları koparmak istiyor!" Lorenzo'nun kelimeleri akkor lavlar gibi yuvarlanıyordu. İçinde bulundukları durum onu canından bezdirmişti. Bütün bu hileler, sürgünler, hiçbir zaman sorunun kaynağına inmeyen kaçamak çözümler... Onu yormuştu. Sesinde hiddet vardı, sanki son birkaç yılın öfkesi bu sözlerinde toplanmıştı. Elbette geri döndüklerinden bu yana değişen şeyler olmuştu fakat Laura Ricci tarafından izleniyor olma şüphesi korkuları yeniden alevlendirmişti. Hepsi kadının nelere muktedir olduğunu iyi biliyordu. O ve tabii ki Reinhardt Schwartz olacak o şeytan... Çünkü biri oradaysa diğeri de mutlaka oralarda bir yerde gizleniyordu.

"Tereddüt etmenin hiçbir faydası yok," diye devam etti. "Floransa'nın Lucca ile giriştiği bu savaşın içine sürüklenmesinin üzerinden on yıl geçti ama kedi kedi olalı bir fare yakalayamadı. Niccolò Piccinino tüm rakiplerinden üstün olduğunu kanıtladı: Niccolò Fortebraccio, Guidantonio da Montefeltro, hatta Filippo Brunelleschi bile kamplarımızı sular altında bırakmak suretiyle ona yenik düştü. Francesco, bizi zafere götürebilecek yegâne kişinin siz olduğunuza inanıyorum."

Sforza Lorenzo'nun gözlerinin içine baktı. Medici'nin küçük kardeşi cesaret ve tutkuyla konuşmuş, bu hali komutanı şaşırtmıştı. An itibarıyla tepkilerini ölçmek ister gibi kendisine bakan ağabeyi Cosimo'dan çok farklıydı.

Odanın bir köşesinde oturan Venedikli yüzbaşı öksürerek boğazını temizledi.

"İzninizle," diye araya girdi. "Milano'nun gücü karşısında işe yarabilecek tek olası çözümün Dukalık karşıtı bir ittifak kurma fikri olduğuna inanıyorum. Böylece, *rebus sic* *stantibus**, Filippo Maria'nın çevresi Venedik ve Floransa tarafından kuşatılmış olacak. Bugünlerde onu meşgul eden Cenova'yı –ki gerçekten çetin ceviz çıktı– saymaya gerek bile duymuyorum. Üstelik Papa ile ne kadar yakın münasebetler içinde olduğunuz su götürmez," diye devam etti Mocenigo. Bu sözleri Cosimo'ya hitabendi. "Yanılmıyorsam bu aralar Santa Maria del Fiore Katedrali'ni kutsadı, öyle değil mi?"

"Hayır, yanılmıyorsunuz," diye yanıtladı Cosimo. "Ezeli düşmanımızı da o sırada gördüm zaten."

"Laura Ricci'den mi bahsediyorsunuz? Dükler Sarayı'nın zindanlarından kaçıp adımla dalga geçilmesine sebep olan kadın?"

"Böylesine tatsız bir olayı hatırlatmak istemezdim ama evet, ta kendisi. Üstelik kendisi şu anda Rinaldo degli Albizzi'nin hizmetinde olmakla kalmayıp, casuslarımızın söylediğine göre, Filippo Maria Visconti'nin gözdesi," diye açıkladı Cosimo.

"O adam aptalın teki," dedi Francesco Sforza hiç düşünmeden.

Bu sözleri söylerken sesinde uğursuz bir nota vardı. Sanki bu iddiasını inkâr edilemez bir kanıta dayandırıyordu.

"Belki öyledir, fakat deliliğinin kendi içinde bir tutarlılığı var. Gerçek şu ki, bugüne kadar birçok cephede bizleri çıkmaza sokmayı başardı. Bu yakınlarda Napoli Krallığı'nın taht savaşı sürerken Aragonlu Alfonso'ya verdiği destekten bahsetmiyorum bile..." diye ısrar etti Lorenzo.

"Ki bu destek bile savaşı kaybetmesine engel olmadı," diye belirtti Mocenigo.

"Bu durumda," dedi Sforza, Serenissima'yı temsilen orada bulunan ince bıyıklı, zarif adama bakarak, "ne yapmamızı öneriyorsunuz?"

"Komutan, açık konuşacağım. Milano'ya ve Filippo Ma-

---

* (Lat.) Koşullar değiştiği takdirde. (ç.n.)

281

ria'ya ne kadar bağlı olduğunuzu biliyoruz. Birkaç yıl önce size Castellazzo, Bosco ve Frugarolo'daki tımarlı arazilerle birlikte kızı Bianca Maria'yı gelin olarak almanızı teklif ettiği bir sır değil. Lütfen beni yanlış anlamayın, derdim asla sizin işinize burnumu sokmak değil. Daha ziyade an itibarıyla azami önem ihtiva eden meseleyi gözler önüne sermeye çalışıyorum ki benim naçizane fikrime göre zaman içinde son derece net ve tutarlı bir hâl almıştır. Gerçek şu ki, Filippo Maria mümkün olduğu kadar çabuk durdurulmalı. Çok geç olmadan. Şayet kurduğumuz bu ittifak işe yararsa, hedeflendiği gibi, yarımadanın her yerinde egemenlik kurabilecek bir konuma sahip olacağız. Bu konuda herhangi bir şüpheniz olmadığını zannediyorum, yanılmıyorum, öyle değil mi?"

"Kesinlikle yanılmıyorsunuz," diye yanıtladı Sforza.

"Fakat her şeyin ötesinde, dostum," diye altını çizdi Cosimo, "hakkınız olmasına rağmen şimdiye kadar mahrum bırakıldığınız şeyi talep etmelisiniz. Bu konunun üzerinde bile durmuyorsunuz çünkü dile getirmeye korkuyor gibi bir haliniz var ve bu tavrınızı anlayışla karşılıyorum. Ne var ki, siyasi gücün tuzaklarına son derece hâkimim ve Milano Dukası unvanının herkesten çok size yakışacağını söylemekten çekinmiyorum. Birkaç sene önce bunu belirtmiştim, şimdi de tekrar ediyorum: erkek kardeşimin ve benim, ne zaman olursa olsun, sizin olanı almaya karar verdiğiniz takdirde, yanınızda olduğumuzu bilin."

Lorenzo kafasıyla onayladı.

"Dostlarım," diye sözlerine devam etti Cosimo. "Zamanı geldi, savaşmaya artık bir son vermemiz gerektiğine inanıyorum. Nihayet böylece tüm dikkatimizle barış ve güzelliğe odaklanabiliriz ki bu ikisi refahı yücelten ruhların ta kendisidir. Şimdi... Albizzi ve Strozzi'nin uzaklaştırılmalarından bu yana Floransa tekrar yükselişe geçti. Santa Maria del Fiore Katedrali'nin kutsanması bu uzun yolculuğun yalnızca başlangıcı. Sanatın mucizeleri ve bilimin zaferiyle çizilen bir yolda ilerleyeceğimize inanıyorum. Ne var ki, bütün bunların ön koşulu olarak istikrarın sağlanması gerekiyor. Lucca kesin olarak egemenliğimiz altına girmeli. Komutan Sforza ile –yanılmıyorsam beş altı yıl önce– çadırında buluşmuştuk. Kendisi muharebe alanından çekilmek suretiyle bu dostluğun resmen başlamasına vesile olmuştu. Dolayısıyla, bu savaşın ne kadar uzun zamandır sürüncemede kaldığını o herkesten iyi biliyor. Sforza bunu yaparak bugün hâlâ boyun eğdirememiş olduğumuz bir şehri ele geçirmemizi sağladı. Öte yandan, şayet Gattamelata'nın Padova ve Piove di Sacco yakınlarında Visconti'nin birliklerine karşı mücadele verdiği doğruysa, Venedik'in anakaradaki topraklarını sağlamlaştırması gerekiyor. Bana göre bu, gün gibi ortada. Son olarak, her ne kadar kendisini Floransa'da mümkün olan en iyi şekilde misafir ediyor olsak da Roma'dan kaçmak zorunda kalan Papa IV. Eugenio haklı olarak Ebedi Şehir'e dönebilmeyi arzuluyor."

"Diyelim ki hepimiz sizinle hem fikiriz," diye ekledi Mocenigo. "Size sormayı arzu ettiğim şeyse nereye varmak istediğiniz..."

"Varmak istediğim nokta şu: Her birimiz kendi çapımızda açık ve net bir hedefin peşinde koşuyoruz, ancak bunu münferit bir şekilde yaptığımız için Milano Dukası'nın karşısında son derece zayıf kalıyoruz. Öte yandan, durumu birazcık daha geniş bir bakış açısıyla ele alacak olursak birlikte hareket ettiğimiz zaman çok daha fazla verim alacağımızı anlayacağız. Bana göre böyle bir ittifak bütün sorunlarımızın çözümü olacaktır. Uzun lafın kısası, aramızdaki fikir ayrılıklarını bir yana bırakıp dukalığa karşı bir ittifak yaratmak üzere neyimiz var neyimiz yoksa ortaya koymaya hazır mıyız? Dönüşümlü olarak müttefiklerden birinin, ardından diğerinin yararına işleyen, fakat son tahlilde hepimizi güçlendiren ve istikrarın koşullarını belirleyen bir ittifak?"

Cosimo'nun son sorusu, Francesco Sforza sessizliği bozana dek havada asılı kaldı.

"Cosimo, söyledikleriniz için size teşekkür ederim. Fazla ileri gidiyor olabilirim fakat bu riski alarak her halükârda size bu soruyu soracağım: Dukalık üzerinde hak iddia ettiğim takdirde bana nasıl destek olacaksınız?"

"Francesco, aramızda herhangi bir yanlış anlaşılmaya meydan bırakmamak için tamamen dürüst olacağım: Elimin altındaki tüm imkânlarla! Açıkça belirtmek gerekirse, Medici Bankası emrinizdedir. Size her türlü finansal desteği verebiliriz."

Francesco Sforza'nın gözlerinden bir an için edepsiz bir pırıltı geçti. Cosimo onu nereden vuracağını iyi biliyordu, ilgisini çekmeyi başarmıştı. Müthiş bir yaratıcılık gerektirmemekle beraber, az önce söylemiş olduğu gibi, ittifak bu yönde ilerleyebilirdi, ilerlemeliydi de... Mediciler savaşçı insanlar değildi fakat ellerinin altında kendilerine ait bir finans imparatorluğu vardı. Sforza ve denize çıkışı olan Venedik Donanması, bu imparatorluğun pekâlâ askeri kanadını teşkil edebilirdi. Ayrıca Papa IV. Eugenio aracılığıyla Roma, bu askeri birliğin yalnızca ruhani değil, sayıca üstünlüğünün de teminatı olabilirdi.

Bu tam da bir imparatora yakışan düşünme tarzı değil miydi?

Francesco Sforza hayranlığını gizleyemiyordu, etkilenmişti. Öte yandan, şayet Mediciler Cosimo'nun az önce sergilemiş olduğu vizyondan yoksun olsalardı, Floransa'nın idaresini bilfiil ele geçirip bulundukları konuma yükselmeyi nasıl başarabilirlerdi ki?"

"Anlaştık," dedi nihayet, "haklısınız. Aynen beş yıl önce olduğu gibi, bugün de sizinle bir pakt, bir ittifak içine gireceğimizi söyleyebilirim. O zaman yaptığımız anlaşmayla tutarlı, bizi birleştiren bağları daha da güçlü kılacak bir ittifak... Her an yardımınıza koşmaya hazır olacağım, sizin de aynısını benim için yapmaya istekli olacağınızı tahmin ediyorum. Bir olursak istikrarı sağlayabilir ve bu toprakları çılgınlık seviyesinde açgözlü bir adamın egemenliğinden azat edebiliriz. Bu sebeple, size diyeceğim şudur ki, haydi kolları sıvayalım. Sonuna kadar savaşıp Milano, Venedik, Floransa ve Roma'ya barışı getirmeye çalışalım. Birlikte olursak kimse bizi yenemez."

Cosimo de' Medici'nin gözleri parladı.

"Öyle olsun," dedi. "Önümüze çıkan herkesin sonu felaket olsun."

42

Zehirler ve Zaferler

Laura bir masanın başında oturuyordu. Zafer kartlarını bir yelpaze gibi önüne açmıştı.

Filippo Maria Visconti kadının, kartların üzerinde görünmez bir iplikten havadar bir ağ dokur gibi hızlı hızlı hareket eden güzel, esmer parmaklarına ve şarap kırmızısına boyanmış tırnaklarına baktı.

Duka tamamen kadının güzelliğinin ve sesinin tesiri altındaydı. Fakat fiziksel cazibesi kadar etrafa yaydığı tanımlanması güç, lanetli ama aynı anda büyülü hava da adamı altüst ediyor, hatta sersemletiyordu. Adam onu ilk gördüğü anda kadının o altın tozu katılmış gibi parlayan koyu, yeşil gözlerine kapılmış, tamamen kendine has bir üslupla Laura'yı gözdesi yapmaya karar vermişti.

Üstelik konu sadece kadının bakışları altında uyarılıp altüst olan fiziksel dürtüleri, damarlarında akan kanın alevlenmesi ya da onu günah işlemeye, şehvete davet eden, uzuvlarını tutuşturan o tarifsiz arzu değildi. Etrafa yaydığı esrarengiz ve tanımsız güç de bir o kadar adamı tesiri altına alıyor, onu kölesi haline getiriyordu.

Adam Laura'yı gördüğü andan itibaren içine çöreklenen bu duygusal karmaşayı açıklamayı asla başaramıyordu. Fakat Laura'nın ağına çağıran bir örümcek gibi tehlikeli ve bir o kadar güvenilmez çekicilikte bir şeyler ihtiva ettiği kesindi. Kaldı ki, adamın ona çaresizce kapılması tam da bu sebepten ileri geliyordu.

Dolayısıyla, an itibarıyla ne zaman buluşsalar, Filippo Maria gözlerinin kadının gözlerinde yitip gitmesine izin veriyordu. Geleceğe dair uyarılarını dinlemek ve duyduklarına göre davranmak için hazır bekliyor ve hatta sabırsızlanıyordu. Çünkü kadın müstakbel savaşların sonuçlarını tahmin etmeye muktedirdi. Sahip olduğu güç yalnız bununla da kalmıyordu. Adam, kapkaranlık kalbinde durmaksızın icat ettiği habis planları gerçekleştirmek için kadını iksir, bitki özü ve muhtelif karışımlar hazırlamakla görevlendirmişti. Yani hazırladığı zehirlerle can alarak dünyevi meselelerin yönünü değiştirme becerisini de elinde tutuyordu.

Zafer kartları büyük yuvarlak masanın tam ortasında duruyordu. Kalınlardı ve büyüleyici bir tasarıma sahiplerdi. Çevreleri altın rengi bordür ve eşi benzeri görülmemiş işlemelerle süslenmişti. Kartlar içleri renkli tozlarla, kurutulmuş çiçekler ve baharatlarla, hainlerin canlarını almak için birebir, son derece ölümcül, şeffaf, kokusuz sıvılarla dolu rengarenk şişelerden, vazolardan ve diğer kaplardan oluşan sonsuz bir keşmekeş ile çevrelenmişti.

Laura siyahlar içindeydi. Uzun elbisesi gümüş ve değerli taşlarla bezenmişti. İncilerle örülmüş, deri şeritlerle keskinleştirilmiş uçuk mavi brokar manşetleri çıplak pazılarını açıkta bırakarak güzel kollarına bir savaşçının albenisini katıyordu. Gözlerini koyu kahverengiye boyamıştı, uzun kirpikleri bir kuşun tüylerini andırıyordu. Mora çalacak kadar koyu tonda bir kırmızıya boyanmış dolgun dudakları erkeklerin aklını kıskıvrak yakalamaya hazır ve öfkeli görünüyordu.

Bir göz ziyafeti. Üstelik sadece Filippo Maria için oradaydı. Kadın sessizce Filippo'yu izlerken, o da uzun uzun kadını inceledi. Kalbi içeriden bağıra bağıra sözleri cinsellik kokan bir şarkı söylüyor olmasına rağmen Filippo da susuyordu.

"Her şeyden önce," dedi Laura, "Ekselansları, Zafer kartlarında okuduklarım hiçbir şekilde geleceğe dair katiyetler değildir, bunu size hatırlatmak isterim. Daha ziyade yıllar süren çalışmalarım sonucunda öğrendiğim, yani sadece gerçeklik iddiası taşımayan yorumlar ve öneriler olarak nitelendirebileceğim şeylerden ibaret olduklarını söylemeliyim. Bu anı tarafsız ve berrak yargılarla değerlendirmenizi tavsiye etmek için bunları vurguluyorum. Gerçekleşmek üzere olan şeyleri gördüğüme inandığınızı biliyorum fakat tekrar söylüyorum durum kesinlikle bu değil."

Duka'dan gözlerini ayırmadan en üstteki kartı açtı.

"Tepetaklak asılmış bu adamı görüyor musunuz efendim? Tek ayağından kütüğe bağlanmış?" diye sordu ve sağ elinin işaret parmağı ile resmi gösterdi. Kırmızı boyalı tırnağı odayı aydınlatan mumların ve mangalların ışığında parladı. Şöminedeki ateşin içinden bir an bir şey kükrer gibi oldu ve sonra hemen sakinleşti.

Filippo Maria sessizce kafasını salladı.

"Asılan Adam'ın elleri arkada. Gördüğünüz gibi yüzü sakin, rahat; surat ifadesi korkuya veya belirsizliğe dair şey barındırmıyor. Bu görsel aklımıza işkenceyi getirse de eğer sonuca varmak için acele edersek hata etmiş oluruz. İlk bakışta algıladıklarımıza dayanan bu ilk okumayla yetinmemeliyiz. Çünkü genç adamın yüzündeki ifade bizi tekrar düşünmeye itiyor. Kuşkusuz fedakârlığın değerini temsil ediyor fakat aynı zamanda eli kulağında bir değişimin kabulünü simgeliyor. Bu esrarengiz figür yapılacak bir seçimin habercisi. Radikal bir dönüşüme, benliğin yenilenmesine yol açacak bir seçim... Kart düz gelmiş, yani bu yorum herhangi bir şüphe ihtiva etmiyor."

"Bizim karşılaşmamız ima ediliyor olabilir mi? Sizinle tanıştığımdan beri içimde hissettiğim bu değişim, *madonna*?

Laura bir an için adamın söylediklerini düşünür gibi oldu. "Ekselansları, elbette olabilir, eğer tanışmamızın sizi bir erkek olarak değiştirdiğine, seçim yapma şeklinizi etkilediğine gerçekten inanıyorsanız..." Laura bir an duraksadı, hemen ardından sözlerine devam etti. "Sizinle açık konuşmama müsaade eder misiniz?"

"Sadece müsaade etmekle kalmıyorum, sana emrediyorum!" diye gürledi Filippo Maria.

"Pekâlâ. Bence bu kart bizi yaklaşmakta olan savaş konusunda uyarıyor ve farklı bir tutum benimsemeniz gerektiğini belirtiyor. İttifakların kırılgan ve değişken olduklarını biliyoruz. Ekselansları, süregelen bu güç oyununda talihini ve servetini ekseriyetle beklenmedik anlarda taraf değiştirerek kuvvetlendirmeye çalışmıştır. Hiç şüphesiz hünerli ve pervasız bir üslupla sürdürdüğünüz bu mütemadi dengesizlik uzun vadede geri tepebilir. Artık bir seçim yapın. Sonunda zaferi garantilemenizi sağlayacak adamları buldunuz."

"Niccolò Piccinino mu? Ordularımın komutanı?"

"Yalnızca o değil."

"Başka kim?"

"En son Cenevizlilere ve Venediklilere karşı savaşırken size en çok kimin yardım ettiğini düşünün. Yakın zamanda huzurunuza getirilen bir adam."

"Reinhardt Schwartz?"

"Ta kendisi, ekselansları. Sizi zafere götürecek olanlar o ve Niccolò. Eşzamanlı olarak Sforza'dan vazgeçer ve düşmanlarınızla yüzleşmeye karar verirseniz, Schwartz ve Niccolò yanınızda olduğu sürece, ne kadar iyi hazırlanmış olurlarsa olsunlar, düşmanlarınız sizi alt edemezler. En azından Asılan Adam'ın bana ima ettikleri bu şekilde. Fakat gelin, bakalım..." Laura ikinci kartı açtı.

Filippo lacivert elbiseli, altın rengi saçlı genç bir kız gördü. Kafasında çiçeklerden örülmüş bir taç, elbisesinin üzerine dökülmüş yapraklar vardı. Kız narin elleriyle bir aslanın küt burnunu tutuyordu. Hayvanın gür yelesiyle aynı boyda olan sivri dişleri rahatça seçiliyordu. Fakat bu canavarın kadına karşı duruşu tehlikeli ya da vahşi olmaktan ziyade nazik, sakin ve neredeyse şefkatli bir tabiattaydı.

"Güç," diye devam etti Laura. "Ne var ki, bu sefer kart ters geldi. Gördüğünüz gibi, ekselansları, genç kızla bu canavarın tuhaf kombinasyonu bir çatışmayı değil, bir ahengi simgeliyor. Güç kullanırken gerekirse akıl ve merhametsiz vahşet arasında bir denge kurulmasını tavsiye ediyor. Başka bir deyişle, zulmü mantıkla kontrol altında tutmayı öneriyor. Çünkü öfkeye ve acımasızlığa lüzumundan fazla başvurduğunuz takdirde eninde sonunda kaybolacaksınız. Yani adamlarınıza da azimle müşfik ve affedici olmalarını, tecavüz ve yağmadan uzak durmalarını tavsiye etmenizi söylüyor. Ödediğiniz maaşlar onlar için en uygun mükâfat. Fethedilen toprakların desteğini hırs ve açgözlülükle kaybetmek daima kötü bir yatırımdır."

"O halde, adamlarımın takdirine vakıf olan kana susamış mizacımı sınırlamam gerektiğini mi söylüyorsun?" diye sordu Duka. Sesinden hayal kırıklığına uğradığı anlaşılıyordu.

"Aynen."

"Bunun gerekli olduğundan emin misin?"

"Söylediğim gibi kartlar mutlak gerçekleri söylemez. Kesin sonuçlara varmak konusunda zehirler daha güvenilirdir. Kartların ihtiva ettiği imalar daima olasılıklar içerir ki, söylemiş olduğum gibi, geleceğe dair net tahminler öne sürmezler. Fakat kartların özgün bir dilleri olduğu su götürmez ve önerileri, bunlardan kendine pay çıkarmayı bilenlerin yararına mesajlar içerir. Öte yandan, niyetimin sizi kandırmak olmadığı gün gibi ortada. Ben sadece size ne biliyorsam onu söylüyorum ve kartların önerdiklerini sizinle beraber gerçeğe uyarlamaya, yorumlamaya çalışıyorum. Elbette kabul etmek gibi bir mecburiyetiniz yok. Yapmanız gereken tek şey bu tespitlerin size göre dikkate almaya değer yanları olup olmadığına karar vermek."

"Laura'nın sözcükleri Filippo Maria'nın kulaklarında hoş bir tını bıraktı. Kadının büyüleyici sesinde adamı baştan çıkaran ve teslim olmasını sağlayan boğuk bir nota vardı. Bu duyguyu kendi kendine telkin ettiğini hissediyordu. Yine de bundan kaçamıyordu. Laura'nın ona açtığı kartları okumasını hafta boyunca dört gözle bekliyordu.

"Nasıl davranmanın daha uygun olacağını kafanızda tartın, ancak bu uyarıların içinde doğruluk payı varsa –ki olaylar gerçekleşmeden önce bunu bilmenin bir yolu olmadığını da aklınızda bulundurun– işaret ettikleri yoldan ilerlememek sizi yenilgiye sürükleyebilir. Güç kartının ters çıkması tabiatınızın vahşi yanını kontrol altında tutamadığınızı gösteriyor. Bu önerme ışığında yapacağınız seçim üzerine itinayla düşünün. Güvensizlik ve zulüm beraberinde aşırı fevriliği, düşünmeden hareket etmeyi getirir. Sonunda her şeyi kaybedebilirsiniz. Kimbilir, belki de ebediyen. Başkalarıyla ilişkileriniz de bu şiddetin gölgesinde hükümsüz kalır. Çünkü ters açılan Güç kartı aynı zamanda olumlu ve huzurlu hisleri tecrübe etmeye dair bir yetersizliği temsil eder ki bu hal çevrenizdekileri sizden uzaklaşmaya itebilir."

"Hadi devam edelim," diye yalvardı kadına. Sesi kaprisli ve sabırsız bir çocuk kadar tiz çıkmıştı, içinde yükselen öfkeyi ele veriyordu.

Laura üçüncü kartı açtı.

Bu, Ölüm kartıydı.

Dukanın gözleri mutlak bir korkuyla parladı.

Karta resmedilmiş dehşet verici görselde sarı bir iskelet bir savaş atının üzerinde oturuyordu. Kömür karası parlak küheylanın görüntüsü insanda düpedüz mahşerin ağzından çıkıp gelmiş gibi bir his uyandırıyordu. Ölüm'ün elinde tahta tutacaklı uzun bir orak vardı, kavisli büyük bıçağı ile atın ayağının dibindeki kopuk kelleleri tırmıklıyordu.

İnsanı ürperten bir görüntüydü.

Duka'nın korkularını fark eden Laura, derhal onu teskin etmeye çalıştı. "Ölüm, ekselansları, kendi içinde olumsuz bir kart değildir. Asılan Adam kartında öngörülen mesaja bir kez daha dönelim, bu kartın da beraberinde değişim ve yeniden diriliş getiren bir sonu temsil ettiğini söyleyebilirim. Özellikle de kartın düz geldiğini hesaba katarsak. Elbette tek anlamlı değerlendirilemez çünkü belirsizlik ihtiva ediyor. Hassas bir dengeyi, kontrolü güç, şiddet dolu bir dönüşümü sembolize ediyor. Güç kartının da ışığında. Şahsi olarak çok önemli bir savaş anının yaklaşmakta olduğuna inanıyorum."

"Peki ama ne zaman olacak bu savaş?"

Filippo Maria'nın gözleri deli deli bakıyordu. Laura onun bu duygusal gelgitlerine aşinaydı. Korkmuş bir çocuğun ağlama krizlerini takip eden ani öfke patlamalarına da... Ve kadının ağzından dökülenler adamı doğrudan bu noktaya sürüklüyordu. Filippo kadının gördüklerini olduğu gibi duymak istiyordu. Laura da adamın isteğini yerine getirdi ve doğabilecek sonuçlara aldırış etmeksizin kartları yorumlamaya devam etti. Saraydaki bu ayrıcalıklı yaşam tarzının Duka'nın memnuniyetine bağlı olduğunu biliyordu. Tam anlamıyla sapkın bir ruh hastası olması hasebiyle adamın aklı fikri bu tarot okumalarında ve zehirleri hazırlarken Laura'yı izlemekteydi. Ve hayat Laura'ya başını fazla belaya sokmamayı öğretmiş olduğu için adamı kolayca idare edebiliyordu.

"Size net bir tarih veremem, ekselansları, fakat o vakit geldiğinde bunu idrak edeceğimizi hissediyorum; yüce bir an olacak. O yüce anda sizin ve birliklerinizin şimdiye kadar konuştuğumuz erdemleri iyi değerlendirmeniz gerekecek."

"Bana son kartı göster," dedi Duka. Duygu hezeyanıyla çatlak çıkan sesi bir kargayı andırıyordu.

Koskocaman açılan gözlerinin içinde gözbebekleri toplu iğne başı kadar kalmıştı.

Laura son Zafer kartını çevirdi.

"Şeytan," dedi. Bunu söylediği anda kalbine tarifsiz bir keder saplandı çünkü sessizliğin içinde dolanan tuhaf bir şey hissediyordu. Ne tür bir varlık olduğunu açıklayamıyordu. Sanki sükuneti aç bir hayvan gibi hapır hupur yiyen, kasvetli ve huzursuz bir hava, ortamın durgunluğunu aniden boğup yerine insanı ürperten bir boşluk hissi bırakmayı seçmişti.

"Çok şükür," diye yorumladı Duka. "Düz açıldı."

"Heyhat, ekselansları, Şeytan, Zafer destesinde kuralların tersine işleyen tek karttır. Şayet kart şu an olduğu gibi düz açılmışsa ihtiva ettiği anlam tek ve yegânedir: Karanlık, zayıflık, sorumluluk almaya dair korkulara boyun eğme. Şeytan, ufukta görünen bir felaketin habercisidir ki bu felaketin tetikçisi, kesinlikle korkularımız ve hayatın getirdikleriyle yüzleşmeye dair beceriksizliğimizdir."

Duka titremeye başladı. Ayağa kalktı ve sallanarak dengesini kaybetti. Kendini yerdeki soğuk mermerin üzerinde buldu. Gözyaşlarına boğuldu. Omuzları tokat yemenin verdiği utançla hıçkıran bir çocuk gibi sarsıldı.

Laura ayağa kalktı ve yanına gitti.

"Ekselansları," diye mırıldandı tatlı ve sakin bir sesle. "Ekselansları, bana gelin, biraz cesaret, korkmayın."

Filippo Maria döndü.

Bedeni hâlâ titriyor, omuzları ağlamaktan sarsılıyordu. Doğrularak kadına baktı. Ardından yavaş yavaş sakinleşti. Laura'ya doğru kıvrılarak bu muhteşem kadını kucakladı. Olabildiğince gülünç ve deli görünüyordu. Kurtuluşunu Laura'da görüyordu; kendisini anlamaya ve affetmeye muktedir, onun iyiliğini düşünen ve çaresizce ihtiyaç duyduğu her şeyi ona veren yegâne varlık olan bu kadında...

Ona sımsıkı sarılıyordu.

Kadının yumuşak ve cömert vücut kıvrımlarını hissederek kendini pışpışlattı. Gözyaşları yavaş yavaş kurudu.

"Öp beni, meleğim," diye mızırdandı.

Laura güzel dudaklarını onunkilerin üzerine koydu. Filippo onları yavaş yavaş, tatlı tatlı öptü. Ardından gitgide kendinden geçerek nihayet şehvet dolu bir açgözlülükle emmeye başladı. Adamın ürkek ve titrek ağzı Laura'nın güzeller güzeli ağzını arıyor, koskocaman dili dudaklarının arasında geziniyordu. Aradı, buldu ve bir yılan gibi kıskıvrak dolandı.

Zehirci, adamın kafasını okşadı. Duka kulaklarının işittiği kelimeleri zevkte boğup unutmaya çalışarak kendini kadına bıraktı.

Korku, acı ve zevk: Dünyadaki bütün zehirlerden daha güçlü bir zehrin formülü...

Laura bu üç içerik konusunda uzman sayılırdı, kendisi üzerinde bıraktıkları etkiyi tanıyordu.

Tombul elleriyle kadını soymaya başladı. İhtirasla. Kıyafetlerini çıkararak boş ve metruk kalbini doldurabilecekmiş gibi. Gözleri Laura'nın kıvrımlarında boğuldu. Dili, dilinde. Çürük dişleri yüzünden kokuşmuş nefesi. Korkmuş, dik kafalı bir çocuğun yaralı inlemeleri. Hâlâ dökülüp kadının esmer tenini ıslatan gözyaşları. Bastırarak, ezerek, korku dolu öfke ataklarının tetiklediği bir delilikle derisini keşfeden parmaklar.

Laura ona izin verdi.

Canı acımıyordu. Halihazırda çektiği ıstıraptan daha fazla bir şey hissetmiyordu.

Duka korsesinin iplerini çözerken o buz gibi soğuk mermerin üzerine uzandı. Kesik kesik soluyor, zaman zaman aldığı zevkle yükselen sesler çıkarıyordu. Az önce kartlar sayesinde öğrendikleri yüzünden korkuyor, korkusu inlemelerine karışıyordu. Evet, bu adama dair her şey çirkin ve bir o kadar da mide bulandırıcıydı. Fakat ne olursa olsun sırf aşkı andıran bir hissin kırıntısını gizli saklı bir köşede kendine saklayabilmek adına en murdar uzlaşmaya bile razı gelmiş olan kadının kendisinden daha iğrenç olamazdı.

Reinhardt yanında olmayınca kendini kaybolmuş hissediyordu ve onun yakınında kalabilmek için her şeyi yapardı. Laura'nın ruhu zaten yıllar öncesinden paramparça olmuştu, dolayısıyla şimdi Duka'nın salyaları, tohumları, leş gibi kokusu ona, hiçbir fırsatı kaçırmayıp kendisiyle dalga geçen bir soytarının tuhaf şakalarından başka bir şeyi ifade etmiyordu.

Filippo Maria üzerinde canı ne isterse yaparken sağ kolu yana düştü, görüşü bulanıklaştı.

Kapalı duran kapıya baktı.

Gülümsedi.

Kimsenin gelmeyeceğini biliyordu.

Sonra tırnaklarını Duka'nın sırtına geçirdi ve onun azgın, öfkeli hareketlerine kalçasıyla ayak uydurdu.

ŞUBAT, 1439

43

Zor Bir Seçim

Lorenzo kardeşine baktı.

Hâlâ inanamıyordu.

"Ekümenik Konsil'i Ferrara'dan Floransa'ya transfer etmek için yüksek rahip ve entelektüellerden oluşan toplam yedi yüz kişinin seyahat masraflarını karşıladık, bunun farkındasın, değil mi? Umarım bunu neden yaptığını biliyorsundur çünkü ben anlamakta gerçekten güçlük çekiyorum. Bana sorarsan bu defa kendimizi gereğinden fazla açık ettik." Lorenzo'nun sesi kuşku doluydu. "Böylesine bir çabanın altında yatan sebep ne olabilir? Bana iki kilisenin, Roma'nın ve Konstantinopolis'in, gerçekten birleşeceklerine inandığını söyleyeyim deme sakın!"

"Hayal ettiğin gibi değil," dedi Cosimo gözlerini açarak.

"Bulmaca gibi konuşma! Onca yolu tepip Ferrara'ya gittim. Papa'ya yalvarmak ve kafayı sıyırmış birinin bile kabul edeceği şartlarda bir teklif vererek tuhaf müzakerelerde bulunmak için... Yalvarırım, aklında az önce öne sürdüğümden daha büyük bir proje olduğunu söyle! Ve artık şu sır perdesini aralayıp aklından geçenleri bana anlat! Bunu hak ediyorum! Her şeyi geçtim, ben senin yegâne erkek kardeşinim..."

Cosimo derin bir nefes aldı.

"Lorenzo, affına sığınıyorum. Yaptığım şeyin altında yatan nedenleri sana adam akıllı anlatmamış olmamın tek sebebi mümkün olan en hızlı şekilde harekete geçmenin önemli olduğunu düşünmemdi. Böyle bir fırsatı kaçırmayı göze alamazdık, beni anlıyor musun? Hakkında konuştuğumuz şey Katolik ve Ortodoks kiliselerinin birleşmesi için düzenlenen bir buluşma. Burada Yunan doktrinini ve kültürünü Roma cemaatine yaklaştırmaktan bahsediyoruz. Haklısın! Giovanni Bessarione gibi adamlar Doğu Roma İmparatorluğu'nun kapılarında kalan son entelektüeller, anlıyor musun? Konstantinopolis, Osmanlıların eline düşme riski altında. Dolayısıyla bu Kiliseler konsili, prensipleri ve kuralları tartışmak üzere toplanıyor gibi görünse de gerçekte kültürler arasında bir köprü inşa etmeyi amaçlıyor. Bu köprü kısmen de olsa hepimizin evladı olduğu ortak tarihi kurtarmamızı sağlayacak."

Lorenzo kafasını salladı.

"Zaman zaman kültüre ve sanata gereğinden fazla anlam yüklediğini düşünüyorum. El yazmalarını, kadim kanunları toplamaya olan bu delicesine düşkünlüğünü, eşi benzeri görülmemiş büyüklükteki bir kütüphanenin raflarını parşömenlerle ve kâğıt rulolarıyla doldurmanı... Bunların hiçbirini anlamıyorum. Çalışmak ve sanat kadar çok sevdiğin başka bir şey var mı, merak ediyorum. Bırakman gerektiğini söylemiyorum; restore ettiğimiz, korunmasını sağladığımız bina ve kiliselerin prestij ve güç bağlamında bu aileye neler kazandırdığını biliyorum... Ama lanet olsun, yedi yüz kişi, Cosimo, yedi yüz kişi bir ordu demek, bunun farkında mısın?"

Cosimo'nun simsiyah gözlerinden şimşek gibi bir pırıltı geçti.

"Güzel söyledin, kardeşim! Bu parayla neden bir savaşı finanse edelim ki? Askerleri beslememize ne gerek var? Florinler yalnızca ölüm ve yıkım araçlarına mı yatırılmak zorunda? Onun yerine neden Floransa'yı tarihe çentik atacak bir toplantının merkezi haline getirmeyelim? Bu son maceranın bizi Papa'yla ne kadar yakınlaştıracağına dair bir fikrin var mı? Ayrıca sen de çok iyi biliyorsun ki V. Martin her işimizin önüne taş koymuştu. Fakat şimdi IV. Eugenio ile mükemmel ilişkiler içindeyiz."

"Tabii ki mükemmel olur, ona sunduğumuz şeye bak!"

"Tam veba salgını patlak vermişken Konsil'i Ferrara'da bıraksak daha mı iyi olurdu?"

"Asla böyle bir şey söylemedim! Şakasını bile yapmam! Ben aptal değilim! Zekâmı küçümseme!"

Cosimo elini havaya kaldırdı. "Tamam, tamam. Haklısın. O zaman şöyle düşün..." diye ısrar etti. "Karşıladığımız bu masraf sayesinde yakın gelecekte elde edeceğimiz fayda kaçla çarpılacak, farkında mısın? Endüljansların da ötesinde halihazırda olduğu gibi yalnızca Papa'yı değil, Yunan Kilisesi'nin en yüksek makamlarını da şehrimizde ağırlamış olmanın, bu iki kültürün barış içinde bir araya gelip Konsil'in huzurla gerçekleşmesini sağlamanın bundan bir ay, bir yıl, belki de iki yıl sonra bizim açımızdan ihtiva edeceği önemi düşün! Bütün bunlar neye dönüşecek biliyor musun? Sana anlatacağım, kardeşim! O Niccolò Piccinino ve Rinaldo degli Albizzi olacak soyguncu köpeklere kırsalı yakıp yıktıran ve yağmalatan Milano Dukası'na karşı savaşma vakti geldiğinde sadece Sforza ve Venedik değil, Papalık birlikleri de bizim yanımızda olacak. Ve o lanet olası Filippo Maria'nın Cumhuriyet'imizi düşürdüğü koşulları düşünecek olursan Papa IV. Eugenio'nun desteğini almanın bizim için hayati bir önem taşıyacağını söylememe izin ver. Bilmem anlatabiliyor muyum? Dolayısıyla, eğer üstü kapalı davrandıysam lütfen beni bağışla, özür dilerim, affına sığınıyorum, ama gördüğün gibi kaybedecek bir saniye bile yoktu!"

"Bunun yeterli olacağını sanmıyorum..." diye cevap verdi Lorenzo.

"Haklısın, bu zaten bize sağlayacağı faydalardan sadece ilki. Bizans'a, dolayısıyla Doğu ticaretine giden yollardan şu anda kimin faydalandığını düşünmeye çalış."

Lorenzo'nun bu konuda herhangi bir tereddüttü yoktu: "Venedik ve Cenova."

"Aynen öyle! Tacirler! Ya da belki korsanlar demeliyim! O kadar hilekâr ve ilkesiz adamlar ki şehre hatta aslına bakarsan bütün bölgeye kan ağlatıyorlar! Peki gerçekten benim bir kenarda durup izleyeceğimi mi sanıyorsun? Bu, olup bitene seyirci kalacağımız anlamına mı geliyor? Elbette hayır! Şehrimizin Pisa üzerindeki hâkimiyeti nihayet tatmin edici bir noktaya ulaştı. Bu da her zaman şiddetle arzu ettiğimiz o çıkış kapısına artık sahip olduğumuz anlamına geliyor... Bundan böyle Akdeniz'e açılabiliriz. Sence yeni rotalar açıp Uzakdoğu ile yeni bağlantılar kurmanın faaliyetlerimize faydası olmaz mı? En başa dönecek olursak, sence Bizans'ı Osmanlı Bâb-ı Hümayunu'nun eline bırakmak, boğazları Müslümanların kontrolüne terk etmek bunca zorluğa göğüs gererek inşa etmiş olduğumuz dünyamızı korumak adına akıllıca bir hamle mi olur? Tek problem Batı'nın krallıkları ve beylikleri, dukalıkları ve monarşileri çok dağınık ve bölünmüş halde... Bu yüzden bir ittifaka, bir birliğe ihtiyaç var!"

Bunu söyledikten sonra Cosimo gözlerini kardeşine dikti, aksini söylemesi için meydan okuyor gibiydi.

Kütüphaneye kesif bir sessizlik çöktü.

Lorenzo bir süre hiçbir şey söylemedi.

Konuşmaya başlamadan önce bekledi çünkü kardeşinin başardığı şeyin tüm ailenin iyiliğine olduğu kadar yararına da olduğunu fark etmişti. Öte yandan, bu kararın son derece hızlı düşünen bir zihin ve olağanüstü atiklikte bir karar verme yetisi gerektirdiği de kesindi. Karşı çıkılması zor bir perspektiften bakıyordu: Fransa ve İngiltere yüz yıl süren çok uzun bir savaşın sonuna yaklaşıyordu. Almanya o kadar çok sayıda krallığa ve derebeyliğine bölünmüştü ki güvenilecek bir güç vaat etmiyordu. Cenova, Milano, Venedik, Floransa, Roma ve Napoli yalnızca birbiriyle savaşma kapasitesine sahipti; biri diğerine üstün geliyor, başka da bir şey başaramıyordu. Kısacası, hepsi birbiriyle savaşmakla o kadar meşguldü ki, Konstantinopolis'in duvarlarını yıkmayı başardığı takdirde Osmanlı tehdidinin kendilerini nasıl silip süpürebileceğini fark etmemişlerdi bile.

"Peki, ya şimdi?" diye sordu kardeşi aniden. "Ne yapmak niyetindesin? Bir Haçlı Seferi'ni mi destekleyeceksin?"

"Şayet gerekirse, evet. Fakat şu an için sadece Milano savaşında Papa'nın desteğini ve bu sayede Toskana topraklarına dostane ilişkiler kurabileceğimiz bir piskopos atanmasını garantileyebilmek istiyorum. Floransa ve Roma arasında olması gereken ruhani bağı temsil edebilecek biri. Bundan daha iyi bir fikrin var mı?"

Lorenzo derin bir nefes aldı.

"Tamam. Anladım," dedi gülümseyerek elini tutarken. "İyi bir iş başardın, sadece... Seçimlerini yaparken daha fazla dahil olmak isterim. Yaptığın şeylere dair ne kadar büyük bir inancım olduğunu biliyorsun. Servetimizi artırmak için elimden geleni sonuna kadar yaptığımı da... Yani, senden tek ricam mümkün olduğunca beni planlarının dışında bırakmamaya çalışman. Sana güvenerek bir anlaşma yaptım, yine yaparım, sadece lütfen bir dahaki sefere neyi niye yaptığımız konusunda biraz daha açık ol."

Cosimo ona sarıldı.

"Beni bağışlaman ne kadar içimi rahatlattı, tahmin edemezsin," dedi. "Hiçbir zaman, bir an için bile niyetim ortak bir karardan seni dışlamak olmadı, fakat olaylar o kadar hızlı gelişti ki zamanlamayı iyi idare edemedim. Ferrara'da iyi iş çıkardın, daha fazla bekleyemezdik. Ve açık olmak gerekirse bu dava için ne denli canla başla uğraştığını biliyorum, emeklerini asla küçümseyemem."

"En sevdiğin sanatçılarla bile konuşamayacak kadar meşgulken," dedi Lorenzo bir tebessümle.

"En sevdiğim sanatçılarla bile konuşmayacak kadar meşgulken," diyerek kardeşini doğruladı Cosimo.

"Peki şimdi?" diye sordu Lorenzo.

"Ne demek istiyorsun?"

"Yani, Floransa artık Konsil'in merkezi haline geldiğine göre..."

"İştirak edebildiğimiz kadar edeceğiz."

"A-ama... Bu işlerden hiç anlamadığımı biliyorsun."

"Bu doğru değil. Zaten Marsilio Ficino her halükârda yanımızda olacak. Yunan ve Latin dillerine dair bilgisine olağanüstü desem onu küçümsemiş olurum."

"Doğru hatırlıyorsam sen de Latince biliyorsun."

"Onun kadar olmadığı kesin."

"Tamam, pes ediyorum. Çoktan anladım. Ben durup bakacağım."

Niccolò Piccinino atını şeytan kovalıyormuş gibi sürüyordu. Gaddar gaddar gülüyordu, havada parlayan kılıcını rakibine indirince adam yere düştü ve Piccinino'nun atının toynakları altında pestili çıkana kadar ezildi. Bu adam tam manasıyla bir paralı asker, biri onu cehennemden dışarı tükürmüş olmalı, diye düşündü Reinhardt Schwartz.

Adamları kolayca ve büyük bir adanmışlıkla Piccinino'nun emirlerine boyun eğiyordu, Schwartz'ı en çok şaşırtan şey de buydu. Verona kuşatmasından kaçtıktan sonra Piccinino adamlarına sadece bir gecede, Adige Nehri'nin iki yakasını, yani Verona ve Mantua kıyılarını birbirine bağlayan yüzen bir köprü yaptırmıştı. Böylece daha kolay kaçabilecekti ya da ikinci seçenek olarak destek kuvvetlerini ve ek tedariki bekleyecekti.

Şimdi ise nehirdeki buz kütleleri yüzünden kendilerini Piccinino ve adamlarının insafına kalmış halde bulan Venedikli denizcileri boğazlamakla meşguldü. Kıçları karaya oturduğu için yerinden oynamayan Venedik kalyonlarından atılan topların menzili kısa kalıyor, düşmanlarının yanından bile geçmiyordu. Dolayısıyla koruma ateşi açıp kendi adamlarını kurtarma ümitlerini bile kaybetmişlerdi. Şans mı? Şans cüretkâr olana gülümser. Piccinino'nun durumu cüretkârlıktan öte bir şeydi. Gerektiği zaman ölümün yüzüne bakarak kendini ortaya atıp etrafa saldırıyordu. Kısa aralıklarla bir yerleri istila ediyor, adamları ise komutanlarını takip edip ele geçirdiği yerleri yağmalıyor, böylece tıka basa besleniyorlardı.

Balyemez toplarıyla kayıklardaki adamların kökünü kuruttuktan sonra sıra Adige'nin kıyısında kalanları halletmeye gelmişti. Soğuk suların rengi akan kanlarla kızıllaşmaya başlarken Piccinino süvarilerine bazı Venediklileri sağ bırakmalarını emretmişti.

Reinhardt kulağının dibinden geçen bir ıslığın sesini duydu. Onu savunmasız yakalayıp vurmaya çalışan okçuyu gördü ve kılıcıyla adamın yay tutan kolunu kesti. Kesilen uzvun kökünden fıskiye gibi kan fışkırdı. Venedikliler ümitsizce bağırıyorlardı. Schwartz bir süre ilerlemeye devam etti. Ardından dizginlere asılıp atını durdurdu. Küheylanı deliye döndü, şaha kalktı, ön ayaklarıyla havayı tekmeledi. Nehrin kıyısındaki çamurlu toprağa iner inmez Schwartz atı gerisin geri döndürdü ve yeniden dörtnala koşturmaya başladı.

Venedikli dizlerinin üzerine çöküp öylece kalmıştı. Sol eliyle artık yerinde olmayan kesik kolunun kökünü tutuyordu. Schwartz'ın ona doğru geldiğini gördü.

Gözlerini kapattı ve ölümü bekledi.

Tevekkül içinde.

At, sahibi dizlerinin üzerinde bekleyen düşmanına ulaşıp yukarıdan aşağıya çapraz bir kesik atmak suretiyle gırtlağında bir yarık açana dek hızlandı.

Venedikli asker öne doğru kapaklandı. Adige'nin donuk ve berrak suları kana doymuyordu. Ölmekte olan çaresiz feryatlar, ellerinde Filippo Maria Visconti'nin bu soğuk ocak ayı öğleden sonrasında esen dondurucu rüzgârla deliler gibi çırpınan yılanlı sancakları, kana susamış gibi heyecanla bağıran adamların haykırışlarıyla birleşiyor, âdeta tezatlarla bestelenen bir melodi etrafını olduğu gibi sarıyordu.

44

İznik Başpiskoposu

Cosimo sabah erkenden dışarı çıktı. O soğuk kış günlerinde Floransa sokakları farklı bir enerjiyle kaplıydı. Sadece bir hafta önce, ocak ayının yirmi yedisinde, Papa maiyetinin bir kısmıyla birlikte Ferrara'dan Floransa'ya ulaşmıştı. Tüm vatandaşların tantanalı kutlamalara katılabilmesi için o gün resmî tatil ilan edilmişti. IV. Eugenio'nun yıllar içinde ikinci evi haline gelen şehre dönüşü muhteşem olmuştu. Floransa, Papa için muzafferane bir karşılama düzenlemiş, şimdi ise birkaç gün içinde otuz kadar piskopos, Papalık kortejinin tamamı ve beş yüz adet şövalye eşliğinde gelmesi beklenen Yunan patriği, Giuseppe'yi alkışlamaya hazırlanıyordu.

Ondan sonra da *basileus*'un* gelmesi bekleniyordu: Konstantinopolis İmparatoru VIII. İoannis Paleologos.

Misafirleri layığıyla karşılayabilmek için Leonardo Bruni, Yunan dilinde muhteşem girizgahlar kaleme almaktaydı.

Tam o sıralarda Cosimo bir kısmı şimdiden şehre varmış olan kafileden Yunan kökenli, tanınmış bir din alimiyle –Papa'nın aracılığıyla– görüşme ayarlamayı başarmıştı.

---

* (İt.) Doğu Roma imparatoruna verilen ad. (ç.n.)

Bu yüzden San Lorenzo'ya doğru telaşla ilerliyordu.

Kiliseye girer girmez annesiyle babasının yattığı *sagrestia*'ya* yöneldi. Ne zaman fırsatını yakalasa, önemli konuları konuşmak için o odayı seçiyordu çünkü sadece bu odada zamanın yıpratıcı akışına rağmen asla unutmadığı geçmişe sıkıca tutunabildiğini hissediyordu.

Birkaç yıl önce, günler geçtikçe hafızasının zayıflayacağından, anne ve babasının hatıralarının gittikçe silinip, solacağından korkuyordu.

Şu anda ise rahatça böyle bir şeyin olmadığını söyleyebilirdi. Onları unutmamıştı. Hem de hiç. Bu *sagrestia* ve ana sunağın hemen altındaki aile kabri hafızasını canlı tutmaya dair hevesinde önemli bir rol oynamıştı.

Odaya girdiğinde buluşacağı kişinin halihazırda gelmiş olduğunu gördü.

Karşısında duran adamın dış görüntüsü hiç de beklediği gibi değildi. Kimbilir, belki de rafine bir entelektüel, bir kilise adamı ile buluşacağını bildiği için kafasında tipik bir figür canlanmış, bilinç altında onu ince uzun bir adam olarak hayal etmişti. Oysa Giovanni Bessarione** geniş omuzları olan heybetli, güçlü kuvvetli, kaslı bir adamdı. Kenarları altın rengi işlemeler ve değerli taşlarla bezenmiş koyu renk bir cübbe giyiyordu. Çenesini süsleyen uzun ve gür sakalı hançerlerin bıçaklarını andıran iki sivri uçta noktalanıyordu. Bir çift oniks taşı kadar kuzguni gözleri, dikkatini cezbeden bir şey olduğu takdirde parlamaya hazır bekliyordu.

Papa IV. Eugenio, Cosimo'yu bu ulvi din adamının huzuruna getirdi. Onu Floransa'nın yöneticisi, âlimi ve hamisi olarak tanıttıktan sonra Konsil'in dünya üzerindeki en güzel kentlerden birinde toplanabilmesi için sağlamış olduğu ziyadesiyle cömert katkıların altını çizdi.

---

* (İt.) Kilisede kutsal eşyaların veya rahiplere ait eşyaların saklandığı oda, emanet odası. (ç.n.)

** Türkçe kaynaklarda Basilios Bessarion olarak geçmektedir. (ç.n.)

Medici için bu adam Bizans'a dair bilgi birikiminin ve Doğu Roma İmparatorluğu kültürünün son elçilerinden birini temsil ediyordu. Üstelik Bessarione İznik Başpiskoposuydu ve önceki sene Kardinal Cusano eşliğinde Ferrara'ya gelmişti. Bahsi geçen birleşmenin önde gelen savunucularından olduğu söyleniyordu. Latin ve Bizans Kiliseleri'nin arasında hâlâ bir uzlaşmaya varılabileceği hayaline inanan bir avuç din adamı tarafından desteklenmeye devam etse de en azından anavatanında, keşişler ve Yunan Kilisesi'nin önemli bir bölümü tarafından fikirleri sert bir şekilde eleştiriliyordu.

O an gelmişti. Başpiskoposun iki saat daha hiçbir şey söylemeden gözlerini dikip öylece ona bakmaya istekli bir hali olduğu için Cosimo aradaki buzları kırmayı denedi.

Latince konuştu.

"Ekselansları," diyerek söze başladı Cosimo, "varlığınız bana ve mütevazı kentimize sonsuz bir onur bahşediyor. Biricik davanızın ateşli bir savunucusuyum ve bu Konsil'in Kiliselerimizi sonsuza dek bir araya getirebilmesini ümit ediyorum."

Bessarione gülümsedi, derin siyah gözlerinde samimi bir ışık belirdi.

"Dostum," diye yanıtladı, "bu birleşmenin Latin kökenli bir savunucusu ile tanışmak beni çok memnun etti. Maalesef yakın tarihte Roma ve Bizans Kiliseleri arasında bir birleşme gerçekleşebilecekmiş gibi görünmüyor ve bu durumu gözlemlemek bana ıstırap veriyor."

Cosimo, İznik Başpiskoposu'nun sesindeki acıyı duyunca kederlendi. Bir çözüm yoluna ulaşamayacak olsalar bile, en azından beraber umut ışığını besleyecek bir olasılık bulmak adına daha fazlasını öğrenmek istedi.

"Peki ama neden ekselansları, sorabilir miyim?"

"Bildiğiniz gibi, ayrılma sorunu aslında doktrin ayrışmalarıyla o kadar da bağlantılı değil. Kısacası bütün bu tartışmanın kalbinde yatan gerçek problemi *filioque** –ki zaten

---

* (Lat.) Ve Oğul'dan. (ç.n.)

bu ifade Amentü'de Kutsal Ruh'un Baba ve Oğul'dan ileri geldiğini teyit eden *qui ex Patre procedit** ibaresine Latinler tarafından eklenmiştir– teşkil etmiyor."

"Gerçekten mi?" Cosimo konuya çok hâkim değildi fakat muhbirleri sayesinde Ferrara Konsili'nin tüm açılımlarını baştan sona takip etmişti. Ve tam olarak Kutsal Ruh'un Baba ve Oğul'dan ileri geldiği, öze dair bu ikiliğin Amentü'ye dahil edilmesinin skandalın mihenk taşı olduğu, nihayetinde Latin ve Yunan Kiliseleri arasındaki ana tartışma konusunu teşkil ettiği çıkarımına varmıştı.

"Bakınız, bu noktada gerçeği söylemek gerekirse, İznik-Konstantinopolis sembolünün resmi kilise ifadesi ihlal edilmediği sürece kimsenin bir itirazı yok. Açık olmak gerekirse, dostum, iki kilisenin resmi olarak bir araya gelmesine mâni olan asıl konu kökleri zamanın okyanusunda yatan, çok daha karmaşık siyasi ve kültürel sebeplerdir."

Cosimo gittikçe daha da hayrete düşüyordu, kafasındaki soru işaretlerini açıkça dile getirmeye çalıştı.

"Tartışmaların siyasi sebepleri olabileceği hiç aklıma gelmemişti."

"Dostum benim, doktrin tartışmasının kendine göre bir ağırlığı olduğu aşikâr. Özellikle bahsettiğim tartışmanın az sonra açıklayacağım ikinci bir soruna daha sebebiyet verdiği düşünülürse, Roma Kilisesi Ekümenik Konsiller tarafından onaylanmış, evrensel bir itikadı tek taraflı olarak değiştirebiliyor ve "filioque" ifadesini ekleyebiliyorsa, bu Kilise'nin hiçbir surette kabul edilemeyecek bir üstünlük iddiası içinde olduğu anlamına gelmektedir. Peki, Batı'nın ve özellikle Haçlı Seferleri'ne katılan şövalyelerin Doğu Roma'yı gözden çıkarmasına, daha da kötüsü onu Osmanlı sarmalından hiçbir şekilde kurtaramadıkları gibi, geçtiğimiz yüzyıllar boyunca Bizans kadar kadim bir şehirde yaptıkları katliamların üze-

---

* (Lat.) Baba'dan ileri gelen. (ç.n.)

rine bir şey söylenebilir mi? Sizce bu saydıklarım, topraklarımızdaki birçok keşişin, yüksek rütbeli din adamının ve hükümdarın nefret olmasa bile –en iyi ihtimalle– öfke ile beslenen duygularını haklı çıkarmaya yetmez mi? Ve sizinle şu an konuşmakta olan kişi, yeniden birleşmeyi en çok arzulayanlardan biri. Bizans'ın da yaptığı bazı hatalar olduğu kesin; kendisini izole etmesi ve bunun yüzyıllar içinde küstahlığa varan bir özerklik iddiasına dönüşmesi gibi... Son zamanlarda bütün kurumlarına nüfus eden ve kontrolden çıkan yolsuzluğa ek olarak bazı imparatorların budalalıkları da cabası... Bu saydıklarım da önemsiz kusurlar değil elbette. Ne var ki hazineleri Haçlı mücahitleri tarafından defalarca soyulduktan, daha vahimi, Cenova ve Venedik'ten gelen tacirlerin kendi ticaret trafikleri için yağmaladıkları bir ülke haline dönüştükten sonra özerkliği ve bu kibirli yalnızlaşmayı talep etmekten başka bir çare kalmamıştı. Zira bu ayrılma kurtuluşa giden mecburi yol olarak algılandı. Bununla beraber, tüm samimiyetimle söyleyebilirim ki, bugün Konstantinopolis'in *basileus*'u Batı dünyasından bizzat yardım istemek üzere şehrinize geliyor. Yüzyıllar boyunca bizi dışlayan, yağmalayan, haysiyetimizden eden Batı dünyasından. Beni anlayacağınızı tahmin ediyorum, bu sözcükleri telaffuz ederken yüreğim kan ağlıyor. Çünkü yeniden birleşme umudu, aynı zamanda Osmanlı boyunduruğu altına girip yok olma tehdidi ile karşı karşıya kalan koskoca bir kültürün hayatta kalma umudunu doğrudan ilgilendiriyor."

Cosimo bu sözleri dinlerken Başpiskopos'un içindeki derin kederi hissedebiliyordu. Bir kez daha Konsil'in yalnızca dini cemaatlerin kaynaşmasıyla ilgili bir mesele olmadığını anlıyordu. Bu Konsil aynı zamanda Doğu'da sönmekte olan Hıristiyanlık kıvılcımlarını alevlendirmek için iki tarafı birleştirebilecek belki de son ve yegâne köprü olasılığıydı.

Bu ateşin sönmesi Roma'nın sonu demekti fakat aynı zamanda bir belleğin yerle bir olması, bin yıllık bir tarihin ortadan kalkması anlamına da geliyordu.

"Ekselansları, dile getirdikleriniz o kadar moral bozucu ki söyleyecek kelime bulmakta zorlanıyorum. Öte yandan, üst üste ne kadar ağır hatalar yapmış olduğumuzu fark ediyorum. Batı baştan sona küçük birimlere bölünmüş durumda, sizin de bildiğiniz gibi birçok derebeylik ve dukalıktan meydana geliyor. Bu idari durumun, kiliselerin birleşmesini amaçlayan ortak ve tek bir görüşte uzlaşma sağlanmasını pek kolaylaştırmayacağı ortada. Yine de Konsil'in hedefi tam olarak bu yönde ilerliyor. Sizi temin ederim ki ben de kıymetli Papa'mız vasıtasıyla kurulacak, iki tarafı bir araya getirmek suretiyle tesis edilecek bir ittifaka ve bu ittifak kurulduğu takdirde Papa'nın, Hıristiyan hükümdarlar ve beylerle birlikte hareket ederek emredeceği yeni bir Haçlı Seferi'ne her anlamda bağlılık göstereceğim. Konstantinopolis'i yeniden kendi vesayeti ve koruması altına almak, hepimizin atası olması hasebiyle çok değerli olan bir kültürü kurtarmak ve geri dönerek tohumlarını ekmek için en yakın zamanda yola çıkacak bir Haçlı Seferi... Kiliselerimize, binalarımıza bakın, fırsatınız olursa kütüphanelerimizi gezin. Tanrı şahidimdir ki Floransa'da benzer bir hedefe ulaşmak için canla başla uğraşıyoruz. Şehrimize gelen birçok entelektüelle birlikte sizin buradaki varlığınız, benzer bir inancı ve hassasiyeti teşvik etmek yolunda özendirici ve eşsiz bir rehber görevi üstlenecektir!"

Cosimo, Bessarione'nin çatık kaşlarının bir an için gevşediğini gördü. Gözlerindeki karanlık ve vakur ışığın yerini umutla beslenen kıvılcımlar almıştı

"Benim sevgili Cosimo'm, sizden duyduğum bu sözler sayesinde yüreğim kanatlanmış uçuyor. Papa IV. Eugenio becerilerinize çok güveniyor ve itiraf etmeliyim ki, şu ana kadar duyduklarım bu güveni tamamen teyit eder nitelikte. Tahmin edeceğiniz üzere, yalnızca dünyalarımızın siyasi ve kültürel olarak yakınlaşması bu birliği mümkün kılacaktır. Bana bahşedilmiş olan bu fırsatı değerlendirip burada bulunduğum sürece şehrinizi daha yakından tanımak için elimden geleni yapacağım. Hatta güzelliklerini ve hazinelerini keşfederken sizin arkadaşlığınızdan ve rehberliğinizden yararlanabilmeyi umuyorum. Bizi bekleyen günlerden daha güzelini hayal edemiyorum."

Bu sözleri söylerken Bessarione, Cosimo'ya yaklaştı ve ona sarıldı. Bu ani, bir o kadar şefkatli ve samimi hareket Floransa'nın *signore*'sini o kadar şaşırttı ki birkaç saniye tepkisiz kaldı. Fakat algılayınca, tüm içtenliğiyle karşılık verdi.

Ayrıldıklarında Bessarione gözlerinin içine baktı. Cosimo, onun bakışlarında yalnızca dostluğu ve hoşgörüyü değil, aynı zamanda asla hayal kırıklığına uğratmak istemeyeceği sağlam bir ruh gördü.

45

Savaş Konseyi

"Floransa'yı durdurmalıyız, ekselansları, daha fazla bekleyemeyiz. Mediciler haddinden fazla güçleniyor," diye ısrar etti Rinaldo degli Albizzi. "Ekümenik konsili Floransa'ya getirebilmek ustalık gerektiren bir hamleydi. Cosimo, Papa ile bir ittifak kurmayı amaçlıyor."

"Evet," diye onayladı Niccolò Piccinino. "Dürüst olmak gerekirse, ben sizin yerinizde olsaydım Francesco Sforza olacak o yılana da güvenmezdim. O kaypak bir adam, her daim taraf değiştirmeye hazır, Tanrı şahidim olsun ki onu korumaya devam ederseniz eninde sonunda size ihanet edecektir, efendim."

"Sessiz olun!" diye bağırdı Filippo Maria Visconti.

Oturduğu ahşap kürsüden ayağa kalktı ve odayı arşınlamaya başladı. O Milano Dukası'nın ta kendisiydi, yalnızca o, ondan başkası değil… Çizmelerini parlatma şerefine bile layık olmayan, sadece kendisinin emirlerine boyun eğmek veya vereceği kararları beklemek haricinde herhangi bir yükümlülüğü bulunmayan bu zavallıların önerilerine ihtiyacı yoktu. Bu nasıl bir cüretti! Bu adamlar sadece kendisi istediği için vardı. Parmaklarını şaklatsa ortadan kaybolurlar, yerlerini başkaları alırdı. Üstelik Albizzi gerizekâlısı resmen onun merhametine sığınmıştı. Kendisi bunu mütemadiyen unutmaya devam etse de... Gözlerinde bir şimşek çaktı ve bakışları Reinhardt Schwartz'a takıldı; bu adamın tarzını beğeniyordu. Piccinino'nun da defalarca söylediği gibi ciğeri sağlam, yürekli ve değerli bir askerdi. Üstelik bir şey sorulmadığı sürece asla konuşmazdı. *Paha biçilmez bir alışkanlık!* Bir köşede durmuş elindeki koca bıçakla elmasını kesiyordu.

Filippo Maria kafasıyla onayladı, sanki o esnada istediği tek şey o elmaydı.

"Ya siz," dedi Duka, "bu konuda sizin fikriniz nedir, sevgili Schwartz?"

"Benim mi?" diye sordu İsviçreli paralı asker. Bu soru onu rahatsız etmekten çok şaşırtmıştı.

"Etrafınızda başka kimseyi görüyor musunuz? Elbette, sizinle konuşuyorum ve fikrinizi bilmek istiyorum."

Schwartz hiçbir zaman acele etmekten hoşlanmazdı, her zaman olduğu gibi ağırdan aldı. Bu soruyu soranın Duka olması onun için hiçbir şey ifade etmiyordu. Elmasından kestiği bir parçayı ağzına atıp çiğnedi. Yuttu. Sonra konuşmaya başladı.

"Bana sorarsanız efendim, Rinaldo degli Albizzi'nin söylediklerinde doğruluk payı var. Zira komutanım da onunla aynı fikirde. Francesco Sforza'nın Venedik birliklerini desteklemek için yukarı çıkmayı düşündüğü bir sır değil. Üstelik Venedik ile Medicilerin arasından su sızmadığını hepimiz biliyoruz. Tüm samimiyetimle hayatta, taraflardan birini muzaffer diğerini ise mağlup kılacak o son ve nihai savaşın daha fazla ertelenemeyeceği bir noktaya vardığımıza inanıyorum. Öyle bir an gelir ki ekselansları, ya ölürsünüz ya da öldürürsünüz... Ya kazanırsınız ya da kaybedersiniz. Yalvarmadan ve koşulsuz bir şekilde."

"Peki, size göre o an geldi mi? Şimdi mi?"

"Bunu size tam olarak söyleyemem," dedi. Duka ona ne biçim sorular soruyordu? Böyle bir soruya cevap verebileceğini nasıl hayal edebiliyordu? Filippo Maria aklını tamamen yitirmiş, diye düşündü Schwartz. Zaten yüzüne bakınca öyle olduğu derhal anlaşılıyordu.

"Peki, o zaman siz ne işe yarıyorsunuz, Schwartz? Şimdi aynen falcım gibi konuşmaya başladınız... Kehanetler! Oysa ki siz bir askersiniz, kahretsin!"

Reinhardt elmanın bir çeyreğini daha yedi.

Tatlı ve suluydu.

Askerin bu sakin hali Filippo Maria'yı çileden çıkarıyordu. Rinaldo degli Albizzi'ye bakıp kendisine tekrar soru sormaya hazırlandığını fark edince daha da öfkelendi.

Ondan önce davrandı.

"Yine ne var?" diye bağırdı kızgın bir sesle.

"Görüyorsunuz, ekselansları..." diye devam etti Albizzi. "Cosimo de' Medici, Floransa Konsili ile Kiliseler'in tek bir çatı altında toplanması için yaptırım uygulamaya çalışıyor. Böylece IV. Eugenio'nun teveccühünü kazanıp sonrasında desteğini sağlamayı umuyor. Ayrıca Papa son dönemde Basel ve İmparator Sigismund ile aralarında yaşanan anlaşmazlıklara rağmen, hızla eski gücüne ve saygınlığına kavuşuyor. Gün gelecek, o adam tekrar Ebedi Şehir'de* oturacak. Bu sadece bir an meselesi. Ve o andan itibaren Medici ile aralarındaki dostluk bağları sizin için daha da tehlikeli bir hal alacak. Benim önerim, Mediciler bu denli güçlü bir pozisyona ulaşmadan evvel, şu an, saldırıya geçmemiz yönünde."

Rinaldo bu cümleleri ihtiyatla telaffuz etmişti. Ne de olsa son yıllarda kelimeleri tartarak kullanmayı öğrenmişti. Ya da en azından böyle olduğunu umuyordu. Artık sürgün edilmiş bir komplocunun hayatını yaşıyordu, dolayısıyla eskisi gibi küstah tavırlar takınamazdı. Bekleyerek geçirdiği yıllar henüz belini tamamen bükmemişti ama cesaretini susturmuştu. Talepleri artık daha ziyade bir zavallının yakarışlarını andı-

---

* Roma. (ç.n.)

rıyordu. Floransa'ya dönme hayalinden hâlâ vazgeçmemişti. Kendi ağını örüp avının düşmesini bekleyen bir örümceğin sükunetiyle planlarını dokumuştu, ne var ki bu tecrübe artık onun sınırlarını zorluyordu. Yorgundu, neredeyse kaderine boyun eğmek üzereydi. Hayallerinin peşinden ne kadar büyük bir azimle koşarsa koşsun, ondan bir o kadar uzaklaşıyorlar ve sonunda avuçları yine bomboş kalıyordu. Bir zamanlar sert ve cüretkâr olan bakışları, terk edip gitmeye hiç de niyeti yokmuş gibi görünen koyu bir gölgeyle perdelenmişti.

"Benim sevgili Albizzi'm," dedi Duka, birden sakinleşmişti. "İnanın ya da inanmayın, endişelerinize birebir katılıyorum. Ve tahmin ediyorum ki sonunda beklediğiniz anın geldiğini duymak sizi memnun edecektir. İntikamınızı alacaksınız, bundan emin olabilirsiniz, ama kime sadakat ve şükran borcunuz olduğunu asla unutmayın. Bütün bu yıllar boyunca ölçülü olmayı öğrendiniz. Kuyruğunuzu kıstırıp buraya geldiğiniz ve tükürürcesine cümleler sarf ettiğiniz gün dün gibi aklımda. İtiraf etmeliyim ki şu anki tutumunuzdan katbekat memnunum. Fakat eğer siz... Ve siz, Piccinino, bana ne zaman ve ne şekilde saldıracağımı söyleyebileceğinize inanıyorsanız, çok yanılıyorsunuz demektir. Unutmayın ki son karar her zaman bana aittir. Söyleyebileceğim tek şey şu: Eylem planı ayrıntılı olarak hazırlanmalıdır. Hiçbir şeyi şansa bırakamayız, her seferinde ayakta kalma ve çoğunlukla düşmanlarımın üstesinden gelme fırsatını bu şekilde elde ettim. Şimdi, komutanıma Gian Francesco Gonzaga'dan destek almasını ve Veneto Bölgesi'nde Gattamelata ve Bartolomeo Colleoni'ye karşı yayılmasını emrediyorum. İç kesimlere doğru fazlaca yayılmaya başlayan Venedik'e nihayet bir dur demenin vakti geldi. Hemen ardından komutanım, Po'yu geçmenizi ve Floransa'ya inmenizi emrediyorum. Albizzi ve Rinaldo'nun bir araya getirmeyi başardığı adamlarla birlikte şehri almanızı istiyorum. Bu plan elbette sizi de kapsıyor, sevgili Schwartz. Bütün bunların zaman alacağının farkındayım, bu yüzden ne kadar çabuk harekete geçerseniz o kadar iyi." İsviçreli paralı asker bir şey söylemeden başını salladı. "Paraya ihtiyacım olacak, efendim," dedi Piccinino. "Mevzu para olduğunda, Komutan, oldukça iyi bir donanıma sahipsiniz. Adamlarınızı yağmalayabildiğiniz av ve ganimetlerle besleyin. Yağma, tecavüz, katliam... Ününüze ün katmanızı istiyorum. Bundan böyle adınız telaffuz edildiğinde etrafa korku tohumları saçılmalı. Bir süre önce, birisi bana mağlup olanlara merhamet göstermemi tavsiye etmişti. Fakat ben bunun iyi bir strateji olduğunu düşünmüyorum, aksine korku ve korku sayesinde elde edilen saygının daha etkili bir yöntem olduğuna inanıyorum: yani sonunda acınacak hale düşmektense kokutmayı yeğlerim."

Piccinino bundan hoşlanmamıştı. Filippo Maria'dan bir miktar duka koparabileceğini umuyordu. Israr etmeye çalıştı.

"Efendim, haklısınız elbette. Öte yandan, adamlarım yorgun. Soğuk kış, donmuş tarlalar ve nehirler anlamına gelir. Yolların durumu birliklere erzak tedarikini belirsiz hatta çoğu zaman imkânsız hale getiriyor, bunu dile getirmeme gerek var mı bilmiyorum. Hastalık ve çetin koşullardan ötürü bitap düşen adamlarım Riviera di Salò'daki kış kamplarında perişan bir halde yatıyorlar. Yine de Venedik filosunun ilerlemesine mâni olmak için mücadele etmeye devam ediyorlar. Onlara bir şeyler vermeliyim. İlerlemeleri için bir sebep. Ne yazık ki oldukları yerde saymak onlar için soğuktan daha ölümcül olacaktır. Lütfen yardım edin. Yoksa onlara verecek bir cevabım olmayacak."

Filippo Maria rahatsızlığını gizleyemeyerek homurdandı. Adamları gün geçtikçe daha doyumsuz hale geliyor, halihazırda çok da parlak durumda olmayan kaynaklarını yağmalamaya devam ediyorlardı. Öte yandan, şimdiye kadar askerlerin iştahlarını ganimetlerle kesmeye çalışan biri varsa, o da Piccinino olmuştu. Bu nedenle talebi samimi olmalıydı. Durum tam da tarif ettiği gibi olabilirdi, aksine inanmak için fazla bir sebep yoktu.

Kati suretle emin olmak için Schwartz'a döndü.

"Ya sen Reinhardt... Cesur komutanımın sözlerini teyit eder misin?"

Elbette Duka'nın kendi adına, sancağı altında savaşan Piccinino'ya güvenmiyor olması tuhaftı. Öte yandan, Filippo Maria onu yiyip bitiren şüpheci kişiliğiyle ve ihanete uğrama korkusuyla ün salmıştı. Daima Porta Gioia kalesinin kilitli kapıları ardında yoğun güvenlik önlemleri arasında yaşamıştı, oradan nadiren dışarı çıkardı. En basitinden bir örnek vermek gerekirse, etrafı kendi adamlarını gözetlemek üzere görevlendirilmiş olduğu bir casus ağı ile çevrelenmişti. Bu ağ o kadar kalabalıktı ki bazen aralarına yabancı casuslar sızar, yanlışlıkla kendi adamlarının peşine taktığı yabancı casuslar yüzünden farkında olmadan kendi kendini ihanete uğrattığı zamanlar olurdu. Herkes kendisine her şey hakkında rapor verirdi. Duka'nın en sevdiği meşguliyetlerinden biri kalenin kapalı kapıları ardında casuslarıyla konuşmak ve emrindekilerin yaptıkları hakkında anlatılanları dinlemekti. Güvendiği küçük zümreye dâhil olmak hiç de kolay değildi, teveccühünü kazanmak için sarp yokuşların aşılması şarttı. Sonuçta çevresindeki herkes kendisini ona sadık ve mülayim gösterme çabasındaydı. Filippo Maria'nın en az güvendiği insanlar bunlardı.

Schwartz, bu takıntılar ağından canlı çıkmanın biricik yolunu keşfetmişti: aklından geçenleri doğrudan ve basit bir şekilde söylemek. Ne de olsa o adamı aldatabileceğine inanmak bile imkânsızdı.

Bu nedenle, sorduğu kimbilir kaçıncı soruya elinden geldiğince içten bir şekilde cevap verdi.

"Ekselansları, lanet olsun ki komutanımın söyledikleri tamamen doğru. Bundan daha sert geçen bir kış hatırlamıyorum. Venediklilerle en son girdikleri çatışmada ölmeyen ve hatta yara almayan askerler bile şimdi kara ve dona kurban gidiyor. Tabii ki, onlar asker ve neyle karşı karşıya olduklarını biliyorlar. Ancak kışın ve dondurucu soğuğun onları mecbur bıraktığı bu hareketsizlik hali, bu durumdan kaynaklanan para sıkıntısıyla birleşince akıl sağlıklarını korumakta zorlanıyorlar. Gerçek endişemiz, komutanın askerlerin üzerinde uyguladığı güçlü baskıya rağmen, büyük bir kısmının ekselanslarının saflarını terk etme olasılığıdır."

"Tanrı aşkına, Reinhardt onlar sadece paralı asker, yerlerine başkalarını bulmamız hiç de zor olmayacaktır!" diye öfkeyle bağırdı Milano Dukası.

"Tabii ki, ekselansları, haklısınız, ancak haddim olmadan cevap vermek isterim, adamların değiştirilmesini önemsiz ve sıradan bir konu olarak addetmeyin. Her ordunun kendi kuralları ve şifreleri vardır. Eğer bu şifreler bir kere kırılırsa – çatlakları başka adamlarla yamalamaya çalışsanız dahi– aynı birliği tekrar oluşturmak neredeyse imkânsızdır. Bugün bir şeyleri feda etmenin yarın daha fazlasını almak için izlenecek en iyi yol olduğuna inanıyorum."

"Kahretsin, dediğiniz gibi olsun! Bu umutsuzluk salgınını durdurmak için size beş bin duka vereceğim, ama tek kuruş daha alamazsınız! Ve unutmayın ki, kar olsun ya da olmasın, lanet olası Venediklileri lagüne geri göndermek için Verona ve Soave'ye mümkün olan en kısa sürede ulaşmanızı istiyorum. Ondan sonra Floransa'ya odaklanacaksınız, anladınız mı? Rinaldo degli Albizzi'yi de yanınıza alın! Bu kaleyi terk etmek için o kadar sabırsızlanıyor ki şehrine dönebilmek için gireceği birkaç çatışmadan başka bir şey onu kendine getirmez. Anlaşıldı mı? Ve şimdi kaybolun! Üçünüz de!" diye parladı Duka. Bu kan emici üç sülükten kurtulmak için sabırsızlanıyordu.

Albizzi, Piccinino ve Schwartz herhangi bir cevap vermeye cesaret edemeden başlarını eğip sessizce dışarı çıktılar. Komutanı ve eski efendisi kapıdan çıkar çıkmaz bir köşede fısıldaşmaya başlarken Schwartz, Laura Ricci'nin odasının yolunu tuttu.

Reinhardt, ana avluya giden merdivenleri geçip doğu kanadına –ki Duka'nın şahsi kâhini burada ikamet ediyordu– doğru ilerlerken karanlık düşüncelere daldı.

Her ikisi de Filippo Maria Visconti'nin emrine girdiğinden beri Laura ile birlikte geçirdiği anlar seyrelmiş ve bazı yönlerden daha acı verici hale gelmişti. Reinhardt en başından beri hiç kimseye söylemediği bir sır saklıyor, bu sırrın artık dudaklarından dökülmek üzere olduğunu hissediyordu.

Nedenini bilmiyordu, neden o an olduğunu açıklayamazdı. Belki çok uzun süredir kendinden bile sakladığı, itiraf etmek istemediği bir gerçek vardı: Laura'yı gerçekten önemsemeye başlamıştı.

Yoksa onu kurtarmaya gitmiş olmasını nasıl açıklayabilirdi? Neden onu alıp uzaklara kaçırmamıştı ki? Sonradan dönüştüğü adamın içinde neredeyse hapsolmuş gibiydi. Artık profesyonel bir asker olmaktan nefret ediyordu ama elinden gelen tek iş buydu. Sonuçta, Laura henüz herkesi bir kenara bırakıp kendini tamamen ona adamasına yetecek kadar ruhuna sızmamıştı.

Yoksa sadece bir korkak mıydı?

Belki de kalbinin derinliklerinde mutlu olmayı hak etmediğini düşünüyordu. Emin olduğu tek bir şey vardı: kendini bıraktığında sadece Laura'nın yanında gerçekten mutlu ve huzurlu hissediyordu.

Onunla konuşma ihtiyacı ve ona zarar verme korkusu arasındaki mücadele o kadar acımasızdı ki... Sırf Laura ile görüşmemek veya mümkün olduğunca az görüşmek için elle tutulur bir bahanesi olsun diye muharebe alanlarına kaçıyor, askeri kamplara sığınıyordu. Üstelik kalbi kanamasına rağmen... Çünkü zihninin en karanlık köşelerinde sakladığı sır ile ona zarar vermek istemiyordu. Geçmişte bu anıları silmeyi başarmıştı, en azından öyle zannetmişti. Ancak yıllar geçmiş ve son çatışmalarda şahit olduğu vahşet yüzünden belleği hatıralarını istifra edercesine su yüzüne çıkarmıştı. Hafızası âdeta yaralı ruhunun kırık köşelerini yüzüne çarpıyordu.

Günler karardı, karşılaşmalar azaldı ve tutku dolu anlar keder ve üzüntüyle soldu.

Bir bakıma yıllardır er ya da geç aralarına girecek olan o uğursuz anın hazırlığı içinde bekliyordu. Belki tam da o gün, o anın vakti gelmişti.

Laura, Visconti'nin sarayına gelip kaderiyle yüzleştiğinde hayatın kendisine sunduklarını –üstelik bu onun için yeni bir durum değildi– tartışmadan kabul etmişti. Yine de günler geçtikçe gündelik hayatı gitgide kararmış, neredeyse boğarcasına Schwartz'a tutunmuştu.

Ve şimdilerde, ne zaman kadını görse, şu ana kadar ehlileştiremediği vahşi duyguları üstün geliyordu. Tıpkı yıllar önce o gece olduğu gibi...

Tam odasına girecekken birden vazgeçti. Onu başka bir zaman görecekti. Henüz buna hazır değildi.

Bir gün hazır olacak mıydı?

Tabii ki olmalıydı.

Ama o gün değil.

Bu sebeple geldiği yolu takip ederek geri döndü.

Adamlarının yanına gidip düşüncelerini kampın buzlu topraklarına gömmeyi tercih etti.

TEMMUZ, 1439

46

Kiliselerin Birleşmesi

Katedral doluydu. Sağ tarafta kardinaller ve Katolik piskoposlar, sol kanatta ise Yunan Kilisesi'nin başrahipleri ve keşişler. Her ikisinin de cübbeleri uzundu. Birinci grubun cübbeleri kırmızı ve altın rengi, ikinci grubunkiler ise siyah ve gümüş rengi... Papa IV. Eugenio teamüllere uygun bir şekilde ana sunakta durmaktaydı. Gözlerinin önünde duran metin son derece kaliteli bir parşömene işlenmişti. Bu metin bir uzlaşma çağrısı, iki kilisenin, batının ve doğunun birleşmesi için bir davetti.

Brunelleschi'nin kubbesi altında, yanı başında duran Kardinal Giuliano Cesarini, ortak irade ile hazırlanmış olan ve birleşmeyi kutsayan kararnameyi okuyordu. Bu metin Hıristiyan dünyasını, Bizans'ın son duvarlarını yıkmak üzere olan Osmanlı öfkesinden korumayı hedefleyen siyasi ve hatta askeri bir anlayışa kapı olacak ittifakı tasdik eder nitelikteydi. Çünkü Bizans yıkıldığı takdirde Osmanlılar ile Batı'nın krallıklarını ayıran hiçbir şey kalmayacaktı.

Bu önemli toplantıya katılması kabul edilen Cosimo, pürdikkat Kardinal'i dinliyordu. En ön sıralardan birinde –kesinlikle istisnai bir izinle– oturmayı başarabilmişti.

IV. Eugenio'nun samimi sözleri, orada bulunanların kulaklarında şüpheye yer bırakmayacak bir şekilde yankılanıyordu. Önce Basel'de sonra Ferrara'da harcanan yıllardan bahsetmek istemiyormuşçasına dile getirilen bu sözler, sadece son kısmı Floransa'da gerçekleşen ve aylar süren müzakerelerin meyvesiydi.

"Yunanlar, Kutsal Ruh'un Baba'dan geldiğini iddia ederek aslında Oğul'u dışlamak istemediklerini teyit ettiler. Öte yandan Latinler, Kutsal Ruh'un Baba ve Oğul'dan doğduğunu öne sürerken Baba'nın her türlü ilahi kudretin, dolayısıyla Oğul ve Kutsal Ruh'un kaynağı ve özü olduğu gerçeğini hiçbir şekilde inkâr etmek istemediklerini, iki ayrı öz ya da iki ayrı doğum* olduğuna inanmadıklarını yinelediler. Kutsal Ruh'un özü de doğumu da tek ve mutlaktır. Ondan eşsiz ve özdeş bir gerçeklik duygusu türediği için Tanrı'ya adanan kutsal birliğin aşağıdaki formülü açıkça ve inkâr edilemez bir şekilde ortaya çıkar."

Orada bulunan hiç kimsenin bu pasajın önemini gözden kaçırır gibi bir hali yoktu. Özellikle de Cosimo'nun... Giovanni Bessarione'nin birkaç ay önce kendisine itiraf ettikleri ışığında bu konuşmanın ne kadar vakitli ve yerinde olduğunu idrak ediyordu.

Cosimo'nun zihninde o kadar görkemli bir plan şekillenmeye başlamıştı ki bu hayali telaffuz etmeye neredeyse korkuyordu. Oysa duyduğu sözcüklerden sonra artık her şeyin mümkün olduğunu biliyordu.

Bundan sonra büyük bir sorumluluğu olduğunu, bu noktadan sonra beklentilerin ne kadar yükseldiğini biliyordu. Böylesine sonsuz yüksekliklere çıkanlar, her zaman sert dü-

---

* "Spirizione" ya da İngilizce "spiration" kelimeleri Kutsal Ruh'un Baba ya da Baba ve Oğul'dan doğması, ileri gelmesi durumunu tarif etmek için kullanılır. Katolik Kilisesi, Kutsal Ruh'un hem Baba'dan hem de Oğul'dan ileri geldiğini, Ortodokslar ise Kutsal Ruh'un yalnızca Baba'dan ve Hz. İsa aracılığıyla ortaya çıktığını savunurlar. (y.h.n.)

şüşleri göze almak zorundadırlar. Yine de dukalık karşıtı ittifak, bu birliğin laik bir uzantısı, garantörü olabilirdi.

Yoksa sadece çılgın bir idealist miydi? Her zaman olduğu gibi yanında olan Lorenzo onunla hemfikir değildi. Birkaç kez, ittifakın ne kadar kırılgan olduğunu, ilk rüzgârda her şeyin yıkılabileceğini vurgulamaktan geri kalmamıştı.

Yine de Cosimo'nun bildiği kadarıyla, hayal kurmaktan şu ana kadar kimseye zarar gelmemişti. Aksine, en sıra dışı projeler, en akıl almaz ve görkemli hayallerden doğardı.

"Kutsal Teslis, Baba, Oğul ve Kutsal Ruh adına, bu mukaddes ve evrensel Floransa Konsili'nin onayı ile varılan kararlar şu şekildedir: Tüm Hıristiyan alemi bu inanç gerçekliğine inanmalı ve onu kabul etmelidir. Böylece herkes Kutsal Ruh'un ebediyen Baba ve Oğul'dan indiğini, bu sebeple sonsuzlukta tek ve mutlak bir öz ve yaratımla birbirlerinden var olmaya devam edeceklerini ikrar etmelidir. Ayrıca belirtmek isteriz ki, kutsal alimlerin ve pederlerin tasdik ettikleri üzere, anladığımız kadarıyla –Kutsal Ruh'un Kutsal Oğul aracılığıyla Baba'dan doğması durumunda– Yunanlara göre Baba'nın da Kutsal Oğul gibi mutlak bir bütünün vesilesi olması ile Latinlere göre her ikisinin de öz olması halinde, Kutsal Ruh'un varlığı..."

Bu kelimeleri dinlerken Cosimo gözlerini kapadı. İki kilisenin birliği mucizevi bir şekilde sağlanmıştı. Şimdi tüm bu aylar boyunca yapılan hararetli çalışmalar meyvesini verecekti. Bir kez daha böyle önemli bir olayın Santa Maria del Fiore'de kutlandığını düşünerek gülümsedi.

Belki de bu mimari hazine, başarı ve zaferlerin tapınağı haline gelecekti. Birkaç dakika boyunca gözleri kapalı bir halde, Kardinal Giuliano Cesarini'nin ağzından dökülen son sözlerle ruhunu dinlendirdi.

"Etrafta söylenenler doğru mu?"

Cosimo önündeki kambiyo senetlerinden gözlerini kaldırdı. Contessina'nın yüzü kararmış, öfkeli bir mimikle dudakları gerilmişti. Üstelik bu ruh hali pek de geçici gibi görünmüyordu. Bir haftadır Cosimo, onda bir gariplik olduğunu fark etmiş ama bu tür durumlarda her zaman yaptığı gibi Contessina'nın öfkesinin azalmasını beklemişti. Ama anlaşılan o ki bu pek de işe yaramamıştı.

"Etrafta ne söyleniyor ki?" dedi cesaretini toplayarak.

Contessina şaşkın bir şekilde başını salladı.

"Seni artık tanıyamıyorum!" dedi acı bir sesle, "eskiden en azından bana güvenirdin; şüphelerini, planlarını, kısacası aklındakileri benimle paylaşmaya lütfederdin. Ancak artık buna gerek duymuyorsun, benden uzaklaştın. Aksini iddia edebilir misin?"

Cosimo ne diyeceğini bilmiyordu.

"Piccinino, Verona'yı aldı ve Padova'ya doğru hızla ilerliyor. Adamları Venedik'e kadar yayılıyor ve uzun süredir birlikte komplolar kurduğunuz sevgili arkadaşın Francesco Sforza ona karşı direniyormuş gibi görünse de kendisinin er ya da geç Floransa'nın kapılarına dayanmak niyetinde olduğu konuşuluyor. Lorenzo, iki Kilise arasında birlik sağlamayı hedefleyen vaatlerin ve anlaşmaların ötesinde bütün bu konsil işinin aslında senin tarafından planlandığını, böylece Papa ve Papalık birliklerini saflarımıza katmayı amaçladığını açıkladı. Şimdi sana soruyorum: Tüm bu olanları bana tam olarak ne zaman anlatmayı düşünüyordun?"

Cosimo bir kaşını kaldırdı. Ona bunları anlatması gerekli miydi? Ancak bu mimik Contessina'yı daha da saldırganlaştırdı.

"Böyle bir talep seni şaşırttı mı? Senin için tüm yaptıklarımdan sonra? Hem de yıllardır?" Ara vermeden devam etti. "Her zaman, tekrar ediyorum, her zaman senin yanında olmama rağmen? Herkes bize karşı komplo kurmakla meşgulken bile? Ve şimdi, sence sürgün, rüşvet, bekleyiş, ayrılıktan sonra, günün birinde son ana kadar bana bir şey söylemeksizin beni bırakarak savaşa ve belki de ölüme gitmene sessiz mi kalmalıyım? Hayır, aşkım. Eğer benim hakkımda böyle düşünüyorsan..."

"Senin hakkında akla gelebilecek en güzel şeyleri düşünüyorum. Seni gördüğüm ilk günden beri hep daha iyi bir adam olmaya çalıştım. Bunu sen ve ailemiz için yaptım. Belki her zaman başarılı olamadım. Beni konseyi Floransa'da ağırlamaya iten nedene gelince, pekâlâ, Ferrara'da veba salgını patlak verdi... Ne yapmalıydım? Ve evet, bu doğru, Papa'nın ittifakını ve endüljansını* garantilemek niyetindeyim... Ailemi önemsediğim için kötü bir koca mı oldum? Peki, ailemin parçası olan insanlar kimler, sizler değil misiniz? Sen ve kardeşim, zaman zaman tıpatıp aynısınız! Sizi gerçekten anlamıyorum. Evet, tamam, sizi kararlarıma daha fazla dâhil etmeliydim, en azından bu son dönemde. Ancak tartışmaların ve tavsiyelerin, işe yaramaz bir karmaşa ve laf kalabalığı yaratmaktan, işleyişi yavaşlatmaktan başka bir fayda sağlamadığı durumlar vardır. Ayrıca kiliselerin yeniden birleşmesi gibi önemli bir olayın neden sadece savaş müttefiklerini güvence altına almak gibi sıradan bir siyasi harekete indirgenmesi gerektiğini anlamıyorum. Durum çok daha karmaşık, yaptığım şey de yalnızca sana ve çocuklarımıza eksiksiz bir refah sağlamayı amaçlıyor, bana inanmanı rica ediyorum!"

Contessina ona yaklaştı. Bakışları belli belirsiz yumuşamıştı. Bu bile bir şeydi.

Cosimo gözlerinin içine baktı. Yıllar geçiyordu ama o her zaman güzeldi. İnci ve elmaslarla süslenmiş yeşil, gümüş kakmalı elbisesi, cildinin parlaklığını ortaya çıkarıyordu.

---

* Endüljans: Ortaçağ Avrupa'sında bir tür günah çıkarma ve ölümden sonra cennete gitmek için Papa'nın sattığı af belgesi. Kilisenin halktan para alarak cennetten toprak satmasıdır. (y.h.n.)

Contessina gerçekten ihtişamlı bir kadındı. Ellerini avuçlarının içine aldı.

"Seni kararlarımın dışında bırakmaya değil," dedi, "sadece korumaya çalışıyorum, aşkım. Bunda yanlış bir şey mi var?" "Hayır," diye cevapladı, gözlerini adamınkilerden ayırmayarak, "ama korunmaya ihtiyacım olmadığını da biliyorsun. İhtiyacım varsa bile senden daha fazla değil. Sadece korkuyorum, Cosimo, anlamıyor musun? Bu sürekli devam eden ittifak oyunları, siyasi hesaplaşmalar, yaptığın reformlar, Signoria Sarayı'nda görev alan adamların, IV. Eugenio ile olan ilişkilerin ve bağlantıların, Venedik ordusunun üyeleriyle toplantılar... Tüm bunlar seni çok daha fazla göz önüne çıkarıyor. Düşmanların birer lejyona dönüşür ve canına kasteder diye korkuyorum. Üstelik durmaksızın yeni rakipler edinmek ister gibi bir halin var, sanki mevcut olanlar sana yetmiyormuş gibi! Beni gerçekten korkuttuğun günler oluyor. Nasıl korkmayayım ki? Dürüstçe söyle, beni gerçekten suçlayabilir misin?"

Dudaklarını kadının kusursuz alnına dayadı. Geçirdiği kışın rüzgârına ve soğuğuna direnmiş bir çiçek kadar narin ama aynı zamanda bir o kadar güçlüydü. Onu seviyordu, çok seviyordu çünkü onda büyük bir erdem ve nadir görülen bir dinginlik vardı. Kızdığı zamanlarda bile bunu çok özel bir nedenden dolayı yapıyordu. O gerçekten şanslı bir adamdı.

Gülümsedi.

"Tamam. Bunu anlıyorum, durmadan müttefiklerle anlaşmalar ve iş birlikleri peşinde koştuğumu söylüyorsun ve bu konuda haklısın. Öte yandan beklemek yerine hareket etmenin daha verimli olduğuna inanıyorum. Bak, en son beklediğimizde neler oldu... Ben Alberghetto'ya kapatıldım ve acı bir sondan kıl payı kurtulduk. Üstelik bu yüzden birbirimizden ayrı bir yıl geçirmek zorunda kaldık."

"Bir daha öyle bir şey yaşamaya hiç niyetim yok," diye belirtti Contessina, "Bir daha asla."

"Benim de. İşte tam da bu nedenle bu yorucu satranç oyununa bir son vermek niyetindeyim."

"Ne demek istiyorsun?"

"Sana karşı dürüst olacağım. Çünkü sevdiğim kadına başka türlü davranamam. Rinaldo degli Albizzi her zaman bir korkak gibi davrandı ve yıllardır onu en yüksek mertebelere taşımış olan bu şehre ihanet etti. Ancak kovulmuş olmaktan dolayı pişmanlığı asla bitmeyecek ve söylemeye bile gerek yok, tekrar içeri girebilmek için bir yılan gibi komplolar kurmaya devam edecek. Milano Dukası Filippo Maria Visconti, en uygun fırsatı kollayarak komutanı Niccolò Piccinino'ya bir saldırı planlamasını emretti. Casuslarımızın bize söylediği şey bu. Ancak, Piccinino ölümcül bir hata yapıyor, tıpkı benim yıllar önce yaptığım gibi. Bekliyor. Çok uzun süredir... Floransa'yı kızdırmak veya tehdit etmek için sonradan kaybedeceği küçük kaleleri fethetmeye devam etmesi ona hiçbir şey kazandırmayacak. Çünkü bunu yaparken bize hazırlık yapma fırsatı veriyor. Papa IV. Eugenio ile ilişkileri güçlendirmek istememin bile bu amaca hizmet ettiğini söylerken haksız değilsin. Ama anlaman gereken, aşkım, bu son çatışmanın artık önüne geçilemeyeceği. Kader anı geldiğinde olacaklardan kaçamayız, er ya da geç, olması gereken gerçekleşir. Ne sen ne de ben bunu engelleyebiliriz. Kısacası sana yalvarıyorum, son bir kez daha güçlü ol. Ne kadar süreceğini bilmiyorum ama o gün gelecek ve geldiğinde senden yanımda olmanı bekliyorum."

"Her zaman olduğu gibi," diyen kadının kızaran yanaklarından aşağı gözyaşları süzülmeye başladı.

Cosimo onu kucakladı.

"Her zaman olduğu gibi aşkım. Senden af diliyorum. Senden çok şey istediğimi biliyorum ama bunun son olacağını anlamaya çalış. Barış ve refahla aramıza giren son engel. Ne yazık ki kader bize karşı her zaman merhametli davranmadı;

biliyorum, birçok hata yaptım. Ama kader aynı zamanda insanın kendisi ve sevdikleri için inşa ettiği bir şeydir. Gerçekleşmek üzere olan çarpışmayla artık kaderimizin bize güleceğini, o andan itibaren barış ve güzelliğin nihayet sevgili şehrimizin üzerinde hüküm süreceğini hissediyorum."

"Umarım, aşkım," dedi Contessina, "ama kaderimizin belirleneceği o gün geldiğinde, işlerin umduğumuz ya da planladığımız gibi gitmemesinden korkuyorum. Umarım yanılıyorumdur."

Cosimo başka bir şey söylemeden onu kucakladı.

"Hayatımın geri kalanında böyle kalmak isterdim," dedi Contessina, "ama öyle olmayacak. Beni tekrar kucakla, aşkım, çünkü kader bir kez daha bizi ayıracak. Hissedebiliyorum."

Contessina bunları söyledikten sonra sakinleşmiş olmasına rağmen, Cosimo'nun kollarından ayrılmadı. Üzerine tuhaf, kasvetli bir his çökmüştü, ama bu duyguya takılıp kalmamak için kendi kendine her şeyin yolunda gideceğini tekrarlayıp durdu. Üstelik bunun bir yalan olduğunu bile bile...

47

İtiraf

Bütün gün onu beklemişti. Kendini yeni yeni hissettiren yazın ilk günlerinde, haziran ayının ateşi, kalenin duvarlarını ve etrafındaki havayı âdeta yakıyordu.

Reinhardt toz, ter ve kan içindeydi.

Laura zırhını çıkarmasına yardım etmişti. Onun için çok sıcak olmayan, ılık bir banyo hazırlamıştı. Su tam sevdiği gibiydi.

Küvete girip sıvı ve şeffaf hissin kollarına kendini bıraktığında elbisesini çözdü ve önünde çırılçıplak kaldı.

Tarçın rengindeki cildi, büyük pencerelerden süzülen kırmızı güneşin ışınlarına maruz kalırken güzel, kaslı bacağının üzerinde düzensiz bir ip gibi uzanan yara izi göze çarpıyordu.

Gözlerine baktığında anladı, adamın içinde bir şeyler sonsuza dek değişmişti. Öfke ve ıstırap duygusu kafese kapatılmış fareler gibi içini kemiriyordu. Kimbilir, belki artık kadın bile onu teskin edemeyecekti.

Hayatta her zaman yaptığı gibi, bu acıyla mertçe yüzleşmeye karar vermişti.

Küvete girmişti ve kadın da onun yanına oturmuştu.

Kadına elini bile sürmemişti. Sessizlik artık katlanamadığı bir acıydı, bir an daha susmaya, bu sırrı bastırmaya mecali kalmamıştı. Çok uzun süren bu bekleyişten kurtulmak istiyordu ve bu kurtuluşu bir an dahi erteleyecek tahammülü yoktu. Şimdiye kadar kalbinin derinliklerinde saklı kalan gerçekler, tek seferde sel olup fışkırmak üzere tüm setleri yıkıp geçiyordu.

Nihayet bütün bu yıllar boyunca içinde sakladığı o ağırlığı, hayat masasında hile yapmak için beslemiş olduğunu bildiği bu utancı dışa vurma, itiraf etme cesaretini kendinde bulmuştu.

Bu utanç sanki şeytan kılığına girip çıkagelmiş, yıllar boyunca gerçekte kim olduğunu sakladığı için, başka birinden çalmış olduğu hayatın hesabını soruyordu.

Böylece Laura'nın çoktan tahmin ettiğini düşündüğü şeyleri anlatmaya başladı.

Ancak Reinhardt'ın söylediği hiçbir şey kadının beklediğinin yakınından geçmiyordu.

Reinhardt anlatırken sesi acı ve ıstırap ile boğuluyor, kesik kesik çıkıyordu. Her cümle, kötülük ve yalanlarla dolu yolculukta yeni bir istasyondu.

"Peşimde olduklarını fark ettim," dedi. "Koşmaya başladım ama artık çok geçti." Durdu.

Bir an Laura, ona söyleyeceklerini önceden anlamış gibi baktığında tereddüt eder gibi olmuştu.

Bir bakıma, her ikisi de başından beri onları birbirine bağlayan garip büyünün bozulması gerektiğini biliyordu. En büyük yıkımı işte o an yaşayacaklardı.

"Yasak bölgede avlanmak çok iyi bir fikir değildi belki ama karnım çok acıkmıştı. Birden bir tuzağa düşüp yaralandım, üstelik bir tilki tarafından ısırılmıştım. Bunun nasıl oluverdiğine akıl sır erdirememiştim. Bu küçük hayvan kendinden beklenmeyecek kadar saldırgandı. Emin olduğum tek şey, küçük olmasına rağmen etimi jilet gibi kesen dişlerinin ne kadar etkili olduğuydu. O saldırıdan sonra kendime gelemedim. Birkaç gün boyunca başım dönmeye devam etti, garip spazmlarla acı içinde kıvrandım. Vücudumda sürekli bir yanma hissediyordum. Sanki bir şey dışarı çıkmak ister gibi içeriden beni kemiriyordu."

"Şimdiki gibi mi?" diye sordu.

"Tarif etmem mümkün değil. Bu fiziksel bir şeydi, bir hastalıktı ve âdeta zihnimi yiyordu. Suçluluk duygusu değil, gerçek bir illetti. Öte yandan üzerimdeki yırtık, İsviçreli paralı asker üniforması kesinlikle bana yardımcı olmuyordu. Ama midem kazınıyordu ve bir barınağa ihtiyacım vardı. Bunun yerine, ayak izlerimi takip eden köpekler ve karanlık ağaçlardan gelen çığlık sesleri eşliğinde ormanda koşuyordum. Sırtımda avladığım geyik vardı. Daha fazla koşamazdım. Yorgundum. Bu yüzden durmaya ve beklemeye karar verdim."

"Bunu bana neden yapıyorsun?" diye fısıldadı Laura. "Neden benden her şeyi almak istiyorsun?" Bu soruyu neredeyse onu bağışlayan, kısık bir ses tonuyla, sanki daha yüksek bir tonda telaffuz ederse çektiği acı katlanarak çoğalacakmış gibi sormuştu.

Oysa hiçbir şey adamın şu anda yaşadığından daha beter olamazdı. İstese dahi...

"Çünkü nasıl bir adam olduğumu bilmeni istiyorum," diye devam etti. "Açıklık bir alanda karşıma av köpekleri çıktı. Köpekler ortaya çıkar çıkmaz, biri diğerlerinden ayrıldı ve boğazımı parçalamak için üzerime atladı. Soğukkanlılığımı korudum ve hayvanı yana atarak göğsüne bir hançer sapladım. Sonra iki bıçak darbesiyle işini bitirdim. Üzerime atlayan ikinci köpekten de iki tekmeyle kurtuldum ve kılıcımı çektim, kolay kolay pes etmeye niyetim yoktu. İçinde bulunduğum araziyi korumak için efendilerinden para alan iki eşkıya ortaya çıktığında, durum kesinlikle daha iyiye gitmiyordu. Yalnız olamazlardı fakat gelen giden de yoktu. Üzerlerinde belli özellikleri olan parlak renkli üniformalar vardı. Deri ceketlerini süsleyen armada altın zemin üzerine işlenmiş altı adet kırmızı top vardı."

Laura o anda ağlamaya başladı. O geceye, sarı gözlü adama döndü. Bir anda, tüm hayatının sadece bir aldatmacadan ibaret olduğunu ve kendisinin yalnızca kaderin basit kaprislerine katlanmak için dünyaya gelmiş olduğunu düşündü. Hiçbir şey söylemedi. Ne diyebilirdi ki? Sadece ağlamaya devam etti. Hıçkırıkları ruhuna saplanıp onu paramparça etmek istiyor gibiydi.

"Ayaklarımın dibinde, biri göbeği yarılarak ölmüş, diğeri kırık pençesiyle sürekli havlayan iki köpeği gördüklerinde bir an bile düşünmeden kılıçlarını çekip bana bunu ödetmek için üzerime atıldılar. Ama hiçbir şey hayal ettikleri gibi gitmedi. İlk bıçağın havada yankılanan ıslığını duyduğumda tam zamanında eğilmeyi başardım. Kılıç kafamın üzerinden geçerek beni ıskalayınca adam savunmasız kaldı. Boşa çıkan hamlesinin etkisiyle dengesizleşmişti. Yoluma çıkan her şeye sapladığım hançerimi neredeyse mucizevi bir şekilde denk getirip adamın açık bir hedef haline gelen karnına sapladım. Böylece ilk haydut kılıcını elinden düşürerek dizlerinin üzerine çöktü. Diğer adam, olanları görünce bir an tereddüt etti ve bu ona pahalıya mal oldu. Zaman kaybetmeden hançeri tam çizmesinin üzerine saplayarak ayağını yere çiviledim. Boğuk bir ses ve sonra bir haykırış. Daha fazla oyalanmadan kılıçla boğazını kestim. Köpekler arkamda sızlanıyorlar, içimdeki beklenmedik ve hayvani öfkeden korkuyorlardı. O noktada hiç vakit kaybetmeden yeni öldürülen adamın ceketini çıkardım ve üzerime geçirdim. Çizmelerini de aldım. Torbaları karıştırdım ve içlerinde bir düzine florin buldum."

Laura ölmek üzere olduğunu düşündü. O son sözleri söylemeyeceğini ummuş ama yanılmıştı.

Yavaş yavaş küvetten çıktı. O esnada onun yakınında olma fikri midesini bulandırıyordu. Olanlar için onu suçlamıyordu, ancak vücudunun zihninden bile önce ona emrettiği uzaklaşma hissine direnemedi.

Schwartz artık çok uzak görünüyordu; kadını bin kılıç darbesinden bile daha çok acıtarak dökülen kelimelerin akışını engellemiyordu.

"Geyiği sırtlanıp çaresiz ve altüst olmuş bir halde koşmaya başladım. Ta ki bir mağaranın girişine yığılıncaya kadar... Sürünerek içeri girdim, şuurumu kaybetmiş bir halde orada öylece yattım. Aradan ne kadar zaman geçtiğini bilmiyorum... Ateşim vardı. En azından dizlerimin üzerinde durabilecek gücü kendimde bulunca bir ateş yaktım, geyiği parçaladım ve etini pişirip yedim. Halüsinasyonlar ve kas spazmları kesilmemişti fakat tahminlerime göre üç günün sonunda nihayet kendimi daha iyi hissediyordum. Gözlerim çok yanıyordu. Ayaklarımın üzerinde durabileceğimi hissettiğim anda dışarı çıktım. Çantaya biraz et koyup yürüdüm. Vücudumda durmadan yanan bir ateş hissediyordum, sanki bir şey beni içten içe yiyordu ve neredeyse sonu gelmez bir susuzluk bedenimi için için yakıyordu. Bir şekilde rahatlamam gerekiyordu. Ama nasıl yapacağımı bilmiyordum. Bir gün önce bir ara sanrılarımdan sıyrıldığım esnada da bu ıstırap dolu ihtiyacı hissetmiştim. Ormanda çıkınca bir yola girdim ve sonunda bir vagon görene kadar yolu takip ederek yürüdüm. Alacakaranlıktı. Arabanın yakınlarında, şaftlarından çözülerek ağaca bağlanmış birkaç at gördüm. Sahibi uzakta olmalıydı. Ardından vagonun içine girdim. Bunu üzerimdeki yırtık pırtık ama aynı zamanda fazlasıyla gösterişli ceketin yerine giyecek bir şeyler bulmak umuduyla yapmıştım. O anda vagonun içindeki siyah saçlı, yeşil gözlü güzeller güzeli kızı fark ettim. Sonra ne oldu... Bundan sonrasını çok iyi biliyorsun. Hâlâ vücudunda o gecenin izlerini taşıyorsun."

Laura hiçbir şey söylemedi. Taşlaşmıştı, son bir kez ona baktı ve kalbinde inanılmaz bir keder hissetti. Ruhunun derinliklerinden doğan keskin bir acı...

Gözyaşları kurudu. O an içinde hissettiği şey sadece tarif edilemeyen, ölçülemeyen bir boşluk hissiydi.

Sustu.

Adamın küvetten çıktığını, kurulandığını ve ardından giyindiğini duydu.

"Git buradan," dedi. "Bir daha asla beni bulmaya çalışma. Şans eseri benimle tekrar karşılaşırsan, yüzüme bakmasan iyi edersin, çünkü seni öldürebilirim."

Adam söylenenleri yaptı.

Kadını bir daha asla görmeyecekti.

HAZÍRAN, 1440

48

Savaş Alanına Doğru

Contessina onun ne kadar yorgun olduğunu fark etmişti. Daha da kötüsü, bayılacakmış gibi görünüyordu. Cosimo ona güven vermek için tatlı bir şekilde gülümsüyor olsa da bu kez tehlikenin kapılarına kadar geldiğini hissediyordu. Üstelik tehdit bu kez onları sonsuza dek yok edebilecek kadar büyüktü. Milano'ya karşı savaşmak gerçekten ölümcül olabilirdi. Contessina'nın içinde kötü bir his vardı.

"Geri döneceğine yemin et!" dedi gözlerinde yaşlarla. "Bu savaşa ne gerek vardı? Bunu neden yaptın? Neden sen ve Lorenzo bize yeni bir acı vermek istiyorsunuz? Sürgünün getirdiği ayrılık yetmedi mi? Alberghetto'ya hapsedildiğinde seni ölümden bir adım ötede bırakıp gitmek, düşmanlarının merhametine terk etmek yeterince zor olmadı mı sanıyorsun? Neden Mediciler her zaman kadere meydan okumak zorunda? Hatta senin de dediğin gibi, neden kader onlara karşı merhametli davranmasa da pes etmeden onu istedikleri kalıba sokmaya çalışıyorlar?" Sorular, sadece sorular... Zapt edilemeyen, savaşçı bir ordu gibi dudaklarından, kalbinin derinliklerinden, bir talep fırtınası gibi kopuyor ve ondan beklenen bu yeni gece nöbetinin hesabını soruyordu. Kocasını adaklar adayarak ve durmadan dua ederek bekleyeceğine dair bir şüphe yoktu. Ama neden hayatları her an kopacakmış gibi görünen ince bir ipliğe bağlı olmak zorundaydı? Yine de onu hiçbir şeyin durduramayacağını biliyordu. Bu sefer durduramayacaktı. Son on yıl içinde olanlardan sonra bu mümkün değildi. Cosimo, Albizzi'nin Floransa'yı geri alma girişimini nasıl görmezden gelebilirdi ki?

Savaşa girecekti. Lorenzo da onunla gidecekti. Uzun zamandır bu anı bekliyordu ve er ya da geç bugünün geleceğini biliyordu. Medicilerin, canla başla çalışarak ve kendilerinden feragat ederek kaç kilise inşa ettiklerinin, kaç sanat eserine finansman sağladıklarının ya da kaç banka şubesi açtıklarının hiçbir önemi yoktu.

Rinaldo degli Albizzi ve Filippo Maria Visconti güçlü oldukları sürece Floransa'da barış sağlanamazdı.

"Artık gitmeliyim, aşkım. Bu sefer kaçamam. Savaş alanında olmalıyım. Kardeşimle birlikte. Adamlarımıza önderlik eden kuzenim Bernardetto ile birlikte. Komutanın yüklediği sorumluluklarla yüzleşmekten korkmadığımı göstermek istiyorum."

"Ama bu yaptığın çok anlamsız! Bırak da askerler savaşsın!"

"Kendimi cepheye atacak kadar aklımı kaybetmedim. Ben bir asker değilim! Ama orada olacağım ve bizim için savaşan askerlere yakın duracağım. Beni görmeli, partimize inandığımı ve Filippo Maria Visconti'ye karşı bu ittifakı desteklediğimi bilmeliler, anlıyor musunuz? Aksi takdirde tüm sözlerim kulağa boş ve etkisiz gelecektir. Buna gerçekten izin veremem."

Contessina başını eğdi ve kocasını kucakladı. Gözyaşlarına onun göğsünde teselli buldu.

"Bana söz ver, kendini çatışmanın kalbinden uzak tutacaksın," dedi alçak sesle.

"Ailemi, duyduğum öfke yüzünden kör olmayacak kadar çok önemsiyorum. Sınırlarımı iyi biliyorum. Lorenzo da öyle merak etme."

Cosimo bu sözlerin ardından eşini dudaklarından öptü ve atına bindi.

Contessina kardeşinin de ona katıldığını ve birlikte şehrin kapılarına doğru ilerlediklerini gördü.

Onları gözden kaybolana kadar izledi.

Ardından Contessina gözlerini muhteşem Davut heykeline çevirdi. Kocası bu şaheseri, Medici Sarayı'nın avlusunu süslemek için en sevdiği sanatçılardan biri olan Donatello'ya yaptırmıştı. Canlı gibi duran kasların şekline ve ilahi güzellikteki vücut hatlarına baktı. "Bakışlarında tarifsiz bir şeyler var," diye düşündü. Kimbilir bu eseri icra ederken sanatçının aklından neler geçmişti. Bunu anlamak, kaidenin üzerinden meydan okurcasına kendisine bakan figürün bakışlarını anlamaktan bile daha zordu.

Tıpkı kocasının o sabah yola çıkmadan önceki bakışları gibi... Contessina, ekseriyetle sakin bakan o gözlerin bir meydan okuma perdesiyle gölgelendiğini fark etmişti.

Cosimo ve Lorenzo, Bernardetto de' Medici, Micheletto Attandolo ve Ludovico Mocenigo'ya katılmak üzere atlarına binip çoktan uzaklaşmışlardı.

Niccolò Piccinino komutanlığındaki askerlerin mevzilendiği Borgo Sansepolcro yakınlarında karşıya geleceklerdi.

Piccinino son yıllarda yenilmez görünüyordu.

Ve bu gerçek ona kesinlikle kendini iyi hissettirmiyordu. Dua etti. Çünkü elinde kalan tek şey buydu.

Reinhardt Schwartz, Niccolò Piccinino'nun niyetini gayet iyi anlamıştı. Bir süredir onun yanında savaşıyordu ve artık komutanı çözmüştü. O tanıdığı en dönek insandı. Ve belki de bu, paralı askerler arasındaki popülaritesinin anahtarıydı. Bu sefer de Schwartz'ı yanıltmamıştı. O günlerde başpiskoposun izniyle Perugia'ya gelmiş, beş yüz şövalyesi ile birlikte Sant'Angelo Kapısı'ndan şehre girmiş ve Signoria Sarayı'nın önünde atından inmişti. Orada, haznedar Michele Benini'yi zimmete para geçirme suçlamalarından hapsettirmiş ve şehrin yöneticisini, Napoli Başpiskoposu'nu, IV. Eugenio'ya ileteceği bir mesajla birlikte şehri terk etmeye ikna etmişti. Sekiz bin dukayı teslim almış, daha doğrusu paralara el koymuştu. Böylece askerlerinin yanına, ayrıldığından çok daha zengin bir adam olarak geri dönmüştü.

Bu, onun sonu gelmez dalaverelerinden sadece bir tanesiydi!

Ardından Mugello'ya gitmiş, Filippo Maria Visconti ona Floransa'ya saldırmasını emredene kadar kırsal kesimi harap ederek haince yağmalamıştı. Milano Dukası, Piccinino'nun saldırıya geçmeden önce uzun bir süre oyalanmış olmasından dolayı öfkeliydi ve şimdi ondan dillere destan bir zafer bekliyordu. Bu zaferlerin en acımasızı ve en görkemlisi olmalıydı. Aynı zamanda en zorlusu...

Bu nedenle komutan, aynı akşam Sansepolcro'daki adamlarıyla birlikte Tiberina Vadisi'nin yukarı kesimlerini Chiana Vadisi'den ayıran dağların eteklerinde karargâh kurmaya karar vermişti.

Emrindeki bin şövalyeye, kırsal kesimden iki bin kişi daha katılmıştı. Piccinino'nun acımasız ve korkusuz bir adam olarak yayılan şöhreti başarının garantörü olduğundan, kolay kazanılacak bir ganimet umuyorlardı. Piccinino ise her zaman olduğu gibi, Sansepolcro halkı ile topu topu iki fersah uzakta, Anghiari kasabasında yaşayan komşularının birbirlerine karşı besledikleri kıskançlık ve nefrete güveniyordu.

Bu noktada aklına muhteşem bir fikir gelmişti: Köye saldırıp yağmalamak ve oradan da bir karga sürüsü gibi, aşağıya, Medici şehrinin üzerine süzülmek. Ancak dukalık karşıtı birliklerin orada kamp kurmuş, sabırla Piccinino ve adamlarının harekete geçmesini bekledikleri biliniyordu. Çadırlar Anghiari Tepesi'nin yamaçlarını karartıyordu. Hepsi oradaydı: Cenevizliler, Venedikliler, Papalık birlikleri. Hatta Floransalılar bile gelmişti. Sonuç her ne olursa olsun, devletler arasındaki yeni güç geometrisi bu çarpışma ile belirlenecekti.

Ancak asıl mesele, Milanoluların muharebe alanına olabilecek en hazırlıksız şekilde ulaşmış olmalarıydı. Gerçek bir hedef ya da belirli bir strateji olmaksızın Toskana dolaylarında bir çekirge ordusu gibi dolaşmak –özellikle de an itibarıyla habersiz bir baskın yapma şansını da yitirdikleri göz önünde bulundurulduğunda– çatışmaya girmenin en yanlış yoluydu. Üstelik Sansepolcro'da birliklerine katılan iki bin ilave askere rağmen Piccinino'nun ordusunun sayıca daha zayıf olduğu açıkça görülüyordu.

Ve şimdi bu cani adam kazanmak için harika bir çözüm sunmaya hazır bir edayla kendisine bakıyordu.

Sadece gerçek bir deli böyle bir durumda hâlâ kazanmaya dair umut besleyebilirdi, geçen ay tüm foyası meydana çıkan Albizzi'den bile daha kışkırtıcı, daha tahrik ediciydi.

Schwartz eski efendisini büyük bir komplocu olarak tanımıştı ama gerçekte ne kadar korkak biri olduğunu yeni fark etmişti. Bu son günlerde onun en berbat yönlerini keşfetmişti. Son yıllarda üst üste maruz kaldığı yenilgilerden dolayı öfkeli ve sürekli hayal kırıklığı içinde yaşayan bir adama dönüşmüştü. Sanki ilan edilmiş bir ölümün kokusu üzerine sinmiş gibi, kendine güvensiz ve asabiydi. Albizzi artık eskiden olduğu adamın gölgesinden ibaretti. Korkakça şiddet saçmıyor olsa, neredeyse insanda merhamet uyandıracaktı.

Her halükârda saldıracaklardı.

Durum onlara en kötü sonucu işaret etse de...

Schwartz bütün gün at sürmüştü ve gerçeği söylemek gerekirse, tek istediği birkaç saat uyuyabilmekti. Önceki gecelerde, Monte Castello di Vibio'da Niccolò tarafından katledilen insanların çaresiz feryatları hâlâ kulaklarında çınlıyordu; sokaklarda öldürülen erkeklerin haykırışları, yağmalanan evlerin masalarında tecavüze uğrayan kadınların çığlıkları, ateşe verilen evler, ağlayan çocuklar... Kundaklamalardan ve katliamlardan memnun görünen Albizzi'nin çılgın ve hasta bakışları. Köylerdeki sığırları bile yağmalamışlardı.

Ama hâlâ Niccolò'nun iştahının yerinde olduğunu hissediyordu. Dukalık karşıtı cephenin varlığı mükemmel bir bahane gibi görünüyordu. Ertesi gün saldırıya geçmek için en geçerli sebep. Niccolò'da, işler zora girdiğinde daha da tetiklenen, meydan okuyan bir cesaret vardı.

"Sevgili Reinhardt'ım," diye söze girdi. Konuşurken kalın ve sık bıyıkları, sıradışı uzunluktaki köpek dişlerini tamamen örtmüyor, uçları bir hayvanınkileri andıracak şekilde dışarıda kalıyor ve ışıldıyordu. "Yarınki hedefim büyük bir ganimet toplamayı planladığım Anghiari Köyü'ne saldırmak. Ayrıca, Milano Dükü Anghiari'nin Floransa'ya giriş kapısı olduğuna inanıyor. İtiraf etmeliyim ki, bu fikir benim de gözüme oldukça kusursuz göründü. Bu yüzden biz de aynen böyle yapacağız. Adamları savaşa kendi komutan altında götürmeni istiyorum. Ben ise Romagna'ya dönüyormuş gibi yaparak düşmanları şaşırtacağım. Forche Köprüsü'ne ulaştığınızda, hafif süvariler Citerna'ya doğru ilerlerken, sen ağır süvariler ve piyadelerle birlikte nehri geçecek ve tamamen hazırlıksız olan dukalık karşıtı birlikleri ele geçirerek Anghiari'ye doğru yola çıkacaksın."

Ne güzel haber, diye düşündü Schwartz. Derin bir iç çekti.

"Daha basit bir görevi tercih edeceğini biliyorum ama çadırda bir sürpriz seni bekliyor. Bu senden istediğim şeye karşılık kısmi bir tazminat. Seni tanıyorsam, bütün seçenekler arasında en çok sevineceğin şey bu olacaktır."

"Tahmin ediyorum ki Rinaldo degli Albizzi ve diğer beyler çatışmadan uzak, korunaklı bir şekilde bekleyecekler."

"Doğru tahmin etmişsin."

"Sanırım emirlerinizi sorgulayamam."

"Kavrama yeteneğin cesaretinle kapışıyor."

"Eğer durum buysa, gidip yatacağım."

"Vücudunuzu dinlendirin. Geç saate kadar uyuyabilirsiniz, çünkü niyetim günün en sıcak saatlerinde, güneş tepedeyken saldırmak. Yani askerlerin hiç beklemediği bir anda. Ne de olsa sadece bir deli o saatte saldırmaya cesaret eder."

"Evet," dedi Schwartz kısa ve öz. Nihayet komutanı tarafından verilen kararın kaçınılmazlığına teslim olmuştu.

Böylece çadırlara doğru yola koyuldu.

Çadırda onu bekleyen kişinin kim olduğunu anladığını düşündü ve kalbi bir korkuyla ürperdi. Kendisinden ve kaypaklığından korktu. Kaderin yalan ve şiddetten başka bir şey sunmadığı Laura'nın hayatını sonsuza kadar mahvetmişti. Üstelik tüm bunların asıl sorumlusu kendisiydi.

Bir süredir onda süreklilik arz etmeye başlayan bu ağır vicdan azabı, savaşta onun sonu olacaktı. Tabii düşman askerlerinden biri daha erken davranmazsa...

Olanlardan sonra onu görmeye hazır olmadığını düşündü. Çünkü kesinlikle çadırda onu bekleyen kişi oydu: Reinhardt'ın bundan hiç şüphesi yoktu.

Bunun için kendinden nefret ediyordu.

Bu nedenle, yapabileceği tüm kararlılıkla, çadırların olduğu alana gitmemeye karar verdi.

Terk edilmiş bir ahıra yöneldi. Düşüncelerinden uzaklaşırsa biraz dinlenebilirdi.

Savaştan sağ çıkarsa, Laura ona istediği her şeyi söyleyebilirdi, hatta eğer bunun doğru olduğunu düşünürse öldürebilirdi. Kesinlikle öyleydi. Ancak o zamana kadar, kellesini kurtarmaktan başka bir şey düşünmeye niyeti yoktu.

Ertesi gün bir katliam yaşanacak, sonuna kadar ayaklarının üzerinde kalması için tüm kaynaklarına ihtiyacı olacaktı.

49

Forche Köprüsü

Cosimo, Anghiari surlarının üzerinden aşağıdaki ovayı seyrediyordu. O sabahın sıcak sessizliğinde garip bir şeyler vardı. Ortalık fazla huzurluydu. Şafak vaktinin ilk ışıklarında Sansepolcro'dan sanki kasabada bir yaban arısı istilası varmışçasına vızıltılar yükselmişti. Ardından silahların uğultusu susmuş, metallerin çınlaması dinmiş ve köy sanki gökyüzünü altın rengi bir ışıkla dolduran güneşin sakinliğinde uykuya dalmıştı.

Önce Lorenzo ve Ludovico Mocenigo, ardından da Micheletto Attandolo ve kuzeni Bernardetto de' Medici ile konuşmuştu. Emin olmamakla birlikte Piccinino tilkisinin bir şeyler planladığına bire yüz bahse girebilirdi. Komutan boğazkesen, kadere karşı zar atabilen, gözü kara bir caniydi. Namı makbul olmamakla beraber, efsaneviydi. Bu nedenle, birliğindeki askerleri ve özellikle Anghiari'yi korumak için daha dikkatli davranmak isteyen Cosimo, Forche Köprüsü'ne giderken yanına birkaç yüz adam almayı ihmal etmemişti.

Anghiari, Sansepolcro'ya en az iki fersahlık uzaklıktaydı, ancak Cosimo, komutanın birtakım oyunlarla bu mesafeyi azaltmayı düşündüğünü hissediyordu. Piccinino'nun, sürpriz bir baskınla, dukalık karşıtı cephede savaşan askerleri hazırlıksız yakalamak için, piyadelerinin ve şövalyelerinin koşarak geçecekleri alanı en az bir fersah kısaltmayı amaçladığından endişe duyuyordu.

Haziran sıcağında Venediklilerden, bir tarafı Citerna'ya, diğer tarafı doğrudan Anghiari'ye giden yola doğru kendisine eşlik etmelerini istemişti.

Büyük ihtimalle yanılıyordu ancak Anghiari Tepesi'nin yamaçlarında bulunan kamp alanına döndüğünde Milano Dukası'nın adamları tarafından gerçekleştirilen bir baskın sonucu kasabanın yerle bir edildiğini görmektense atının eyeri üzerinde yeterince terledikten sonra geri dönmeyi tercih ederdi. İhmal sonucu maruz kalınan bir yenilgi düşmana Floransa'nın kapılarını açardı.

Güneş yükselmişti ve ışınları tarlaların üzerine yayılıyordu. Az önce toplanan samanın yoğun ve keskin kokusu nem yüzünden havada asılı kalmıştı. Tedbirli bir şekilde ilerlediler ve bir saatten kısa bir süre sonra Forche Köprüsü yakınlarında durdular.

Cosimo homurdandı. Boynundan akan ter, ceketinin ve zırhının içine sızıyor, göğsünü ve kalçasını ıslatıyordu. Tek başına duran bir ağacın küçük, koyu bir lekeden ibaret gölgesinde biraz serinlemeye çalıştı. O kavurucu gün ışığıyla gözleri yanıyordu, su matarasını yanan dudaklarına götürdü.

Su, güneş yüzünden ısınmıştı ama en azından boğazında yanan ateşli azabı sakinleştirdi. Atının sırtında bir süre bekledi. Adamları yorgundu ve dinlenmek istiyorlardı ancak Cosimo, Lorenzo ve özellikle Komutan Attendolo ile Ludovico Mocenigo, askerleri gözlerini açık tutmaları ve uyanık kalmaları için ısrarla uyardı. Ağaçların arkasına gizlenmişlerdi. Bir karga sürüsü, ürkütücü bir ilahi gaklayarak mavi gökyüzünü süpürdü.

Zaman geçtikçe, Cosimo ve silah arkadaşları yanılmış olduklarına inanmaya başladılar. Yine de ateşi bir türlü parlamayan o sükûnet kıvılcımında tuhaf bir şeyler vardı.

Tam atlarını döndürüp, Anghiari'ye geri gitmek üzereyken haklı olduklarını anladılar. Önlerinde gittikçe yaklaşan karanlık bir toz bulutu oluşmaya başladığını gördüler. Cosimo'nun gözleri miğferleri ve zırhları, kılıçları ve kalkanları, üzerinde siyah Visconti yılanı olan bayrakları ve Niccolò Piccinino'nun çömelen leoparlı armalarını seçmeye başladı.

"Tam olarak buraya doğru geliyorlar," diye bağırdı Cosimo.

"Hiç şüphe yok," diye onu doğruladı Mocenigo.

Koloni köprüye yaklaştığında her şey anlaşıldı. Ordunun en zayıf bölüğü, Citerna ve Romagna'ya doğru giden yola saptı ancak askerlerin çoğu piyadelerin ve ağır silahlı süvarilerin yer aldığı güçlü bölüğe eşlik ederek sessizce köprüye doğru koşmaya başladı.

En etkileyici olan şey, Piccinino'nun bu sürpriz saldırıda çok sayıda mızrak kullanmaya karar vermiş olmasıydı. Böylece rakibine yıkıcı darbeyi ilk öğlenden indirerek alandaki hâkimiyetini baştan garantileyecekti. Bu karar çatışmanın süresini kısaltarak sonucu etkileyecekti.

"Aynen sizin söylediğiniz gibi oldu Cosimo," diye fısıldadı Micheletto Attandolo. "Açık arazideki mesafeyi azaltmak için günün sıcağına ve tembelliğimize güvendiler. Biz çadırlara kapanıp akşam olmasını beklerken, güneşin en sert vurduğu saatlerde Forche Köprüsü'nü kesip bizi şaşırtmak için. Bu Piccinino tam bir orospu çocuğu!"

"Her zaman öyleydi."

"Maalesef. Ama şimdi bir sorunumuz var..." diye devam etti Attandolo.

"Sayımız çok az," diye onu tamamladı Lorenzo acı bir sesle.

Mocenigo başını salladı. "İçimizden birinin geri dönmesi lazım," dedi. "Ordumuzu ivedilikle buraya getirmeli, yoksa hepimizi süpürecekler. Cosimo, siz ve erkek kardeşiniz, adamlarımdan ikisini yanınıza alın ve askerleri buraya getirin."

"Peki bu arada siz ne yapacaksınız?"

"Köprüyü savunmak için elimizden ne geliyorsa. Haydi! Kaybedecek bir saniyemiz bile yok. Postu kurtarmak istiyorsak atlarınızı uçurmak zorundasınız."

Cosimo ve Lorenzo ikiletmeden kısraklarını geri çevirdiler ve iki Venedikli eşliğinde Anghiari'ye doğru dörtnala koştular.

Piyadeler koşmaya başlar başlamaz, Reinhardt bir şeylerin ters gittiğini anladı. Köprünün ilerisinde gizlenen bir şeyin ışıltısını görür gibi olmuştu. Sanki çelikten yansıyan bir pırıltı... Bir miğfer? Bu, askerleri tepelerinde yanan güneşin altında terden sırılsıklam olmalarına rağmen büyük adımlarla koşarak ilerlemekten alıkoymadı.

Bu hiç de iyi bir fikir değildi. Beklenmedik bir baskın düzenlemek için boşu boşuna güç ve enerji sarf etmek baştan itibaren bir hataydı. Şu an bunu daha iyi anlıyordu. Adamları, Anghiari'nin kapılarına tükenmiş olarak varacaktı ve her ne kadar iyi düşünülmüş olsa da bu manevra biraz kumar kokuyordu. Piccinino ordusunun en önemli bölüğü çekiliyor gibi yapıp ovaya dökülecekti. Sonuçta bütün strateji bu aldatmacadan şüphelenen hiç kimsenin olmadığı varsayımı üzerine kurulmuştu. Komutan karşı tarafın dalgınlığına güveniyordu.

Peki ya bu taktiği işe yaramazsa?

Bu âdeta askerleri katliama göndermek olurdu.

Schwartz haklı çıkmaktan korkuyordu.

Üstelik önceki gecenin onu tahmin ettiğinden çok daha fazla harap etmiş olduğunu hesaba katmıyordu bile. Kapkara yüreğini önemsediği tek kadından, daha da beteri, önemsediği yegâne varlıktan saklamak, onun gibi daha önce hiçbir şeyi umursamamış bir adam için ruhen yıkıcı bir deneyim olmuştu.

Öyle derin bir acı hissediyordu ki, sonunda öldürüleceğinden emindi. Oysa önceki gece onunla buluşmaktan kaçmasının tek nedeni kendini korumak istemesiydi.

Bu yüzden aklında binlerce şüpheyle atının sırtında durdu. Domuz gibi terleyerek lanet olası Forche Köprüsü'nün ötesinde onu neyin beklediğini anlamaya çalışıyordu. Az sonra neler olduğunu öğrenecekti.

Askerleri daha köprüyü geçemeden, sıcak havaya karanlık ok bulutlarının titrek ve ölümcül gölgesi çöktü. Adamlarının göğsüne saplanan okların kuyrukları âdeta birer ölüm madalyası gibi ölü bedenlerini renklendiriyordu. Demir sivri uçlar, sertleştirilmiş çelik zırhtaki çatlakların arasında kendilerine ölümcül geçitler bulup içeri sızıyordu. Her yerden acı ve şaşkınlık dolu feryatlar yükseliyordu. Cesetler toprak ile tarlanın sarı otları arasında yere çöküyor, bazıları ise şapırtılar çıkararak derenin sularına düşüyordu.

Birkaç askerinin okları boynundan çıkarmaya çalıştığını gördü. Bir diğeri kollarını kaldırmış, boşu boşuna debelenerek okları savuşturmaya çalışıyordu. Kaçmaya çalıştıysa da bir ok onu tam sırtından mıhlamıştı.

Kılıcını düşürüp yüzüstü yere kapaklandı. Yüz ifadesinden böylesine saçma, beklenmedik bir ölümün verdiği öfke ve şaşkınlık okunuyordu.

Düşman yaylarının telleri geriliyor, ölümcül bir ıslıkla mahşeri mesajlarını gönderiyorlardı.

Ok yağmuru, atlı süvari ve piyadelerden oluşan ilk hattı resmen yerle bir etmişti. Köprü neredeyse cehenneme açılan bir girdaba dönmüştü. Adamları gereksiz yere köprünün girişinde toplanmışlar, karşı tarafta belli ki onları beklemekte olan okçular için mükemmel bir hedef haline gelmişlerdi. Daha da kötüsü, Milanolular ölmekte olan atların altında kalıyor ve böylece düşman okçularının siper olarak kullanabileceği etten ve zırhtan duvarlar örüyorlardı.

Başka bir deyişle, askerleri durmaksızın katlediliyordu.

Derenin rengi akan kanlar yüzünden kızıla dönmeye başlamıştı.

Reinhardt daha fazla saklanamazdı. Öncü kuvvetlerini düşmanın üzerine sürüp neler olacağını görmeye karar verdi. Atağının başarılı olmasına dair küçük bir umutla piyadelerine yayılmalarını ve bata çıka nehrin içinden yürümelerini emretmişti. Böylece düşmanın etrafından dolaşacaklar ve yandan yaklaşarak onları sıkıştıracaklardı.

Çatışmanın kaderini tersine çevirip çeviremeyeceğini bilmiyordu ama en azından Milanolular bu şekilde kolay bir hedef olmayacaktı.

Tüm kalbiyle haklı çıkmayı umuyordu.

50

Düello

Atların ağızlarından beyaz köpükler saçılıyordu. Kasları güneşte parlayarak çırpınıyordu. Cosimo ve Lorenzo, küheylanlarını peşlerinden şeytan kovalıyormuşçasına dörtnala koşturdular. Eminlerdi... Sadece bu ilk çarpışmanın değil, tüm savaşın kaderi ikisinin süratine bağlıydı.

Cosimo, kulağına çalınan haberler sayesinde dukalık karşıtı cepheye toplamayı başardıkları askerlerin, Piccinino'nun ordusuna sayıca fark attığını biliyordu. Ancak şu anda Anghiari surlarının dibinde bekledikleri için kimseye bir faydaları yoktu. Attendolo'nun savunma hattını terk etmeye niyeti yoktu, bundan emindi. Fakat yanında bulunan az sayıda adamını cezasız bırakılan bir katliama kurban vermesine izin vermek Viscontilere yeşil ışık yakmak demekti... Buna izin veremezdi!

O ana dek sadece öncü kuvvetlerle karşı karşıya gelmişlerdi. Ancak Cosimo ve Lorenzo, Forche Köprüsü'nden ayrıldıkları esnada Piccinino ve birlikleri savaş alanına ulaşmak üzereydi. Şüphesiz düşmanlarının sayısı arttıkça, Venediklilerin sonu felaket olacaktı.

Cosimo buna izin veremezdi.

Atının dizginlerine olanca gücüyle asıldı. At ona hızlanarak karşılık verdi. Cosimo âdeta mistik bir hayvanı sürdüğünü hissediyordu, bu asil hayvanın ateşli sürati de kendisi gibi efsaneviydi...

Bir kez daha üzengiye yüklendi.

Tarlalar gözlerinin önünden sarı ve değişken izler bırakarak akıyordu. Kardeşi Lorenzo yanında olduğu için Tanrı'ya minnettardı. O anda Cosimo birlikte neler yaşadıklarını düşündü. Bir an için zihninde canlanan hatıraların görüntüsü o an yapmak zorunda oldukları şeyin düşüncesiyle anında dağıldı. Fakat yüzünde yolculuğuna güven katan ve onu daha da ateşleyen bir tebessüm bıraktı.

Az sonra birliğin Anghiari surlarının dibine kurulmuş olan kampı göründü. Cosimo nöbetçilere işaret ettiğinde Venedikliler, San Marco Aslanı'nın renklerini salladı; Medicilerin renkleri ise kıyafetlerinin üzerindeki tüylerden anlaşılıyordu.

"Çabuk, çabuk!" diye bağırdı Cosimo. "Forche Köprüsü'nde çatışma başladı! Tüm askerler! Benimle gelin!" Askerlere bağırırken kampın merkezine kadar ulaştı. Atı huzursuzlanmıştı. Hayvan önce gözleri fal taşı gibi açılmış bir halde, toynakları toz toprak içinde kendi etrafında daireler çizdi. Ta ki, kasları aniden yıldırım çarpmış gibi kasılana kadar... Şahlandı ve öfke içinde yere indi. Cosimo da hayvanın hareketlerine ustalıkla eşlik ederek rüzgâr ve öfke şelalesinin ortasına indi. Castel San Pietro'dan Simonetto ve Papalık birliklerini yanına çağırdı.

"Simonetto! Yanıma gel!" diye tekrar bağırdı. "Adamlarınla birlikte derhal Forche Köprüsü'ne doğru harekete geç! Çabuk olun, yoksa Micheletto ve Venediklilerden geriye bir şey kalmayacak!"

Durum hızla bir felakete doğru gidiyordu. Venedikli okçular ilk düşman hatlarını kırıp geçirmişti. Fakat bu yıkıcı başlangıçtan sonra Viscontililer tekrar toplanıyor gibi görünüyordu. Düşman hatlarındaki eksiklikler Astorre Manfredi ve adamlarının muharebe alanına varmasıyla ikmal edilmeye başlanmıştı. Birliklere yeni katılan askerler oklar atarak ve Venedik birliklerini yarmaya çalışarak karşılık veriyorlardı. Çatışma kısa süre içinde derenin üzerinden geçen küçük taş köprüye kaymıştı. İki taraf da geri dönmek istemiyordu. Savunma hattını kaybetmeye niyeti olmayan Ludovico dövüşün tam merkezindeydi.

Her tarafı ter ve kan içindeydi.

Kılıcını sağdan sola doğru indirerek karşısındaki adamın bir uzvunu kesti. Sonra bir pergel gibi kendi etrafında döndü ve yatay bir kesik daha attı. Sıçrayan kan havada saniyelik bir iz bıraktı. Köprüde yığılmaya başlayan cesetler yüzünden hareket etmek imkânsız bir hâl alıyordu. Taş zemin âdeta sıcak kan ve bağırsak çorbasıydı. Ölümün ve korkudan azat olan dışkıların kokusu, en kibar şekliyle söylemek gerekirse, tahammül edilmezdi. Güneşin o alev alev yanan çemberi meydan kavgasındakileri âdeta kızartıyordu.

Ludovico, nereden geldiği belirsiz bir kılıç darbesinden kıl payı kurtuldu. Aynı anda gözünün dibinden geçen bir ok, sinsice arkasından yaklaşmakta olan Viscontili'nin göğsüne saplandı.

Düşmanları uzak tutmak için fazla ileri gitmiş ve köprünün yarısını geçmiş olmalıydı. Oysa ki, Astorre Manfredi ve adamlarını püskürtmeye dair hiçbir umudu yoktu. Özellikle de o an gördüklerinden sonra... Tam karşısındaki yüz tanıdıktı. Ve bir o kadar korkunç.

Adam elinde baltalı bir kargıyla etrafındakilere saldırıyordu. Bıçağın gaga şeklindeki ağzı, sertleştirilmiş çelik zırhların arasına giriyor, askerlerin göğsüne saplanıyordu. Savaşçı, bu silahı inanılmaz bir beceriyle kullanıyor, âdeta bir değirmen küreği gibi döndürüyordu. Savunmaları bir bir kırıyor, aletin uzunluğundan yararlanarak, en uzaktaki rakiplerini bile sağa sola savuruyordu.

İlk başta onun kim olduğunu anlamadı. Yüzü kanla kaplıydı ama yine de kalın sarı bıyıkları ve mavi renkli, sulu gözleri Ludovico'yu birkaç yıl öncesine götürdü: Venedik'teki bir partide Lorenzo de' Medici'nin hayatına kasteden o kadının koruyucusu.

İsviçre paralı asker ona doğru döndüğünde Ludovico karşısında duran adamın kim olduğundan kesinlikle emin oldu.

Schwartz onu görünce gülümsedi.

Baltalı kargıyı bir yana attı.

Dev bir kılıç, muazzam bir *Zweihänder* çıkarıp onu havada döndürmeye başladı. Yapmakta olduğu şey için gerçekten insanüstü bir güce ihtiyaç vardı.

Kılıcı İsviçreli adamınkiyle buluştuğunda, Mocenigo silahı elinden düşürmemek ya da köprünün korkuluğundan aşağı yuvarlanmamak için kalan her bir enerji damlasını iyi değerlendirmek zorunda olduğunu anladı. Bu adamın gözlerinde bir katilin öfkesi yanıyordu. "Siz!" diye bağırdı Schwartz, nihayet onun kim olduğunu anladığında.

"Lanet olsun, Mocenigo, bugün sonunuz benim elimden olacak, bundan adımın Schwartz olduğu kadar eminim." Ve bunu söylerken dev kılıcı yukarı doğru savurarak bir darbe daha indirdi. Mocenigo iki eliyle kendini koruma altına aldı. Ter damlaları yüzünü boğuyordu. Kolları Schwartz'ın kılıcının ağırlığı altında titredi. Yavaş yavaş kalbinin bu düelloyu kaldıramayacağını fark ediyordu, zira halihazırda yorgunluktan bitap düşmüştü.

Yine de tehlikeye ve rakibine karşı meydan okumaya kararlıydı.

"Göreceğiz!" diye kükredi ve kılıcını ileriye doğru iki kere salladı. Schwartz saldırıdan kolayca kurtuldu ve üst üste seri kılıç darbeleriyle ona karşılık verdi. Mocenigo geri çekilmek zorunda kaldı. O anda geri çekilenin sadece kendisi olamadığını fark etti. Daha fazla adam kaybetmemek için Attendolo da birliğinin başına geçmiş geri çekiliyordu. Savunma hattı zayıflamıştı, artık Venedik birliğinin ölüleri ayakta kalanlardan daha fazlaydı. Fakat arkasını döndüğünde demirden ve deriden bir nehrin kamptan köprüye doğru aktığını gördü.

"Direnelim!" diye bağırdı, bu emrin gerçekçi bir yanı olmadığını kendisi de biliyordu, çünkü sayıca çok daha fazla olan Visconti milisleri onların etrafını sarmakla meşguldü. Aynı anda hem küçük nehrin içinden geçiyorlar hem de köprüyü tıkıyorlardı. Adamlar karınca gibi yayılıyorlardı; Attendolo'nun birliği onları bir kerpeten gibi ezmekle tehdit eden bıçak, kalkan ve deriden örülmüş bir halkanın içinde sıkışıp kalmak üzereydi.

Yenilmeleri sadece an meselesiydi.

Mocenigo çok az zamanı kaldığını biliyordu.

"Artık hiç umut yok," diye ısrar etti Schwartz, neredeyse adamın düşüncelerini okumuştu. Soğuk bir ışıkla aydınlanan, kana bulanmış o korkunç yüz... Ağzından salyalar saçtı, iki eliyle ölümcül *Zweihänder* kılıcını bir kez daha Mocenigo'ya doğru savurdu.

Bir darbe, sonra bir darbe daha... Kılıçların çarpışması duyuldu ve Mocenigo tek dizinin üzerine çöktü. Schwartz, direnişini zayıflatıyordu. Artık gücü tamamen tükenmişti. Mocenigo çaresizlik içinde, âdeta ruhundan çıkan son bir darbe girişiminde bulundu.

Fakat ondan yüksekte kalan İsviçreli, bu hamleyi de kolayca savuştururken rakibinin kılıcı elinden fırlayarak havaya uçtu.

Kılıç havada çarkıfelek gibi dönerek yükseldi, ardından sahibinden adımlarca uzağa, kanla yumuşayıp vıcık vıcık olmuş toprağa iniş yaptı. Sövüp sayan bir haç gibi saplandığı yerde sallanmaya devam ediyordu.

Mocenigo kollarını açtı ve bekledi.

Darbe bir anda geldi.

Cosimo dörtnala koşan atının üzerinde umutsuzca köprüye doğru ilerliyordu. Hayvan yorulmuştu. Bernadetto de' Medici ve Castel Pietrolu Simonetto, zinde atlarının üzerinde önden gidiyorlardı. Zihni artık berraklığını yitirmeye başlamıştı. İttifak akıncılarının Forche Köprüsü'ne ulaştıklarını ve düşman güçleriyle karşılaştıklarını görebiliyordu. Kılıçlar, düşman kılıçlarıyla çarpışıyor, ittifakın atlı süvarileri kudurmuşçasına piyadelerin boğazlarını biçiyor ve Astorre Manfredi'nin adamları ile göğüs göğse vahşi bir mücadele veriyorlardı.

Kan, toz ve ter... Etrafta başka hiçbir şey görünmüyordu.

Ruhunu donduran tiz bir feryatla irkildi. Bir savaş tanrısına aitmişçesine muharebe alanını orta yerinden yaran, havayı parçalayıp atan bu sesi takip etti. Ve işte, ordaydı...

Reinhardt Schwartz, tek eliyle toprağa sapladığı devasa kılıcına yaslanmış duruyordu.

Diğer elinin parmakları ise Ludovico Mocenigo'nun kafasını tutuyordu.

Cosimo önce algılayamadı.

Sonra bağırdı.

Ardından Visconti saflarının kökünü kurutmaya azmeden oklar yağmaya başladı.

Etraf cehenneme dönmüştü.

51

Utanç

Oklar sağanak gibi yağıyordu. Sanki savaş meleklerinden oluşan lejyonlar, oluk oluk akıtacakları bir ok nehrinin bariyerlerini kaldırmak için emir bekliyormuş da sonunda beklenen talimatı almış gibiydiler.

Cosimo daha önce hiç böyle bir şey görmemişti.

Atını geri çevirdi ve sığınacak bir yer aradı.

Arbedenin ortasında kalıp başıboş bir okla ardıçkuşu gibi avlanmanın hiçbir anlamı yoktu.

Ardı arkası kesilemeyen ok dalgalarıyla Visconti safları yerle bir edildi.

Geriye çekilip kendini korumaya alan Cosimo, Anghiari Tepesi'nin iki yanında, gruplar halinde mevzilenmiş Cenova birliklerinin arbaletleriyle çelik mızraklar fırlattığını gördü. Bu çelik denizi önünde ne varsa süpürüyor, arkasında ölüm dolu manzaralar bırakıyordu.

Laura savaş alanına baktı. Yüzü boncuk boncuk gözyaşlarıyla kaplıydı. Çatışmanın ortasında aslanlar gibi dövüşen Reinhardt'ı gördü. Kaçmak yerine ölümü çağırıyor, onun aklını çeliyor, onunla dans ediyor ve hatta kendisini yanına alması için ona yalvarıyor gibi bir hali vardı.

Sanki o lanetli hikâyenin nihayetinde çaresizce sevdiği kadın ölümün ta kendisiydi.

Herkesten çok, hatta Laura'dan bile çok sevdiği...

Onunla konuşabilmeyi, bir yolunu bulup son anlarını yanı başında geçirmek için zaman yaratabilmeyi ummuştu. Çünkü içinde bu ölümcül savaştan sağ çıkamayacağına dair bir his vardı. Açıklayamıyordu ama bundan emindi. Kendini çaresiz hissediyordu. Sanki buna engel olmak istese dahi elinden bir şey gelmeyecek, Reinhardt'ın hayatı, gözlerinin önünde son bulacaktı.

Ümitsizce izlemeye devam etti. İçindeki suçluluk duygusu, bir sarmaşığın kahverengi dalları gibi boğazına dolanıyor, nefesini kesiyordu.

Gerçeği öğrendikten sonra kendini aynen böyle boğuluyormuş gibi hissetmişti.

Schwartz tüm bu süre boyunca nasıl sessiz kalabilmişti ki? Laura celladını sevmiş ve yanlış insanlara zulmetmişti. Mediciler masum değildi belki ama sahte ve hatta müstehzi olduğu kadar trajik bir nedenle şiddetinin hedefi haline gelmişlerdi.

Yine de Reinhardt kadını kurtarmış ve savunmuştu. Dram dolu hayatında Laura'nın arkasını kollayan tek kişi o olmuştu. Onu korumuş, her koşulda yakınında durmuştu.

Bunu ona acıdığı için mi yapmıştı? Merhamet yüzünden mi? Yoksa sebep şehvet miydi?

Kafasında dönüp duran bu sorular ona devamlı işkence etse de Laura aslında cevabı biliyordu. Kalbinin derinliklerinde hissediyordu. Onu tanır tanımaz anlamıştı: Bu ilişki sadece o ikisi gibi kayıp ruhlara ait olabilecek çok hasta ve sapkın bir şeyler ihtiva ediyordu.

Fakat bu aynı zamanda kaderin hayatı boyunca ona sunduğu en güzel duyguydu.

Her şeye rağmen aralarında aşkın kıvılcımları çakmıştı, bundan emindi ve onunla paylaştığı anları inanılmaz özlüyordu. Üstelik Schwartz yabani ve kara yürekli bir adam olmasına rağmen, o kötülükleri yaptığı esnada Laura onun kendinde olmadığını biliyordu. Onun hatası ihmalde, yalanda, sessizlikte yatıyordu. Hem zaten hayatta karşısına çıkan diğer adamlar ondan daha mı iyiydi? Rinaldo degli Albizzi? Palla Strozzi? Filippo Maria Visconti? O lanet olası tüccarın arabasında zincirlere bağlı kaldığı onca yıl boyunca onu bir orospu gibi kullanan canavarlar? Ya da hiç tereddüt etmeden insanlara rüşvet veren Floransa asilzadeleri? Kendi taraflarına geçmeleri için insanları satın alanlar? Bu davranışların hangisi, ne kadar saygındı? Ne kadar şerefliydi?

Bu yüzden Laura şimdi vicdan azabı çekiyordu.

Bu hastalıklı aşkı kabul etmediği için pişmandı. Sessizliği ve korkuları yüzünden bir erkekten nefret ettiği için pişmandı. Zamanı geri alamayacağı için pişmandı.

Savaş alanında olanları izledi ve acılarının büyüdüğünü hissetti.

Hıçkırdı çünkü hayatının en güzel kısmı rüzgârla savrulup ondan uzaklaşıyordu. Belki diğer insanların gözüne önemsiz görünebilirdi ama ona fazlasıyla yeterdi.

Artık o yanında değildi.

Bir daha asla olmayacaktı.

Güneşin altında çarpışan kılıçlara baktı. Reinhardt vuruyor, kafaları uçuruyordu. Bunlar bir şey ifade etmiyordu. Yüz kişiyi, ardından bir yüz kişiyi daha öldürebilirdi. Şimdiye kadar hep böyle olmuştu. Laura Medici'ye karşı durmayı seçmişti ve şimdi Medici aşkını öldürüyordu.

Bu bir savaştı, tabii ki...

Ancak bu yeterli bir gerekçe değildi. Asla olamazdı. Peki, o aşkı için ne yapıyordu? Neleri feda etmeye hazırdı? Bunca zamanın ardından, ruhunu kırıp geçen ve yıllar süren o sessizlikten sonra, uğruna çabaladığı her şey yok olduktan sonra, hislerini reddederek onu boğmaya çalıştıktan sonra... Ne işine yaramıştı? Geriye ne kalmıştı?

Hiçbir şey.

İstediği bu muydu?

Durup izlemek mi?

Bunu yapmaktan yorulmuştu!

Tiksindiği bir adamın salon fahişesi olmaktan da... Albizzi, Viscontili nakliye ve levazımat görevlisinin yanında kalmıştı. Yükler ve erzaklar arasında son derece güvendeydi, her türlü konforu yerindeydi. Ellerini kirletmemeye, savaş alanından kendini mümkün olduğunca uzak tutmaya özen gösteriyordu.

Laura yük arabalarından birine yaklaştı. Yere yığılmış halde duran kılıçlardan birini aldı, bir kının içine soktu ve kemerine bağladı.

Savaş alanından kaçıp korkak gözlerle çarpışmayı izleyen askerlere arkasını dönerek çatışmaların kalbine doğru koşmaya başladı.

Aşkına doğru...

Farklı bir kadın olma hayaline doğru...

Lorenzo gökyüzünü karartarak akan mızrak seline baktı. Sıvı bir leke gibi yayılıp maviliği kaplıyor, oradan araziye dökülerek düşmanları tarumar ediyordu. İlahi bir taarruz olmuştu.

Düşman safları, hava saldırısı altında zayıflıyordu.

Ardından kampın gerilerinden atılan ilk toplar öfkeyle kükredi. Bir kez yeryüzüne çıktı mı dünyayı nasıl cehenneme çevireceğini iyi bilen, demirden dövülmüş davullar gibi kulakları sağır edercesine gümbürdüyorlardı.

Onu gördü.

Yeryüzündeki cehennemi...

Gülleleri yükleyen topçular... Ardı ardına parabolik ve korku salan atışlar yapılıyordu. Toplar maviliğin ortasından ölümcül bir yay çizerek Astorre Manfredi'nin saflarına iniyordu.

Yere temas ettikleri anda infilak ederek askerleri paramparça ediyorlardı. Düştükleri noktalardan kırmızı alevler ve ateşten kuleler yükseliyordu. Acıyla köpüren çimen, çamur ve et dalgaları havaya yükseliyordu.

Lorenzo kımıldamadan durdu.

Patlamalar alanı birbirine katıyordu.

Bombaların gürültüsü kulakları sağır ediyordu. Askerler köprüyü almak için göğüs göğse amansız bir mücadele verirken korku içindeki düşman askerleri en son atılan topların dehşetiyle geri çekilmeye çalışıyordu.

Sancaklar çamur ve kanla kaplanmıştı.

Artçı kuvvetler ve yedek askerlerle aynı hizada duran Lorenzo dizlerinin üzerine çöktü. Gözlerine inanamıyordu, o an şahit olduğu şeyler tahmin edebileceğinin çok ötesindeydi.

Egemenlik kurmak için yapılan herhangi bir plan böylesine bir imhayı haklı çıkaramazdı. Çünkü ittifak adına insanlar katlediliyordu.

O lanetli öğleden sonranın sıcağında zar zor nefes alıyordu.

Ölümü bu kadar yakından izlemek tarif edilmesi imkânsız bir şeydi; hatta tarif etmek şöyle dursun, gördüklerini zorbela algılayabiliyordu.

İnsan elinden hiçbir şey gelmeden sadece durup olan bitene seyirci kalıyordu. İçinde kabaran tiksinti Lorenzo'yu utanç ateşiyle yaktı.

O ve erkek kardeşi, hükümetlerini kan üzerine kuracaklardı.

Bu acı, bu katliam her gün her gece hesabını verecekleri, lanetlenmiş bir mirastı. Bundan böyle daima… Halkı yönetirken bu deliliğin görüntülerini akıllarından çıkarmamaları, bir daha asla tekrarlanmaması gereken bu kıyameti hafızalarına kazımaları şarttı.

Bir daha asla, dedi kendi kendine.

Bir daha asla.

Yine de bir anlamda Tanrı'ya minnettardı, çünkü böylesi bir katliama tanık olmuş, bu sayede o ve erkek kardeşinin çok kereler ellerini kirletmek istemeyerek, kendilerini belli güç mekanizmaları sayesinde korumak suretiyle, yüzüne bakmaktan kaçındıkları bir dehşetin farkına varmıştı.

Ancak şimdi, parçalanan bunca yaşamdan akan kana ve savaş alanının çamuruna bakıyordu. Bundan sonra hiçbir şey aynı kalmayacaktı.

Savaşın en kısa zamanda bitmesi için dua etti.

Kardeşi yemin etmişti, bu savaştan yeni bir birlik doğacaktı. Onun haklı olduğuna inanmak istiyordu.

TEMMUZ, 1440

52

İdam

Adam platforma çıkan basamakları tırmanmaya başladığında, Cosimo'yu sarsan ilk şey kalabalıktan yükselen gürültü olmuştu. Sekiz Muhafız için kurulmuş olan ahşap banklarda oturuyordu. Aşağıya doğru baktığında, toplanan yüzlerce, belki de binlerce insanın fal taşı gibi açılmış gözlerle olan biteni izlediğini gördü. Bakışları şüpheci, aynı zamanda öfke doluydu, yüzlerinde vahşi bir hayvanın kana susamış ifadesi vardı.

Mahkûmu darağacına götüren araba meydana girdiğinde uğultu iki katına çıktı.

İnsanlar bu ismi bir lanetmiş gibi haykırıyorlardı. Bir bakıma haklıydılar.

Kadınlar ve erkekler, "Schwartz! Schwartz! Schwartz!" diye bağırıyordu.

İçlerinden biri, "Hainlere ölüm!" diye çığırdı. Kalabalık karmakarışık bir curcunayla onu destekledi.

Diğerleri lanetler ve tehditler savurdu. Sürekli bir şeyler fırlatıyorlardı, çürük meyve ve sebzeler arabadaki adamın üzerine mermi gibi yağıyordu. Görebileceği kadar yakına geldiğinde, Cosimo adama baktı. Şaşırmıştı çünkü Schwartz'ın yüzünden derin bir huzur, asude bir acı okunuyordu. Sanki sonunda teslim olmuş ve bu teslimiyette hiçbir şey ve hiç kimse tarafından yıkılması mümkün olmayan, bir sükûnet bulmuştu. Schwartz'ın ölümü bile umursamaz bir hali vardı. Çıplak kollarına yatay olarak bir kalas bağlanmıştı. Uzun, kızıl-sarı saçları pis sicimler halinde önüne düşüyordu. Dizlerinin üzerinde duruyordu, bacakları prangalıydı. Yine de göğsünü kabartmış, sırtını olabildiğince dik tutmaya çalışır gibiydi.

Maruz kaldığı şeylerden sonra hâlâ son derece mağrur ve güçlü görünüyordu. Podestà hapishanelerindeki gardiyanlar kendisinden ceza ve işkenceyi kesinlikle esirgememişti. Artık bir paçavraya dönüşmüş olan siyah tuniği geniş göğsünü kısmen örtüyor, lime lime olan parçaları soluk teninin üzerinde rahatça seçiliyordu. Kurumuş kan, morarmış kesikler ve birtakım çürükler yüzünü âdeta bir maske gibi kaplamış, şişmiş dudakları koyu kırmızı kabuklar bağlamıştı. Açık renk mavi gözleri en dibinde acının özünü saklayan birer kuyu gibi kararmıştı.

Ancak bu hali, askerin ölümle karşı karşıya kaldığı bu anlardaki vakar ve gururlu duruşundan hiçbir şey eksiltmiyordu.

Cosimo, ona hayranlık duyduğunu hissetti. Her şey bir yana, iyi savaşmıştı. Kaybetmişti. Ancak bunda onur kırıcı bir şey yoktu. Anghiari alanında onu durdurabilmek için en az altı asker gerekmişti.

Ne kadar boşa harcanmış bir yetenek...

Emrimde Schwartz gibi biri olsa gerçekten enteresan olurdu, diye düşündü kendi kendine. Ancak bu artık mümkün değildi.

Aklından geçenleri fark edince kendi bile şaşırdı; içinde hissettiği bu kayıtsızlık, bu müstehzi umursamazlık... Bir askerin ölümünü bile önemsemeyen bu adama ne zaman dönüşmüştü?

Schwartz'ı yukarıdaki platforma çıkan basamaklarda görünce içinde merhamet ve korku duygularının kabaracağını sanmıştı oysa sanki siyaset ve güç, ıstırap ve kaderindeki sapmalar onu bir şekilde itiraf edebileceğinden çok daha fazla değiştirmişti.

Uzlaşma ve hesaplama sanatının icrasını artık insan yaşamının değerini bile önemsemeyecek bir noktaya vardırmış olabilir miydi? Kendisi hapishaneye kapatılmanın ne denli onur kırıcı ve aşağılayıcı bir his olduğunu bizzat biliyordu. Şimdi, bu adama verilmiş olan idam cezasından kurtulmak için hiç tereddüt etmeden düşmanlarına rüşvet vermişti.

Kendisiyle gurur duymuyordu, hem de hiç... Schwartz'ın küstahça, hatta neredeyse münasebetsizce sergilemekte olduğu cesaret, bütün hayatı boyunca yediği en yakıcı tokattı.

Fakat o bir liderdi, Floransa'nın efendisiydi ve kentinin iyiliği için görevini yerine getirmesi gerekiyordu. Belki kendi döneminin en iyi yöneticisi olamayacaktı ama günahlarının kefaretini ödeyecek fırsatı, iyisiyle kötüsüyle Floransa'ya hükmetme görevinin kendisine yüklediği sorumlulukları kabul edecek kadar vakti vardı. Geri çekilmeyecekti. Kaderinden kaçmayacaktı.

O noktaya hiçbir zaman gelmemişti.

Ancak bu infazın linç haline gelmesine de izin veremezdi. Kalabalık hâlâ öfkeyle bağırıyordu.

Son günlerde Signoria Meydanı'na devasa, ahşap bir yapı hâkim olmuştu: Bir hafta içinde kalabalık bir zanaatkâr ve marangoz ekibi tarafından inşa edilmiş, siyah bir darağacı. Hemen hemen beş arşın boyundaki platformun sol tarafına sekiz arşınlık korkunç bir darağacı monte edilmişti. Meydanı dolduran insan denizini yukarıdan izliyordu.

Gösteriyi kaçırmak istemiyormuş gibi görünen kargalar darağacının üzerine tünemişti. Kalın, burgulu, uzun bir halat tehditkârca aşağı sarkıyor, büyük bir ilmikle sonlanıyordu.

Celladın boyu bir meşe ağacı kadar uzundu. Demir metal plakalarla kaplı, koyu renk, deri bir zırh giymişti. Yüzünün yarısını kapatan siyah kukuletasından açıkta kalan dudaklarıyla pis pis sırıtıyordu.

Cosimo o adamın adil bir şekilde infaz edilmesini isterdi. Bunu hak ediyordu. Ne var ki, o günlerde idam, kalabalığın ekseriyetle en ilkel içgüdülerini salıverdiği bir eylemi temsil eder olmuştu. Buna karşı çıkmanın bir yolu yoktu çünkü bu ritüel aynı zamanda halk için bir kutlamaydı. Def edilen korkuların ardından bir şölen... Uzun zamandır komutanları tarafından alınan yenilgilere sessizce tanıklık eden, Lucca'yı bir türlü tam olarak ele geçiremeyen, Volterra ve Pisa karşısında sonu gelmez acılar çeken Floransalılar, nihayet Anghiari'de alınan zafere şahit olmuştu. Bu zafer daha büyük başarıların kapısını açacak, daha da önemlisi barış ve refah dolu bir dönemin başlangıcı olacaktı.

Ancak Cosimo avaz avaz bağıran bu gelgiti kontrol altında tutmalıydı. İntikam duygusuna ve bu duygunun adalet kavramını bastırmasına izin veremezdi.

Cezai konularda şehrin en yüksek karar mercii olarak görev alan Sekiz Muhafız'ın geriye kalan yedi üyesi yanı başında, ahşap sandalyelerde oturuyordu. Bakışları şeffaf, suratları ifadesizdi. Olan biteni izlemekle yetiniyorlardı ki cüppelerinin zengin ve zarif kumaşları olayın kendisinden daha fazla ilgilerini çekiyor gibiydi.

Ağır ve yoğun bir sıcak vardı.

Araba nihayet ahşap sahnenin ayağına ulaştığında şehir muhafızları Reinhardt Schwartz'ı indirdiler. Kollarını bağlı oldukları kirişten kurtarıp adama prangalar taktılar.

İsviçreli paralı asker, darağacına çıkan ahşap merdivenin basamaklarını tırmandı. Zincirler uğursuz bir sesle çınladı.

Cellat, Schwartz'ı ipin altına itip ilmiği boynuna geçirdi. Etrafındaki düğümü sıkar sıkmaz kalabalık bir anda kükredi.

Reinhardt artık korkmuyordu. Zaten Laura'ya gerçeği açıklamak dışında, hayatta hiçbir korkusu olmamıştı.

Bundan daha iyisini dileyemezdi. Kalabalığın ona bağırmasına, çürük meyve atmasına, celladın kocaman elleriyle ilmiği başına geçirirken yüzüne tükürüp meydanı dolduran insanları coşturmasına rağmen, gözlerini bir an bile Cosimo de' Medici'den ayırmamıştı. Yüksekte bir yerde, Sekiz Muhafız'ın arasında tahta sandalyesine âdeta tünemiş vaziyette oturuyordu. Cosimo da ona bakıyordu ama bunu yaparken öyle büyük bir çaba sarf ediyor gibiydi ki sonunda gözlerini kaçırmak zorunda kaldı.

Küçük, gülünç, işe yaramaz bir zaferdi, ama Schwartz'ın dudaklarında gülümsemeye benzer bir kıvrım yaratmaya yetmişti.

Cosimo de' Medici'nin artık Floransa'nın efendisi olduğunu biliyordu. Anghiari Zaferi sayesinde bu topraklar üzerindeki egemenliği mutlak olacaktı, ancak Reinhardt Schwartz tüm kalbiyle, bir gün elindeki bu güçle boğulmasını umuyordu.

Signoria olmak başka bir şeydi, öyle kalabilmek ise bambaşka bir hikâye...

Bir bakıma, sahneyi bu şekilde terk etmek onun için gerçek bir rahatlama olmuştu. İyi savaşmış, atalarına şeref vermişti. Birçok düşman öldürmüş ve çok güzel bir kadını sevmişti. Onun sahip olduklarının yarısıyla dolu bir hayatı hayal bile edemeyecek birçok adam görmüştü.

Şimdi giderken, bunu ilk kez fark etmişti.

Hiçbir pişmanlığı yoktu. Yani yok sayılırdı...

Aklından en son geçirdiği şey, hâlâ çalkantılı ruhunun dalgalarında çırpındığı için ondan kurtulmaya karar verdi.

Bağırdı.

Vücudunda kalan olanca nefesiyle...

Boğazının bu ismin güzelliği altında parçalandığını hissetti. Sonunda, hayatı boyunca, neredeyse hiçbir geçerli sebebi olmadan, reddetmeyi seçtiği o üç kelimeyi telaffuz etme cesaretini kendinde bulmuştu.

"Seni seviyorum Laura!" Tek söylediği bu oldu.

Sonra nihayet gözlerini kapadı.

Her şeyin sonsuza dek yok olmasını bekledi.

Aniden, ayaklarının altındaki tuzağın açıldığını hissetti. Bacakları tahta ile temasını kaybetti ve halat bir kırbaç gibi şakladı.

Kalabalıktan yükselen kükreme meydanı doldurdu.

Hemen ölmedi. Biraz zaman aldı. Halatın soluğunu kestiği o bitmek bilmeyen anlar, ciğerlerindeki havanın boşalması ve son olarak nefesini yok edip onun yerini dolduran cam kırıkları, gözle görünmez bir iğne fırtınası...

Acı çekti.

Fakat bedeni ölüme karşı başkaldırırken, yaşamının o biçare nihai nefesi zihnini ve kalbini Laura'ya doğru uçurmuştu.

Dünyanın bir yerlerinde kendisini düşünüyor olmasını dilemişti.

Bu son bilinç zerresiyle birlikte nefesi de söndü.

53

Merhamet ve İntikam

Cosimo, hayattayken Reinhardt'a merhamet göstermemişti. En azından ölümünden sonra bunu ondan esirgemek istemiyordu.

Bu yüzden olacakları ön görerek, şehir muhafızlarının komutanına bedeninin o gece hak talebinde bulunacak olan kadına teslim edilmesi emrini vermişti. Adı Laura Ricci idi. Tabii ki kadının gelip gelmeyeceğinden emin olamazdı. Fakat gelecek olursa adamın ölümlü kalıntılarını alabilmesini istiyordu. Arkadaş ya da sevgili, ne olursa olsun, kesinlikle kadın için önemli biriydi, bunu biliyordu. Bu noktada Cosimo'nun istediği tek bir şey vardı: Barış. Düşmanlara merhamet göstermek, barışa açılan yoldu.

Şehir muhafızlarının komutanı onun niyetini anlamamıştı ancak bu sıradışı emrine uyacağına dair ona söz vermişti. Şerefi üzerine.

Cosimo ona teşekkür etti ve ardından evine döndü. O günlerde infazlar durmadan birbirini takip etmiş, ortalık eşi benzeri görülmemiş bir kan banyosuna dönmüştü. Nefes kesen her ilmikte, alınan her kellede meydanda toplananların her birinin kalplerinde arta kalan insanlıktan bir nebze daha kaybettiğinden emindi.

Kendi kendine bu infazların son olacağını tekrarlayıp duruyordu. Şimdi artık şehrin o korku mevsimini geride bırakıp sadece barış içinde yüzmek zorunda olduğunu anlaması gerekiyordu.

İşte Cumhuriyet hükümetini bu yüce prensip üzerine kuracaktı.

Son dönemde yaşananlardan fazlasıyla yorulan kardeşi Lorenzo, Careggi'deki villada inzivaya çekilmişti. O kanlı günlerden sonra banka işlerini ve siyasi hayatını yavaş yavaş terk edeceğine dair yemin etmişti. Cosimo ondan bu kararını tekrar düşünmesini istemiş ama onu vazgeçirmenin mümkün olmayacağını anlamıştı.

Bu adil değildi.

Evine yaklaşırken içini çekti.

En azından karısının ve çocuklarının ona merhamet etmeleri için dua etti.

Bu onun için yeterli değildi.

Medici, Reinhardt'ın cesedini almasına izin vermişti. Fakat bir süre önce yalancı bir sessizliğe gömülmüş olan içindeki o sonsuz acı ve ezeli nefret, yeniden canlanmaya başlamıştı.

Şehrin yönetimini ellerinde tutuyorlardı.

Medici, amacına ulaşabilmek için savaş alanında ve Signoria Meydanı'nda birçok insanı öldürmüştü. Hem de adalet perdesinin arkasına saklanarak…

Kılıcı kapıp Anghiari'deki çatışma alanına doğru koşmuş fakat yine de elinden fazla bir şey gelmemişti. Olay mahalline vardığında, mermiler patladıkça askerlerin havaya uçtuğunu, yerlere düştüğünü, oklarla kaplandığını, parçalandığını, yaralandığını, öldüğünü görmüştü.

Böylesine bir vahşet karşısında taşlaşmış, bir yerlerde görmeyi umarak Reinhardt'ı aramış, ancak Piccinino ordularından arta kalanların ortalığa saçılan parçaları arasında nefesi kesilmişti. Kafasına bir darbe almış, kan ve toz içinde yere yığılmıştı.

Bir süre sonra kendine geldiğinde, bir hayalet gibi alanda dolaşmıştı. Sadece ölüler vardı... Ama Schwartz'ı aralarında bulamamıştı. Isı alanın üzerine çökmüş olan, duyuları yok eden, tiksinç, dayanılmaz kokuyu katbekat artırıyordu.

Sansepolcro yolunda adım adım, zar zor yürürken çatışma alanından biraz uzakta, sarı otları yemekle meşgul bir at bulmuştu.

Eyerine oturup yola çıkmıştı.

Bir hafta sonra oraya varmıştı.

Darağacının dibine...

Buraya küçük bir koruma ordusu eşliğinde gelmişti. Filippo Maria Visconti, seyahat etmeyi planladığı esnada gardiyanlarını Laura'nın hizmetine vermişti. Bu eskortlar Venedikli hainlerdi ve Floransa müttefiklerinin arasında göze batmayacakları düşünülmüştü. Yerel bir cenaze evi ile anlaşmışlardı. Adam birkaç dukaya arabanın vagonunu tabut taşımaya elverişli hale getirmişti.

Ulaştıklarında şehir muhafızlarının komutanı kendisine Laura Ricci olup olmadığını sordu, ancak bu koşulla cesedi almasına izin verebileceğini belirtti. Cosimo de' Medici'nin bizzat kendisinden bu konuda emir almıştı.

Bir an için Laura bunun bir tuzak olup olmadığını düşündü, ama sonra adama güvenmeye karar verdi. Sonuçta kaybedecek neyi kalmıştı?

Venediklilerin de yardımıyla mezar kazıcı, Schwartz'ın cesedini arabaya koydu.

Şehir muhafızlarının komutanı çıkabilecek sorunları bertaraf etmek için Laura ve yanındaki Venediklilere Porta di San Giorgio'ya kadar eşlik etti. Sonrasında yalnız ilerlediler.

Gece yarısı bir kır evinde durmuşlardı.

Evin sahibine önceden hatırı sayılır bir meblağ ödenmişti. Laura, Reinhardt'ın cesedini odasına getirtti ve koyu renk ahşap bir masanın üzerine koydurttu.

İşte, oradaydı...

Ona baktı. Nihayet onunla baş başa kalınca gözyaşlarını azat etti. Bunlar özür gözyaşlarıydı; Reinhardt ve kendisi için, onu terk etmiş olmanın verdiği suçluluğu hafifletmek için dökülüyorlardı.

Vücudundan çıkması mümkün olan bütün gözyaşlarını kuruttuktan sonra yüzünü ve ellerini yıkayıp işlemlere koyuldu. Reinhardt'a yaklaştı.

İşe ağız, burun, göz ve diğer tüm deliklerin temizlenmesi ile başladı. Özel olarak hazırladığı sirke, limon ve aynısefa çiçeği karışımını kullandı. Uzun sürse de olması gerektiği gibi dikkat ve özenle çalıştı.

Bir kat zeytinyağı sabunu uyguladıktan sonra, cildi mümkün olduğunca pürüzsüz hale getirmek için tıraş etti. Sonra yumuşak süngerler ve ıslak keten çarşaflarla Reinhardt'ın güçlü uzuvlarını yıkadı.

Bedeni mermer kadar soğuktu ve hayattayken zaten solgun olan cildinin rengi neredeyse mavileşmişti. Hiç umursamadı. Hâlâ çok yakışıklıydı. Onu yıkamak için gül aromalı, buzlu su kullandı. Daha sonra kaslarında yoğun bir ağrı hissedene kadar vücuduna masaj yaptı. Nihayet bitirdiğinde âdeta tükenmişti ama bu onu mutlu etti. Her şeyin kusursuz olmasını, sevdiği adamın bedenindeki ölüm izlerinin tamamen silinmesini istiyordu.

Muhteşem mavi gözlerini sonsuza dek kapattıktan sonra, vücuduna parfümlü merhemler ve yağlar uyguladı, böylece geniş ve ferah odada asılı olan ölüm kokusunu da bertaraf etti.

Dudaklarını ince iplikle dikerek kapattı.

Amacı bu son yılda onun için yapamadığı her şeyi yapmaktı. Ondan başka kimsenin elinden gelmeyecek şekilde ölümlü kalıntılarıyla ilgilenmek istemişti. O gece yaptığı şey Reinhardt'a olan aşkının en büyük ilanıydı.

Böylece kabahatinin ve ihanetinin kefaretini ödemiş olacak, saplantısını ve –elbet bir gün alacağı– intikamını körükleyecekti.

İşini bitirdiğinde adamın vücudunu nane ve ısırgan otu kokulu bezlere ve keten havlulara sardı. Güneş gökyüzünde yükselmeye başladığında işlemler tamamlanmıştı.

Perdeleri kapattı ve sadece hafif bir ışık huzmesinin içeri girmesine izin verdi. Yatak odasını gölgelere boğdu ve kadife koltuğa oturdu.

Uyumaya çalıştı ama başaramadı.

Zihni, kana susamış intikam arzusunun harabelerinde tükenmişti. Bu denli yoğun fiziksel yorgunluktan sonra hayal gücü, ruhunun en karanlık girintilerinde geziniyordu.

Bundan böyle tek bir amaç uğruna yaşayacaktı.

Mediciler için Mısır'ın sekizinci vebası olacak, her birini tek tek öldürerek soylarını kurutacaktı. Çocuklar doğuracak, onları Medici nefretiyle yetiştirecekti. Bu çocuklar bir gün büyüdüklerinde Cosimo ve Lorenzo'nun torunlarını infaz eden katiller olacaktı.

Hâlâ güzeldi.

Doğurgandı.

Hâlâ kurnazdı ve acımasızlığı sınır tanımıyordu. İntikamı sadece ertelenmişti. Ancak Medicilerin üzerine âdeta şeytanın kanadı gibi inecek ve kalplerini ele geçirecekti. Hâlâ atmakta olan yüreklerini mızrakların parlak uçlarına takıp üzerlerinden kan damlar halde bırakacaktı.

Reinhardt'a yemin etti.

Ona söz verdi.

Sonra nihayet uykuya daldı.

54

Lorenzo'nun Ölümü

Her şey öyle ani olmuştu ki Cosimo bir anlam veremiyordu. Daha bir ay önce Anghiari'de erkek kardeşiyle omuz omuza savaşırken Lorenzo, şimdi önündeki koltuğa uzanmış ölümle boğuşuyordu.

Fazla zamanı kalmamıştı.

Cosimo, Careggi'ye yeni varmıştı.

Reinhardt Schwartz'ın infazına şahit olduktan sonra eve dönmüş ve kapının eşiğinde, onu bilgilendirmek üzere görevlendirilen hizmetçiyle karşılaşmıştı. Yüzü kederliydi. Hizmetçi Cosimo'ya, Lorenzo o sabah fenalaştığı için tüm ailenin kısa bir süre önce Careggi'ye gittiğini aktarmıştı.

Cosimo oyalanmadan atının sırtına atladı ve onu Careggi'ye doğru sürdü. Lorenzo, o günlerde Careggi'deki villada inzivaya çekilmiş, kendini nihayet en büyük keyfi olan avcılığa adamıştı.

Anghiari'de tanıklık ettiği kan ve acının kırsal bölgeye yerleşmesindeki payı büyüktü.

Nihayet Cosimo da oraya varmıştı.

"Bu adil değil, hiç adil değil..." diye mırıldandı Ginevra, kelimeler ağzından zar zor dökülüyordu.

Lorenzo, her zamanki koltuğunda, o lanetli temmuz ayının kavurucu sıcağında avluya bakan verandada oturuyordu. O bahçeyi öyle çok seviyordu ki... "Eğer hayatımın sonu geldiyse, ölüm beni burada da bulabilir," demişti.

Gözyaşları içindeki Ginevra, kardeşine yaklaşmasına izin vermeden önce Cosimo'yu kucakladı.

Lorenzo konuşmakta gerçekten çok zorlanıyordu. Bir gecede sanki on yaş yaşlanmış gibiydi. Güzel yeşil gözleri donuk ve solgun görünüyordu. Bir zamanlar gür ve kahverengi olan saçları şimdi beyaz çizgilerle doluydu.

"Kardeşim," dedi. "Beklenen an geldi. Dürüst olmak gerekirse, bu kadar erken olmasını beklemiyordum, ama Tanrı'nın benim için uygun gördüğü buysa, kabul ediyorum."

Cosimo ellerini alıp avuçlarında sıktı.

"Bunun şakasını bile yapma, Lorenzo."

"Cosimo, inan bana, sadece birkaç saatim kaldı. Göğsümde çok büyük bir acı hissediyorum ve doktorlar yarının güneşini görmeyeceğimi söylüyorlar, o yüzden zaman kaybetmeyelim..." Lorenzo kalan son enerjisiyle konuşuyordu çünkü aklındaki her şeyi söylemek istiyordu. "Önceliğim ailem. Ginevra ve iki oğlumla ilgilen: Francesco ve Pierfrancesco. Kimse onlar için senden daha iyisini yapamaz."

"Onları ne kadar çok sevdiğimi biliyorsun. Ve her zaman Giovanni ve Piero'yu sevdiğim kadar sevmeye devam edeceğimi de..." diye cevapladı ince, ip gibi bir sesle.

"Bu sözler için teşekkür ederim. Kardeşin olmak benim için bir onurdu... Niccolò da Uzzano'yu uyarmak için birlikte at sürdüğümüz günü hâlâ düşünüyorum... Ve sonra... Ve sonra, Francesco Sforza'nın kampını... Hatırlıyor musun?"

"Elbette hatırlıyorum Lorenzo, nasıl unutabilirim?"

Kardeşi başını salladı ve sanki o son anlarında geçmişi baştan yaşamak istiyormuşçasına anlatmaya devam etmeye çalıştı. Cosimo bunu fark etmişti ve onu yormamak için sözü ondan aldı.

Etraflarında zaman durmuş gibiydi. Eşler, çocuklar ve torunlar bir dönemin kapanışının sessiz tanıkları oldular.

"Ve sonra benim mahkûmiyetim, senin orduyu toplayıp Floransa'nın kapılarına dayanman..." diye devam etti Cosimo. "Sürgün cezası aldığımızı öğrenmen... Ve sonra Venedik, o lanetli kadın, saldırı..." Ama bu noktada duyguları içine sığmadı ve sesi titredi. Gözyaşları düşmeye başladı, çünkü kalbinin bir parçasını kaybettiğini hissediyordu.

"E-evet..." diye araya girdi Lorenzo ve Cosimo'nun kolunu tutarak kendisi devam etmek istedi. "Ve s-sonra Floransa'ya dönüş... Konsey... Ferrara, Floransa ve sonra Anghiari..." Bu sözleri mırıldanırken elinin kuvveti zayıfladı ve Cosimo'nun kolunu bıraktı. Sesi azaldı, fısıltıya dönüştü ve sonra kayboldu. Her zaman canlı ve parlak olan gözleri şimdi hareketsizdi. Doğal parlaklığını aniden kaybeden değerli taşlara benziyorlardı.

Cosimo ona sarıldı ve göğsüne bastırdı.

Ağladı.

Çünkü Lorenzo artık orada değildi. Cesaretini, derin adalet duygusunu, zihninin asaletini ve kalbinin cömertliğini özleyecekti. Artık kendisine güven veren güzel sesini, özenli sözlerini, tatil günlerindeki kahkahalarını, taziyelerdeki öğütlerini duyamayacaktı.

Ve ne kadar uğraşırsa uğraşsın Cosimo diğerlerine söyleyecek bir söz bulamadı. Siyah gözleri gözyaşlarıyla yırtılmış, çaresizce kendisine ve Lorenzo'ya bakan Ginevra'ya, acıdan çökmüş Francesco ve Pierfrancesco'ya, Contessina'ya, Giovanni'ye, Piero'ya baktı. Sanki kelimeler sonsuza dek bitmiş gibiydi. Kendisinden önce Lorenzo'yu çağıran ölümün ne kadar adaletsiz olduğunu düşündü. Daha genç, daha iyi, daha dürüst olan oydu. Hiçbir zaman hükümet ve mevki araçlarıyla kâr ve avantaj sağlamak için birine komplo kurmamış veya plan yapmamış, asla başkalarını zayıf düşürmeye çalışmamıştı. Kendini her zaman savunan ama asla kimseye saldırmayan, ruhunda hiçbir zaman vahşet ya da kabalık barındırmayan...

Cosimo büyük bir acı hissetti. Kardeşi olmadan yaşanacaksa, hayat onun için anlamını yitirmişti.

Lorenzo olmadan nasıl idare edecekti? O Medicilerin ruhuydu. Kendisi siyasetle ve diğer işlerle meşgulken o hep ailenin yanında olmuştu. En önemlisi, Giovanni de' Benci ile birlikte Banka'yı geliştirip faaliyet alanlarını genişletmiş, çeşitli şube yöneticilerinin sadakatini, çalışkanlığını ve performansını her zaman yakından takip etmişti. Lorenzo çene çalmakla vakit kaybetmez, doğrudan olgulara odaklanırdı.

Cosimo kardeşinin sırtını güzel, kadife koltuğa yasladı.

Sonra Ginevra, Contessina, Francesco, Giovanni, Pierfrancesco ve Piero'ya yaklaştı. Hepsini birlikte kucakladı, onlar onun ailesiydi. Artık sadece onlarla ilgilenmesi gerekecekti. Tabii ki onların geleceğini garanti altına almış, şehrin barış ve güvenliği için savaşmıştı, ama şimdi artık sevginin, huzurun, öğrenmenin ve birbirlerini daha çok dinlemenin vakti gelmişti.

İç çekişme ve huzursuzluk bitmişti. Artık gizli ittifaklar ve konseyler, hegemonyaları devirmek için sonu gelmeyen mesailer yoktu.

Vaktini ailesiyle geçirecekti. Yavaş yavaş siyasetten elini ayağını çekecek ve Medicilerin müreffeh yaşantısını garanti etme görevini artık çocuklarına devredecekti. Çok uzun süredir meşgul olduğu bu işler onu yavaş yavaş yiyip bitirmiş, evinin erkeği olarak yapması gerekenlerden ali koymuştu. Çok geç olmadan durmak zorundaydı. Bunu kardeşi için yapacaktı. Onun haksız ölümünü onurlandırmak için.

Elbette gücü yettiğince ailesi için her şeyi yapacaktı. Sadece varlıklarını, mülklerini ve ekonomik güvenliklerini korumanın değil, aynı zamanda ve her şeyden önce sevginin, eğitimin, bilgi birikiminin ve öğretilerin, çocukları ve torunları için –bir zamanlar kendisi için de olduğu gibi– zaruri olduğunu gayet iyi biliyordu. Artık Ginevra'nın ona her zamankinden daha fazla ihtiyacı vardı. Contessina'nın da öyle... Böylece artık düşünme, dinleme ve koruma zamanı gelmişti. Bunu ona Lorenzo öğretmişti ve bunu yapacaktı.

Kardeşini kollarının arasından bıraktığında, hizmetkârları çağırdı ve cansız bedenin evin içine taşımasını istedi. Bir cenaze odası hazırlanacaktı, böylece herkes ona son vedasını edebilecekti. Ardından onuruna San Lorenzo Kilisesi'nde görkemli bir cenaze töreni düzenleyeceklerdi.

Masmavi gökyüzüne baktı, güneşin ateş gibi parlayan çemberini ve samanların sarı örtüsüne yayılan ışınlarını gördü.

EYLÜL, 1453

55

Tatlı Umutlar

Benim sevgili Cosimo'm,

Sizi refah ve sağlık içinde bulmasını umduğum bu mektubumun yıllar geçtikçe, deneyim ve sabırla zenginleştiğine, zamanın tavında dövülerek daha da parladığına inandığım yüksek kavrama yetinizin huzuruna ulaşmasını dilerim.

Ne yazık ki, haberleri aldıktan kısa bir süre sonra size göndermiş olduğum bu mektubu hiç yazmamış olmayı yeğlerdim. Bu satırlar, sizin için –bildiğiniz gibi– asla azalmayan desteğimin ruhuna hiç uymayan satırlardır.

Konstantinopolis'in düşmesi beni o kadar büyük bir umutsuzluğa sürükledi ki, sadece geri dönmek için değil, böyle bir trajedinin kapsamını ve sonuçlarını anlamak için de mücadele ediyorum. Bu çaresizlik bana sevgili şehrimin düşüşüyle beraber sonsuza dek kaybolmuşum gibi bir his veriyor. Korkarım ki bir bakıma öyle de oldu. Çünkü bundan böyle hiçbir şey benim için aynı olmayacak.

Bu kadar çok ve bu kadar farklı sınıftan insanın kölelere dönüştüğünü, üstelik onların bu derin ve kasvetli mutsuzluk girdaplarına, şans ve mutluluğun zirvelerinden düştüğünü düşündüğümde, bir türlü kendime gelemiyorum.

Sonunda kaçtım, evet, doğru kelime bu. Yıllar önce Batı Roma Kilisesi'nde sığınacak bir yer bulmuş olmak, acımı daha da keskin hale getiriyor, çünkü bu beni korkak ve hain olmaktan başka bir kapıya çıkarmıyor. En değer verdiğim şeyden, sadece kişisel çıkarımı düşünerek kaçtım; şimdilerde kalıcı bir sürgün hayatına dönüşen kurtuluş. Benden çok daha önce, ihanet ve aldatma sanatında usta olanlar, sizi sevgili Floransa'da haksız yere hapsedip, ardından da sürgüne gönderdiklerinden, beni en iyi sizin anlayacağınızı biliyorum.

Bizans kiliselerinin ve saraylarının tarifsiz güzelliğini, yazıtların ve anıtların muhteşem formlarını, sonsuza dek kaybolan dilimizin üstünlüğünü ne zaman hatırlasam, kalbim ve zihnim, kaçınılmaz olarak, on üç yıl önce Floransa'da, San Lorenzo'da konuştuklarımıza geri dönüyor. Hatırlıyor musunuz?

O zaman hayallerle ve umutlarla doluyduk ve kiliseler arasında, yenilmez görünen o Müslüman gücüne karşı sağlam bir duruş sergilemeye hazır olacak, büyük bir birlik hayali kuruyorduk. Sonra olanlar malum. Artık ne söylersek söyleyelim, bu gemi enkazını ortadan kaldırmaya asla yetmeyecek. Bugün herkes bizi suç ortağı olarak görse de olanlarda herhangi bir sorumluluğumuz yoktur.

Siyasi ve ruhsal gücün merkezinin düşmesiyle kendi halkımın ve onunla birlikte bizi barbarlardan ayıran kitapların ve dilin kaybolacağını düşündüğümde, zihnimin nasıl karardığını, içimdeki hayal kırıklığının ve acı düşüncelerin ruhumu nasıl etkilediğini size anlatamam.

Fakat sabretmek iyidir ve Tanrı'ya gittikçe daha çok benzemek, bu dünyadan cennete, göksel koroya mümkün olan en kısa sürede ulaşmaya çalışmak takip edilecek en doğru yoldur.

Her neyse, beni affedin dostum. Bu saçma ve gereksiz hayıflanma, asla zamanın tekerleğini geri döndüremeyecek ya da tarihin gidişatını değiştiremeyecek. Çünkü olaylar gerçekleştiğinde büyük bir hafıza kitabına kaydedildi ve savaşta parçalanmış bir kalenin taşları gibi çoktan dağıldı; yine de bir gün sizden gelecek cevap mektubunu okumayı ve dostça kelimeleriniz sayesinde şu anda zayıf inançlarımın veremediği huzuru bulmayı umut ediyorum. Cömert ilginiz için tekrar teşekkür ederim, izninizle... Sizi sonsuz minnettarlıkla kucaklıyorum.

Giovanni Bessarione

Cosimo, parşömen kâğıdından gözlerini kaldırdı. Yüzünden bir damla gözyaşı süzüldü ve daha şimdi okuduğu kelimeleri lekeledi. Yazılanlar sadece arkadaşının derin acılarını değil, aynı zamanda birkaç yıl önce paylaşmayı ve başarmayı umdukları bir tasarının başarısızlığını da ifade ediyordu. Ancak her ne kadar pişmanlık duysa da bu eksik kalmış başarıda, şimdi çok açık ve net olarak görebildiği kadarıyla, kendi iradesinin çok ötesine geçen bölünmelerden ve farklılıklardan kaynaklanan hatalar vardı.

Kütüphanedeki koltuğunda oturuyordu. Güneş ışınları içeriye zar zor nüfuz ediyor, perdeler villanın büyük pencerelerini o eylül gününün yoğun güneşinden koruyordu. Beklenenin aksine, sabah saatleri serindi ve hafif bir esinti hissediliyordu. Cosimo'nun gününün büyük bir bölümünü geçirmekten keyif aldığı geniş masasının üzerindeki kâğıt tomarları zaman zaman hafifçe içeriye esen rüzgârla havalanıyordu.

Banka yönetiminde ve politik mecralarda geçen uzun yılların ardından bir süredir dinlenmeye, okumaya ve onun için çok değerli olan felsefi araştırmalara vakit ayırmaya başlamıştı. Bu nedenle Michelozzo tarafından yenilenen Careggi'deki villaya çekilmiş ve en verimli zamanının çoğunu burada geçirir olmuştu.

Burası onun belleğindeki *locus amenus** idi, çünkü sevgili

---

* (Lat.) Rahat, sakin, hoş, tatlı yer. (ç.n.)

kardeşi bu o villada vefat etmiş ve Cosimo'nun kendisini ailesinin ihtiyaçlarına adamak üzere politik hayattan yavaş yavaş elini ayağını çekmeye karar verdiği o üzücü ve rahatsız edici günlere yine burası tanıklık etmişti. Ama aynı zamanda, o günlerde Medici Bankası'nın yönetimini ve siyasal hayatın tüm sorumluluklarını, ikinci oğlu Giovanni'ye kesin olarak bırakan ve hayattaki görevlerini önemli ölçüde azaltan bir adamın kafasını dağıtması, sessizliğin tadına varması için eşi bulunmaz bir kaynaktı.

Zamanı gelmişti...

Ezeli düşmanları Rinaldo degli Albizzi ve Filippo Maria Visconti çoktan ölmüşlerdi. En sıra dışı müttefiki Francesco Sforza nihayet Milano Dukalığı'nı fethetmeyi başarmış ve Floransa'yla Venedik'in ittifakını bozabilse, en üst sıraya yerleşebilecek kadar güçlü bir ittifak kurmuştu, hatta belki de daha heybetlisini.

Papa IV. Eugenio da ölmüştü. Bu, kendisine sonsuz bir şekilde bağlı olan Cosimo'ya ciddi bir darbe indirmişti. Geleneksel olarak, Albizzi ve Strozzi'ye yakın olan yeni Papa V. Niccolò'nun niyeti öncekinden farklıydı ve Cosimo'ya göre, Bizans *basileus*'u, XII. Konstantin Paleologo'ya Türklerle savaşması için destek vermek konusunda pek de istekli davranmamıştı.

Bu nedenle, savaş esnasında neredeyse hiçbir fiili destekte bulunmamış olan Papa'nın Konstantinopolis'in düşmesi vesilesiyle sarf ettiği taziye sözleri kulağa çiğ, hatta sivri geliyordu.

Bu düşünceler ışığında, Giovanni Bessarione'nin sözleri daha da acı verici oldu.

Elbette XII. Konstantin, 1439 Konsil'i esnasında Floransa'da kutlanan Kiliseler Birliği'ni resmileştirmemişti ve bu gerçek bir soruna neden olmuştu. Fakat bu eksiklik, ardından gelen yeni Papa'nın tüm batı dünyasını tehdit eden dikkatsizliğini haklı çıkarmak için yeterli miydi?

Cosimo cevabı bilmiyordu, ama belki de artık birçok savaş, tehlike, sürgün ve çatışmadan sonra, ailesi ile aradığı huzurun tadını çıkarma vakti gelmişti.

Perdeleri bir kenara çekti ve şimdiden sonbaharın sarı ve turuncu renkleriyle boyanan muhteşem bahçeye baktı.

Kardeşinin çok sevdiği bahçeye...

Bu mevsimde, özünün değişen her halini görebiliyordu. Torunlarıyla oyunlar oynayan ve onlara tavsiyeler veren yaşlı bir adam. En azından olmak istediği buydu, çünkü dünyası tamamen içinde kaybolmamayı başardığı anda sonsuz bir şekilde değişmişti. Artık onun için önemli olan, her şeyden çok, ailesine karşı duyduğu sevgi, barış ve sunduğu refahtı. Contessina'nın hâlâ yanında olmasının sevinciydi. Memnuniyet, artık farklı bir şekilde, şimdi Medici'nin geleceğinden sorumlu olan çocuklarıyla bağlantılıydı.

Giovanni'den memnun olan Cosimo, Piero için gerçekten korkuyordu. Gut hastası –tıpkı kendisi gibi– siyasetten zevk almayan ve bu alanda üstün bir yeteneğe de sahip olmayan bir evlattı. Medicilerin şehirdeki konumu son derece sağlamdı, ancak bu güvenli ortam tam olarak Piero'nun yaptıkları sayesinde oluşmamıştı.

Tekrar önündeki bahçenin dumanlı tonlarına baktı.

Tam bu düşüncelere dalmıştı ki kütüphaneye açılan koridorda bir ses çınladı.

Ona seslenmeye bile fırsat kalmadan, kütüphanenin aralık kapısında küçük, kahverengi bir furya belirdi.

"Büyükbaba, büyükbaba!" Bulaşıcı bir gülümsemesi ve sürekli yanıp sönen, meraklı gözleriyle bir çocuk bağırıyordu. "Sonunda seni buldum! Nereye saklanmıştın?" diye sordu küçük Lorenzo. Gözleri derhal büyükbaba Cosimo'nun en ufak tereddütlerini bile yakalamaya odaklanmıştı.

Gülümsedi. Tanrı sırf bu yüzden, her şeye rağmen, oğlum Piero'yu kutsasın, diye düşündü. Nihayetinde ona biricik gözbebeği, parlak zekâlı ve şaşırtıcı derecede inisiyatif sahibi, muhteşem ve hareketli torununu veren o olmuştu.

"Hep buradaydım, Lorenzo, nerede olduğumu zannettin?" diye cevapladı hoşgörülü bir şekilde.

"Yalan söylemediğine yemin et!" diye bağırdı çocuk.

Büyükbaba, bu çocuğun her türlü saygısızlığını bağışlıyordu, pişman olmuş gibi davranarak başını salladı. "Doğruyu söylüyorum, tıpkı istersen bahçeye çıkabileceğimiz kadar doğru."

"Eveeet!" Meyve ağaçlarının arasında koşmak için sabırsızlanan küçük çocuk sallandı. "Bahçeye! Bahçeye!" Zafer kazanmış gibi tekrarlıyordu.

"Ama gerçekten gitmemizi istiyorsan bacaklarıma biraz müsaade etmelisin. Büyükbaba artık eskisi kadar genç değil. Bana söz verebilir misin? Bana sakin durarak bir süre izin vereceğine söz verir misin?"

"Sana söz veriyorum," dedi küçük Lorenzo, ciddiyet ve hevesle.

"Peki o zaman. Bana bir dakika ver, ben de seninle geliyorum."

"Öyleyse ben önden gideyim mi?" diye sordu çocuk, neredeyse askeri bir poz alarak.

"Devam et, cesur çocuk. Beni merdivenin dibinde bekle."

"Yaşasın!" Lorenzo bir kez daha yüksek sesle bağırdı.

Sonra başka bir şey eklemeden kendini kütüphane kapısının dışına doğru bir kurşun gibi fırlattı.

Tıpkı içeri girdiği gibi, büyük bir enerjiyle çıktığını gördüğünde, büyükbaba Cosimo gülümsemesini gizleyemedi.

"Acele et," dedi kendi kendine, "hızlı bir hamle yap, yaşlı adamım, yoksa torununu hayal kırıklığına uğratacaksın."

Torununu hayal kırıklığına uğratmak... Böyle bir utancın hiçbir zaman üstesinden gelinmez, diye düşündü.

Yazarın Notu

Hayal edebileceğiniz üzere böyle tarihsel bir üçlemenin taslak örgüsü –muhtemelen Giacomo Leopardi'nin de yorumlayacağı gibi– cüretkâr ve hummalı bir çalışma gerektirmektedir. Çünkü her ayrıntı, her sahne, her alışkanlık ve her gelenek sayfalara taşınmadan çok önce okunmalı, düşünülmeli ve yeniden yapılandırılmalıdır.

Medici hikâyesinin yaklaşık üç yüz yıla yayılan bir tarih yazımını kapsadığını hatırlamakta fayda var: XV. yüzyılın başından XVIII. yüzyıla kadar uzanan dönem. Üstelik bu dönem Medici'nin sadece Floransa şehrinde egemen olduğu süreçtir. Ailenin var olduğu bütün dönemler ele alındığı takdirde kronolojik aralık çok daha uzun soluklu olacaktır.

Bu durum beni kaçınılmaz bir şekilde seçim yapmaya zorladı: İlk roman *Cosimo il Vecchio* (Büyük Cosimo) figürüne, ikincisi *Lorenzo il Magnifico*'ya (Muhteşem Lorenzo) ve üçüncüsü Fransa Kraliçesi Caterina de' Medici'ye adanmıştır.

Özellikle bazı sahneler için betimleme yöntemini benimsemenin daha uygun olduğunu düşündüm. Başvurduğum bu yöntem böylesine uzun bir zaman aralığını, sürekliliği kaybetme korkusu olmaksızın, zamansal bir perspektifle anlatabilmemin tek yoluydu.

Bu eserin belkemiğini Niccolò Machiavelli'nin *Istorie Fiorentine* (Floransa Tarihi Üzerine Hikâyeler) ve Francesco Guicciardini'nin *Storia d'Italia* (İtalya Tarihi) adlı eserlerini tekrar tekrar ve itinayla okuyarak şekillendirmeyi seçtim. Bu seçim, zamanın ruhunu dil ve tasvir açısından diğerlerinden daha iyi yakalayabilen tarihsel anlatımlara bağlı kalma arzusuyla yapıldı. Meydanların, kubbelerin, katedrallerin ve sarayların zihnimdeki yansımalarını da betimlemelere ekleyebilmek için bu ilk yaklaşımımın yanına Floransa'ya yaptığım "hac" ziyaretlerini de ilave ettim; çünkü mekân tarihin ta kendisidir.

Kubbelerden bahsetmişken, sadece Filippo Brunelleschi'nin büyük, heybetli Santa Maria del Fiore kubbesinin inşasında yapılan çalışmaları tanıtan ilk bölüm önemli bir çalışma gerektirdi. Başvurmuş olduğum birçok monografi arasında en azından Eugenio Battisti'nin (*Filippo Brunelleschi, New York 1981*) ve Ross King'in (*Brunelleschi's Dome, The Story of the Great Cathedral in Florence*, New York 2000) eserlerini anmadan geçemeyeceğim.

Medici Ailesi'nin yükselişine adanmış bu ilk kitapla ilgili bir başka önemli pasaj olan Anghiari Savaşı için de aynısını söyleyebilirim. Burada kendimi bir miktar özgür bıraktığımı itiraf ediyorum. Hangi bölümlerde olduğunu keşfetmek size kalıyor ki çok da zor olmasa gerek. Zannediyorum bunlar tarihsel gerçeklerin arasında hayal gücümü serbest bıraktığım yegâne bölümler. Öte yandan, romancı yaratmalıdır çünkü tarihsel romanı meydana getiren o kendine özgü tepkime, ancak gerçekle kurgunun karışımından doğar.

Her halükârda, savaş teknikleri ve Anghiari Savaşı'nın özel pasajları, kaynaklara özen gösterilerek ve sadakatle yeniden inşa edildi. Başvurulan monografiler arasında Massimo Predonzani'nin (*Anghiari 29 giugno 1440 - La battaglia, l'iconografia, le compagnie di ventura, l'araldica,* San Marino, 2010) eserini vurgulamaktan memnuniyet duyarım.

Kilit konulardan bir diğeri ise paralı askerlik müessesesinin ve Rönesans dönemi derebeyleri ile komutanları arasındaki özel ilişkinin incelenmesidir. Rönesans döneminde profesyonel askerlik –ki burada Ermanno Olmi'nin adını anmak isterim– özellikle uğruna savaştığı sancağı goncunmadan değiştirecek kadar cesur ve pervasız olanlar arasında yaygın ve kârlı bir iş koluydu. Bu bağlamda Ghimel Adar'a (*Storie di mercenari e di capitani di ventura,* Ginevra, 1972) ait eserin konuyla ilgili temel okumalardan biri olduğunu belirtmeliyim.

Buna ek olarak, başta Giacomo di Grassi'nin (*Ragione di adoprar sicuramente l'Arme sì da offesa, come da difesa; con un Trattato dell'inganno, et con un modo di esercitarsi da se stesso, per acquistare forsa, giudizio, et prestezza,* Venezia, 1570) ve Francesco di Sandro Altoni'nin (*Monomachia – Trattato dell'arte di scherma, a cura di Alessandro Battistini, Marco Rubboli, Iacopo Venni,* San Marino, 2007) eserleri olmak üzere eskrim tarihi üzerine yazılmış el kitaplarından faydalanmamış olsaydım düellolar ve savaşlardaki çarpışma sahneleriyle tatmin edici bir şekilde başa çıkamayacağımı vurgulamalıyım. Ancak bu, geleneksel ile moderni harmanlamama engel olmadı, dolayısıyla terimlerin her zaman ders kitabı formatında kullanılmadığını belirtmeliyim. Affınıza sığınıyorum.

Okunabilirliği ve akıcılığı desteklemek üzere sofra adabı ve beslenme alışkanlıklarıyla ilgili pasajlarda gerçekliğe ufak tefek "estetik" müdahalelerde bulundum... Umarım bunlar küçük günahlardır.

Teşekkür

Bu roman, tarihsel bir üçlemenin ilk kitabı ve belli açılardan, ya da en azından benim için, "hikâyelerin tarihi"... Çünkü Rönesans›ın en güçlü ailesi olan Medicilerin destanını anlatıyor. İtiraf ediyorum ki bir romancı olarak böyle bir meydan okumaya göğüs germek hiç de kolay olmadı. Ancak yanımda bu denli zorlu bir projeyi yürütmeme yardımcı olan mükemmel bir yayınevim vardı ve karşıma böyle bir fırsat çıktığında, zihnimde karşı koyamayacağım bir istek tetiklendi.

Uzun zamandır Newton Compton Yayınları'nın çatısı altında bir üçleme yayımlamak istiyordum. O, muhteşem *Newton Ragazzi* serisinde maceralarını okuduğum *Sandokan* ve *Il Corsaro Nero* gibi seri karakterlerin yazarı, edebiyat devi Emilio Salgari'nin romanlarıyla büyüdüm. Çocukken babam bana bu beyaz kapaklı, kırmızı kenarlı harika kitapları getirirdi ve bitene kadar elimden düşüremezdim.

Bu nedenle, İtalyan yayıncılığının en büyük babalarından Vittorio Avanzini ile otuz yıl sonra tanışmak rüya gibi bir şeydi. Kitapları Newton Compton tarafından yayımlanan bir yazar olacağımı öğrenmek ise bana o kadar büyük bir sevinç verdi ki... Hâlâ inanamıyorum diyebilirim. Sadece bu da değil: Bu ilk kitabın ve bunu takip eden romanların hazırlık aşamalarında Vittorio Avanzini, başvurduğum en önemli kaynaklardan biri oldu. Medicilerin gerçek bir hayranı olan Avanzini, İtalyan Rönesans tarihi konusunda uzmandır. Dolayısıyla, bana vermiş olduğu sayısız ipucu, öneri ve fikir, fazlasıyla kıymetliydi... En derin minnettarlığı kendisine duyuyorum. Raffaello Avanzini'ye de muazzam bir teşekkürü borç bilirim, cesareti, zekâsı ve bana kattığı enerji için. Ayrıca bana Medici ve Rönesans gibi bir temanın kesinlikle işlenmesi gerektiği inancını aşıladığı için. Çalışmalarıma gösterdiği güven, benim için değerli bir armağandı. Cesaret verici sözleri en tembel yazarları bile teşvik edecek nitelikteydi. Onunla karşılaşmak beni her zaman zenginleştiriyor. Yayıncılığa ve kitaplara olan inancını görmenin ötesinde her detayı yeni bir fırsat olarak değerlendirmesi beni heyecanlandırıyor. Bu harika macera için teşekkür ederim, Komutanım.

Yayıncılarla birlikte, her zaman olduğu gibi fark yaratan ajansım Monica Malatesta ve Simone Marchi'ye teşekkür etmek istiyorum. Çalıştılar, çalıştılar, çalıştılar... Durmadan çalıştılar. Onlarla tanıştığım günden beri, bir yazar olarak hayatım inanılmaz ölçüde değişti. Tüm yazarların onlar gibi sıradışı profesyonellerle çalışabilmesini diliyorum.

Editörüm Alessandra Penna. Ona ne kadar teşekkür etsem az. Sabır, hassasiyet, önerilen ve benimsenen çözümlerin güzelliği, öğretiler, elektronik posta yoluyla sohbetler, kontroller, Almanca selamlar... Her şey inanılmazdı, o kadar ki... Bir şey söyleyeyim mi? Tekrar başlamak için sabırsızlanıyorum...

Martina Donati'ye teşekkürler; sonsuz cömertliği, hassasiyeti ve dikkati için...

Geliştirdiği etkili stratejiler, yaratıcılığı, bu üçlemenin basın ve etkinlik organizasyonunu en işlevsel şekilde hayal etmeye dair nadir bulunur yeteneğiyle bana destek olduğu için Antonella Sarandrea'ya minnettarım.

Carmen Prestia ve Raffaello Avanzini'ye dış pazarlardaki inanılmaz çalışmaları için (tekrar) teşekkürler.

Son olarak, Newton Compton Editori ekibinin geri kalanına, gösterdikleri nezaket, yetkinlik ve profesyonellik için teşekkür ediyorum.

Edebi eleştirmen, çevirmen ve aynı zamanda doğduğu şehir Floransa üzerine bir uzman olan Edoardo Rialti'ye bana eşlik ettiği uzun yürüyüşler ile daima zengin ve tatmin edici olan açıklamaları için teşekkür ederim. Önerileri ve anlatımları fark yarattı.

İçimi kemiren endişeleri hiç usanmadan dinleyen Patrizia Debicke Van der Noot'a bana vermiş olduğu ustaca yanıtlar için minnettarım.

Bu destan için herkesin ötesinde tartışmasız referans kaynağı olan iki yazar var: Alexandre Dumas ve Heinrich von Kleist. Eserleri hakkında ne söylesem yetersiz kalacaktır. Verebileceğim en iyi öneriyse romanlarını okumak.

Doğal olarak benden asla esirgemediği desteği ve eşsiz dostluğu için Sugarpulp'a teşekkür ediyorum: Giacomo Brunoro, Andrea Andreetta, Massimo Zammataro, Matteo Bernardi, Piero Maggioni.

Lucia ve Giorgio Strukul, Leonardo, Chiara, Alice ve Greta Strukul; dostlarım, sevgi çetem, güvenli sığınağım.

Gorgilere: Anna ve Odino, Lorenzo, Marta, Alessandro ve Federico'ya teşekkürler.

Marisa, Margherita ve Andrea "Boğa" Camporese'ye teşekkürler. Harika bir "üçleme"siniz!

Sevgili Caterina ve her zaman yanımda olan Luciano'ya, tüm cesareti ve bilgeliği için teşekkür ederim.

Oddone ile Teresa'ya ve birlikte gördüğümüz Afrika denizine teşekkürler.

Silvia ve Angelica'ya minnettarım.

Her zaman olduğu gibi *Jacopo Masini & i Dusty Eye*'a çok teşekkürler.

Marilù Oliva, Marcello Simoni, Francesca Bertuzzi, Francesco Ferracin, Gian Paolo Serino, Simone Sarasso, Giuliano Pasini, Roberto Genovesi, Alessio Romano, Romano de Marco, Mirko Zilahi de Gyurgyokai: Edebi *tortuga*'ma teşekkür ederim.

Son olarak teşekkür etmek istediklerim: Victor Gischler, Tim Willocks, Nicolai Lilin, Sarah Pinborough, Jason Starr, Allan Guthrie, Gabriele Macchietto, Elisabetta Zaramella, Lyda Patitucci, Alessandro Zangrando, Francesca Visentin, Anna Sandri, Leandro Barsotti, Sergio Frigo, Massimo Zilio, Chiara Ermolli, Giuliano Ramazzina, Giampietro Spigolon, Erika Vanuzzo, Marco Accordi Rickards, Daniele Cutali, Stefania Baracco, Piero Ferrante, Tatjana Giorcelli, Gabriella Ziraldo, Marco Piva nam-ı diğer "Büyük Muhafız", Alessia Padula, Enrico Barison, Federica Fanzago, Nausica Scarparo, Luca Finzi Contini, Anna Mantovani, Laura Ester Ruffino, Renato Umberto Ruffino, Claudia Julia Catalano, Piero Melati, Cecilia Serafini, Tiziana Virgili, Diego Loreggian, Andrea Fabris, Sara Boero, Laura Campion Zagato, Elena Rama, Gianluca Morozzi, Alessandra Costa, Và Twin, Eleonora Forno, Davide De Felicis, Simone Martinello, Attilio Bruno, Chicca Rosa Casalini, Fabio Migneco, Stefano Zattera, Marianna Bonelli, Andrea Giuseppe Castriotta, Patrizia Seghezzi, Eleonora Aracri, Mauro Falciani, Federica Belleri, Monica Conserotti, Roberta Camerlengo, Agnese Meneghel, Marco Tavanti, Pasquale Ruju, Marisa Negrato, Serena Baccarin, Martina De Rossi, Silvana Battaglioli, Fabio Chiesa, Andrea Tralli, Susy Valpreda Micelli, Tiziana Battaiuoli, Valentina Bertuzzi, Valter Ocule, Lucia Garaio, Chiara Calò, Marcello Bernardi, Paola Ranzato, Davide Gianella, Anna Piva, Enrico "Ozzy" Rossi, Cristina Cecchini, Iaia Bruni, Marco "Killer Mantovano" Piva, Buddy Giovinazzo, Gesine Giovinazzo Todt, Carlo Scarabello, Elena Crescentini, Simone Piva & i Viola Velluto, Anna Cavaliere, AnnCleire Pi, Franci Karou Cat, Paola Rambaldi, Alessandro Berselli,

Danilo Villani, Marco Busatta, Irene Lodi, Matteo Bianchi, Patrizia Oliva, Margherita Corradin, Alberto Botton, Alberto Amorelli, Carlo Vanin, Valentina Gambarini, Alexandra Fischer, Thomas Tono, Ilaria de Togni, Massimo Candotti, Martina Sartor, Giorgio Picarone, Rossella Scarso, Federica Bellon, Laino Mary, Gianluca Marinelli, Cormac Cor, Laura Mura, Giovanni Cagnoni, Gilberto Moretti, Beatrice Biondi, Fabio Niciarelli, Jakub Walczak, Lorenzo Scano, Diana Severati, Marta Ricci, Anna Lorefice, Carla VMar, Davide Avanzo, Sachi Alexandra Osti, Emanuela Maria Quinto Ferro, Vèramones Cooper, Alberto Vedovato, Diana Albertin, Elisabetta Convento, Mauro Ratti, Mauro Biasi, Giulio Nicolazzi, Nicola Giraldi, Alessia Menin, Michele di Marco, Sara Tagliente, Vy Lydia Andersen, Elena Bigoni, Corrado Artale, Marco Guglielmi, Martina Mezzadri.

Eminim unuttuğum birileri vardır. Bir süredir söylediğim gibi... Bir sonraki kitapta olacaksın, söz!

Sevgiler, entrikalar, düellolar ve ihanetlerle dolu bu tarihsel üçlemeye güvenecek tüm okuyucuları, kitapçıları, destekçileri kucaklıyor ve sonsuz teşekkürlerimi sunuyorum.

Bu romanı ve tüm üçlemeyi karım Silvia'ya adıyorum; beni, bu hayatta asla hayal edemeyeceğim kadar mutlu ettiği, şimdiye kadar tanıştığım en güzel kadın ve insan olduğu için...